Michael Borchard

Eine unmögliche Freundschaft

Michael Borchard

Eine unmögliche Freundschaft

David Ben-Gurion und Konrad Adenauer

HERDER

FREIBURG · BASEL · WIEN

MIX
Papier aus verantwortungsvollen Quellen
FSC® C083411
www.fsc.org

Verlag Herder GmbH, Freiburg im Breisgau 2019

www.herder.de

Die verwendeten Fotos wurden freundlicherweise von der Konrad-Adenauer-Stiftung zur Verfügung gestellt. Das Coverbild zeigt die erste Begegnung von Konrad Adenauer und David Ben-Gurion im 35. Stock des Hotels Waldorf Astoria in New York, 1960 (© Benno Wundshammer / bpk). Die weiteren Fotos: S. 375 oben: Westdeutscher Beobachter, 23.6.1929; S. 375 unten: Quelle: 00123339: ap/dpa/picture alliance/ Süddeutsche Zeitung Photo; S. 376 oben: Quelle: PAR124194: Burt Glinn/Magnum Photos / Agentur Focus; S. 376 unten: Quelle: wikimedia, gemeinfrei; S. 377 oben: Quelle: 00855305: UPI/Süddeutsche Zeitung Photo; S. 377 unten: Quelle: 2235363: picture-alliance / dpa; S. 378 oben: Quelle: B 145 Bild-00012684: Bundesregierung/ Engelbert Reineke; S. 378 unten: Nachrichtenmagazin Time, 4.1.1954; S. 379 oben: Quelle: 5663121: KEYSTONE / Keystone; S. 379 unten: PAR103772: Micha Bar-Am/Magnum Photos / Agentur Focus; S. 380 oben: Quelle: 00064414: UPI/Süddeutsche Zeitung Photo; S. 380 unten: Quelle: 02761906: ullstein bild, Sven Simon; S. 381 oben: Quelle: 02762174: ullstein bild, Sven Simon; S. 381 unten: Quelle: Privat; S. 382 oben: Quelle: PAR114687: Micha Bar-Am/Magnum Photos / Agentur Focus; S. 382 unten: PAR127778: Micha Bar-Am/Magnum Photos / Agentur Focus; S. 383 oben: Quelle: 26611113: picture alliance / Michael Maor; S. 383 unten: Quelle: 2296885: picture-alliance / dpa; S. 384 oben: Quelle: 650879: Sven Simon Fotoagentur; S. 384 unten: Quelle: 11751120: picture-alliance/ dpa. Bei der Suche nach den Rechteinhabern sind wir sorgfältig vorgegangen. Falls Sie Ihre Rechte berührt sehen, setzen Sie sich bitte mit dem Verlag Herder in Verbindung.

Satz: Daniel Förster, Belgern
Herstellung: CPI books GmbH, Leck
Printed in Germany

ISBN: 978-3-451-38275-8
ISBN E-Book: 978-3-451-81534-8

Inhalt

Yariv Ben-Elieser, Mein Großvater David Ben-Gurion

Mein Großvater hat sich einen Traum erfüllt, der zugleich der Traum von Millionen Juden war: die Gründung des Staates Israel! Dieses Ereignis, das in die Geschichte eingegangen ist, war angesichts der schwierigen Umstände, unter denen die Staatswerdung stattgefunden hat, nicht weniger als ein Wunder. »Wer nicht an Wunder glaubt, der ist kein Realist«, so hat mein Großvater einmal gesagt. David Ben-Gurion war ein Realist. Er war ein durchsetzungs- und willensstarker Mensch. Das war die unbedingte Voraussetzung dafür, dass er diese Vision, die schon Theodor Herzl so leidenschaftlich verfolgt hatte, in die Tat umsetzen konnte. Mit der ›wundervollen‹ Staatsgründung aber waren die Probleme nicht gelöst. Im Gegenteil, die Herausforderung, diese hart erkämpfte Errungenschaft zu bewahren, die Existenz dieses bedrohten Staates und seiner Bewohner zu sichern, hat damals begonnen und ist im Grunde bis heute nicht vollständig bewältigt.

Mein Großvater wusste, dass man auf Wunder nicht warten darf, sondern dass man ihre Erfüllung nach allen Kräften fördern und fordern muss. Und diese Erkenntnis hat ihn dazu befähigt, das Undenkbare zu denken. Und dazu gehörte, auch mit dem Volk zu sprechen, das unvorstellbares Leid und ewigen Schmerz über das jüdische Volk gebracht hat: mit Deutschland! Dabei war David Ben-Gurion niemals nur von pragmatischen und realpolitischen Erwägungen, sondern immer auch von moralischen Ansprüchen geleitet: Ihm war unerträglich, dass das Volk der Mörder zugleich auch zum Erben der Ermordeten wird. Und ihm war wichtig, dass wenigstens ein Bruchteil des geraubten Eigentums entschädigt wird. Aber ihm war ebenso unerträglich, dass die Söhne und Töchter der Täter gleichsam selbst zu Opfern werden, indem man sie für die Taten ihrer Väter und Mütter direkt verantwortlich macht, für die sie jedoch selbst nicht verantwortlich sind. Dass er diese bemerkenswerte Haltung, mit der er seinen Landsleuten um Jahre voraus war, so kurz nach der Shoah gegen verständliche, aber zugleich auch sehr heftige Widerstände entwickelt hat und dass es ihm gelungen ist, sein Land von der Notwendigkeit zu überzeugen, den tiefen und kaum zu überbrückenden Abgrund der deutschen Taten zu überwinden und die Hand auszustrecken, das wird neben der Staatsgründung für immer sein besonderes Verdienst bleiben.

Mein Großvater hat durch seine Politik den Grundstein für die deutsch-israelischen Beziehungen gelegt, die niemals normal sein werden, die aber heute so innig, herzlich und vertrauensvoll sind, wie man sich das zu Lebzeiten meines Großvaters kaum hätte vorstellen können. Das wäre nicht möglich gewesen, wenn David Ben-Gurion in Konrad Adenauer nicht ein Gegenüber gefunden hätte, das ihm an Visionskraft, an Kreativität, an Durchsetzungskraft, aber auch in seiner moralischen Integrität gleich war. Alle Bilder, die es von David Ben-Gurion und Konrad Adenauer gibt, angefangen bei dem Treffen meines Großvaters mit dem deutschen Bundeskanzler in New York und dann später in Sde Boker während Adenauers Israel-Besuch, zeigen, wie viel Herzlichkeit, wie viel Offenheit und wie viel Vertrauen zwischen beiden Männern herrschte. Dass Konrad Adenauer meinen Großvater und meine Großmutter Paula an diesem Ort in der Wüste Negev besucht hat, der meinem Großvater so viel bedeutet hat und an dem er den Abend seines ereignisreichen Lebens verbracht hat, ist ein Symbol für die besondere Beziehung der beiden Männer.

Unsere Familie hat immer wieder erstaunt, wie ähnlich die beiden Herren sich bei Lichte betrachtet und trotz des sehr unterschiedlichen Erscheinungsbildes waren. Beide mussten in Situationen, in denen buchstäblich alles neu zu gestalten war, Ideenreichtum und Führungskraft entwickeln, die über das Normalmaß weit hinausgingen. Um die jeweilige Staatsgründung herum waren beide in einem hohen Alter mit erheblichen Herausforderungen konfrontiert, in dem andere längst den verdienten Ruhestand genießen. Beide waren Realisten und Pragmatiker mit einem sehr klaren Wertekompass.

Ohne die Hilfe, die damals aus Deutschland für Israel geleistet worden ist, wäre der Aufbau des Staates, wäre die Sicherung der Existenz Israels nur sehr schwer oder vielleicht gar nicht möglich gewesen. Es mag außer

Zweifel stehen, dass ein Realpolitiker vom Range Konrad Adenauers eigene Interessen mit seiner Israel-Politik verbunden hat, was die Notwendigkeit einschloss, Deutschland auch in den Augen einer breiten europäischen und internationalen Öffentlichkeit wieder in den Kreis der geachteten Nationen einzuführen. Aber bei Konrad Adenauer – und das hat mein Großvater zutiefst bewundert – zeigte sich deutlich die so empfundene moralische Verpflichtung, wenigstens zu einem gewissen Teil Entschädigungen zu leisten, und der Wille, wiedergutzumachen, was eigentlich niemals wiedergutzumachen ist. Wie sehr ihn diese moralische Dimension geleitet hat, lässt sich daran ablesen, dass er immer wieder mehr politisch umgesetzt hat, als in den Verhandlungen erwartet worden ist.

Bewunderungswürdig ist dabei der Mut der beiden Staatsmänner, auch umstrittene Wege zu gehen. Denn das war immer mit der Anstrengung verbunden, Unterstützung für ihre Politik gegen eine Bevölkerungsmehrheit zu mobilisieren. Das Paradebeispiel dafür ist die militärische Zusammenarbeit, die unter den Regierungen David Ben-Gurions und Konrad Adenauers begonnen wurde und die in beiden Ländern auf erhebliche Widerstände in der Bevölkerung stieß. Sie bildet heute einen besonderen Kern der Freundschaft beider Länder. Das gleiche gilt für die Wissenschaftskooperation, für die sich beide Staatsmänner ganz besonders intensiv einsetzten. Dass Israel heute einen gemeinsamen Wissenschafts- und Forschungsraum mit der Europäischen Union hat und beide Seiten immens voneinander profitieren, ist auch den beiden Herren zu verdanken.

Es freut mich sehr, dass dieses Buch den Versuch macht, nicht nur die Freundschaft meines Großvaters mit Konrad Adenauer für sich genommen zu untersuchen und die Parallelität der beiden Leben darzustellen, sondern auch zu fragen, welche Wirkung diese besonderen Beziehungen bis heute entfalten. Ich erinnere mich gerne daran, dass mich der Autor dieses Buches als Leiter des Büros der Adenauer-Stiftung beim Besuch des Adenauer-Enkels Patrick Adenauer gebeten hat, in Jerusalem im Hotel Waldorf Astoria das berühmte Foto in New York aus dem März 1960 nachzustellen. Das war mehr als nur ein ›Publicity Gag‹. Denn dieses nachgestellte Foto mit den Enkeln symbolisiert, dass die nachfolgenden Generationen in Politik und Gesellschaft die unbedingte Pflicht haben, das Erbe von David

Ben-Gurion und Konrad Adenauer zu bewahren und die Annäherung der beiden Staaten ebenso zu fördern wie eine Entfremdung der beiden Völker zu vermeiden. Weil das Buch diesen Bogen in die Gegenwart zieht, wünsche ich ihm große Verbreitung.

Yariv Ben-Elieser

Konrad Adenauer, Mein Großvater Konrad Adenauer

Ich war sechsmal in Israel, beim ersten Mal mit einer Gruppe der Ritter vom Heiligen Grab, zweimal mit der Konrad-Adenauer-Stiftung, einmal mit einer Gruppe von Kölner Freunden unter Leitung des mit allen Teilnehmern befreundeten Kölner jüdischen Ehepaares Daniel und Esther Gormanns, einmal mit einer Gruppe von Freunden des Museums Ludwig unter Leitung seines seinerzeitigen Direktors Marc Scheps und einmal zu einer jüdischen Hochzeit im Hause Gormanns. Auf diesen Reisen habe ich viele Städte der Antike, den Juden, den Christen und den Muslimen heilige Stätten, die Küste, die Gebirge, die Seen und Flüsse kennen- und lieben gelernt. Zweimal auf diesen Reisen war ich im Kibbuz Sde Boker, dem letzten Wohnsitz David Ben-Gurions und seiner Frau Paula. Ich habe ihr Haus besichtigt, vor allem ihre Grabmäler am Rande der malerischen Wüste Negev. Dabei kam ich mir weit entrückt vor – in Vergangenheit und Zukunft. Diese Gräber, ihre schlichte Art und einzigartige Lage, atmen den unvergesslichen Hauch der Ewigkeit.

Die Bilder der beiden Begegnungen Ben-Gurions mit meinem Großvater am 14. März 1960 im Hotel Waldorf Astoria in New York und am 9. Mai 1966 in Sde Boker haben sich mir wie Ikonen eingeprägt, obwohl ich nicht dabei war. Beim ersten Treffen war ich 15 Jahre alt, bei dem zweiten schon im 5. Semester Jurastudent an der Universität Freiburg im Breisgau. Ich war mir der außerordentlichen Bedeutung dieser Zusammenkünfte bewusst, auch wenn ich 1960 noch nichts von den dort getroffenen Abmachungen wusste. Wohl war mir das Wiedergutmachungsabkommen von 1952 in Luxemburg schon bekannt. Ich wusste allerdings noch nicht, dass hinter dem Attentat auf meinen Großvater 1952 der Irgun und damit Menachem Begin stand. Das Wiedergutmachungsabkommen hielt ich für unbedingt geboten und konnte nie verstehen, wie man im Bundestag dagegen stimmen konnte. Mein Großvater war einerseits kein Mann des Pathos und der geäußerten Gefühle und somit nicht die Person für einen Kniefall. Andererseits hat er sicherlich dieses Abkommen nicht nur aus außenpolitischen Gründen betrieben, sondern weil er zutiefst davon überzeugt war, dass Deutschland auch in materieller Hinsicht etwas für Israel und die Juden tun musste. Die Toten konnten nicht wieder lebendig gemacht werden, aber deren Verwandten und Nachfahren in Israel und ihrer Vertretung durch den neugegründeten Staat Israel, in den sich viele Verfolgte geflüchtet hatten, konnte man etwas Gutes tun, ihnen gegenüber konnte man Reue und Buße zeigen. Dies geschah nun nicht durch die Täter selbst, sondern durch das Volk, zu dem sie gehörten. David Ben-Gurion und mein Großvater haben durch Vermittlung von Nahum Goldmann das Wiedergutmachungsabkommen gegen jeweils heftigen Widerstand in den eigenen Reihen und im eigenen Lande geschlossen. Es war der zaghafte Beginn einer Aussöhnung. Eine seiner Spät- und Dauerwirkungen ist, dass Deutschland es als seine Staatsräson betrachtet, zu Israel zu halten und für es einzustehen.

So war es ein nicht hoch genug zu schätzendes Zeichen von Versöhnung und persönlicher Freundschaft, dass Ben-Gurion am 25. April 1967 trotz seines hohen Alters zur Gedenkfeier des Deutschen Bundestages für meinen Großvater nach Bonn gekommen ist und dort wegen eines hohen jüdischen Feiertages den Weg zum Bundestag zu Fuß zurückgelegt hat. Dieses Bild ging um die Welt. Hierbei habe ich Ben-Gurion selbst gesehen. Bis dahin kannte ich ihn nur aus Wochenschauen im Kino und aus den Zeitungen.

Israel war in den Sechzigerjahren in Kölner Schülerkreisen sehr beliebt als Ziel für die Sommerferien. Dabei handelte es sich jedoch nicht um Urlaubsreisen, sondern um Arbeitsaufenthalte in den Kibbuzim. In Bad Sobernheim in der Pfalz gab es vorher jeweils eine Einführung in das Wesen des Staates Israel und seiner Bewohner sowie das Leben dort. Ich kannte und kenne viele Mädchen und Jungen, die dies seinerzeit mit Freude und großem Erfolg auf sich genommen haben und begeistert von Israel berichteten. Dazu gehörte auch meine Cousine Bettina Adenauer, die älteste Tochter meines Onkels Max Adenauer aus Köln. Dieser hatte als Oberstadtdirektor von 1953 bis 1965 die Austauschpläne seines

Schulbeigeordneten Johannes Giesberts (1953–1974) sehr gefördert. Noch verleiht die Gesellschaft für Christlich-Jüdische Zusammenarbeit, der auch ich angehöre, jährlich den Giesberts-Lewin-Preis. Im Jahr 1961 begann der uns alle aufwühlende Eichmann-Prozess in Jerusalem. Eichmann wurde von dem Kölner Rechtsanwalt Robert Servatius verteidigt.

Für mich persönlich war wichtig, dass meine engere Familie in dieser frühen Zeit – vermittelt durch das meinen Eltern engstens befreundete Ehepaar Paul Ernst und Thea Bauwens – das jüdische Ehepaar Willy Gormanns an einem Karfreitagabend kennenlernte. Dieses war gerade aus Israel nach Deutschland zurückgekehrt. Willy Gormanns war ein enger Schulfreund unseres Nennonkels Paul Ernst. Mit dem Sohn dieses Ehepaares und seiner Frau, eingangs schon erwähnt, sind wir dadurch heute benachbart und sehr befreundet.

Einen Nachfahren von David Ben-Gurion habe ich vor etlichen Jahren bei einer Diskussionsveranstaltung der Konrad-Adenauer-Stiftung in Sankt Augustin kennengelernt. In dem Tagungsraum unserer Rhöndorfer Stiftung Bundeskanzler-Adenauer-Haus sehen wir immer wieder ein Porträt meines Großvaters von dem israelischen Künstler Pinhas Litvinovsky (1894–1985). Eine Replik ist im Besitz der Stadt Köln. Diese Bilder erhielt mein Großvater 1963 als Geschenk.

Im Frühstückszimmer meines Großvaters in seinem Rhöndorfer Wohnhaus, das unsere Stiftung pflegt und Besuchern zeigt, befindet sich eine silberbeschlagene Thora-Ausgabe mit den Zeichen der zwölf Stämme Israels und den beiden Gesetzestafeln Mose auf den Außenseiten sowie einer Widmung von Nahum Goldmann auf einer Innenseite zur Erinnerung an den Vertragsschluss von Luxemburg am 10. September 1952.

Da ich mich bei der Abwicklung des Nachlasses meines Großvaters und dessen Überführung in die vorgenannte Stiftung als Assistent meines Vaters Konrad Adenauer verdient gemacht habe, erhielt ich zum Dank ein Album mit den frühen israelischen Briefmarken von 1948 bis 1955, das ich hoch in Ehren halte. Es war wohl ursprünglich ein Geschenk der israelischen Regierung an meinen Großvater. Der Besuch meines Großvaters in Israel wurde erst möglich, nachdem die diplomatischen Beziehungen zu Israel unter Ludwig Erhard aufgenommen worden waren. Dies ist zu

Zeiten meines Großvaters noch nicht geschehen, da Deutschland seinerzeit stark auf die diplomatischen Beziehungen zu den arabischen Ländern Rücksicht nahm.

Mir ist immer wieder bestätigt worden, dass David Ben-Gurion und mein Großvater sich in New York auch über ihre Familien unterhalten haben. Dabei soll mein Großvater folgende Anekdote erzählt haben: Er habe mich, also seinen Enkel Konrad, gefragt, welchen Beruf ich einmal ergreifen wolle. Auf die Antwort »Bundeskanzler!« habe er erwidert, es könne doch nicht zwei Bundeskanzler geben.

Konrad Adenauer

Einführung

Der Kontrast der großen öffentlichen »Vorstellungen« auf der Bühne der deutsch-israelischen Beziehungen könnte größer nicht sein. Der erste sichtbare Akt dieser zunächst schwierigen »Zweckehe« vollzieht sich 1952 an einem schweren Tisch von großen Ausmaßen, ausgerechnet an dem Möbel, an dem sonst im Cercle Municipal der Stadt Luxemburg Hochzeiten geschlossen und auf Liebe gegründete Bündnisse gefeiert werden. Bei der Begegnung der beiden Delegationen hingegen ist Liebe die geringste Empfindung. Es herrscht eine kühle Atmosphäre, die etwas mehr als sieben Jahre nach den deutschen Menschheitsverbrechen vorprogrammiert ist. Man pendelt zwischen sorgfältiger – gesichtswahrender – Inszenierung und unvermeidbarer emotionaler Aufladung. Der deutsch-israelische Historiker Dan Diner hat das so passend »rituelle Distanz«[1] genannt. Eine Inszenierung, die das »Publikum« in Israel und das »Publikum« in Deutschland im Blick hat, die mit Skepsis und Betroffenheit auf das »Stück« schauen, das da auf der gemeinsamen Bühne gegeben wird.

Die Unterzeichnung des Abkommens – mit dem Namen, der etwas beschreibt, das aus der Sicht der jüdischen und israelischen Öffentlichkeit zu diesem frühen Zeitpunkt unvorstellbar, ja unmöglich erscheint: Wiedergutmachungsabkommen –, findet ohne Reden, ohne den Austausch von Vertraulichkeiten statt: Auf der einen Seite des Zeremonientisches der deutsche Bundeskanzler und Außenminister Konrad Adenauer, auf der anderen Seite sein israelischer Amtskollege Moshe Sharett. Mit »zuckenden Lippen«[2] und »blass wie der Tod«[3], wie der sozialdemokratische Bundestagsabgeordnete und deutsche Jude Jakob Altmaier, seine eigene Betroffenheit kaum verbergend, den israelischen Politiker beschreibt. Totenstille.

Ganz anders der zweite Akt des »Schauspiels«: Im März 1960, keine acht Jahre später, im 35. Stock des Waldorf Astoria, des einst von deutschen Auswanderern gegründeten Traditionshotels südlich des New Yorker Central Parks, entsteht das Bild, das bis heute die Ikone der Annäherung

Deutschlands und Israels bildet. Die Gründungsväter Israels und der Bundesrepublik Deutschland, David Ben-Gurion und Konrad Adenauer, der eine 73, der andere 84 Jahre alt, begegnen sich – belagert von Scharen neugieriger Journalisten – in gelöster, ja offenbar herzlicher Atmosphäre, keine Spur mehr von ostentativer Distanz: lächelnde Gesichter, der israelische Patriarch, der seine Hand auf den Arm des deutschen Bundeskanzlers legt. Die Aussage des Bildes ist auch für den unbedarften Beobachter unübersehbar: Da begegnen sich zwei Herren, bei denen die Chemie ganz augenscheinlich zu stimmen scheint und die mit sich im Reinen sind. »Es gibt wohl kein symbolträchtigeres Bild der Aussöhnung als das der beiden Repräsentanten von Opfer- und Täternation, die sich freundlich die Hände schütteln«[4], so beurteilt der Judaist Michael Brenner diese Szene treffend. Ein Bild, das deshalb so spektakulär ist, weil es eine Normalität insinuiert, wo es Normalität noch nicht geben kann.

Noch einmal ganz anders der dritte Akt 1966, der zugleich die zweite (und letzte) persönliche Begegnung der beiden Herren ist: Zwei Männer, die sich in ihren Briefen, aber auch während dieser Begegnung im Land der Vorväter gegenseitig »Freund« nennen. Gemeinsame Stunden im Kibbuz Sde Boker in der Hitze der Wüste. Eine herzliche Umarmung zur Begrüßung. Der kleinere und der hochgewachsene, die sich offensichtlich über ihre erneute Begegnung freuen. Lächelnde Herren am weiß gedeckten Mittagstisch bei einer Flasche Wein. Neugierige Gesichter, die von außen durch das Fenster in die Baracke schauen und versuchen, einen Blick auf die prominenten Ehrengäste zu erhaschen. Horden von Journalisten, die so zudringlich auf das Foto ihres Lebens hoffen, dass sie fast die gute Atmosphäre zum Kippen bringen und von Paula Ben-Gurion, der Ehefrau des Gastgebers, mit Müh und Not im Zaum gehalten werden.

Alle drei Ereignisse sind für sich genommen zu positiven Ikonen des deutsch-israelischen Verhältnisses geworden, besonders aber das erste Treffen der beiden Staatsmänner in der amerikanischen Großstadt: Kein Aufsatz, kein Buch, kein Zeitungsbeitrag zu diesen besonderen Beziehungen ohne das berühmte Foto aus dem New Yorker Edelhotel, und auch dieses Buch ist der Versuchung offenbar nicht entkommen. Ein Foto, das auch deshalb eine solche Wirkungskraft entfaltet hat, weil die Herzlichkeit, mit der sich beide Staatsmänner begegnen, nichts anderes als ein kleines Wunder ist: Und damit ist ausnahmsweise nicht das Wunder gemeint, dass sich ein deutscher und ein israelischer Staatsmann so kurz nach der Shoah so herzlich begegnen können und dass daraus über die Jahrzehnte eine besondere Beziehung – und, ja – Freundschaft auch der Völker geworden ist.

Nein, das Wunder, das gemeint ist, ist das der persönlichen »Kompatibilität« der beiden Patriarchen: Wie kann es sein, dass zwei Menschen, die so unterschiedlich sind, die so unterschiedliche Wege gegangen sind, die unterschiedliche Temperamente haben, unterschiedliche Prioritäten setzen und eine unterschiedliche Sichtweise vertreten, sich in so kurzer Zeit so augenscheinlich nahekommen konnten? Wie kann es sein, dass sich der katholische Konservative aus dem Rheinland und der sozialistische jüdische Skeptiker und Zionist David Ben-Gurion so gut verstanden? Wie kann es ein, dass die beiden mit ihren nur zwei persönlichen Begegnungen einen Standard gesetzt haben, der bis heute in den Beziehungen der beiden Länder eine so außerordentlich prägende Kraft entfaltet?

Als Frage aller Fragen steht aber freilich jene im Raum, wie ihnen diese Begegnung als Repräsentanten ihrer Staaten vor dem Hintergrund des unbegreiflichsten Menschheitsverbrechens, der Shoah, in einer so vertrauensvollen Atmosphäre möglich war, wie es ihnen gelingen konnte, gegen alle Widerstände auch in den eigenen Ländern ein so tiefes und so belastbares Vertrauensverhältnis aufzubauen. Wie kann in einem Land, in dem noch lange der Vermerk im Reisepass stand: »mit Ausnahme Deutschlands«[5], gerade zwei Jahrzehnte nach der industriell organisierten Ermordung von mehr als sechs Millionen Juden, Verständnis für eine Annäherung der beiden Staaten geschaffen werden?

Über Konrad Adenauer und David Ben-Gurion sind unzählige – zum Teil sogar widerstreitende – Biografien geschrieben worden, ebenso Studien über die deutsch-israelischen Beziehungen[6]. Auch das außergewöhnliche Verhältnis der beiden Staatsmänner ist immer wieder in Beiträgen und Aufsätzen auf die Anlässe ihrer Begegnungen bezogen schlaglichtartig ausgeleuchtet worden. Wo also ist die Lücke, in die diese Studie passt?

Ein Buch, das das Leben der beiden in eine Beziehung zueinander setzt, das zunächst Parallelitäten in ihren jeweiligen Lebensläufen aufzeigt, das auf dieser Basis Erklärungsversuche anstellt, warum beide so schnell einander Vertrauen schenken konnten, das die beiden epochalen Begegnungen 1960 und 1966 und ihren »Vorlauf« nachzeichnet und die Freundschaft der beiden Staatsmänner auch im Hinblick auf Gegenwart und Zukunft der deutsch-israelischen Beziehungen hin bewertet – ein solches Buch fehlt bislang.

Der Ausblick in die Gegenwart ist für Historiker ein Wagnis, für manche gar ein Tabu, für Politikwissenschaftler aber ist er fast eine Notwendigkeit. Das gilt erst recht, wenn es um ein Thema wie die israelisch-deutschen Beziehungen geht, das eine »ewige Aktualität« besitzt. Der hohe Grad der Verflechtung der beiden Staaten, die enge Zusammenarbeit in allen Bereichen, die Tatsache, dass die Partnerschaft neben der historischen Verknüpfung der beiden Staaten nicht nur zunehmend von gemeinsamen Interessen, sondern auch von einer intensiven Verbindung, ja Freundschaft der Zivilgesellschaften geprägt ist, das wäre ohne die Leistung von Konrad Adenauer und David Ben-Gurion nur schwer vorstellbar. Aus ihrer Freundschaft, die 1945 auf dem katastrophalen Trümmerhaufen, den die verheerende Diktatur der Nationalsozialisten auf deutschem und europäischem Boden hinterlassen hat, unmöglich erschien, ist auch eine »unmögliche Freundschaft« der beiden Länder geworden. Die unbequeme Frage, wie gesichert oder wie gefährdet das Erbe ist, das beide Politiker begründet und hinterlassen haben, darf auch in dieser Studie nicht fehlen.

Konrad Adenauer und seine Beziehung zum Judentum

Immer wieder ist von Forschern und Journalisten darüber spekuliert worden, wie ehrlich der Einsatz des deutschen Bundeskanzlers Konrad Adenauer für eine Versöhnung Deutschlands mit den Juden und für eine Annäherung Deutschlands an Israel unter dem Strich wirklich war. Wohl hat man seine unzähligen Äußerungen über die moralische Pflicht, mit finanziellen Leistungen zum Überleben Israels beizutragen, vernommen, und doch fehlte dabei kaum jemals der ostentative Hinweis auf den Pragmatismus Adenauers, seine Cleverness, seinen Willen, mit den Beziehungen zum Judentum und zu Israel das »Eintrittsticket« zu lösen, das Deutschland wieder zu einem geachteten Mitglied der Völkerfamilie macht. Wie groß war diese Notwendigkeit wirklich, wie groß war dementsprechend der Faktor »Berechnung« und wie groß war auf der anderen Seite das moralische Pflichtempfinden, ja wie groß war die Sympathie Adenauers zum Judentum und davon abgeleitet zu Israel?

Es mag die banalste aller Charakterisierungen des großen Rheinländers sein, aber sie ist zutreffend: Konrad Adenauer war ein vielschichtiger Charakter, der nicht einfach zu greifen ist. Ein Politiker, der ebenso Meister der Differenzierung und auch der Zurückhaltung wie auch rücksichtloser Vertreter der Interessen sein konnte, die er politisch für richtig hielt. Adenauer war strenger Moralist und im gleichen Moment von rheinischer Großzügigkeit. Adenauer war ein frommer und gläubiger Katholik, im besseren Sinne des Wortes »gottesfürchtig«, und doch nie ein undifferenziert hierarchiegläubiger Starrkopf. Er konnte sowohl Kritiker und Skeptiker einbeziehen als auch seine unbändige Durchsetzungskraft einsetzen. Er wollte die dunklen Jahre des Nationalsozialismus ebenso hinter Deutschland wissen und ein neues Kapitel aufschlagen wie er skeptisch blieb gegenüber der Demokratiefestigkeit seiner Landsleute. Deshalb kann es auf die Frage nach seinem Verhältnis zum Judentum und nach den Auswirkungen dieser Beziehung auf seine Politik als Bundeskanzler keine einfache Antwort geben. Vor allem kann es keine Antwort geben, die seine Haltung gegenüber dem Judentum in den Jahren seiner »ersten Karriere« als Kölner Kommunalpolitiker[7] ausblendet.

Nicht ohne Grund und sicher nicht in erster Linie aus Berechnung kommt Konrad Adenauer bei seinen Begegnungen mit David Ben-Gurion, aber auch mit unzähligen anderen Vertretern Israels oder jüdischer Organisationen, immer wieder auf seine eigenen Erfahrungen und Erlebnisse – insbesondere in der Zeit der Weimarer Republik – zurück. Auch bei den Juden in aller Welt nährt sich der Respekt vor Konrad Adenauer nicht zuletzt aus seiner Ablehnung des Nationalsozialismus, an der auch von erbitterten Gegnern seiner »Wiedergutmachungspolitik« in den Nachkriegsjahren nicht ernsthaft gezweifelt wird, und aus seiner immer wieder offen gezeigten Sympathie für das Judentum und für jüdisches Leben in Deutschland.

Schon zum Ende der 1920er-Jahre beginnen die Nationalsozialisten mit einer erbitterten Rufmordkampagne gegen den Kölner Zentrumspolitiker. Er wird während der aufgeheizten Polarisierung der Endphase der Weimarer Republik zunehmend zum »›großen Buhmann‹ aller Radikalen in Köln«[8], wie es Hans-Peter Schwarz formuliert. Im Mittelpunkt der nationalsozialistischen Agitation gegen ihn steht neben dem eigens »aufgewärmten« Vorwurf, dass Adenauer »Separatist«[9] gewesen sei und eine Abspaltung des Rheinlandes vom Deutschen Reich befürwortet habe, den ausnahmslos alle seine Biografen zurückweisen, schnell seine positive Haltung zum Judentum, die er nie verborgen hatte.

Bereits vor seiner Ernennung zum Oberbürgermeister und bis zu seiner Absetzung hatte Adenauer immer engen Kontakt zu den Vertretern der jüdischen Gemeinden, aber auch zu unzähligen Juden in allen Lebensbereichen: in der Wissenschaft, der Wirtschaft und der Kultur. Einige ragen dabei besonders hervor, werden zu maßgeblichen Wegbegleitern des talentierten Kommunalpolitikers und prägen seinen Werdegang.

Eine besondere Beziehung pflegt er zu einer der schillerndsten jüdischstämmigen Persönlichkeiten Kölns in der Zeit der Weimarer Republik, zu dem konvertierten Bankier Louis Hagen, Erbe und Vorstandschef des Bankhauses A. Levy & Co., einer der mit Abstand wichtigsten Industriefinanziers des Rheinlandes, ja der ganzen Weimarer Republik, ab 1924 Miteigner der Deutschen Bank, außerdem von 1915 bis zu seinem Tod 1932 Präsident der Kölner Handelskammer. Konrad Adenauer sei, so Hans-Peter Schwarz, einer derjenigen gewesen, die Louis Hagen sich verpflichtet habe, indem er den Aufstieg des politischen »Jungstars« gefördert habe, ohne ihn dabei zu demütigen.

Eine entscheidende Rolle spielt Louis Hagen bei der Wahl Konrad Adenauers zum Oberbürgermeister von Köln. Er ist es, der die Rolle des »Königsmachers« übernimmt und in der Liberalen Fraktion des Stadtparlamentes, der er angehört, entschieden für den jungen Lokalpolitiker eintritt. Ihm gelingt es gemeinsam mit einem anderen maßgeblichen jüdischen Politiker bei der Liberalen Fraktion, Bernhard Falk, der Adenauer ebenfalls sehr achtet und mit ihm freundschaftliche Beziehungen unterhält, Vorbehalte auszuräumen, die in der Liberalen Fraktion gegen das Zentrum allgemein und in Ableitung auch gegen Konrad Adenauer bestehen.

»Die folgenden Jahre«, so schreibt Hans-Peter Schwarz über die Freundschaft zu Louis Hagen, »sind durch eine enge Allianz zwischen dem Älteren und dem Jüngeren gekennzeichnet. Gelegentlich gibt es auch Krach, aber beide respektieren sich und wissen, was sie aneinander haben.«[10] Konrad Adenauer ist jedenfalls ein gern gesehener und häufiger Gast des Kölner Geschäftsmannes in seinem »Landsitz«, dem Schloss Birlinghoven in der Nähe von Bonn. Bereits kurz nach seinem Amtsantritt verewigt sich Konrad Adenauer als frisch gebackener Oberbürgermeister im Gästebuch des Schlosses. 1919 wird Louis Hagen, der bereits 1886 zum Katholizismus konvertiert war, gar Parteifreund von Konrad Adenauer; er verlässt die Liberale Fraktion, um dann der Zentrumsfraktion in der Stadtverordnetenversammlung beizutreten.

Wie sehr Konrad Adenauer sich mit dem Kölner Bankier verbunden fühlt, wird auch nach dem Tod des Geschäftsmannes 1932 noch einmal sehr deutlich. Am 30. September kommt dem Handelskammerpräsidenten die Ehre zu, die neue Handelskammer und Kölner Börse einzuweihen. Am Abend dieses ereignisreichen Tages erleidet er einen Schlaganfall, an dessen Folgen er am 1. Oktober verstirbt. Sein Freund Konrad Adenauer ist es, der am 4. Oktober die Trauerrede zu seinen Ehren hält.

Auch der Nachfolger von Louis Hagen als Präsident der Kammer ist ein weiterer enger Wegbegleiter und Freund Konrad Adenauers: Paul Silverberg. Neben Hagen und Falk ist er der »Dritte« im Bunde derjenigen mit jüdischer Herkunft, die Adenauer schätzen, unterstützen und fördern.

Paul Silverberg entstammt einer traditionsreichen jüdischen Familie, konvertierte aber 1895 zum protestantischen Glauben. Konrad Adenauer lernt der Jurist vermutlich schon während der gemeinsamen Referendarzeit, spätestens aber 1903 kennen, als beide beim Kölner Oberlandesgericht Anwaltskollegen sind.

Silverberg, der in den väterlichen Bergbaubetrieb einsteigt, ist entscheidend an der Gründung des bis heute bestehenden Bergbauriesen RAG beteiligt und steht dem Unternehmen lange vor. Er erarbeitet sich den Ruf, der »Beherrscher der Braunkohle«[11] zu sein. In der Tat ist er nicht allein die prägende Figur des rheinischen Braunkohlereviers, sondern auch einer der einflussreichsten Unternehmer der Weimarer Republik insgesamt. Er ist an der Sanierung des Stinnes-Konzerns ebenso wie an jener von Hapag und Lloyd beteiligt. Die Reichsbahn und die Deutsche Bank werden von ihm beraten.

Aber auch die Politik vertraut auf seinen Rat. Neben Konrad Adenauer, der in engem Kontakt mit ihm steht, ist das vor allem Reichskanzler Heinrich Brüning, der ihn 1931 gar zum Verkehrsminister machen will, an seinen ambitionierten Bedingungen jedoch scheitert.

In der Zeit, in der sich die Weimarer Republik ihrem Ende zuneigt, nähert sich Paul Silverberg dem politischen Spektrum am rechten Rand an. Über Gregor Strasser lässt er der NSDAP eine Geldspende zukommen, mit dem Ziel, so die Partei wirtschaftsfreundlicher zu stimmen. Zu den zahlreichen Befürwortern einer Regierungsbeteiligung der NSDAP in der Zeit vor der Machtergreifung zählt Paul Silverberg allerdings niemals. Eine Tatsache, die dem bis heute vor allem in links- wie rechtsradikalen Kreisen genährten Klischee vom »jüdischen Förderer« und Anhänger Adolf Hitlers deutlich widerspricht.

Vermutlich Ende 1933, spätestens aber Anfang 1934 emigriert Silverberg nach Lugano in die Schweiz. 1936 wird er Staatsbürger des Fürstentums Liechtenstein, wo er den Krieg überlebt. Die Verbindung mit Paul Silverberg ist so eng, dass Konrad Adenauer nach dem Krieg darauf drängt, dass er an die Spitze der RAG zurückkehrt. Silverberg lehnt das ab, erfährt aber zahlreiche Ehrungen in seiner Heimatstadt Köln. 1951 wird er anlässlich seines 75. Geburtstages zum Ehrenpräsidenten der Industrie- und Handelskammer Köln wie auch des Bundesverbandes der Deutschen Industrie ernannt. Mit Konrad Adenauer unterhält er in der Nachkriegszeit bis zu seinem Tod einen engen Kontakt, der sich in ihren vielen Briefen[12] manifestiert.

Von ganz besonderer Bedeutung ist allerdings die freundschaftliche Beziehung, die Konrad Adenauer zu Dannie N. Heineman pflegt. Das lässt sich an vielen persönlichen Begegnungen und an dem intensiven

Briefwechsel der beiden Herren ablesen, der – insbesondere in der Zeit des Nationalsozialismus – auch sehr persönliche Fragen des Politikers behandelt[13]. Wenn es später um Adenauers Kontakte zu den Juden geht, fällt kein Name so oft wie der Heinemans. Schon 1907 wird Konrad Adenauer mit dem »besessenen Techniker«[14], wie Hans-Peter Schwarz ihn nennt, bekannt gemacht. Daraus entwickelt sich bis zum Tod Heinemans 1962 eine der engsten Freundschaften, die Adenauer im Verlaufe seines langen Lebens gepflegt hat.

Dannie Heineman wird als Kind jüdischer Auswanderer aus Deutschland in den Vereinigten Staaten geboren. Nach dem frühen Tod des Vaters kehrt seine Mutter mit ihrem Sohn nach Deutschland zurück. Heineman absolviert ein Studium der Elektrotechnik, erhält dann eine Anstellung bei der Union Elektricitäts-Gesellschaft, die später mit der AEG fusionieren wird. Die AEG verlässt er 1905 und tritt in Brüssel in die Société Financière de Transports et d' Entreprises Industrielles ein, wo er anfangs einer von drei Angestellten ist. Bei seinem Ausscheiden als Präsident hat die Beteiligungsgesellschaft 40.000 Angestellte.

Hans-Peter Schwarz verweist auf Zeitgenossen Heinemans, die den quirligen, eigensinnigen, fantasievollen Finanzier als hochgebildeten Mann »mit vielseitigem Wesen, weit entwickeltem sozialen Interesse und einer Passion für die Kunst«[15] betrachten, mit dem aber auch nicht »gut Kirschen essen«[16] ist: »Im Verkehr mit Bankiers, die sein technisch geschulter Geist mehr oder weniger als Tunichtgute ansah, war er ein Sadist.«[17] Mit großer Zielstrebigkeit wird er zu einem entscheidenden »Macher«[18] und Visionär im kommunalen Nahverkehrsbereich und im Schienenfernverkehr, in der Chemieindustrie und dem Kraftwerksbau.

Dass Heineman, der zeitlebens einen kritischen Blick auf Politiker pflegt und dabei dem Motto »Die Wirtschaft baut auf, die Politik sorgt für Unordnung«[19] viel Zustimmung schenkt, einen besonders intensiven Kontakt mit Adenauer aufbaut, mag daran liegen, dass Konrad Adenauer sich schnell als eher unkonventioneller und ungewöhnlich zupackender Politiker erweist.

Adenauer kann früh von dem Netzwerk des umtriebigen Unternehmers profitieren, der »Gott und die Welt« kennt – vom belgischen König

Leopold III. über Walther Rathenau bis zu dem Komponisten Richard Strauss, dem Dichter Gerhart Hauptmann und dem Maler Henri de Toulouse-Lautrec, um nur einige wenige zu nennen. Zu diesem erlauchten Bekanntenkreis Heinemans gehört auch der Zionist Chaim Weizmann, mit dem er 1936 zusammentrifft. Mit seinen ausgezeichneten Kontakten zu den Regierungen Europas gelingt es Heineman 1939, die Regierung Luxemburgs davon zu überzeugen, etwa 100 jüdische Familien über die Grenzen ins Land zu lassen; Heineman verbindet sein Anliegen mit der Zusage, selbst für den Unterhalt der Geflüchteten zu sorgen. Dann muss er nach dem Einmarsch deutscher Truppen in Belgien 1940 selbst fliehen und siedelt in die USA über. Nach dem Krieg unterstützt er als Förderer des Weizmann-Institutes Adenauer maßgeblich dabei, die deutsch-israelische Wissenschaftskooperation zu etablieren.

Adenauer und der Zionismus – ein »rheinisch-katholischer Zionist«?

Nun kann man sich auf den Standpunkt stellen, dass diese sattsam bekannten Verknüpfungen Adenauers mit diesen maßgeblichen Persönlichkeiten noch keinen umfassenden Blick auf seine Beziehungen zum Judentum insgesamt zulassen. Das ist insofern zutreffend, als sich alle vier eher der Elite der Stadt Köln zugehörig fühlen, als dass sie sich über ihre jüdischen Wurzeln definieren. So sehr die Weimarer Republik einerseits der Höhepunkt der Assimilierung von Juden ist, was in den Biografien dieser Männer zum Ausdruck kommt, so sehr ist sie aber auch zugleich bereits eine Zeit des heraufziehenden Antisemitismus. Und es gehörte durchaus während des Erstarkens der Nationalsozialisten eine gewisse Portion Mut dazu, sich zur Freundschaft zu diesen Menschen zu bekennen, die in der Wahrnehmung ihrer Gegner noch immer Juden waren. Spannender noch sind freilich die darüber hinaus gehenden Beziehungen Adenauers zum Judentum, vor allem aber die Tatsache, dass ihn die zionistische Bewegung, die in der Weimarer Republik durchaus viele Sympathisanten auch unter den nichtjüdischen Prominenten findet, bald erfasst.

Die Ursprünge dieser Sympathie für den Zionismus verortet Adenauer selbst allerdings schon in seinen Jugendtagen. Nach seiner Rückkehr aus Israel 1966 blickt der Kölner auf diese Zeit zurück: Die zionistische Bewegung habe ihn schon seit der Unterprima lebhaft beschäftigt: »Ich habe deswegen auch das Hebraicum gemacht und autodidaktisch Jiddisch gelernt, um die Quellen lesen zu können.[...] Mit der älteren zionistischen Führergeneration bin ich mein ganzes Leben lang eng verbunden gewesen.«[20] Einem Journalisten vertraut er sogar an, er habe im Gymnasium auch ein wenig Iwrit – also Neuhebräisch – gelernt, was aber möglicherweise eine Projektion ist, denn zur Zeit seines Abiturs hatte der Vater dieser aktualisierten Form des alten Hebräisch, Elieser Ben-Jehuda, die Arbeiten an seinem umfassenden Wörterbuch eben erst begonnen. Als ihm 1952, nach dem erfolgreichen Abschluss des Wiedergutmachungsabkommens, eine wertvolle Bibel geschenkt wird, rezitiert er aus dem Stegreif die Anfangssätze eines Psalms in Hebräisch.

Tatsächlich spielt das Gymnasium eine Schlüsselrolle. Der schon genannte Bernhard Falk hat so wie Konrad Adenauer das Apostelgymnasium besucht und beschreibt rückblickend eindrucksvoll, wie sehr ihn das Miteinander von jüdischen und christlichen Schülern an dieser Schule geprägt habe: »Eine so echte und ernste Toleranz gegenüber Andersgläubigen«[21] habe er in seinem Leben nur dort kennengelernt. Das hat auch auf das Weltbild Adenauers Auswirkungen, der bereits zu Schulzeiten Gelegenheit hat, offen mit Mitschülern über die jüdische Religion zu sprechen.

In Köln ist die zionistische Bewegung auch dank des hier ansässigen und sehr angesehenen Industrieanwaltes Max Bodenheimer ganz besonders aktiv und eine der führenden Sektionen im gesamten Deutschen Reich. Der Vorsitzende der Zionistischen Vereinigung für Deutschland, Kurt Blumenfeld, schreibt im November 1926 an Konrad Adenauer und legt ihm nahe, sich der zionistischen Bewegung anzuschließen.[22]

1927 wird Adenauer tatsächlich Mitglied des deutschen Komitees »Pro Palästina« und bald der Vorsitzende des Festkomitees des Vereines, dem Männer mit so klingenden Namen wie Martin Buber, aber auch als Präsidiumsmitglied der große Rabbiner Leo Baeck angehören. Der katholische Priester und langjährige Vorsitzende der Zentrumspartei, Ludwig Kaas, hatte ihn zusammen mit dem früheren Reichskanzler Joseph Wirth, ebenfalls Zentrumspolitiker, zuvor für das Komitee vorgeschlagen und damit die Aufforderung Blumenfelds an den Oberbürgermeister erst in Gang gebracht. »Im Übrigen bekenne ich mich, wenn auch einigermaßen klopfenden Herzens, schuldig, die Anregung, Sie um Ihren Beitritt zu bitten, selbst gegeben zu haben«[23], bekennt der Geistliche kleinlaut auf Nachfrage Adenauers.

Hans Peter Mensing weist darauf hin, dass dieses Engagement für die zionistische Bewegung und der Einsatz für die Arbeit des Komitees alles andere als Selbstverständlichkeiten sind, und gibt als Indiz gewaltsame Übergriffe an, die lange vor der Machtergreifung auch in Köln gegen Juden geschehen.[24] Im März 1927 wird das Wahllokal der jüdischen Gemeinde angegriffen. Mehrere Kölner Juden werden verletzt.

Schon am 22. November 1927 schreibt Adenauer, inzwischen Mitglied des Vereins, aus Anlass einer Tagung des Komitees in Köln einen langen und ausführlichen Brief an seinen Präsidenten, Johann Heinrich Graf von Bernstorff, eine führende Figur der zionistischen Bewegung und Mitglied des Reichstages für die liberale Deutsche Demokratische Partei. Ein Brief, der auch im Hinblick auf seine spätere Israel-Politik interessant ist, weil er einiges darüber verrät, wie detailliert Adenauer über jüdisches Leben im »Heiligen Land« nachdenkt. »Ich hoffe, dass die Sympathie der Welt und die Opferbereitschaft der Judenheit die Wiederauferstehung des Landes sichern wird, der die Wiederauferstehung der alten hebräischen Sprache bereits vorangegangen ist.«[25]

Adenauer wäre allerdings nicht Adenauer, wenn er nicht diese Gelegenheit auch für eine sorgsam verpackte Mahnung an die zionistische Bewegung nutzen würde. Und die folgt letztlich der Lesart der »Balfour-Erklärung«[26], mit der die britische Regierung im November 1917 ihr »Einverständnis« mit dem Aufbau einer »Heimstatt der Juden«[27] in Palästina gibt, bei dem die Rechte der nicht-jüdischen Bevölkerungsgruppen ausdrücklich nicht eingeschränkt werden sollen: Bei den zionistischen Bestrebungen am historischen Ort, so Adenauer, handele es sich »um ein Werk des Friedens, das ohne chauvinistische Übertreibungen, ohne

Beeinträchtigung der Rechte anderer Religionen, denen Palästina gleichfalls heiliges Land ist, und sicherlich ohne Beeinträchtigung der wirtschaftlichen und politischen Stellung der nichtjüdischen Bevölkerung Palästinas durchgeführt wird.«[28] Ein kaum versteckter Hinweis, dass er – ähnlich wie sein Fürsprecher im Komitee, Prälat Kaas – nicht an die Errichtung eines Judenstaates denkt, sondern zunächst an eine Heimstatt für das jüdische Volk.

Seinen Brief an den Präsidenten garniert der Kölner Oberbürgermeister im Übrigen mit einem Hinweis, aus dem lokalpatriotischer Stolz »tropft«, dass nämlich die Stadt Köln eine der Städte ist, aus denen der Zionismus überhaupt erst hervorgegangen sei: Auf dem jüdischen Friedhof in Köln-Deutz sei Moses Heß begraben, einer der geistigen Urheber des Zionismus, der mit seinem Werk »Rom und Jerusalem«[29] Impulse für die Suche nach einer Heimstatt der Juden im Heiligen Land gegeben hat.

Die letzten Zeilen dieses denkwürdigen Briefes von Adenauer, in dem gar der jüdische Grundsatz »Tikkun Olam«, was so viel heißt wie »Heilung der Welt«, durchscheint, könnten fast aus der Feder von David Ben-Gurion stammen: »Wir verstehen, dass mit Jerusalem und Palästina jüdische Bestrebungen verbunden sind, die nicht nur für die jüdische Welt Bedeutung haben werden. Die mit der Scholle verbundenen jüdischen Bauern und Arbeiter sollen nach unserem Wunsch ihr Leben so gestalten, dass sie im Orient als ein Element friedlichen Aufbaus wirken und zur kulturellen Hebung jener Länder beitragen.«[30]

In diesem Zusammenhang stellt der Adenauer-Experte Hans Peter Mensing eine interessante Spekulation an. Auch wenn der letzte Nachweis fehlt, so glaubt Mensing, dass ein solches Plädoyer für den Zionismus wie der Brief Adenauers an den Grafen von Bernstorff auch international Beachtung gefunden habe und dass anzunehmen sei, dass gerade auch ein solches Dokument dem Bild der Juden von Konrad Adenauer bereits vor seiner Zeit als erster Bundeskanzler Umrisse verliehen hat.[31] Das könnte sehr wahrscheinlich auch David Ben-Gurion gelten, der sich in diesen Jahren vor der Machtergreifung mehrfach in Deutschland aufhält, ganz konkret 1930 zur Teilnahme an der Internationalen Konferenz der »Liga für das arbeitende Eretz Israel« in Berlin.

Als ein stichhaltiges Indiz für diese These wertet Mensing die Worte, die Ben-Gurion gegenüber dem damaligen Kanzler der großen Koalition, Kurt Georg Kiesinger, im Rahmen der Trauerfeierlichkeiten nach Adenauers Tod findet und in denen er unterstreicht, dass »die Verdienste Adenauers beim materiellen Aufbau und der moralischen Unterstützung seines Volkes«[32] nicht hoch genug einzuschätzen seien: »Schon bevor er mit ihm zusammengetroffen sei, habe er in Adenauer eine außergewöhnliche Persönlichkeit gesehen«[33]. Mensing hält es für vorstellbar, dass diese Einschätzung schon auf ersten Informationen in der Weimarer Zeit beruht und Ben-Gurion nicht erst nach dem Krieg auf den Namen Adenauer gestoßen ist.[34]

Tatsächlich könnte man angesichts seines hohen Interesses auf die abenteuerliche Idee kommen, dass Adenauer zu dieser Zeit so etwas Ähnliches ist wie ein »rheinisch-katholischer Zionist«, der ganz bewusst die eigene Religiosität in eine Beziehung zum jüdischen Glauben setzt. Damit steht er nicht allein. Gerade bei engagierten Katholiken – es war der katholische Prälat Kaas, der ihn für das Palästina-Engagement gewonnen hat – gibt es neben einigen antisemitischen Einstellungen durchaus namhafte Sympathie für die zionistische Bewegung. Antisemiten war der Zionismus als Perspektive, die Juden »elegant« loszuwerden, durchaus auch willkommen, in Adenauers Umfeld aber entspringt die Zuneigung ehrlichem Interesse.

Bei Licht betrachtet gibt es in dieser Zeit, in grober Zuspitzung formuliert, zwei Tendenzen im Katholizismus, wenn es um die Beziehungen zum Judentum geht: Die eine darf man vielleicht als »Karfreitagskatholizismus« bezeichnen, der den Juden den Vorwurf machte, Jesus ans Kreuz geschlagen und in der Figur von Judas verraten und an seine Häscher ausgeliefert zu haben. Diese antijüdische Haltung wird in der Geschichte der problematischen Karfreitagsfürbitte, die auf das sechste Jahrhundert zurückgeht und die über viele Jahrhunderte als fester Bestandteil der Liturgie für die Umkehr der »treulosen« Juden gebetet hat, geradezu schmerzhaft offensichtlich.

Auf der anderen Seite stehen die »Osternachtskatholiken«. Mit der Osternacht, in der die zentralen jüdischen Erzählungen der Bibel in bis zu sechs alttestamentarischen Lesungen vorgetragen werden und in der die Auferstehung und Identifizierung Jesu mit dem erwarteten Messias lediglich durch zwei neutestamentarische Lesungen dokumentiert werden, unterstreicht die liturgische Tradition, dass das Christentum ohne die jüdische Identität von Jesus Christus unvorstellbar ist, ja, dass eine Kirche, die antijüdisch handelt, einen Widerspruch in sich selbst darstellt. Der Katholik Konrad Adenauer und einige seiner Parteifreunde im Zentrum vertreten unbestreitbar die zweite Tendenz.

Dass diese offensichtliche Sympathie für das Judentum bei Adenauer nicht einmal gegen das Konfessionell-Katholische ausgespielt werden kann, sondern für sich steht, kommt in einer anderen kleinen Episode zum Tragen, die Jürgen Court in einem Beitrag über die Hochschulpolitik Adenauers hervorgehoben hat. Da die Hochschule in Köln zur damaligen Zeit auch in kommunaler Trägerschaft ist, hat der Oberbürgermeister über das Kuratorium der Universität, dem Adenauer vorsteht, auch auf Berufungen von Professoren erheblichen Einfluss. Diesen weiß der machtbewusste Kommunalpolitiker Adenauer freilich zu nutzen. 1930 wirft die Kölnische Volkszeitung, ein Blatt, das dem Zentrum eigentlich nahesteht, Konrad Adenauer vor, er trage maßgeblich dazu bei, dass die Universität Köln jüdische Professoren gegenüber katholischen bevorzuge. Diesem Vorwurf war vorangegangen, dass sich Konrad Adenauer sehr für die Berufung des Romanisten Leo Spitzer nach Köln stark gemacht hatte, der jüdischer Herkunft war.

Der Wissenschaftler Emil Gamillscheg, bei einem anderen Verfahren unterlegener Konkurrent Spitzers und in diesem Berufungsverfahren an die Universität Köln pikanterweise als Gutachter eingesetzt, schreibt Adenauer im November 1927 und appelliert besonders an das »konfessionelle Gewissen« des Kölner Politikers mit der ausdrücklichen Bitte, den katholischen Kandidaten Emil Winkler vorzuziehen: »Die zwei mit Winkler in den Vorschlag aufgenommenen Kandidaten, der Marburger Ordinarius Leo Spitzer und der Münchner Extraordinarius Eugen Lerch sind beide getaufte Juden und ich glaube schon deshalb nicht, dass diese Wahl für die katholische Universität Köln eine besonders günstige ist.«[35] Abgesehen davon, dass Lerch nachweislich keine jüdische Herkunft hatte, war der

Versuch, die jüdische gegen die katholische Herkunft auszuspielen, gleichermaßen antisemitisch und perfide. Gamillschegs Ansatz war zudem sinnlos, nachdem sich Konrad Adenauer immer wieder demonstrativ an die Seite der jüdischen Bürgerinnen und Bürger gestellt hatte.

Am 28. April 1930 schließlich setzt sich Adenauer durch. »Sein« Kandidat Leo Spitzer erhält den Ruf an die Universität Köln. Freilich bleibt das eine kurze Episode und dieses Berufsverhältnis endet mit der Entlassung Spitzers durch die Nationalsozialisten 1933. Später emigriert Spitzer in die USA und wird dort Hochschullehrer an der Johns-Hopkins-Universität. Adenauer setzt sich allerdings nicht in erster Linie aufgrund der jüdischen Herkunft Spitzers für ihn ein bis an die Grenze dessen, was als »politischer Einfluss« bei einem Berufungsverfahren statthaft ist, sondern weil er von dessen Qualifikation überzeugt war.

Dennoch wird erwartungsgemäß auch dieser Einsatz Adenauers für einen jüdischstämmigen Gelehrten Gegenstand nationalsozialistischer Angriffe. Dabei spielt auch eine Rolle, dass Konrad Adenauer bereits 1925 einiges daran gesetzt hatte, eine Berufung des zwar bedeutenden, aber nicht unumstrittenen Historikers Karl Alexander von Müller an die Universität Köln zu verhindern, der sich während der Weimarer Republik als erbitterter Gegner des demokratischen Systems erweist und in der Zeit nach der Machtergreifung an der »nationalsozialistischen Judenforschung« stark beteiligt und damit mehr als nur ein Mitläufer ist.

Die gleiche überkonfessionelle Haltung des Katholiken Adenauer, die den jüdischen Bürgerinnen und Bürgern Kölns keine Benachteiligungen zumuten will, wird auch in den frühen Zwanzigerjahren schon offenbar, und sie zeigt, dass der Oberbürgermeister in diesen Angelegenheiten keine Angst vor den geistlichen Königsthronen hat und dafür auch den Konflikt mit dem mächtigen Kölner Erzbischof, in diesen Jahren Karl Joseph Kardinal Schulte, nicht scheut. In einem Brief an den Kölner Oberhirten wehrt sich Adenauer im Juli 1922 gegen die bischöfliche Kritik an der Bewilligung von Zuschüssen für ein Krematorium: »Ich kann auch nach wie vor nicht einsehen, woher ein Katholik das Recht nehmen soll, einem Protestanten oder Juden die Möglichkeit zu nehmen, für sich eine Bestattungsform anzuwenden, wie er sie für gut hält.«[36]

Ein weiteres eindrucksvolles Beispiel findet sich in einem Buch von Zvi Asaria über die Juden in Köln, das zum Wiederaufbau der Synagoge an der Roonstraße 1959, jener Synagoge, die Neonazis unmittelbar nach der Eröffnung schänden, beschrieben wird: Dort ist von einem Schulhaus die Rede, das an der Kölner Lützowstraße vor dem Ersten Weltkrieg als jüdische Schule errichtet, dann aber als Lazarett genutzt wird. Asaria schreibt: »Innerhalb der städtischen Gremien offenbaren sich Neigungen, an der Stelle der jüdischen Schule eine Handelsschule in dem Neubau unterzubringen. Rektor Coblenz und ihm zur Seite der Gemeinderabbiner Dr. Frank kämpfen erfolgreich gegen derlei Absichten. Das entscheidende Wort wurde von Oberbürgermeister Dr. Adenauer gesprochen: Das Schulhaus ward seiner ursprünglichen Bestimmung übergeben.«[37]

Auch in seiner Stadtregierung fördert Konrad Adenauer Mitarbeiter jüdischer Herkunft. Eine wichtige Rolle spielt neben der Stadtdirektorin Hertha Kraus der Kölner ›Finanzminister‹, der Stadtdirektor und Finanzdirektor Dr. Albert Kramer, der von 1920 bis 1933 an der Seite des Oberbürgermeisters steht, also beinahe während seiner gesamten Amtszeit.

Wegen seiner jüdischen Herkunft wird Albert Kramer am 1. Mai 1933 in den Ruhestand versetzt. Danach ist er in der Kölner Synagogengemeinde und für zionistische Verbände tätig. Vor allem aber macht er sich unter den jüdischen Bürgerinnen und Bürgern Kölns in dieser schwierigen Zeit als ›Devisenberater‹ für jüdische Auswanderer und damit als unverzichtbarer Emigrationshelfer einen Namen. Tragischerweise gelingt seine eigene Emigration nicht. Am 30. Oktober 1941 werden der Kölner und seine Frau Irma mit dem zweiten Kölner Deportationszug zunächst in das Ghetto Litzmannstadt/Lodz verschleppt, wo er nur ein Jahr später ums Leben kommt. Als Todesursache wird Herzschwäche vermerkt, was auch immer das in diesen Zeiten bedeuten mag. Seine Frau Irma wird 1944 von Litzmannstadt nach Auschwitz verbracht, wo sie im August 1944 ermordet wird. 2016 wird vor dem früheren Wohnhaus des Ehepaares in der Paulistraße in Anwesenheit der Oberbürgermeisterin Henriette Reker ein »Stolperstein« verlegt, der an das Leben Albert Kramers erinnert.

Insgesamt hat Adenauer einen großen Beitrag geleistet für ein gutes Miteinander von Juden und Christen in Köln. Das macht die Ansprache des Vorsitzenden der Vereinigung der ehemaligen Kölner Juden, mit denen Adenauer während seiner Israel-Reise 1966 zusammentrifft, deutlich: »Die Jahre Ihrer Kölner Tätigkeit sind uns in sehr guter Erinnerung geblieben, während der Sie als Oberbürgermeister dieser Stadt für die Belange der jüdischen Mitbürger stets großes Verständnis gezeigt haben. In dieser Epoche lebten und strebten wir miteinander und füreinander mit unseren nichtjüdischen Kölner Mitbürgern [...] und nahmen am öffentlichen Leben der Stadt teil, bis die Schreckensherrschaft all diese Gemeinschaften jäh auseinanderriß und auch dieser ehrwürdigen jüdischen Gemeinde in Köln ein jähes Ende bereitete.«[38]

Adenauer, der »Blutjude« – Diffamierungen durch die Nationalsozialisten

Bei Adenauers insgesamt offen zur Schau getragenen Sympathie für die zionistische Bewegung und für das Judentum an sich bleibt die nationalsozialistische Hasspropaganda nicht lange aus. Viele der besonders erbitterten Antisemiten in der NSDAP sind der festen Überzeugung, dass Adenauer selbst »jüdischen Blutes« ist, und lenken ihren Hass gezielt in diese propagandistische Richtung.

In der auch für damalige Verhältnisse bemerkenswert perfiden Hetzschrift »Juden sehen dich an« wird Konrad Adenauer unter der Rubrik »Blutjuden« in einer »Bildergalerie« mit verhetzenden Bildunterschriften präsentiert – gemeinsam mit Karl Marx, Rosa Luxemburg, Karl Liebknecht, Kurt Rosenfeld, Matthias Erzberger und vielen anderen. Konrad Adenauer steht als Letzter in der Reihe mit der Unterschrift: »Der Großprotz von Köln, ruinierte durch Verschwendung usw. Köln«.[39] Die Schrift unterscheidet zwischen »Blutjuden«, »Lügenjuden«, »Betrugsjuden«, »Zersetzungsjuden«, »Kunstjuden«, »Geldjuden«. Adenauer firmiert als »Blut- und Zersetzungsjude«.[40]

Herausgegeben wird die Hetzschrift von einem besonders überzeugten Antisemiten: Johann von Leers, »offizieller Biograf« Hitlers, der zu einem der engsten Mitarbeiter von Joseph Goebbels innerhalb der Parteiführung der NSDAP und dann, nach der Machtergreifung, zum Historiker und ohne die erforderlichen Qualifikationen zum Lehrstuhlinhaber an der Universität Jena aufsteigt. Ein unbelehrbarer und fanatischer Antisemit, der auch nach dem Krieg in Sachen Israel und Adenauer weiter eine Rolle spielen sollte: Zunächst nach Argentinien geflüchtet, zieht er weiter nach Ägypten, wo er zum Islam konvertiert, eng mit dem Mufti von Jerusalem, Mohammed Amin al-Husseini, der schon von Hitler empfangen worden war, zusammenarbeitet sowie gegen die Westbindung und für eine »arabische Revolution« gegen die Zionisten eintritt. Hier schreibt er 1958 an den amerikanischen Faschisten Keith Thompson, mit Bezug auf die inzwischen in arabische Länder ausgewanderten Nationalsozialisten: »Lass Adenauer toben, dass anständige deutsche Patrioten nicht von jenen freiheitsliebenden arabischen Ländern an ihn oder an seine britischen und amerikanischen Bosse ausgeliefert werden.«[41]

Auch die Titelseite des nationalsozialistischen Hetzblattes *Westdeutscher Beobachter* wendet kaum weniger plakativ und drastisch als von Leers' antijüdische Klischees auf Konrad Adenauer an. Unter der Artikelüberschrift »National unzuverlässig und antisozial!« findet sich bereits am 23. Juni 1928 eine Karikatur Adenauers, die die Gesichtszüge Adenauers ganz eindeutig mit antisemitischen Stereotypen versieht. Unter der Karikatur findet sich die bezeichnende Unterschrift: »Dr. h.c. Konrad Adenauer, Oberbürgermeister in Köln, Vorsitzender des Festkomitees des Vereins Pro Palästina«.[42]

Auf der Basis dieser antisemitisch aufgeladenen Hetzpropaganda schlägt dem Oberbürgermeister mit der Machtergreifung Ende Januar 1933 und nach Wochen bewunderungswürdiger Standfestigkeit gegen die Übergriffe und Rechtsbrüche der Nationalsozialisten schon bald die »letzte Stunde« im Amt.

Für Adenauer selbst, der zwischenzeitlich – wie viele andere Deutsche und wie viele bedeutende Politiker des Zentrums – der politischen Fehleinschätzung erlegen ist, mit den Nationalsozialisten könne man reden, Hitler könne eingehegt werden, und an dem, so Hans-Peter Schwarz, »die allgemeine Verwirrung der Geister im Frühjahr und Sommer 1933«[43] trotz aller eindeutigen Gegnerschaft zum Nationalsozialismus nicht spurlos vorübergegangen ist, bedeutet seine drohende Amtsenthebung die Zerstörung auch der letzten Illusionen über die Natur des Nationalsozialismus und die Möglichkeit, seinen Einfluss noch in irgendeiner Form abzumildern.

»Recht und Verfassung gelten nichts mehr« – die Absetzung Adenauers

Bereits am 4. Februar 1933, fünf Tage nach Hitlers Ernennung zum Reichskanzler, wagt Adenauer eine bittere Prognose: »Wir sind mitten in einem regelrechten Umsturz, Recht und Verfassung gelten nichts mehr […].«[44] Er selbst sieht sich in der Rolle des Bewahrers der Rechtsstaatlichkeit. Dreizehn Tage später, am 17. Februar 1933, kommt Adolf Hitler im Rahmen seiner Wahlkampfreise auch zu einer Kundgebung nach Köln. Anders als die anderen Oberbürgermeister der großen Städte ist Adenauer nicht bereit, den Reichskanzler am Flughafen Butzweilerhof zu begrüßen. Der komme ja schließlich nicht in seiner Regierungsfunktion, sondern als Wahlkämpfer für die Reichstagswahlen und die Kommunalwahlen nach Köln. Auch der sonst übliche Flaggenschmuck der städtischen Gebäude mit den Hakenkreuzfahnen unterbleibt. Die Rheinbeleuchtung, die bei Kanzlerbesuchen sonst gängig ist, bleibt ebenso abgeschaltet.

Bereits angebrachte Fahnen, die nachts auf den Pylonen der Rheinbrücke gehisst werden, lässt Adenauer von städtischen Mitarbeitern wieder entfernen mit dem Hinweis darauf, dass sie städtisches Eigentum seien. Eine »umwerfende Begründung«, wie sein Biograf Henning Köhler konstatiert: »In dieser Situation bewies er einen Mut, den nicht viele an seiner Stelle aufgebracht hätten.« Mit seinen klaren Entscheidungen habe er »ein deutliches Zeichen gesetzt«.[45]

Dem *Westdeutschen Beobachter* treibt Adenauer damit erneut den propagandistischen Schaum vor den Mund: Seine abgrundtiefe Abneigung gegen den Nationalsozialismus sei in diesen Handlungen zum Ausdruck gekommen. Sein Verhalten sei »unklug, kleingeistig und in höchstem Maße herausfordernd – das neue Deutschland ist gegen Herrn Adenauer entstanden und wird deshalb auch mit Herrn Adenauer restlos fertig werden!« Der *Beobachter* schließt mit einer offenen Drohung: »Herr Adenauer muss wissen, dass sich solche Herausforderungen in Zukunft rächen werden.«[46]

Der Blick auf einen anonymen Brief aus Frankfurt am Main zeigt, dass unverhohlene Todesdrohungen ausgesprochen werden. Da textet der Autor des Hetzbriefes an Adenauer holprig, aber bedrohlich: »Dieb, Verräter, Separatist. Und was Du sonst noch alles bist. An Rom verkaufst Du deutsches Recht. Gewissenslump und Pfaffenknecht. Jetzt wird's dem deutschen Volk zu bunt; An den Laternenpfahl mit Dir, Du Schweinehund.«[47]

Unter dem Wahlslogan »Nieder mit Adenauer!«[48] findet am 10. März 1933 auf dem Neumarkt eine Großkundgebung der NSDAP statt. Hauptredner ist der SA-Führer Prinz August Wilhelm von Preußen, der vierte Sohn des früheren Kaisers, spöttisch »Auwi« genannt, der sich von den Nationalsozialisten, wie auch zuvor bei den preußischen Landtagswahlen 1932, als »Wahlkampfmaschine« in jenen eher bürgerlichen Kreisen einspannen ließ, die den Nationalsozialisten bislang noch skeptisch gegenüberstanden.

Besonders perfide ist, dass eine gleichzeitig geplante Wahlveranstaltung des Zentrums in der Messe, die Konrad Adenauer zu einer Bilanz seiner erfolgreichen Arbeit als Oberbürgermeister nutzen will, vom Polizeipräsidenten verboten wird – mit der aberwitzigen Begründung, diese Veranstaltung gefährde die »öffentliche Ordnung«[49]. Die bereits vorbereitete Rede Adenauers, die eine sehr defensive Verteidigungsansprache ist, die Erfolge seiner Amtszeit herausstellt und zugleich zeigt, wie sehr Adenauer die fortlaufenden Rechtsbrüche gegen den Strich gehen, muss wieder in der Schublade verschwinden.

Am Abend des 12. März 1933 erklärt der Gauleiter Köln/Aachen, Josef Grohé, vormals Chefredakteur des *Westdeutschen Beobachters*, der in *Stürmer*-Manier immer wieder Konrad Adenauer auf das Übelste und mit antisemitisch aufgeladenen Verleumdungen wie »Judenknecht«[50] persönlich verunglimpft hatte, vom Balkon des Rathauses aus den Oberbürgermeister für abgesetzt. Und er tut das letztlich als reines »Parteimitglied« und ohne jede rechtliche Grundlage. Vor dem Rathaus marschieren SA-Gruppen auf und skandieren »Adenauer an die Mauer«. Eben jener *Westdeutsche Beobachter* titelt zwei Tage später: »Ungeheurer Jubel Kölns über die Verjagung Adenauers«[51]. Darin mag, das gesteht auch Adenauer selbst ein, insofern ein Körnchen Wahrheit stecken, als auch die deutliche Agitation gegen den Kölner Politiker in den Monaten vor der Kommunalwahl nicht ohne Wirkung in der Bevölkerung geblieben sein wird.

Brenzlig wird die Lage für ihn persönlich durch die mit der Absetzung beginnende Verfolgung. Der kommissarisch eingesetzte neue Oberbürgermeister Günter Riesen von der NSDAP hat nach dem Krieg 1948 die ›Chuzpe‹, Konrad Adenauer um einen »Persilschein«[52], also um eine Befürwortung seines Entnazifizierungsantrages, zu bitten. In einem Brief, auf dessen Umschlag Adenauer später lakonisch: »Verbrecherbrief«[53] vermerkt, erhebt Riesen im März 1933 in pöbelndem Ton härteste Vorwürfe: »Sie sind ein Verbrecher, Herr Adenauer, ein Verbrecher an dem Volk, das Ihnen anvertraut war, das sie durch Ihre Schuld in schrecklichste Not gebracht haben, ein Verbrecher an unserer Religion, deren Exponent sie hier waren, ein Verbrecher an der Stadt, die sie ruiniert haben, ein Verbrecher an ihren Untergebenen, denen Sie die Menschenwürde genommen haben [...] Sie sind ein Verbrecher an Ihrer Familie und Ihrer Frau, die mir in ihrer Ahnungslosigkeit unendlich leid tat. Sie sind ein Verbrecher an unserem Herrgott und allen Menschen, die mit Ihnen in Berührung gekommen sind. Sie sind der Angeklagte, ich bin der Ankläger und das Volk ist Ihr Richter.«[54] Gefährlicher als diese zynische Polemik ist die Tatsache, dass die allgemein gehaltenen Anwürfe nur Wochen später in einem Strafverfahren untermauert werden, in dem zehn konkrete Anklagepunkte erhoben werden. Adenauer widerlegt diese Punkt für Punkt in einem eigenen Schriftsatz auf 18 Seiten.

Fortan droht ihm beinahe stündlich die Verhaftung und – wie zuvor dem Kölner Sozialdemokraten Wilhelm Sollmann, der von SA- und SS-Leuten schwer misshandelt wurde – auch körperliche Gewalt. Schon vor der Kommunalwahl ist kein Gegner der Nationalsozialisten mehr sicher. Bereits am 12. März 1933 nimmt ihn der Kölner Beigeordnete Eberhard Brönner, der sich bereits der NSDAP zugewandt hatte, aber immer noch große Sympathien für seinen ›Chef‹ hegt, zur Seite und warnt ihn vor Gewalttätigkeiten, die gegen ihn geplant seien: Die SA wolle ihn am folgenden Tag aus dem Rathausfenster werfen oder ihn auf dem Neumarkt einer Art Lynchjustiz ausliefern. Adenauer beweist Kaltblütigkeit, geht am Wahlsonntag noch einmal ins Rathaus, schließt die Rathaustür ab und lässt den Schlüssel ›mitgehen‹; bis an sein Lebensende behält er ihn in seinem Besitz.

Dem geplanten öffentlichen Tribunal mit ungewissem Ausgang entzieht er sich. Am frühen Morgen des 13. März verlässt Adenauer klammheimlich sein Haus – unbemerkt von den SA-Leuten, die sich angeblich zu seinem ›Schutz‹ bei ihm einquartiert hatten – besteigt in einer Nebenstraße das Auto seines Freundes Robert Pferdmenges, das ihn nach Dortmund bringt. Von dort aus setzt er sich mit dem Zug nach Berlin ab, in seine Dienstwohnung, die er als Staatsratspräsident in der Wilhelmstraße 64 bezogen hatte – gleichsam im ›Herzen der Finsternis‹, gegenüber der Reichskanzlei –, und damit dem Wüten der SA, die dort im Regierungsviertel nichts zu suchen hatte, entzogen.

Existenzielle Nöte nach der Absetzung und jüdischer Beistand

Nach der Absetzung als Oberbürgermeister durch die Nationalsozialisten gerät Konrad Adenauer neben der Sorge um seine eigene körperliche Unversehrtheit auch in die Nähe existenzieller finanzieller Not, weil die neuen Machthaber nicht nur mit der Einleitung eines formellen Dienststrafverfahrens gegen Adenauer ausstehende Bezüge zu großen Teilen einbehalten, sondern zudem sein Bankkonto sperren. Geldnöte, wie er sie nach eigenen Angaben seit der frühen Studienzeit nicht mehr gekannt hat. »Ich habe niemals viel Bargeld im Hause gehabt. Ich sah den kritischen Augenblick vor mir, da ich zur Unterhaltung meiner Familie Wertgegenstände verkaufen musste«[55], schreibt Konrad Adenauer in seinen Memoiren. »Ich hatte als Oberbürgermeister von Köln viele Freunde.«[56] – ›Freunde‹, die ihn bis auf sehr wenige Ausnahmen im Stich lassen. Die Einzigen aber, so Adenauer, die ihm nach der Absetzung finanzielle Hilfe angeboten und ihm damit eine Errettung aus seiner Notlage verheißen hätten, seien Juden gewesen: sein langjähriger jüdischer Freund Dannie Heineman und der emeritierte Frankfurter Professor Alois Kraus.

An eben jenen Dannie Heineman, mit dem er wie beschrieben seit 1907 in enger Verbindung steht, richtet er im April einen verzweifelten brieflichen Hilfeschrei. In seiner Lage, so Adenauer, »ohne Tätigkeit und ohne nennenswertes Einkommen, doppelt schwierig für mich bei meinen 7 Kindern, wende ich mich mit einer sehr herzlichen Bitte an Sie, ob es Ihnen nicht möglich ist, mir zu helfen, dass ich wieder zu einer wenigstens teilweise mich ausfüllenden Tätigkeit und Einkommen gelange.«[57] Er schließt den Brief mit dem Hinweis darauf, wie sehr seine Lage »innerlich und äußerlich geradezu trostlos ist.«[58] Der Hilferuf wird erhört. Dannie Heineman sucht ihn in der Dienstwohnung des Staatsratspräsidenten in der Wilhelmstraße in Berlin auf, wo Adenauer sich vorübergehend, für wenige Tage, noch aufhalten kann – mit einer erheblichen »Finanzspritze« im Gepäck.

Im zweiten Band seiner Memoiren beschreibt Adenauer – und zwar gerade im Zusammenhang mit der Darstellung der Verhandlungen zwischen Deutschland und Israel über das Luxemburger Abkommen – diese Begegnung: »In dieser Situation kam mein guter Freund Dannie Heineman aus Greenwich, Connecticut, zu mir. Heineman war Jude. Er sagte, ohne dass ich von meinen finanziellen Sorgen gesprochen hatte, er könne sich denken, dass ich finanziell in einer ernsten Situation sei. Er habe mir einen Betrag von 10.000 Reichsmark mitgebracht, damit ich nicht in Schwierigkeiten komme.«[59]

Im gleichen Zusammenhang erwähnt er den anderen Juden, der ihm Hilfe anbot, Alois Kraus, den Vater der vormaligen sozialdemokratischen Stadtdirektorin von Köln, Dr. Hertha Kraus, die bereits kurz nach der Machtergreifung nach Amerika ausgewandert ist und die von Konrad Adenauer, gerade einmal 26-jährig, 1923 in ihr Amt eingesetzt worden war. Er war auf Städtetagen auf das junge Organisationstalent, eine anerkannte Wohlfahrts- und Sozialexpertin, aufmerksam geworden. Wie sehr er sie geschätzt hat, wird an der Tatsache deutlich, dass Adenauer ihr noch in den letzten Kriegstagen, in denen er von den Siegermächten wieder zum

Oberbürgermeister von Köln eingesetzt wird, einen Brief schreibt und sie bittet, nach Köln zurückzukehren und wieder zugunsten der Stadt tätig zu werden.

»Ihr Vater, emeritierter Professor an der Universität Frankfurt«, erinnert sich Adenauer in seinen Memoiren, »suchte mich in Neubabelsberg auf, wo ich damals wohnte, um sich von mir zu verabschieden.«[60] Tatsächlich wollte sich der Wissenschaftler seiner Tochter anschließen, der es zwischenzeitlich gelungen war, sich eine neue Existenz in den USA aufzubauen, und ebenfalls nach Amerika auswandern. Im Verlaufe seines Gesprächs erzählt Adenauer dem Frankfurter Professor von der großzügigen Hilfe Heinemans, der ihn vorübergehend aus seiner schwierigen Lage gerettet habe. Ohne Zögern bietet Kraus dem rheinischen Politiker ebenfalls einen Teil seiner eigenen Ersparnisse an. »Mich hat diese Geste zutiefst gerührt«, schreibt Adenauer. »Ich dankte ihm, nahm aber sein hochherziges Angebot nicht an.«[61] Dass ihm diese beiden Juden – Alois Kraus und Dannie Heineman – selbstlos gegenübergetreten sind, hat ihn auch zwei Jahrzehnte später bei der Arbeit an seinen Erinnerungen tief bewegt: »Ihre Handlungsweise mir gegenüber hat mich daran erinnert, dass ›Du sollst deinen Nächsten lieben wie dich selbst‹ im Alten Testament steht.«[62]

Heineman war es nach dem Zweiten Weltkrieg eher unangenehm, dass Konrad Adenauer diese Geschichte so deutlich als Beispiel seiner engen Beziehungen mit dem Judentum vorgebracht hat. Dies hat einen spezifischen Grund, der einen Teil der ganz besonderen Tragik der Judenverfolgung berührt, die Tatsache nämlich, dass die Assimilation der Juden in Europa so weit fortgeschritten war, dass so etwas wie eine jüdische Identität fehlte und deren Erneuerung erst von den Verbrechen der Nationalsozialisten wieder ausgelöst worden ist. Daher schreibt Heineman 1960 an Konrad Adenauer mit einem Anflug von Empörung: »Es ist merkwürdig, wie die jüdische Frage immer wieder zum Vorschein kommt. Ich glaube, es ist eine Frage, die niemals verschwinden wird.«[63] Für ihn sei es einfach natürlich gewesen, einem Freund zu helfen, und er hätte niemals über diese Sache gesprochen, wenn Adenauer es nicht selbst getan hätte.

Mit seinem ›Retter‹ Dannie Heineman bleibt Konrad Adenauer in den schwierigen Jahren unmittelbar nach der Machtergreifung in engem brieflichen Kontakt. Ihm schüttet Adenauer, der nicht zu denen gehört, die ihren Emotionen freien Lauf lassen, im Oktober 1933 in bemerkenswert offener Form in einem Brief sein Herz über seine Situation aus, die er als außerordentlich dramatisch empfindet: »Ich möchte meine Gemütsverfassung nicht mit vielen Worten schildern und mich damit begnügen, das eine zu sagen: wenn nicht meine Familie und meine religiösen Grundsätze wären, hätte ich lange meinem Leben ein Ende gemacht, es ist so wirklich nicht lebenswert.«[64]

Adenauer, der zupackende rheinische Kommunalpolitiker, der ›homo politicus‹ ist zum Nichtstun verdammt und in die gesellschaftliche Isolation geworfen. So vieler Handlungsmöglichkeiten beraubt zu sein, schmerzt ihn ganz besonders. Aber auch die anhaltende Empfindung einer möglichen Bedrohung für Leib und Leben, deren realer Kern sich im Zuge des Röhm-Putsches 1934 noch einmal in einer – wenngleich kurzen – Verhaftung manifestiert, die nachhallenden Rufe von »Adenauer an die Mauer« aus den Zeiten des Kommunalwahlkampfes bedrücken ihn sehr.

Dieser Brief an seinen jüdischen Freund Heineman zeigt, dass eine These, die der Adenauer-Biograf Henning Köhler aufgestellt hat, nicht zutrifft: Köhler behauptet, Adenauer habe nach der Machtergreifung nur einige »Unsicherheiten und Härten« zu ertragen gehabt, ansonsten sei ihm der NS-Staat als »weitgehend normales Gemeinwesen« begegnet, mit dem er »zähe verwaltungsrechtliche Auseinandersetzungen«[65] habe führen können; damit spielt Köhler auf die Bemühungen Adenauers um Zahlung seiner Pensionsansprüche an. Dass die soziale Isolation, die Adenauer unzweifelhaft als Begleiterscheinung seiner Verfolgung erfahren hat, für eine öffentliche Person extrem belastend sein kann, ist in dieser Einschätzung völlig ausgeklammert.

»Ihr Leben ist sowieso zu Ende« – Verhaftung durch die Gestapo

Wie falsch diese Einschätzung Köhlers ist, wird auch deutlich an der Tatsache, dass sich die Schlinge um Konrad Adenauer nach dem 20. Juli 1944 noch einmal deutlich enger zieht. Trotz aller politischen Zurückhaltung und trotz aller sorgsam geübten Distanz zu den Widerstandskämpfern, die immer wieder vergeblich versucht haben, ihn zur Mitwirkung zu bewegen – konkret wollte man ihn zwar nicht in einem Kabinett haben nach einem gelungenen Putsch, sondern in der Funktion als Oberpräsident der Rheinprovinz –, gerät er in die Fänge der Gestapo. Zumindest auf einer Liste, die in Widerstandskreisen kursiert, ist sein Name zu finden. Am 24. Juli 1944 führt die Gestapo eine Hausdurchsuchung in Rhöndorf durch. Im August wird Adenauer im Rahmen der Gestapo-Aktion »Gitter« verhaftet, zunächst in die Zentrale des Sicherheitsdienstes nach Bonn gebracht und dann mit der Rheinuferbahn ins Internierungslager auf dem Kölner Messegelände, wo er mit anderen politischen Gefangenen, Kleinkriminellen und russischen Kriegsgefangenen zusammengepfercht ist. Ob das Lager ein »fideles Gefängnis«[66] ist, wie es Henning Köhler, bezugnehmend auf eine Äußerung Adenauers, porträtiert, ist aus der Rückschau schwer zu beurteilen. Der Bericht des Arztes Viktor Lorscheid, der sich um Adenauer gekümmert hat, spricht allerdings eine andere, eine drastische Sprache: »Bei der Übernahme meiner Tätigkeit waren die hygienischen und sanitären Verhältnisse des Lagers grauenhaft. Die Insassen waren fast alle verlaust und trugen als Kleidung nur noch Lumpen.«[67] Auch wenn Adenauer als »prominenter Häftling« nach dem Bericht Lorscheids in einem besseren »Revier« des Lagers untergebracht wird, so erscheint die Charakterisierung als »fideles Gefängnis« doch fragwürdig.

Zu seinem ›Schutzengel‹ im Lager wird der Kommunist Eugen Zander, einst städtischer Angestellter in Köln, der vormals als Stadtgärtner sogar gelegentlich in Adenauers privatem Garten gearbeitet hatte, ihn also persönlich kennt. Eben jener Eugen Zander findet heraus, dass Adenauers Name in der Gefangenenkartei den Vermerk »Rückkehr unerwünscht« trägt, was im Klartext den Transport in ein Konzentrationslager bedeutet. Zander rät ihm, sich krank zu stellen. Das gelingt ihm offenbar überzeugend genug, sodass zwei Ärzte ihm eine »perniziöse Anämie«[68] bescheinigen.

Als »lager- und haftunfähig«[69] wird er in das Kölner Krankenhaus Hohenlind überwiesen, wo sich insofern ein Kreis schließt, als die Familie 1933 dort schon einmal Unterschlupf fand. Hier hält es ihn nicht lange, zu groß ist die Angst vor einer erneuten Verhaftungswelle. Während der absehbaren letzten Wochen des Krieges will er sich vor dem erneuten Zugriff der Gestapo versteckt halten.

An dieser Version äußert Henning Köhler Zweifel. Der Bericht von Eugen Zander, auf den sich die erste Biografie von Paul Weymar bezieht, sei »frei erfunden«[70]. Die Geschichte solle, so Köhler, die schweren Folgen rechtfertigen, die die nach seiner Ansicht unüberlegte Flucht Adenauers für seine Frau gehabt habe.

Tatsächlich erweist sich die Flucht zumindest für seine Angehörigen als ausgesprochen gefährliches Unterfangen, und Adenauer mag die Konsequenzen seines Handelns in der Tat katastrophal unterschätzt haben. Denn nach Adenauers Flucht aus dem Krankenhaus Hohenlind wird die Situation vor allem für Adenauers Frau Gussie bedrohlich. Prompt wird sie, nachdem die Flucht ihres Mannes bemerkt wird, von der Gestapo verhaftet und erst in Bad Honnef, dann in der Kölner Gestapo-Zentrale und schließlich im Gefängnis in Brauweiler massiv unter Druck gesetzt. Der Publizist Dieter E. Kilian beschreibt ihre Situation so: »Gussie Adenauer ist eine starke, tapfere und vor allem tief gläubige Frau, die den Schergen der Gestapo furchtlos gegenübertritt. Lange bleibt sie standhaft und bei ihrer Aussage, sie wisse nichts über das Verschwinden ihres Mannes, etwaige Helfer bei der Flucht und auch nichts über seinen jetzigen Aufenthaltsort. In der Gemeinschaftszelle im Keller wird sie von kriminellen Mitgefangenen und Prostituierten drangsaliert und durch die Wachmannschaft bisweilen schikaniert.«[71] Beim Bombenalarm in Köln wird sie erst als Letzte in den Luftschutzkeller gebracht.

Man droht ihr schließlich nach langer Zermürbungstaktik Sippenhaft für die jungen Töchter an. Derart bedrängt, gibt sie in ihrer Verzweiflung den Aufenthaltsort ihres Mannes preis. Mit diesem ›Verrat‹ wird sie psychisch nicht fertig, schluckt Schlaftabletten und öffnet sich die Pulsadern am linken Arm. Der Selbstmord der Verzweifelten scheitert, sie wird aufgefunden und überlebt. Von dieser Marter und dieser schrecklichen Erfahrung erholt sie sich aber auch in den folgenden Jahren psychisch wie physisch nicht, was ihren frühen Tod wenige Jahre später wohl mit verursacht.

Letztlich zeigt das aber – im Widerspruch zur These Köhlers – die Wichtigkeit, die die nationalsozialistischen Verfolger Adenauer beimessen. Aus welchem Grund sollte man Adenauers Frau derart drangsaliert und misshandelt haben, wenn Adenauer nur ein nachrangiges Ziel von NS-Verfolgung in einem für die Familie Adenauer weitgehend normalen Gemeinwesen gewesen wäre?

Adenauer wird durch die Gestapo in der abgelegenen Nistermühle im Westerwald aufgegriffen, wo er von der befreundeten Familie des Zentrumsmitgliedes Josef Roedig versteckt gehalten wird, und nach Brauweiler gebracht. Bei der Aufnahme in das Gefängnis, sagt ihm der örtliche Gestapo-Kommissar: »Bitte begehen Sie keinen Selbstmord. Sie würden mir dadurch die größten Scherereien verursachen.« Auf die Frage Adenauers, wie er auf die Idee komme, antwortet der Mann: »Sie sind jetzt 68 Jahre alt und Ihr Leben ist sowieso zu Ende.«[72] Adenauer beruhigt den Mann und bemerkt, dass er ihm keine Unannehmlichkeiten bereiten werde. Freilich weiß er, dass sein Leben und das anderer politischer Gefangener in einem Gestapo-Gefängnis in Gefahr ist.

Zu den ebenso grausamen wie eigentümlichen Umständen gehört, dass Konrad Adenauer, nachdem er von der Gestapo aufgegriffen wurde, ausgerechnet in das Gefängnis einfahren muss, in dem sich seine Frau auf dem Krankenrevier befindet. Beide müssen ihre Silberhochzeit getrennt voneinander im Gefängnis verbringen. Er bekommt sie Tage darauf kurz zu sehen, dann darf sie nach elf Tagen die Haft verlassen. Die Tochter Libet beschreibt die Dramatik der Szene des Wiedersehens eindrücklich: »Ich kam nach Brauweiler. Die Mutter wurde in das Besuchszimmer geführt. Ihr größter Wunsch war, bevor sie entlassen wurde, den Vater noch zu sehen. Dieses Zusammentreffen der Eltern war [...] für mich als junger Mensch tief ergreifend: der Vater in seiner mannhaften Güte, die Mutter in ihrer großen verzweifelten Traurigkeit.«[73]

»Für Adenauer selbst ist die Situation nun aber vollends kritisch geworden«[74], schreibt sein Biograf Schwarz und schildert, wie aussichtslos seine Lage zwischenzeitlich erschien. Damals sei ihm wie nie zuvor klar geworden, »dass es doch einen Teufel gibt, dass das Böse wirklich Macht hat«[75] – so Adenauer später gegenüber einem amerikanischen Journalisten, dem er grausige Szenen schildert: 27 von 67 Häftlingen seien hingerichtet worden, sogar Kinder im Alter von 16 Jahren. Da seine Zelle sich oberhalb des Raumes befindet, in dem die Misshandlungen stattfinden, bekommt er genau mit, was da an Grausamkeiten passiert. Adenauer weiß nur zu gut, dass mit jedem Meter, mit dem die amerikanischen Truppen näher an Köln rücken, seine Situation und die seiner Mithäftlinge dramatischer werden kann. Entweder es droht die Deportation in ein Konzentrationslager oder gar die Exekution. Dass diese Angst nicht gegenstandslos ist, zeigt sich an der Tatsache, dass kurz vor der Einnahme Kölns durch die Amerikaner im Gefängnis Klingelpütz noch neunzig politische Gefangene durch die Staatsmacht ermordet werden.

Adenauer schreibt in seinen Lebenserinnerungen: »Im Laufe der nächsten Wochen rückten die Amerikaner von Westen her näher auf den Rhein zu. Alle Insassen des Gefängnisses, darunter auch ich, wurden zu einer Mauer im Garten geführt, und man erklärte uns, sobald die Amerikaner die Erft [...] überschritten, werde man uns an diese Mauer stellen und uns erschießen. Man werde kurzen Prozess mit uns machen«.[76]

Mit dem Mut der Verzweiflung wirft sich die eigene Familie in die Bresche. Sein Sohn Max, seit 1943 Leutnant bei der »Abwehr«, geht mit ungewöhnlicher Tapferkeit direkt in die »Höhle des Löwen« und spricht in der berüchtigten Meineckestraße in Berlin in der Gestapo-Zentrale vor. Seinem Einsatz ist vermutlich Adenauers »Wunder« zu verdanken: Die Entlassung aus dem Gefängnis Ende November nach gut zwei Monaten Haft! Der Vater schreibt unmittelbar nach der Rückkehr in sein Haus in Rhöndorf: »Es war ein schöner Schluss meines Namenstages, mir war es wie ein Traum, dass ich wieder zu Hause war, und auch jetzt noch kommt es mir oft wie ein Traum vor. – Ich danke Dir noch einmal recht herzlich für Deine Mühe und Deine Geschicklichkeit, ohne Deine Hilfe wäre ich wohl noch in Brauweiler – wo, von allem anderen abgesehen, sich auch die immer näher rückende Front bemerkbar macht; es war hohe Zeit, dass ich fortkam.«[77]

Scheinbar blieb er danach für die letzten Kriegsmonate unbehelligt, aber sein Freund Robert Pferdmenges erzählt ihm 1960, dass er kurz vor dem Kriegsende doch auf einer Liste von Personen stand, die »vor dem

Rückzug zu erledigen seien«, und dass es über ihn gar eine Auseinandersetzung zwischen dem Kölner Gauleiter Grohé, der ihn am Leben lassen wollte, und dem Oberpräsidenten der Rheinprovinz, Gauleiter Josef Terboven, gegeben habe, der ihn ermorden lassen wollte. Lediglich der schnelle Rückzug der Gestapo aus Köln habe die Ausführung des Mordbefehls verhindert. Der Wahrheitsgehalt dieser Geschichte lässt sich schwer feststellen, und eine Schutzbehauptung Grohés ist nicht ganz auszuschließen.

Wie authentisch auch immer die Behauptung dieses letzten ›Damoklesschwertes‹ sein mag, das über seinem Kopf hing: Ganz sicher hat vor allem die jedenfalls bedrohliche Situation, in der sich Adenauer vor Kriegsende befunden hat, und insbesondere das schwierige Schicksal seiner Frau Gussie, ob von Adenauer durch seine Flucht mitverschuldet oder nicht, bei seinen späteren israelischen Gesprächspartnern immer wieder tiefen Eindruck hinterlassen und alle Zweifel an seiner Haltung zum Nationalsozialismus zerstreut. Eine Tatsache, die seine israelischen Freunde bei jeder sich bietenden Gelegenheit den Kritikern des deutsch-israelischen Aussöhnungskurses ›unter die Nase reiben‹ werden und die deshalb auch in der ungewöhnlichen politischen Freundschaft zwischen David Ben-Gurion und Konrad Adenauer eine Rolle spielt.

Der These, dass er – auch im Hinblick auf seine Bemühungen um eine Wiederannäherung an das jüdische Volk – mit der Hilfe seines offiziellen Biografen Weymar und in seinen Reden und den Memoiren selbst die Heroisierung seiner Haltung im Nationalsozialismus betrieben habe, widerspricht der Wortlaut einer Rede, die Adenauer in Köln kurz nach dem Krieg 1946 gehalten hat: »Ich habe mich seit 1933 oft geschämt, ein Deutscher zu sein, in tiefster Seele geschämt: vielleicht wusste ich mehr als manche andere von den Schandtaten, die von Deutschen an Deutschen begangen wurden, von den Verbrechen, die an der Menschheit geplant wurden.«[78] Ein durchaus bemerkenswertes Bekenntnis, weil man diesem Eingeständnis auch mit der nicht ganz unberechtigten vorwurfsvollen Frage begegnen könnte, warum er, wenn ihn sein Wissen so geplagt habe, zwischen 1933 und 1945 nicht deutlicher hörbar gegen die ihm bekannten Verbrechen vorgegangen oder wenigstens hinter den Kulissen aktiv geworden ist.

An seine guten Beziehungen zum Judentum knüpft er, unter den durch die Judenvernichtung tragisch veränderten Voraussetzungen, 1945 als wieder neu eingesetzter Bürgermeister an. Schnell versucht er »Rücktransporte« aus den Konzentrationslagern nach Köln zu organisieren und setzt sich dafür auch mit dem späteren Präsidenten des Zentralrates der Juden in Deutschland, dem Arzt und Auschwitz-Überlebenden Herbert Lewin, in Verbindung, der in den Anfangsjahren der Bundesrepublik zu einer der prägenden jüdischen Persönlichkeiten wird.

»Sehr bald nach Aufnahme meiner Arbeit in Köln«, so schreibt der rheinische Politiker im ersten Band seiner Memoiren, »gelang es mir, städtische Autobusse freizubekommen. Ich schickte diese nach Buchenwald, Dachau, Theresienstadt, um die aus Köln stammenden KZ-Häftlinge zurückzuholen. Ich vertrat nicht den Gedanken einer Kollektivschuld aller Deutschen, aber ich hielt uns alle für verpflichtet, das in der Vergangenheit auch an unseren deutschen Landsleuten geschehene Unrecht wiedergutzumachen, und es drängte mich, die armen Menschen aus den KZ-Lagern so schnell wie möglich in ihre Heimatstadt zurückbringen zu lassen.«[79]

Jenem Herbert Lewin, von dem er sich Unterstützung bei diesem Unterfangen erhofft, schreibt Adenauer zwei Jahre später einen eindrucksvollen Brief, der seine Haltung zur Zukunft jüdischen Lebens in Deutschland offenbart: »Den deutschen Juden ist unter dem Nationalsozialismus bitterstes Unrecht geschehen. Ich glaube, daß der weitaus größte Teil der deutschen Nicht-Juden mit mir darin übereinstimmt. Die Verfolgung der Juden unter dem Nationalsozialismus [...] ist in höchstem Grade verabscheuungswürdig. Ich habe so viel ausgezeichnete jüdische Männer und Frauen [...] kennengelernt – z.T. mussten sie emigrieren –, daß ich mich freuen würde, wenn sie möglichst bald nach Deutschland zurückkehren würden. Es versteht sich für mich von selbst, daß den jüdischen Gemeinden Genugtuung geschehen und daß ihnen nach Kräften geholfen werden muß.«[80]

Das war für Adenauer freilich keine Absage an den Wunsch vieler Juden, in das verheißene Land auszuwandern. Adenauer hat seine Sympathie für den Zionismus augenfällig zum Ausdruck gebracht. Wie sieht es aber nun mit seinem späteren Freund aus, der bis heute ja nicht nur als der Staatsmann gilt, der Israel zur Geburt verholfen hat, sondern der neben Herzl und Weizmann wie kaum ein anderer die Geschichte des Zionismus geprägt hat? Wie stark überlagert, wie deutlich bestimmt diese Gedankenwelt den Lebensweg David Ben-Gurions? Was bestimmt das Verhältnis Ben-Gurions zu Deutschland? Wie stark prägt der Holocaust seine Politik? Welche Spuren und Vorzeichen finden sich auf seinem Lebensweg für seine Intention, nach dem grauenhaften Massenmord an mehr als sechs Millionen Juden neue Beziehungen zum Nachkriegsdeutschland zu etablieren?

»Ein Wahnsinn namens Zionsliebe« – ein Zionist namens David Grün

Gemäß dem Bonmot »nomen est omen« nimmt die Namensgebung für den späteren Staatsgründer – zunächst die der Eltern und später die selbst bestimmte des hebräischen Nachnamens – gleichsam die historische Bedeutung seines berühmten Trägers vorweg: Der Vater, Avigdor Grün, ein frommer und gelehrter Kaufmann aus Płońsk – ein Ort in Polen, der damals aber zum russischen Zarenreich gehört – gibt ihm den Vornamen, der im jüdischen Bewusstsein so tief verankert ist wie kaum ein anderer, den Namen des Gründer- und Kriegerkönigs David, der als Jüngling Goliath tötet, damit die Philister im Zaum hält und der später als sieg- und ruhmreicher König Jerusalem erobern wird.

Diese Namenswahl mag auch daher rühren, dass der Vater schon früh infiziert ist von »dem grassierenden Wahnsinn namens Zionsliebe«[81], wie es Michael Bar-Zohar formuliert. Eine Liebe, die sich bald auf den Sohn überträgt, der im Alter von elf Jahren in der Synagoge des Ortes erstmals von jenem Mann hört, von dem man sagt, er werde, gleichsam wie ein Messias, das Volk Israel zurück in das Land der Väter führen: Theodor Herzl. In frühen Kindertagen bereits vererbte sich die Sehnsucht nach dem gelobten Land, die schon den Vater und den Großvater ergriffen hatte, auf den Sohn. Der Großvater lehrt ihn Hebräisch. Auch insgesamt wird schnell offenbar, dass der – anders als sein Vater und Großvater – kleingewachsene und eher kränkliche Junge, der neben der klassischen jüdischen Erziehung auch eine staatliche russische Schule besucht, außerordentlich begabt ist.

Das bewegt den Vater zu einem ungewöhnlichen Schritt, den er ohne Wissen seines Sohnes geht und der zeigt, wie sehr Avigdor Grün davon überzeugt ist, dass sein Sohn eines Tages eine herausgehobene Rolle spielen könnte. Am 1. November 1901 – David ist gerade 15 Jahre alt – schreibt der Vater an Theodor Herzl: »Ich habe mich entschlossen, Seiner Hoheit mein Herz auszuschütten.« Obwohl er der Geringste »unter den Tausenden Israels« sei, habe Gott ihn »mit einem großen Sohn gesegnet, der seine Studien mit Eifer betreibt. Noch in der Blüte seiner Jugend, [...] steckt er bereits voller Wissen und Gelehrsamkeit und beherrscht neben unserer Zunge, der hebräischen Sprache, auch die Staatssprache, Mathematik und mehr, seine Seele dürstet nach Wissen. Aber weil er ein Jude ist, bleibt ihm jede Hochschule oder Universität verschlossen. Ich habe mich daher entschlossen, ihn für ein wissenschaftliches Studium ins Ausland zu schicken. Mehrere Menschen gaben mir den Rat, ihn nach Wien zu schicken, wo es ein Zentrum für jüdische Gelehrsamkeit gibt, eine höhere Lehranstalt für Rabbiner.«[82] Aus diesen hochfliegenden Plänen des Vaters für den Sohn wird nichts. Der Brief wird von dem jüdischen Hoffnungsträger und Präsidenten der Zionistischen Organisation niemals beantwortet, und der Vater erzählt seinem Sohn nie von diesem Brief.

Tatsächlich hat Herzl nicht nur als Vater des Zionismus, sondern auch im negativen Sinne eine katalytische Wirkung auf den früh geborenen Plan David Grüns, nach Palästina auszuwandern. Die große Verehrung Herzls im Płońsker Freundeskreis von Ben-Gurion leidet deutlich unter dem zwischenzeitlichen Plan des obersten Zionisten, den Judenstaat in Uganda anzusiedeln, den dieser freilich nur entwickelt hat, um nach Pogromen einen kurzfristigen Lösungs- und Rettungsweg für die Juden aufzuzeigen. Das Unglück, das die Freunde Davids »Ugandismus« nennen, so glauben sie, kann man am wirkungsvollsten bekämpfen, indem man sich selbst auf den Weg nach Israel macht, dort lebt und damit vollendete Tatsachen schafft. »In meinen Augen«, so schreibt er an seinen Vater, »ist die Besiedlung des Landes der einzige wahre Zionismus. Alles Übrige ist Selbsttäuschung, leeres Gerede und reiner Zeitverlust.«[83]

Der junge David Grün ist ambivalent, eine ebenso entschlossene wie auch zerstreute ›romantische Seele‹. In Warschau, wo er eigentlich ein Ingenieurstudium anstrebt, lässt er sich ein Jahr treiben, er schreibt Gedichte, er verliebt sich. Und er diskutiert sich mit anderen den Kopf über den Zionismus heiß.

Früh wird dabei sein rednerisches Talent deutlich. »Die Göttin der Beredsamkeit habe ihn, wie man das seinerzeit im alten Griechenland auszudrücken pflegte, auf den Mund geküsst«[84], so schreibt Hans-Peter Schwarz in einem kurzen Porträt über Ben-Gurion. Ein Talent, das ihn in revolutionären Zeiten zumindest aus der Perspektive des russischen Staates verdächtig macht und ihn – wenn auch nur für kurze Zeit – ins Gefängnis bringt. David Grün ›landet‹ da nicht zuletzt auch deshalb, weil er von Anfang an sein Talent für eine ›Ehe‹ zweier Ideologien einsetzt, für die er sich gleichermaßen intensiv begeistert: Für den Zionismus und den Sozialismus. Er tut das, indem er sich der 1905 gegründeten Poale Zion als jüdischer Arbeiterpartei anschließt.

Diese neue Bewegung sieht im Zionismus »das höchste Ziel aller jüdischen Bestrebungen und im Sozialismus den idealen Rahmen für eine gerechte Gesellschaftsordnung, wie sie in der künftigen Heimat der Juden errichtet werden sollte.«[85]

Die Kombination und Verflechtung der beiden Vorstellungen ist für ihn entscheidend, nicht das Nebeneinander. In Warschau erlebt er die ersten Vorboten der russischen Revolution. Sein Blick auf diese epochalen Geschehnisse ist zwiegespalten: »Ich war ein Revolutionär«, so sagt er später, »aber als die Revolution ausbrach, blieb eine Leere in meinem Herzen. Denn ich wusste, die Revolution würde vielleicht Russland befreien, nicht aber das jüdische Volk.«[86] Diese ›Befreiungstheologie‹ von Ben-Gurion verknüpft sich eng mit der Vorstellung, dass das jüdische Volk von Gott auserwählt ist. Mit Hilfe des Sozialismus sollen die Juden nach dieser Vorstellung den Weg zum »neuen Jerusalem« weisen, wo Gleichheit und Brüderlichkeit herrschen.

Damit stand er unter den jungen Anhängern der Idee, sich im gelobten Land anzusiedeln, bei Weitem nicht alleine da. Von den meisten Zionisten seiner Generation, die im Palästina der osmanischen Zeit ankommen, unterscheidet David Grün jedoch eine entscheidende Tatsache: Oft ist der Aufbruch in das verheißene Land verbunden mit dem Aufbegehren gegen die Eltern und als ein Fanal gegen das Leben in der Diaspora zu verstehen. Der spätere Staatsgründer hat einen solchen Hintergrund hingegen nicht. Im Gegenteil: Er ist schon Zionist in der dritten Generation, beherrscht die hebräische Sprache perfekt. Einen Anlass zur Rebellion gegen die Eltern gibt es nicht. Ein Foto vor der Abreise nach Palästina zeigt einen stolzen Avigdor Grün. Es gab keine Ursache für eine Flucht aus dem gewohnten Umfeld, in dem es keine bittere Armut gab. Ebenso blieb Płońsk von besonders schlimmen Pogromen, die im zaristischen Russland an der Tagesordnung waren, verschont.

»Vielleicht lag hier der Grund, weshalb David mit so viel Ruhe und Selbstvertrauen den einmal gewählten Weg verfolgte«[87], schreibt sein Biograf Michael Bar-Zohar. Das mag zutreffen, aber es hindert den Politiker und Staatsmann David Ben-Gurion später nicht daran, ein anderes Bild zu zeichnen, das besser zum allgemeinen Narrativ passt. Gerne spricht er immer wieder vom Leben im Ghetto, vom Leben in der Diaspora, das »nur aus Leid und Armut besteht«[88]. Diese Schilderung aber spiegelt die Realität seiner eigenen Lebenswelt nicht wider.

»Meine Füße im Staub, mein Haupt in den Sternen« – die Reise ins gelobte Land

An Sendungsbewusstsein mangelt es dem jungen Zionisten kaum. Im Jahr 1906 verlässt der junge Mann, gerade zwanzig Jahre alt geworden, das Holzhaus seiner Eltern in der Ziegengasse des polnischen Płońsk. Im palästinensischen Jaffa im alten Hafen angekommen, soll er gesagt haben: »Meine Füße im Staub, mein Haupt in den Sternen.«[89] Ein Satz, der sein Selbstbewusstsein ebenso umschreibt wie die Tatsache, dass der Schritt in das gelobte Land für ihn eine echte Erfüllung der Verheißung ist.

Was die Füße im Staub betrifft, so beschreibt die Metapher die schwierige und entbehrungsreiche Situation der ersten Jahre David Ben-Gurions in Palästina. Das verheißene Land ist vor allem eine Zumutung und

Herausforderung: Weitgehend unfruchtbar, mit Sumpfgebieten und Malaria-Mücken en masse, die auch den jungen Zionisten anstecken, und ein Mangel an einträglichen Möglichkeiten, einer Arbeit nachzugehen. David Ben-Gurion muss in den ersten Jahren nach seiner Ankunft in Jaffa als Tagelöhner auf dem Land von Juden arbeiten, die sich bereits einen gewissen Wohlstand erwerben konnten. Er hungert, weil der Lohn nicht reicht. Hilfe vom Vater aus Płońsk, der ihm einen bescheidenen Geldbetrag schickt, lehnt er aus Stolz ab. Die schon vorhandene Sympathie für ein sozialistisches Gesellschaftssystem und die Aversion gegen eine bourgeoise Mentalität scheinen sich in dieser Zeit weiter zu verstärken.

Nach der Ankunft in Jaffa, das er »schlimmer als Płońsk« findet, erlebt er dann an seiner ersten Station Petach Tikwa ein Wechselbad der Gefühle: Mal ist der Zionist »himmelhochjauchzend« und jubelt »hingerissen vor Glück« über die neue Heimat und alle neuen Erlebnisse, »als schwebte ich im Märchenreich. Die Seele stürmt, und nur ein Gefühl mit dem Namen ›da bin ich in Eretz Israel‹ beherrscht mein Inneres, und ich grüble immer noch: Ist das wirklich?«[90] Auch die ersten Briefe an den Vater im fernen Polen zeugen von dieser freudigen Erregung. Er erzählt von Sonnenuntergängen, die man so nur in »Eretz Israel« erleben könne. »Mein Befinden und Aussehen sind sehr gut«[91], beruhigt er den Vater.

Nur kurze Zeit später ist er »zu Tode betrübt« und verfällt eher in eine depressive Grundstimmung: Ihn plage »seelische Einsamkeit«.[92] Unter den Massen seiner Bekannten finde er nicht den »teuren Freund und Bruder, nahe und verbunden im Geist, in Herz und Seele«.[93] Die harte körperliche Arbeit tut ihr Übriges, um diese Stimmung zu verstärken. »Ben-Gurion war kein guter Landarbeiter und liebte diese Arbeit auch nicht«[94], befindet Tom Segev. Das hindert ihn nicht daran, später auch in seinem geliebten Kibbuz Sde Boker das Bauerndasein zu romantisieren und zu glorifizieren.

Er dient gar dem Vater das Bauerndasein als Verheißung an. In einem »rein praktischen Brief, einem kolonialen Ansiedlungsvorschlag«[95] rät er ihm, auch nach Israel zu kommen, ein Stück Land zu kaufen und Bauer zu werden. Unweit des Ortes Ramle schien er schon einen konkreten Platz im Sinn zu haben, an dem sein Vater Mandelbäume pflanzen sollte. Der Vater dachte gar nicht daran. Für Ben-Gurions Biografen Tom Segev war das »kein ernsthaftes Arbeitsprogramm, sondern Ausdruck der Eingewöhnungsschwierigkeiten und des Heimwehs eines einsamen jungen Mannes in einem fernen Land«[96]. An seinem Stolz ändert das nichts und seine Therapie gegen die Einsamkeit ist bald von zweierlei Medikament geprägt: »Schreiben und Politik«[97].

Auch der Name, den er sich gibt, nachdem er 1910 in die Redaktion der Zeitschrift *HaAchdut* (»Einheit«) aufgenommen wird, spiegelt dieses Selbstbewusstsein wider. Unter seinen ersten Beitrag setzt er den Namen Ben-Gurion. Diesen Namen trägt er fortan. Es ist durchaus üblich, den Neuanfang im gelobten Land auch mit einer hebräischen Namenswahl zu manifestieren. Ben-Gurion heißt übersetzt »der junge Löwe«. Vor allem scheint der Name eine Hommage an Joseph Ben-Gurion, eine legendäre Gestalt der jüdischen Geschichte, zu sein: Beim heroischen Aufstand gegen die Römer im ersten Jahrhundert nach Christus hatte Joseph Ben-Gurion als großer Militärführer eine bedeutende Rolle gespielt. Er sei, so Michael Bar-Zohar, »wegen seiner Kühnheit und Aufrichtigkeit, wegen seiner Liebe zu seinem Volk und seines leidenschaftlich geführten Freiheitskampfes«[98] unvergessen. Auch der wichtigste Kronzeuge jener Zeit, der jüdisch-römische Geschichtsschreiber Flavius Josephus, schreibt, er sei ein »guter Volksführer und erfüllt von Freiheitsliebe, mehr als alle anderen Juden«[99]. Dass der jüdische Nationalheld aus der Zeit des zweiten Tempels ein »gescheiterter Held«[100] ist, der in Jerusalem von Fanatikern ermordet wird, wohl auch wegen seiner »offenherzigen Rede«[101], wie Flavius Josephus berichtet, übersieht der junge Zionist geflissentlich.

Was die Politik betrifft, so kommt ihm zugute, dass er trotz seines jungen Alters bereits aus der Warschauer Zeit über Erfahrungen verfügt. Dies unterscheidet ihn von den meisten seiner Mitstreiter signifikant. Seine Partei, die Poale Zion, die klein und einflusslos ist, trifft sich im Oktober 1906 zu einem Parteitag. Ben-Gurion, der bereits in Polen einen Parteitag erlebt und die Besonderheiten einer solchen Versammlung kennengelernt hat, wird prompt zum Vorsitzenden des Parteitages gewählt und sammelt Leitungserfahrung. Den Parteitag nutzt er für einen Vorschlag, der schon deutlich auf seine spätere Tätigkeit verweist: Er regt die Gründung eines allgemeinen Gewerkschaftsbundes an.

Seine große politische Begabung wird dabei offenbar. »Die große Klappe, die flinke Feder, Organisationstalent, ein vorzügliches Gedächtnis und taktische Versiertheit bilden auch im damaligen Palästina das wichtigste Betriebskapital eines erfolgreichen Gewerkschafters und Parteipolitikers«[102], so schreibt Hans-Peter Schwarz über Ben-Gurion.

In der gleichen Zeit muss David Ben-Gurion erleben – auch diese Erfahrung wird ein Teil seiner politischen Arbeit werden –, dass der zionistische Satz, Israel sei ein Land ohne Volk für ein Volk ohne Land, wenigstens naiv ist. Sein Mitstreiter, unter anderem bei den Wiedergutmachungsverhandlungen mit Deutschland, Moshe Sharett, bringt das später klar auf den Punkt: »Wir kommen nicht in ein menschenleeres Land, um es zu erben, sondern wir kommen, um ein Land von dem Volk zu erobern, das es bewohnt.«[103] Ben-Gurion betrachtet die Araber zunächst vor allem als Konkurrenz für die hebräischen Arbeiter auf den Höfen und lehnt deren Einstellung als Tagelöhner ab.

Er soll aber bald einen Eindruck vom schwelenden Konflikt zwischen den jüdischen Siedlern und den Arabern bekommen, der ihn nicht mehr loslassen wird. In der Siedlung Sedjara in der Nähe des Sees Genezareth, einem Ort, der wegen seiner Schönheit erneut Begeisterungsstürme in ihm auslöst, macht er eine prägende Erfahrung: Über die Bewachung des Dorfes geraten die jüdischen Einwohner in Streit mit arabischen Nachbarn. Es kommt zu Auseinandersetzungen mit Schusswechseln und mit Toten. Bei Ben-Gurion bewirkt das Ereignis eine doppelte Erkenntnis: Zum einen, dass man die drohende Gefahr nicht unterschätzen dürfe und sich für die Auseinandersetzungen wappnen müsse. Seitdem ist er fest davon überzeugt, dass es einer eigenen jüdischen Streitmacht bedarf. Zum anderen muss er erleben, dass ihn die Kollegen in der Landarbeiterbaracke der Siedlung nicht in die Selbstschutzorganisation Hashomer aufnehmen wollen, weil man glaubt, dass er mit den Gedanken nicht bei der Sache sei.

Ein bemerkenswertes Detail ist die Tatsache, dass die Organisation Hashomer aus der Untergrundorganisation Bar Giora in Sedjara hervorgegangen ist. Sie hatte sich nach der historischen Figur des Schimon Bar Giora benannt, der – nach dem Geschichtsschreiber Flavius Josephus[104] – der gewalttätige Anführer einer Terrorgruppe war, welche die Römer vertreiben und die Herrschaft im Land erringen wollte. Diese Truppe war es, die den legendären Joseph Ben-Gurion ermordet hatte. Auf diese Weise konnte David Ben-Gurion seine Abneigung gegen die gegenwärtige Organisation Bar Giora und den Hashomer nahtlos in seine neue Identität einfügen, eine Einschätzung, die auch Tom Segev teilt.[105]

»Ein osmanischer Patriot« – Vertretung der jüdischen Interessen

Von Jerusalem aus, wo er in ärmlichen Verhältnissen ein Kellerzimmer bewohnt und für die Zeitung *HaAchdut* arbeitet, nimmt der politische Realist bald das Verhältnis zur gegenwärtigen Regierungsmacht im Land in den Blick. Bereits Ende des Jahres 1910 spricht er sich dafür aus, eine nationalstaatlich orientierte Organisation zu gründen, deren Ziel es sein soll, die Interessen der Juden im Osmanischen Reich zu vertreten. Wie Tom Segev berichtet, spielt er höchst selbstbewusst mit dem Gedanken, die Juden Palästinas im türkischen Parlament zu vertreten und vielleicht sogar einmal Minister für jüdische Angelegenheiten in einer türkischen Regierung zu werden.[106] Schnell lernt er in Saloniki die türkische Sprache, um dann kurze Zeit später sein Studium der Rechte an der Universität in Istanbul aufzunehmen, zu dem er nur mithilfe eines gefälschten Abiturzeugnisses zugelassen wird.

In Istanbul beweist er politische Hellsichtigkeit und glaubt, dass man vor einem »europäischen Krieg«[107] stehe: »Jedenfalls stehen wir eindeutig vor enormen historischen Ereignissen, die das politische Leben Europas auf eine neue Bahn lenken werden.«[108] Er sagt das zu einem Zeitpunkt, als nirgendwo, auch nicht in Theodor Herzls Wien, jemand etwas von der drohenden Gefahr eines Krieges wissen will, der Europa grundlegend verändern wird.

Dann bricht der Krieg tatsächlich aus. David Ben-Gurion befindet sich zu dieser Zeit wieder in Jerusalem. Als »osmanischer Patriot«[109] mit Fez und türkischem Oberlippenbärtchen braucht er lange, um zu begreifen, dass sich die Deportationswellen der Osmanen in Palästina[110] auch und vor allem gegen die Juden richten. Seine Zeitung wird verboten. Er selbst wird kurze Zeit später verhaftet und nach Ägypten ausgewiesen. Zugleich wird er von der Universität Istanbul exmatrikuliert. Der Traum, Rechtsanwalt zu werden, muss erst einmal ad acta gelegt werden.

Von Ägypten aus zieht es ihn in die »Neue Welt«. Der Ankunft in New York fiebert er fast ebenso intensiv entgegen wie seinerzeit seiner Einwanderung nach Israel. Hier wird er als Vortragsredner für die zionistische Sache von der Poale Zion weitergereicht. Ansonsten stürzt er sich in das Studium der englischen Sprache. In der New York Library macht er sich mit dem amerikanischen politischen System vertraut. Aber er schreibt auch mit seinem Freund Ben Zvi und anderen zwei Bücher, die sehr erfolgreich werden: Jizkor, »eine Schilderung des Lebens in Palästina«[111], aber auch der Ereignisse in Sedjara. Und: »Eretz Israel, eine Darstellung des Landes Israel«[112]. In New York lernt Ben-Gurion seine spätere Frau Paula kennen, eine OP-Schwester, die sich in den jungen Pionier aus Płońsk verguckt. Später erinnert sie sich: »Trübe Augen, schäbiger Anzug. Sobald er aber den Mund aufmachte, wusste ich, dass er ein bedeutender Mann war.«[113]

Er heiratet sie in New York, schreibt ihr später leidenschaftliche Briefe, aber so wie sein ganzes Leben von Stimmungsschwankungen durchzogen ist, so ist auch die Ehe vor allem für seine Frau Paula alles andere als einfach. Von der jungen Frau, die keine Zionistin ist, verlangt er, mit ihm nach Palästina zu gehen. Vor allem aber wird er ihr immer wieder untreu. »Gelegentlich reitet ihn bei seinen langen Abwesenheiten von zu Haus der Teufel«[114], schreibt Hans-Peter Schwarz. Und die andere, vielleicht noch mächtigere Geliebte, mit der Paula Ben-Gurion ihren Mann teilen muss, ist und bleibt die Politik. Sein privates Glück will er nicht über seine nationalen Träume stellen. Amos Elon bringt das Dilemma in einem treffenden Satz auf den Punkt. Ben-Gurions Briefe an Paula gewähren »Einblick in den Charakter eines Mannes, der seiner Politik so verpflichtet und von seinem Traum so absolut besessen war, dass alles Menschliche außerhalb der ›Idee‹ zur bloßen Trivialität wurde.«[115]

Die beiden Eheleute müssen sich bald nach der Hochzeit verabschieden, weil die Erklärung des britischen Außenministers Lord Arthur Balfour 1917 alles ändert. Der britische Politiker teilt in dem bereits erwähnten[116] epochalen Schreiben mit, dass »die Regierung seiner Majestät die Gründung einer nationalen Heimstatt für das jüdische Volk mit Wohlwollen betrachtet und mit ganzer Kraft dafür eintreten werde, die Erreichung dieses Ziels zu erleichtern«[117]. Die Begeisterung für diesen Schritt, der sich von britischer Seite auch als Signal an jene Juden richtet, die immer deutlicher Sympathien für Deutschland bekundeten, ist immens.

Ben-Gurion bleibt kühl und ist, so Michael Bar-Zohar, vermutlich der »einzige, der im allgemeinen Jubelchor für Dissonanzen sorgt«[118]. Vor allem fürchtet Ben-Gurion, der ewige Streiter und leidenschaftliche Kämpfer, aber auch der kühle Taktiker Ben-Gurion, dass damit der Eifer für die Errichtung des eigenen jüdischen Staates erlahmt. Unmissverständlich macht er klar: »Die Engländer haben eine großzügige Geste gemacht; sie haben uns als Nation anerkannt und unser Recht auf das Land bestätigt, aber nur das hebräische Volk kann dieses Recht in ein greifbares Faktum verwandeln. Nur dieses Volk wird es sein, das mit Leib und Seele, mit seiner Kraft und seinem Kapital die ›nationale Heimstatt‹ errichtet und die nationale Befreiung herbeiführt.«[119]

Der Traum von der jüdischen Legion – Ben-Gurion als Soldat

Obwohl Ben-Gurion in Bezug auf die Errichtung des Staates Israel abwartend bleibt, so sieht er doch durch den Kriegsverlauf, aber auch durch die britische Positionierung den Moment für den Aufbau einer jüdischen Legion gekommen – eine Idee, die er schon seit Langem engagiert verfolgt. Erstmals tastet sich Ben-Gurion an die Weltpolitik heran und versucht diesen Plan über den jüdisch-amerikanischen Obersten Richter Louis Brandeis an den US-Präsidenten Woodrow Wilson weiterzuleiten. Er scheitert, aber was er nicht schafft, das gelingt seinem späteren Gegenspieler Wladimir »Zeev« Jabotinsky: Innerhalb der britischen Armee werden 1917 jüdische Bataillone aufgestellt.

Es verwundert nicht, dass sich Ben-Gurion umgehend als Freiwilliger meldet. Schnell macht der frischgebackene Soldat auf sich aufmerksam und wird, gleichsam als Wiedergutmachung des Schicksals für die Ablehnung des Hashomer, schon bald zum Korporal befördert. In Port Said wartet er auf seinen Einsatz und darauf, die osmanischen und die mit ihnen verbündeten deutschen Streitkräfte aus Palästina zu verdrängen, aber seine Kampfeslust wird nicht befriedigt. Noch bevor sein Bataillon die Front erreicht, wird die türkische Armee geschlagen. Die britische Besetzung Palästinas beginnt. Nachdem die Osmanen ihn nur drei Jahre zuvor verbannt hatten, kann er nach Palästina zurückkehren.

Hier macht er sich umgehend ans politische Werk, verlässt ohne Erlaubnis das Militärlager und wird dafür degradiert. Aus dem Zusammenschluss seiner Poale Zion mit dem HaPoel HaZair entsteht der HaAchdut HaAwoda, noch immer ein kleiner Player in der Politik. Wichtiger für ihn ist zu diesem Zeitpunkt die Gründung der Gewerkschaft Histadrut. Sie wird die wichtigste Basis seiner politischen Arbeit und ist sein Mittel, um den Zweck eines Judenstaates zu erreichen, der im Inneren seinem hehren Ideal von Gerechtigkeit folgt. Das ist seine Vision für die Zukunft.

Visionäre gibt es im gelobten Land unter den Zionisten wie Sand am Meer, politische Begabungen gibt es ebenfalls zuhauf. »Doch wie zur gleichen Zeit Lenin oder Trotzki in den Reihen der Bolschewiki, gehört Ben-Gurion zu jener viel selteneren Gruppe von Visionären, die etwas davon verstehen, wie man Visionen umsetzt, Anhänger begeistert und Gegner ausmanövriert. Anders als die bolschewistischen Berufsrevolutionäre ist er aber ein echter Arbeiterführer, der Schwielen an den Händen hat, deshalb nur selten die Bodenhaftung verliert und trotz zeitweiliger Flirts mit den kommunistischen Ideen ein Demokrat bleibt«[120], so beschreibt Hans-Peter Schwarz den zionistischen Politiker pointiert.

Diese Bodenhaftung ist eine Gemeinsamkeit mit seinem späteren Freund Konrad Adenauer; bei dem rheinischen Patriarchen speist sie sich aus der Verankerung in seiner Heimatregion und im katholischen Glauben. Es gibt viele weitere charakterliche Ähnlichkeiten, aber auch deutliche Unterschiede. Tom Segev beschreibt, dass David Ben-Gurion eine Eigenschaft, über die Konrad Adenauer bis ins hohe Alter verfügte, fehlte: der feine, manchmal spöttische, oft subtile, sehr durch seine rheinische Heimat geprägte Humor. »Die Kunst des Humors«, so Segev über Ben-Gurion,

»war ihm fast völlig fremd. Brachte er einmal etwas Erheiterndes, schickte er ihm eine Art Rechtfertigung voraus in dem Stil: ›Ich sagte einmal‹, als sollte man nur alte Weisheiten oder aber Zitate anderer bringen.«[121] Alles, was der Zionistenführer Ben-Gurion zu sagen habe, sage er in Vorträgen und Reden, ohne mit dem Publikum in einen Dialog zu treten, und vor allem sage er alles sehr ernst. Auch das ist Ausdruck der distanzlosen Leidenschaft, mit der er sein Ziel verfolgt.

Beeindruckt aber äußert sich Tom Segev auf der Basis seiner Forschungen über die Überzeugungskraft Ben-Gurions: »Manche waren anderer Meinung als er, aber keiner konnte seine Worte leichthin abtun. Die tiefe Überzeugung, die bei ihm durchklang, beeindruckte sein Publikum.«[122] Ein Satz, den man über den Redner Adenauer, der nicht immer rhetorisch brillant, immer aber als das erschien, was man heute »authentisch« nennt, auch hätte sagen können.

Im Januar 1952 macht der *Spiegel* David Ben-Gurion zum Titelhelden und widmet ihm einen ausführlichen Leitartikel, in dem eine detaillierte Charakterisierung des israelischen Politikers zu finden ist. Darin heißt es, zunächst sei sichtbar, dass Ben-Gurion seine politischen Grundsätze aus tieferen Bewusstseinsschichten als denen der Tagespolitik beziehe. Er empfinde sich vielmehr als Vollstrecker des religiösen und nationalen Erbes seines Volkes. Eine Eigenschaft, die seine Gegner als »Messias-Komplex«[123] diffamierten. Tatsächlich schreibt David Ben-Gurion mit ungebremstem Selbstbewusstsein in eines seiner unzähligen Tagebücher: »Ich voran, Ihr mir nach – denn ich verwandle für Euch und mit Euch abstrakte Gedanken in sicht- und fassbare Tat.«[124] Das kann als eine Paraphrase des berühmten Diktums des zionistischen Übervaters Theodor Herzl gelesen werden: »Wenn Ihr wollt, dann ist es kein Märchen.«[125]

Schon sehr früh in seiner beruflichen Karriere wird dieser klar artikulierte Führungswille sichtbar, noch vor der eigentlichen parlamentarischen und politischen Tätigkeit Ben-Gurions. Was sich bei Konrad Adenauer in der Zeit seiner kommunalpolitischen Tätigkeit in Köln entwickelt, Führungswille und Führungskompetenz, das erwirbt Ben-Gurion bei seiner Arbeit in der Gewerkschaft Histadrut, deren Generalsekretär er von 1921 bis 1933 ist. Ein Funktionär, den der *Spiegel* zitiert, beschreibt bereits damals, was seine Qualitäten als »Leitfigur« wirklich ausmacht: »Ben-Gurion ist ein Führer« und: »Ein Führer ist ein Mann, der die historischen Bedürfnisse seines Volkes in Taten und Gedanken zum Ausdruck bringt, selbst wenn diese Bedürfnisse dem Volke, dargestellt in seinen Parteien, unsichtbar bleiben.«[126]

Im Unterschied zum diktatorischen Führergedanken zielt diese Formulierung auf eine echte Orientierung am Volkswillen. Sie, so der *Spiegel,* definiere zutreffend Ben-Gurions Position in der israelischen Politik. »Es ist die eines alttestamentarischen Propheten: zu gleicher Zeit bewundert und gefürchtet, geliebt und verhasst. Bewundert und geliebt wegen der großen Impulse, die von ihm ausgehen, gefürchtet und verhasst wegen des Zwanges zu Entbehrungen, Mühsal und Opfern, den er repräsentiert.«[127]

Beide Sätze, vor allem die Charakterisierung, die der Funktionär der Gewerkschaft abgibt, lassen sich auf Konrad Adenauer ebenso anwenden wie auf David Ben-Gurion. Beide vermögen Entscheidungen, die hoch umstritten sind und die zunächst keine Mehrheit in der Breite der Bevölkerung finden, wie das in Deutschland beispielsweise bei der Wiederbewaffnung der Fall ist, dennoch überzeugend umzusetzen.

»Wladimir Hitler« – der Kampf mit den Revisionisten

In den frühen Jahren als Politiker kommt diese Führungskraft von David Ben-Gurion vor allem als Streitlust daher, insbesondere wenn es um die Auseinandersetzungen mit seinen stärksten Herausforderern geht, den Revisionisten. Anders als Ben-Gurion und seine Parteigenossen lehnen die Revisionisten um Wladimir Zeev Jabotinsky die von Ben-Gurion propagierte Verbindung des Sozialismus und des Zionismus zumindest vordergründig rundheraus ab. Dabei orientieren sie sich durchaus an den bürgerlichen und nationalen Bewegungen in anderen Ländern und nachweisbar auch an den Faschisten in Italien. Gegenseitig verunglimpft man sich nach der Machtergreifung der Nationalsozialisten mit Hitler-Vergleichen. Der Histadrut heften die Revisionisten das ›rote Hakenkreuz‹ an. Ben-Gurion wiederum ›fährt‹ in seinem Wahlkampf eine ›steile Kurve‹. Während er auf die Situation in Deutschland eingeht, weist er darauf hin, dass die »Abgesandten des Hitlerismus«[128] auch in der zionistischen Bewegung agierten. In einer Versammlung nennt er seinen Kontrahenten Jabotinsky sogar »Wladimir Hitler«[129].

Den Mord an seinem Mitstreiter Chaim Arlosoroff lastet Ben-Gurion den Revisionisten an, kurzfristig wird Jabotinsky verhaftet; später wird Abraham Stavsky für die Tat verurteilt, das Urteil kurz danach jedoch wieder aufgehoben. Bis heute ist unklar, wer der Attentäter war.

Die heftigen politischen Auseinandersetzungen zwischen den Zionisten Ben-Gurion'scher Prägung und den Revisionisten Jabotinskys, die auch aus persönlichen Antipathien, aus unterschiedlichen strategischen Blickwinkeln und verschiedenartigen Sozialisationen herrühren, verstellen den Blick darauf, dass die Unterschiede zwischen beiden Richtungen bei Lichte betrachtet relativ marginal sind: Ben-Gurion ist ebenso militaristisch und nationalistisch eingestellt wie Jabotinsky, beide träumen von einer jüdischen Legion. Beide wissen, dass die Araber sich nicht einfach mit der Errichtung eines jüdischen Staates abfinden würden und dass deshalb die Existenz dieses Staates entscheidend davon abhinge, ob es gelänge, die Sicherheit seiner Bürgerinnen und Bürger gegen Angriffe zu gewährleisten.

Selbst bei den wirtschaftspolitischen Ansichten sind die Abweichungen zwischen den kontrahierenden Gruppen und ihren Köpfen Jabotinsky und Ben-Gurion vergleichsweise gering. Jabotinsky ist eher ein Kapitalist, der jedoch staatliche Elemente nicht ablehnt. Ben-Gurion ist ein selbst ernannter Sozialist, der aber Privatinitiative und Privateigentum nicht ablehnt. Unter dem Strich ist in diesen Jahren der Auseinandersetzung vielmehr das Streben nach Macht die Motivation, die beide auseinandertreibt. In den Jahren der Bedrohung von außen aber nehmen sich beide die Zeit und die Kraft, einander näherzukommen und das Kriegsbeil wenigstens zeitweilig zu begraben. Dabei tritt eine Eigenschaft Ben-Gurions zutage, die ihn wiederum mit Adenauer verbindet. So unnachgiebig, so nachtragend und streitlustig beide Politiker sind, so sind sie doch an der richtigen Stelle unvoreingenommen. Dass sich Ben-Gurion, obwohl das Tischtuch eigentlich zerschnitten ist, mit einem Konkurrenten buchstäblich an einen Tisch setzen kann, das ist eine besondere Fähigkeit, die es ermöglicht, ungewöhnliche Allianzen zu schmieden.

Einer der jüngeren Politiker, der Jabotinsky dafür verachtet, dass er diese Gemeinsamkeiten mit Ben-Gurion entdeckt, schießt in seinem Gefolge schon damals eifrig quer: Menachem Begin, der Mann, der später alles unternehmen sollte, um Ben-Gurions Deutschlandpolitik zu bekämpfen und schließlich einer seiner Nachfolger als Ministerpräsident wird.

Der Kurzzeitpakt zwischen Jabotinsky und Ben-Gurion scheitert wenig später, weil die eigenen Gewerkschaftsanhänger die Gefolgschaft für diesen Frieden verweigern und in dem Moment, in dem Jabotinsky 1935 seine eigene zionistische Weltorganisation, die »Neue Zionistische Organisation«, in Wien gründet, brandet die Feindschaft umso heftiger wieder auf.

Ben-Gurion bleibt gegenüber Jabotinsky dann trotz dieser kurzen Tauwetterphase überaus nachtragend, so unversöhnlich, dass er dem Kontrahenten die Überführung seiner sterblichen Überreste nach Israel verweigert: »Israel braucht nicht tote, sondern lebende Juden, und ich sehe keinen Segen in der Vermehrung von Gräbern in Israel«[130], so schreibt er später als Begründung. Erst Ben-Gurions Nachfolger Levi Eschkol ist bereit, den letzten Willen des Zionisten Jabotinsky zu erfüllen und seine Überreste nach Jerusalem bringen zu lassen.

Die heftige Gegenwehr, die von der Seite der Revisionisten um Menachem Begin in den 1950er- und 1960er-Jahren gegen die Wiedergutmachungspolitik und damit auch gegen das Zusammenwirken von David Ben-Gurion und Konrad Adenauer erhoben wird, hat tiefere Wurzeln und Vorläufer in dieser Zeit. Ein solcher Vorläufer ist die Debatte um das Ha'avara- oder Transfer-Abkommen mit dem nationalsozialistischen Deutschland. Das Abkommen entfaltet – rein pragmatisch betrachtet – im Kontext der dramatischen politischen Umstände einen begrenzten ›Nutzen‹ für jene, die seine finanziellen Bedingungen erfüllen können. Tom Segev schreibt: »Die Juden durften einen Teil ihres Vermögens mitnehmen, die Deutschen wurden sie los, und die Zionisten bekamen sie in Palästina.«[131]

Die Parteigänger Jabotinskys sind strikt gegen eine solche Politik. Ihr Ansatz ist es, einen wirtschaftlichen und politischen Boykott Deutschlands zu organisieren, der in letzter Konsequenz das Regime Adolf Hitlers an sein Ende bringen soll. Für die Revisionisten sind Ben-Gurion und die Funktionäre der Jewish Agency letztlich Helfershelfer des deutschen Diktators. Bei Ben-Gurion führt diese Argumentation der Revisionisten zu einem veritablen Wutanfall: »Was ist denn mit Ihnen los, haben Sie den Verstand verloren? [...] Wir wollen, dass Hitler vernichtet wird, aber solange er noch lebt, sind wir daran interessiert, dies zum Wohle Palästinas auszunutzen.«[132] Letztlich, so unterstreicht Tom Segev, ist Ben-Gurion in dieser Situation der Auffassung, dass die Chancen des zionistischen Aufbauwerkes in Palästina in dem Maß steigen würden, in dem sich die Lage der Juden in der Welt verschlechtere. Er betrachtet, und dieses Motiv wiederholt er immer wieder, die Judenverfolgung Hitlers als den »Hebel«, mit dessen Hilfe der Durchbruch des zionistischen Aufbauwerkes errungen werden könne. Moralische Zweifel an dieser Argumentation kommen ihm nicht. Im Gegenteil, in der Alijah sieht er die letzte und die einzige Hoffnung für die Errettung der Juden. Alijah bedeutet wörtlich »Aufsteigen« und steht für die Einwanderung der Juden nach Israel.

Ganz ähnlich ist seine Beurteilung des Transnistrien-Falles. Auch hier wird den Juden ein Handel angeboten. Die rumänische Regierung unter dem Faschisten Ion Antonescu, die mit den Deutschen verbündet ist, offeriert der Jewish Agency 1942 rund 70.000 Juden, die aus Rumänien nach Transnistrien deportiert worden sind, gegen ein Kopfgeld von rund 400 Dollar, insgesamt also 28 Millionen Dollar, freizugeben und nach Palästina ausreisen zu lassen. Der Handel barg gleich mehrere Probleme: Die strikte Weigerung der USA, Geld an Feindstaaten transferieren zu lassen; die Tatsache, dass die Deutschen gegen den Plan opponierten; vor allem aber ist sich Ben-Gurion sicher, dass die Zuwanderungsbeschränkungen, die die Briten im Weißbuch ausgesprochen hatten, es völlig unmöglich machten, diese Menschen nach Eretz Israel zu bringen. Diese Probleme lassen ihn den Plan skeptisch sehen.

Im Fall des antizionistischen Rabbiners Chaim Weißmandel in der Slowakei geht es um 25.000 Juden, die vor der Vernichtung gerettet werden sollen. Gemeinsam mit anderen tritt er in Verhandlungen mit SS-Hauptsturmführer Dieter Wisliceny über ein Lösegeld und den Transfer einiger zehntausend Dollar; Wisliceny ist ein Bevollmächtigter Adolf Eichmanns, jenem für die Deportation der Juden zuständigen Nationalsozialisten, der später in Argentinien aufgegriffen, in Jerusalem vor Gericht gestellt und 1962 hingerichtet wird. Im Lauf der Zeit glauben Weißmandel und seine Unterstützer, diesen Handel auf ganz Europa ausdehnen zu können, und bestürmen die Jewish Agency, den Plan zu unterstützen und Wisliceny zunächst zweihunderttausend Dollar an Vorschuss zu übergeben. Ihr Plan sieht vor, die große Zahl geretteter Juden nicht gleich nach Palästina zu verbringen. Das führt diejenigen, die diesen Plan verfolgen, in Widerstreit zu Ben-Gurion. Der hat den ehernen Grundsatz ausgesprochen, dass Rettung durch Einwanderung nach Palästina unbedingten Vorrang haben müsse. Bis heute ist völlig unklar und umstritten, ob der Plan trotz der Transferierung erheblicher Geldsummen nach Bratislava jemals Aussicht auf Erfolg hatte. Klar ist aber, dass die Nationalsozialisten Abstand von dem Plan nehmen. Weißmandel wird deportiert, kann aber vom fahrenden Zug springen und sich in die USA retten. Dort wirft er später den Zionisten und damit auch Ben-Gurion vor, seinen Plan zur Rettung der Juden »hartherzig«[133] vereitelt zu haben.

In der Schlussphase des nationalsozialistischen Regimes im Mai 1944 kommt es zu einer weiteren, zur insgesamt dritten Episode dieser Art. Ein Mitarbeiter der Jewish Agency überbringt eine Nachricht, die David Ben-Gurion als »fantastisch«[134] bezeichnet. Erneut ist Adolf Eichmann involviert. Der biete an, so der Emissär, dass er für die Lieferung von zehntausend Lastwagen und viele Dutzend Tonnen Gebrauchswaren wie Kaffee, Tee, Kakao und Seife auf die Deportation von einer Millionen Juden verzichten würde. In dem Gespräch habe Eichmann auch deutlich gemacht, bereits zur Vernichtung von drei Millionen Juden beigetragen zu haben.[135] Im Kontakt mit dem Organisator des Massenmordes verdichtet sich bei den Verhandlern der Eindruck, dass das Angebot ernst gemeint ist – eine Einschätzung, die Eichmann selbst später im Verlaufe des Prozesses bestätigt.

Ben-Gurion meint zunächst, dass man diese Chance von »eins zu einer Million«[136] ergreifen müsse. Erstmals wird bei Ben-Gurion, anders als noch zuvor beim Ha'avara-Abkommen, jedoch deutlich, dass er zögert und dass er den Eindruck gewonnen hat, dass dieser teuflische Tauschhandel seinen politischen Handlungsspielraum überschreiten würde. Vor allem aber spürt er die Zwickmühle, in der die Jewish Agency und er selbst sich befinden. Er erfasst sofort, dass die Annahme und ernsthafte Verfolgung dieses Ziels ihn auf Konfrontationskurs mit der britischen Mandatsmacht führen würde. Denn das Angebot wäre ein weiterer Schritt auf Deutschlands Weg, sich eine Tür für einen Separatfrieden mit den westlichen Alliierten offenzuhalten, womit wiederum die Sowjetunion hintergangen würde. Und schließlich ist Ben-Gurion klar, dass die Briten nicht wissen, wie sie mit einer Million Juden im britischen Mandatsgebiet verfahren sollten. Insofern würde jede ernsthafte Verfolgung des Plans bedeuten, dass man diese Aktion ohne Wissen und ohne Erlaubnis der Briten betreiben müsste. Bei anderen Gelegenheiten verwirft Ben-Gurion Zweifel von Bedenkenträgern durchaus. Dazu ist er diesmal nicht im Geringsten bereit.

Nicht weniger dramatisch ist die Debatte, die sich einige Tage später abspielt und bei der Ben-Gurion auch eher abwartend agiert: Jitzchak Gruenbaum, der spätere Innenminister Israels und das damalige Mitglied des »Rettungskomitees« der Jewish Agency, sucht den amerikanischen Konsul in Palästina mit der Bitte auf, die Eisenbahnstrecke von Ungarn nach Polen und das KZ Auschwitz zu bombardieren. Der Konsul erklärt sich lediglich bereit, das Ansinnen, die Bahntrassen zu zerstören, an die entscheidenden Stellen weiterzuleiten. »Wir kennen die Lage in Polen nicht richtig«[137], befindet Ben-Gurion und will in dieser Situation keine Empfehlung aussprechen. Noch zwei Jahrzehnte später sagt er, dass er nicht sicher sei, »ob die Bombardierung von Auschwitz Juden gerettet hätte«[138].

Nicht meine Angelegenheit? – Ben-Gurion und die Rettungsversuche

Tom Segev geht in seiner Biografie hart ins Gericht mit David Ben-Gurion. Von allen dramatischen Aktionen zur Rettung von Juden, ob durch das Kriegsende, durch Staaten, Organisationen oder Gerechte unter den Völkern verdanke sich nur ein sehr kleiner Teil der zionistischen Bewegung. Und er weist auch dem führenden Kopf Verantwortung für dieses Scheitern zu, wenngleich er immer wieder die Machtlosigkeit und die fehlenden Optionen betont: »Ben-Gurion, dessen zionistische Fantasieausbrüche keine Grenzen kannten, lenkte die Rettungsprogramme als engstirniger und kleingläubiger Realist.«[139] Eben jener Mann, der so voller Energie und Tatendrang steckt, erweist sich hier als Fatalist, der sich nicht imstande sieht, wirklich weiterführende Akzente zu setzen.

In einem Protokoll findet sich ein Satz, der den Atem stocken lässt, der aber von Ben-Gurion dann handschriftlich augenblicklich korrigiert worden ist: »Die Katastrophe, der sich die europäischen Juden gegenübersehen, ist nicht meine Angelegenheit.«[140] Es gehöre nicht unmittelbar zu seinen Aufgaben, von dieser Katastrophe zu erzählen, lautet seine Korrektur des Satzes.[141]

Der Historiker Shabtai Teveth nimmt Ben-Gurion gegen die kritische Haltung Tom Segevs und der jüngeren israelischen Geschichtswissenschaftler in einer engagierten ›Verteidigungsrede‹ in Schutz: »Ben-Gurion war gezwungen, ein Mann von starkem Willen, klarer Visionskraft und einzigartigem Mut zu sein, um sich durch die Versuchung, seine Handlungen und sein Verhalten an zukünftiger Kritik auszurichten oder sich Rechtfertigung zu sichern, nicht von seinem Kurs abbringen zu lassen. Er hätte viele seiner Zeitgenossen und Angehörige der kommenden Generationen zufriedenstellen können, wenn er sein Herz auf der Zunge getragen, täglich die Katastrophe beklagt und seine Tränen mit herzzerreißenden Seufzern untermalt hätte. Sicherlich: Im Jischuw und in der Diaspora erwarteten die Juden während der Holocaust-Jahre, dass ihre Anführer ihren Schmerz und ihre Trauer personifizieren. Und doch zog Ben-Gurion es vor, seine Gefühle zu verstecken und sie privat zu halten und seinen Pflichten zu folgen, wie er sie verstand: Das jüdische Volk vor einer erneuten Vernichtung zu bewahren. Wie er es damals und auch später sah, war der einzige Weg, das zu erreichen, einen jüdischen Staat zu etablieren, der sich selbst verteidigen und der die Juden aus aller Welt aufnehmen kann. Diesem Weg folgend, war er im Frieden mit sich selbst und zeigte keine Anzeichen von Gewissensbissen.«[142]

Selbst Tom Segev schränkt seinen kritischen Blick auf die Reaktionen Ben-Gurions auf den Holocaust ein und gibt zu, dass viel von dem, was nach Gleichgültigkeit gegenüber dem Judenmord und nach Führungsschwäche aussieht, in erster Linie das Gefühl der Machtlosigkeit sei.[143] Zu groß sind die Dimensionen der Judenvernichtung und zu gering die Möglichkeiten, wirklich effektiv einzugreifen. Und man kann im Sinne der Einschätzung Teveths hinzufügen: Zu realpolitisch eingestellt ist Ben-Gurion, um seine politische Kraft angesichts der vielen Aufgaben, die alleine im Mandatsgebiet und für die zionistische Bewegung zu bewältigen sind, für eine aus seiner Sicht »verlorene Schlacht«[144] aufzuwenden. »Das war seine Art, damit umzugehen, dass er die Juden nicht vor der Vernichtung bewahren konnte: den Holocaust hinter sich lassen, als er noch in vollem Gange war, und sich auf die Zukunft konzentrieren«, so Tom Segev.[145] Ob Ben-Gurion diesen Weg wirklich ohne Gewissensbisse gegangen ist, mag dahingestellt sein. Es gibt viele Indizien, wie beispielsweise seine Reaktionen auf die Überlebenden nach dem Krieg, die sehr wohl bestätigen, dass Ben-Gurion sich in einem moralischen Widerstreit gesehen hat.

Man kann diese aus heutiger Sicht befremdliche Haltung Ben-Gurions, aber auch den Zionismus insgesamt, nicht verstehen, wenn man nicht die traumatische Wirkung eines Ereignisses, das gut 30 Jahre vorher stattgefunden hat, mit in Betracht zieht: das Pogrom in Kischinew (Chişinău), bei dem 1903, aufgehetzt durch russische Nationalisten wegen eines angeblichen und konstruierten jüdischen Ritualmordes an zwei russischen Kindern, 49 Juden ermordet und rund 600 verletzt werden. Das Massaker ruft große Aufmerksamkeit in der internationalen Öffentlichkeit hervor, die New York Times berichtet in den Vereinigten Staaten ausführlich über die Verbrechen an den Juden. In den Jahren nach diesem Schockerlebnis für die jüdischen Gemeinden kommt es zu einem erheblichen Anstieg der Auswanderungszahlen nach Palästina.

David Ben-Gurion ist Teil einer Generation, die dieses Ereignis sehr geprägt hat. Welche Rolle es in der israelischen Geschichte und für die jüdische Seele spielt, bringt Amos Oz in seiner Geschichte »Späte Liebe« 1997 zum Ausdruck. Da lässt er einen seiner Helden einen Tagtraum erleben, über einen Rachefeldzug hebräischer Soldaten durch ganz Europa, der sozusagen im Nachhinein das Blut der Juden sühnt und nicht ohne Grund in Kischinew endet: »Dann wenden meine Panzer blitzschnell und donnern gen Osten. Achtung, da, Treffer. Zornheiser räuchern sie unterwegs alle Mörderbanden aus, Polen, Litauer, Ukrainer [...] Nun sehe ich Mosche Dayan, eine staubige Kampfuniform am Leib, fürchterlich still und aufrecht steht er da, nimmt in düsterem Schweigen die Kapitulationsurkunde aus den Händen des Generalgouverneurs von Kischinew entgegen.«[146]

Jahrzehnte später notiert David Ben-Gurion – die Ereignisse von Kischinew noch immer im Hinterkopf – in seinem Tagebuch: »Die Judenheit in der Diaspora rollt auf einen Abgrund zu, und es werden vielleicht nur wenige gerettet werden.«[147] Die Machtergreifung der Nationalsozialisten ist für ihn ein weiterer Beweis für die lange Serie von Katastrophen, denen das jüdische Volk ausgesetzt ist und aus denen es nur den ›messianischen‹ Ausweg der Errettung im verheißenen Land gibt. Die Einmaligkeit und Unvergleichbarkeit des Holocausts in seinen unfassbaren Dimensionen sieht er nicht und will er nicht sehen.

Immer wieder wird Ben-Gurion in der Folge über das sprechen, was er »Ghettomentalität«[148] nennt, was einerseits die Unfähigkeit der Diaspora beschreibt, sich aus ihrem angestammten Umfeld zu lösen und den Weg nach Palästina anzutreten. Andererseits umschreibt Ben-Gurion damit die Gefahr, sich nicht von alten Denkmustern verabschieden zu können und sich neuen Wegen zu verschließen. Besonders bevorzugt verwendet Ben-Gurion diese Vokabel später in der Debatte über die Verhandlungen über die Wiedergutmachung zwischen Deutschland und Israel und wendet sie insbesondere auf seine Gegner aus dem revisionistischen Lager an.

Ist Ben-Gurion anfangs noch bereit, befremdliche Vergleiche zwischen Hitler und den Zionisten anzustellen, so wird ihm zunehmend klarer, wie exzeptionell grausam das Schicksal ist, das den Juden durch Adolf Hitler und sein Regime droht. Auf einer Reise besorgt er sich bei einem Zwischenstopp in München Hitlers »Mein Kampf«. Man habe nur dieses Buch lesen müssen, um zu wissen, dass Hitler die Juden vernichten würde, sagt er später. Im September 1938 hört Ben-Gurion in London im Rundfunk eine Rede des Diktators und ist entsetzt: »Hitler brüllte, schrie, zürnte, höhnte und spottete, provozierte und beleidigte. Sein Massenpublikum grölte mit«. Das sei kein »Volksführer«, der da gesprochen habe, sondern »der Rädelsführer einer Bande von Banditen und Henkern«.[149]

Geradezu dramatisch stellt sich für ihn und für das zionistische Vorhaben die Appeasement-Politik des britischen Premierministers Neville Chamberlain dar. So sehr auch er – wie fast alle Betrachter der Zeit – der falschen Auffassung ist, dass mit dem Münchner Abkommen und der damit verbundenen Kapitulation vor der Brutalität Hitlers ein Krieg verhindert worden sei, weil Hitler seine Ziele auch ohne Kampfhandlungen erreicht habe, so sehr erschüttert ihn das Vorgehen der britischen Regierung. Wer bereitwillig die Tschechen opfere, so die Auffassung Ben-Gurions, der wird vielleicht auch den Juden kein faires Vorgehen angedeihen lassen. Auch dieses Erlebnis bestärkt ihn erneut in dem wiederkehrenden Wunsch nach einer eigenen jüdischen Armee, der sich durch sein ganzes politisches Leben zieht.

Es mag der ständig schwelenden Rivalität zwischen Chaim Weizmann und David Ben-Gurion noch Auftrieb gegeben haben, dass sich Weizmann selbst in dieser Situation hinter Großbritannien stellt und an Chamberlain am Vorabend des Kriegseintritts Englands schreibt: »Ich wünsche in nachdrücklichster Form die Erklärung abzugeben, dass wir Juden an der Seite Großbritanniens stehen und für die Demokratie kämpfen werden. Aus diesem Grunde stellen wir uns in den kleinsten und größten Dingen unter die zusammenfassende Leitung der britischen Regierung. Die jüdische Vertretung ist bereit, in sofortige Abkommen einzutreten, um alle menschlich-jüdische Kraft, ihre Technik, ihre Hilfsmittel und alle Fähigkeiten nützlich einzusetzen.«[150]

Der Weltkrieg hat begonnen und David Ben-Gurion hat neben den internen zionistischen Rivalitäten nicht nur mit dem fernen feindlichen Deutschland zu kämpfen. In gewisser Weise machen ihm auch die deutschen Einwanderer zu schaffen. Was Ben-Gurion dabei »auf die Palme bringt«[151], wie Tom Segev sagt, ist der Liberalismus, mit dem die Einwanderer aus Deutschland vor allem auf die Zukunft der Araber in einem möglichen unabhängigen Staatswesen schauen und einen binationalen Staat verlangen. Diesen binationalen Staat lehnt er vehement ab. Er steht im Gegensatz zu seiner Vorstellung von einer »Heimstatt der Juden«[152]. Dabei wird ganz besonders der bedeutende österreichisch-jüdische Religionsphilosoph Martin Buber, sein neuer ›Lieblingsfeind‹, der 1938 aus dem nationalsozialistischen Deutschland entkam, ins Fadenkreuz genommen: »Betrachtet sich dieser Mensch denn nicht als Jude? Wenn ja, hat er kein Recht, sich in das einzumischen, was die Juden tun. Wenn er Jude ist, dann soll er sich wie ein Jude benehmen.«[153] Aber sein Zorn richtet sich nicht nur gegen diesen einen Vertreter des binationalen Gedankens. In einem Gespräch mit der Vereinigung der Einwanderer aus Deutschland sagt er apodiktisch: »Wenn ihr zu einem Übereinkommen mit den Arabern gelangt, werdet ihr in Hitlers Lager sein.«[154]

»Sicherheitsfragen« – Ben-Gurion und die Armee

Die zunehmende Gewalt zwischen den Palästinensern und den Juden führt dazu, dass es schon vor Ausbruch des Krieges ein Thema gibt, das David Ben-Gurion besonders bewegt und das ihn im Grunde bis zum Ende seiner politischen Karriere nicht mehr loslassen wird: »Sicherheitsfragen«[155], wie er es selbst nennt, der Aufbau der Hagana zu einer echten Armee, das Nachdenken darüber, schon zu diesem frühen Zeitpunkt eine Wehrpflicht der Juden im Lande zu etablieren, die Notwendigkeit im Ausland, vor allem in Amerika, für Spendengelder zu werben, die dabei helfen, den »zionistischen Haushalt«[156] zu entlasten und dennoch die Ausrüstung zu verbessern.

Dabei treibt ihn bereits 1936 eine Angst besonders um: »Ausrottung und Vertilgung drohen uns.«[157] Und damit ist nicht die sich abzeichnende Gefahr, dass die Juden in Deutschland um Leib und Leben fürchten müssen, gemeint. Ihn bewegt die Furcht, dass die örtlichen Nachbarn, dass die Araber, dass der Irak und andere problematische Akteure vor Ort Hilfe aus Europa erhalten würden, um dem Experiment eines jüdischen Staates ein Ende zu bereiten, bevor es überhaupt begonnen hatte: »Mussolini selbst hat sich zum Verteidiger des Islam ausgerufen, und Hitler hat in seiner Rede Mitleidstränen für die Araber vergossen«[158], schreibt er besorgt an seine Frau Paula. In der zweiten Hälfte der Dreißigerjahre, in der sich die Auseinandersetzungen mit den Arabern im Mandatsgebiet verstärken und immer gewaltsamer werden, sieht er im Ausbau der Hagana[159] eine Priorität und in der Sicherung der jüdischen Existenz vor Ort. »Wie jeder Jude bin ich an der Rettung jedes Juden an jedem Ort, wo dies möglich ist, interessiert, aber nichts geht über die Rettung des hebräischen Volkes in seinem Land.«[160]

Deutschland selbst ist insgesamt für die Menschen in Palästina trotz der immer schlimmer werdenden Horrornachrichten angesichts der nicht gerade geringen übrigen Herausforderungen im Heiligen Land relativ fern – im geografischen und im politischen Sinne. Aber es rückt auch ganz physisch näher. Im Oktober 1942 steht im Zusammenhang mit der zweiten Schlacht bei El Alamein zunehmend eine drohende Katastrophe vor Augen: Was passiert, wenn die Nazis das Land erobern und mit ein paar Hundert Fallschirmjägern das ganze Land einnehmen? Was wird dann mit den Juden in Palästina geschehen und was soll man tun? Fliehen? Dableiben? Kämpfen? Ben-Gurion, der in dieser und anderen Situationen der Auffassung ist, dass ein ehrenhafter Tod dem Leben unter Umständen vorzuziehen ist, erlebt diese Gefahr, die seine Genossen in Tel Aviv sehr akut verspüren, vor allem aus der amerikanischen Ferne und erst ganz am Schluss persönlich; aber da zeichnet sich bereits ab, dass die britischen Truppen unter Lieutenant General Bernhard Montgomery die Oberhand gegen die deutsch-italienische Panzerarmee unter dem Befehl des Generalfeldmarschalls Erwin Rommel behalten. In der Folge ziehen sich die deutschen Truppen in die libysche Wüste zurück und der deutsche Einmarsch in Palästina bleibt aus. Die Briten, deren Herrschaftsverhältnisse damit gesichert sind, verteidigen eben diesen Machtanspruch umso erbitterter und härter gegen Araber und Juden.

Auch das ist sicherlich eines der Schlüsselerlebnisse, die Ben-Gurion und andere dazu bewegen, die Ausbildung und Ausrüstung von jüdischen Kämpfern auf dem Gebiet Palästinas zu intensivieren. Schon vor Kriegsbeginn hatte er damit begonnen, die Hagana als provisorische Armee eines provisorischen Staates immer stärker an sich selbst zu binden, und hatte stark danach gestrebt, innerhalb der Jewish Agency – gegen nicht geringen Widerstand, der sich vor allem auch an seinem demonstrativen

Militarismus stieß – die Oberhoheit, sozusagen als Verteidigungsminister, an sich zu ziehen.

Der unbändige Wunsch Ben-Gurions nach einer starken Streitkraft des künftigen jüdischen Staates, aber auch nach der eigenen jüdischen Armee, die international agiert und in den Weltkrieg eingreift, basiert auf einer Verheißung, ist aber auch ein gewaltiges Wagnis. Viele Jahrhunderte lang waren die Juden in der Fremde zum Militärdienst nicht zugelassen. Zwar spielen kriegerische Auseinandersetzungen in vielen alttestamentarischen Erzählungen eine bestimmende Rolle, aber dennoch gehört das Militärische im Judentum über Jahrhunderte nicht zum Kern seiner kulturellen Traditionen. Das muss sich, so sieht es Ben-Gurion, ändern unter den Bedingungen, die in Palästina herrschen – gleichsam über Nacht. Aber auch nur in diesem historischen Augenblick kann den Pionieren, die das, was sie aufbauen, von Anfang an verteidigen müssen, diese Wandlung gelingen. Sein Ideal ist das des »Arbeiters und Soldaten als Grundlage des Judenstaates«[161].

Noch 1944 schreit Ben-Gurion voller Schmerz darüber, dass es bis dato nicht zu einer jüdischen Armee oder zu geschlossenen jüdischen Bataillonen in den alliierten Streitkräften gekommen ist, in einer Rede, die mehr ein verbittertes Klagelied war, denn eine Ansprache, heraus: »Warum erlaubt ihr uns nicht, unser millionenfach vergossenes Blut zu rächen und die Nationalsozialisten als Juden in einer jüdischen Armee unter jüdischer Fahne zu bekämpfen? Ist unser Blut nicht so rot wie Eures und unsere Ehre nicht so teuer wie Eure? Haben wir nicht das Recht, als Juden zu kämpfen und zu sterben? [...] Warum entweiht Ihr unseren Schmerz und Zorn mit banalen, hohlen Sympathiebekundungen, nichts als bitterem Hohn für die Millionen, die in den nationalsozialistischen Höllenzentren tagtäglich bei lebendigem Leib verbrannt und begraben werden?«[162]

Erst gegen Ende des Krieges wird Ben-Gurions lang gehegter Traum von jüdischen Soldaten, die in den Krieg eingreifen, wahr. Erneut ist es die britische Armee, die dazu beiträgt, diesen Traum zu erfüllen: Fünftausend Rekruten bilden endlich die jüdische Brigade, geschmückt und begleitet von eigenen Fahnen und Abzeichen.[163] Dabei steht der gelbe Davidstern, sozusagen als ›Heilung‹ des Judensterns der Nazis, im Mittelpunkt. Aber das Schicksal dieser ›Legion‹ ist fast eine Kopie der Situation am Ende des Ersten Weltkrieges, als das jüdische Bataillon auch nur noch die letzten Schüsse verhallen hört. In Italien werden die jüdischen Kämpfer noch an den letzten Gefechten beteiligt, dann ist der Krieg vorbei. Der Traum Ben-Gurions von jüdischen Soldaten, die als Erste mitten im besiegten Berlin durch das Brandenburger Tor marschieren, bleibt unerfüllt. Der Krieg ist vorbei. In Europa und auch in Deutschland bleiben von den vielen Millionen Juden nur noch vergleichsweise wenige gebrochene Seelen zurück, die in den Displaced-Persons-Lagern nach und nach untergebracht werden.

Der »göttliche« Ben-Gurion – das zionistische Potenzial in den DP-Lagern

Auf Einladung des damaligen Militärgouverneurs über die US-Besatzungszone, des späteren 34. US-Präsidenten Dwight D. Eisenhower, jenes Präsidenten, den sowohl Adenauer als auch Ben-Gurion im Rahmen ihrer USA-Reise 1960 treffen werden, reist David Ben-Gurion im Oktober 1945 in das zerstörte Deutschland. Bis 1946 hält er sich insgesamt dreimal dort auf, um mit Displaced Persons zusammenzukommen, Juden aus ganz Osteuropa, die auf deutschem Boden auf die Weiterreise in andere Länder, vornehmlich nach Palästina oder in die USA, warten. Diese Reisen sind wichtig für sein Deutschlandbild. Auf sie wird er sich später beziehen, beispielsweise wenn man ihn fragt, warum er in seiner politischen Funktion noch nicht in Deutschland gewesen sei.

In seinem Tagebuch notiert Ben-Gurion seine Beobachtungen: »Das Volk ist im allgemeinen physisch gesund, doch psychisch gebrochen, denn die Leute haben nicht nur am eigenen Leib gelitten, sondern auch alle Angehörigen und Freunde verloren. »Eine seelische, moralische und vernunftmäßige Entscheidung ist nötig.«[164] Der Hinweis auf die »Vernunft« lässt schon erahnen, dass es Ben-Gurion nicht nur darum geht, sich ein Bild von der Situation und der Versorgungslage der in Deutschland gestrandeten Shoah-Überlebenden zu machen. Vielmehr geht es dem Zionisten Ben-Gurion darum, dieses Potenzial für seinen jungen Staat zu erschließen und die Männer und Frauen aufzufordern, die Reise in das Mandatsgebiet Palästina auf sich zu nehmen – verbunden mit allen Schwierigkeiten, die dieses Unternehmen mit sich bringt, inklusive der Gefahr, von den britischen Machthabern an der Einreise in das gelobte Land gehindert zu werden und erneut in Lagern zu landen.

»Brüder und Schwestern, der Jischuw ist stark und entschlossen, dafür zu sorgen, dass die Alija – mit oder ohne Erlaubnis – vorangeht«[165], predigt der Zionist in den Camps. Immerhin trägt sich die Mehrheit tatsächlich mit dem Gedanken, nach Palästina auszuwandern. Unvorstellbar erscheint es, auf dem Boden zu bleiben, der aus der Perspektive der Überlebenden so sehr mit dem Blut des eigenen Volkes getränkt ist.

Die Stimmung, die Ben-Gurion entgegenschlägt, ist entsprechend positiv. »Nirgends auf der Welt fand ich ein solches zionistisches Publikum«[166], so betonte der Zionist bei einer Sitzung des Mapai[167]-Vorstandes im November 1945, er habe begriffen, »dass dieses einen gewaltigen Faktor bei unserem politischen Kampf ausmachen könnte.«[168] Auch wenn er später unglücklich ist über das »Menschenmaterial«[169], wie er selbst sagt, das da nach Eretz Israel kommt, so äußert er sich vor Ort in den Lagern begeistert. Es gebe eine große Zahl unter ihnen, die geradezu heldenhaft seien: »Sie waren zu allem bereit: Sie hätten physische, moralische und psychologische Folter im Namen des Zionismus erdulden können«, und nicht einmal in Palästina selbst könne man überzeugtere Zionisten finden.[170]

Auch andere Zeitzeugen beschreiben die Szenen in den DP-Lagern sehr emotional: Die »haTikwa«, die spätere Hymne des neu gegründeten Staates Israel, wird gesungen. Tränen fließen, auch bei Ben-Gurion, heißt es. In Zeilsheim wird seine Rede bejubelt. Er hält sie auf Jiddisch, was für ihn, der sonst unter allen Umständen die hebräische Sprache bevorzugt, außergewöhnlich ist. Besonders beeindruckend, aber auch bedrückend ist für ihn sein Besuch in dem Lager für Displaced Persons neben dem ehemaligen Konzentrationslager Bergen-Belsen, das nach dem Krieg zur Verhinderung von Seuchen von den Alliierten niedergebrannt worden war. Er kommt später auch bei der Frage, warum er bislang nicht in die Bundesrepublik gereist sei, wieder auf seine Erfahrungen in Bergen-Belsen und auch in Dachau zurück.

Zurück in Israel betont er: »Ich sah die Verbrennungsöfen, in denen sie Hunderttausende und Millionen Juden aus ganz Europa, aus dem Westen, dem Osten, dem Süden und dem Norden, Aschkenasim und Sephardim mit allen ethnischen Hintergründen und aus allen politischen Parteien [verbrannt haben …] [Im Namen der] wenigen, die wie durch ein Wunder den Gaskammern, der Zwangsarbeit, der Folter und den Leiden, die sie durch die Schläge und die Erniedrigungen durchmachen mussten [entkommen sind …] bringe ich Euch [in Eretz Israel] den Segen brüderlichen Friedens.«[171] Und dann nutzt er erneut die Gelegenheit, um aus dem Holocaust eine Triebfeder für den Zionismus zu machen: »Sie haben mich beauftragt«, so sagt Ben-Gurion, »Euch zwei dringende Wünsche zu überbringen. Der erste Wunsch: Die Einheit der Juden. Zusammen starben sie, erlitten Folter und wurden gequält ohne Rücksicht auf Stamm, Herkunft oder politische Ausrichtung. Die Mörder machten da keinen Unterschied.«[172] Ausgerechnet Ben-Gurion, der in der Zeit des Krieges erbitterte Kämpfe mit politischen Widersachern ausgefochten hat, macht sich zum Apologeten der Einheit der Juden.

»Der zweite Wunsch: Der Staat Israel!«, so fährt er fort. »Dies ist der letzte Wille und das Testament von Millionen von Märtyrern, die in den Tod gehen mussten: Nur allein deswegen, weil wir ein Volk ohne eine Heimat und ohne ein Land sind, hat man uns gemordet. Und Gerechtigkeit und Freiheit kann nicht vorherrschen, solange dieses historische Unrecht nicht bereinigt worden ist.«[173]

Aber sein Besuch gilt nicht nur dem Ziel, das zionistische Potenzial zu heben und die Lage vor Ort kennenzulernen, auch die konkrete Lage der Displaced Persons will Ben-Gurion durchaus verbessern, vor allem was ihre Ernährung und Unterbringung, ganz besonders aber was das Thema Bildung anbetrifft. So lange mussten die Überlebenden des Holocausts in den Konzentrationslagern auf jede Form von Unterricht verzichten. Sport ist ebenfalls ein wichtiges Betätigungsfeld, um körperlich wieder in eine bessere Verfassung kommen zu können. Zu diesem Zweck trifft sich David Ben-Gurion auch mit der amerikanischen Besatzungsmacht in Deutschland.

Dem US-Befehlshaber General Eisenhower, den er in Deutschland trifft und der auf ihn »hochanständig«[174] wirkt, macht Ben-Gurion einen abenteuerlichen Vorschlag, der erneut erkennen lässt, welche Priorität der Zionismus vor allen anderen Zielen für ihn hat. Seine Forderung an Eisenhower ist, so erzählt Tom Segev in seiner Ben-Gurion-Biografie, alle Displaced Persons in Bayern zusammenzuziehen und in Dörfern aufzunehmen, deren deutsche Bewohner man zuvor evakuiert habe. Dort könnten sie sich, in einer Art »Probe-Zion«, eigenverantwortlich Kenntnisse der landwirtschaftlichen Arbeit aneignen und sich so auf das Leben in Palästina vorbereiten, bevor sie dann schließlich ins gelobte Land ausreisen sollten.[175]

In der Tat berichtet Ben-Gurion seinen Kampfgenossen später, er habe Eisenhower mit diesem Anliegen praktisch vorgeschlagen, einen jüdischen Staat in Bayern zu gründen. Es mag kaum verwundern, dass der amerikanische General verblüfft ist über diesen abenteuerlichen Vorschlag und ihn sofort ablehnt, wissend, dass ein solcher Vorschlag in Deutschland augenblicklich auf deutliche Ablehnung gestoßen wäre. Einen Etappensieg erreicht Ben-Gurion allerdings. Eisenhower akzeptiert, in der amerikanischen Besatzungszone einige Zehntausend jüdische Flüchtlinge aufzunehmen, die aus Osteuropa in den Westen Europas fliehen.

Alle Hoffnung der Überlebenden richtet sich auf den kleinen Mann mit dem damals schon weißen Haar. »Ein Strahl der Hoffnung war da, dass bald ein jüdischer Staat entsteht«[176], schreibt der später prominente Insasse des DP-Lagers in Landsberg, Arno Lustiger, Auschwitz-Überlebender und Historiker. Der amerikanisch-jüdische Kommandant des Camps in Landsberg, dem symbolträchtigen Ort, an dem Hitler »Mein Kampf« geschrieben und seinen Hass gegen die Juden zelebriert hatte, Irving Heymont, ist tief beeindruckt, denn obwohl der Besuch des Zionisten überraschend kommt, werden dennoch schnell Blumensträuße und Transparente für den prominenten Gast herbeigeschafft. In seinen Erinnerungen schreibt er: »Noch niemals vorher hatten wir im Camp solch einen Ausbruch von Tatkraft erlebt: Für die Menschen im Lager erscheint er wie ein Gott […] Ich glaube nicht, dass ein Besuch Präsident Trumans eine solche Erregung hervorrufen könnte.«[177]

Der »göttliche« Ben-Gurion allerdings hat eher profane Sorgen. »Für mich gab es einen Albtraum«, so sagt er später, »dass die überlebenden

Juden nicht nach Eretz Israel würden gehen wollen.«[178] Und der zweite Albtraum ist, dass sie ihm in den bevorstehenden Wahlen für den zionistischen Weltkongress nicht ihre Stimme geben würden. Diese Sorge erweist sich allerdings als weitgehend unbegründet. Nach seiner dritten Reise durch die DP-Lager wird bei den Wahlen im Dezember des Jahres 1946 seine Fraktion in den Lagern zur mit Abstand stärksten Kraft.

Die Tour durch die Lager, so Tom Segev, gleiche der Rundreise eines Feldherrn, der seine Truppen inspiziere[179] – gerade weil David Ben-Gurion den Holocaust nicht ausschließlich als Katastrophe für das jüdische Volk gesehen habe, sondern in erster Linie als Angriff auf das entstehende Israel. »Mehr noch als am jüdischen Volk, das er kannte und hasste, hat sich Hitler an dem jüdischen Staat versündigt, dessen Entstehung er nicht voraussah.«[180] Diese Haltung trägt mit Sicherheit auch dazu bei, dass Ben-Gurion den Überlebenden der Shoah eher distanziert gegenübertritt.

Die tiefe Enttäuschung des eigenen Vetters David Seureb in einem der Lager, der auf die Ausreise nach Palästina hofft, ihn in mehreren Briefen um Hilfe gebeten hat und sich nun von ihm im Stich gelassen fühlt, die Untergrundkämpferin, die von ihren Erfahrungen erzählt und die er öffentlich tadelt, weil sie Jiddisch und nicht Hebräisch spreche – alle diese Geschichten bringen die mangelnde Empathie Ben-Gurions zum Ausdruck, die freilich auch ein Spiegelbild seiner eigenen Machtlosigkeit in den Zeiten des Holocausts ist. Ben-Gurion hat aber ganz offensichtlich ein schlechtes Gewissen, was dazu beiträgt, dass ihm die Begegnungen mit den Überlebenden schließlich doch an die Substanz gehen. »Er wirkt gealtert, war ganz grau, als habe er die Lebensfähigkeit verloren«[181], so schreibt sein Assistent Ehud Avriel später.

Ben-Gurion und Helena Goldblum – ein prägendes Gespräch

Ein Schlüssel zum Verständnis dieser schwankenden Gefühlslage ist in einem Ereignis zu suchen, das zwei Jahre zuvor, noch während der Shoah, stattgefunden hat. Was sich so tief in das Gedächtnis David Ben-Gurions einbrennt, ist eine Begegnung an einem sonnigen Wintertag im Februar 1943. Es ist ein Gespräch mit einem 16-jährigen Mädchen, nach dem auch für den Zionisten nichts mehr so ist, nichts mehr so sein kann, wie es einmal war. Die Ankunft der jungen Jüdin Helena Goldblum in Palästina ist das Ergebnis eines Tauschhandels, der auf jüdischer Seite als Verzweiflungstat und auf deutscher Seite als menschenverachtendes Werk betrachtet werden kann. Ghetto und Todeslager liegen hinter ihr, sie ist eine der ersten Überlebenden der systematischen Todesmaschinerie der Nationalsozialisten und gehört zu etwas mehr als 200 Juden, die man gegen Deutsche austauscht, die in Palästina ansässig sind. Ein Austausch, der nur durch schwierigste Verhandlungen zustande gekommen ist.[182]

In drei Stunden erzählt sie Ben-Gurion ihre Geschichte: Eine Geschichte, die das ganze Panorama des Grauens vor ihm entfaltet: Die Deportationen in die Vernichtungslager Auschwitz und Treblinka, die organisierten Massenmorde. »Ich habe ihm alles gesagt, ihn über jedes Detail unterrichtet. Ben-Gurion hat viel gefragt und wollte alles ganz genau wissen. Als ich fertig war, sah ich Tränen in seinen Augen. Er saß da und weinte.«[183]

Tatsächlich bedrückt ihn die Mitteilung der jungen Überlebenden sehr. An Miriam Cohen-Taub, seine Sekretärin während seines Washington-Aufenthaltes, mit der er eine Liebesbeziehung hat, schreibt er in einem Brief: »Ich kann den Alptraum nicht aus meinem Kopf bekommen, den uns fünfzehn Menschen übermittelt haben, die eben aus Polen hier angekommen sind, darunter eine junge Frau [...] Vorgestern bin ich nach Haifa gefahren, um sie zu sehen. Drei Stunden hörte ich eine Geschichte über Grauen und Elend, die kein Dante oder Poe sich hätten ausdenken können – Du fühlst Dich völlig hilflos und kannst nicht einmal toben vor Wut und die Sonne geht auf in all ihrer Macht und Schönheit und Du musst weitermachen mit Deiner üblichen Arbeit – und das ist nicht leicht, bitte glaub' mir.«[184] Vielleicht gelinge es, einen »Rest«[185] zu retten.

Es ist dies nicht das erste Mal, dass Ben-Gurion Berichte über das Grauen aus erster Hand erhält. Schon kurz nach Ausbruch des Krieges hört er von einem führenden Zionisten aus der Tschechoslowakei von schrecklichen Verbrechen an den Juden, später erfährt er von einem Funktionär von Rotary International von der systematischen Ermordung, auch andere Emissäre bringen ihm solche Erkenntnisse, bis hin zur Existenz von Gaskammern; aber das, was er hier wahrnimmt, ist anders, es ist ein Zeugnis direkt aus der industriellen Mordmaschinerie heraus, mit allen Einzelheiten und aus unmittelbarem persönlichen Erleben.[186]

So beeindruckt und alarmiert David Ben-Gurion auch ist, zieht er doch drei überraschende Konsequenzen aus diesen Schreckensmeldungen, die nur aus seiner zionistischen Überzeugung heraus erklärbar sind, die heute aber befremden. Erstens sind diese Meldungen für ihn ein Beweis dafür, dass die Errichtung eines Staates Israel längst hätte erfolgen müssen und dass deshalb die Zustimmung zum Teilungsplan von 1937 essenziell gewesen sei.

Noch während des Zweiten Weltkrieges sagt er: »Wäre vor sieben Jahren ein jüdischer Staat entstanden, hätten wir in diesen kleinen jüdischen Staat Hunderttausende, vielleicht Millionen Juden aus Polen und Rumänien geholt, und sie wären jetzt hier. Dass wir sie nun nicht hierherbringen werden, liegt nicht daran, dass wir keinen Staat haben, sondern daran, dass diese Juden nicht mehr am Leben sind.«[187] Noch zwanzig Jahre später hängt er der, wie Tom Segev sagt, »abwegigen Argumentation«[188] an, dass die mehr als sechs Millionen ermordeten Juden noch leben würden, wenn 1937 ein jüdischer Staat entstanden wäre. Dieses Narrativ findet sogar Eingang in die israelische Unabhängigkeitserklärung von 1948: »Die Katastrophe, die in unserer Zeit über das jüdische Volk hereinbrach und in Europa Millionen von Juden vernichtete, bewies unwiderleglich aufs Neue, dass das Problem der jüdischen Heimatlosigkeit durch die Wiederherstellung des jüdischen Staates im Lande Israel gelöst werden muss.«[189]

Zweitens aber lastet Ben-Gurion letztlich – heute befremdend und irritierend – eine Mitschuld am Holocaust denjenigen an, die in ihren Heimatländern geblieben waren. Das war, so Tom Segev, »ein häufiger Vorwurf: Indem sie sich von den Nazis umbringen ließen, statt nach Palästina zu kommen, hätten die europäischen Juden das zionistische Aufbauwerk sabotiert: ›Sie wollten nicht auf uns hören‹.«[190]

Drittens ist für David Ben-Gurion der Holocaust die »ultimative Frucht des jüdischen Lebens im Exil«[191] und zugleich der Beweis dafür, dass eine Existenz des Judentums in der Diaspora gescheitert und in letzter Konsequenz nicht möglich ist. Diaspora ist für die Zionisten beinahe so etwas wie ein Synonym für Schutzlosigkeit, für Schwäche, für Anpassung und Unterwerfung.

Ben-Gurion selbst nutzt eine abstoßende Terminologie: Jene Holocaust-Überlebenden, die er noch so enthusiastisch in den DP-Lagern als Stoff betrachtet, aus dem seine zionistischen Träume geschnitzt sind, die nun vor allem nach der Staatsgründung mittellos und schwer traumatisiert, ja seelisch gebrochen ins Land kommen, sieht er als enttäuschendes »Menschenmaterial«. Im Vergleich zu den ersten Zionisten kann er seine Ernüchterung offenbar nur schwer im Zaum halten: »Früher war anderes Menschenmaterial im Land.«[192]

Damit steht Ben-Gurion nicht allein. Es gibt einen eher abschätzigen Blick derjenigen, die bereits zu Beginn des 20. Jahrhunderts in die palästinensischen Gebiete eingewandert sind und letztlich auch jener, die aufgrund der Judenverfolgung in den 1930er-Jahren in das britische Mandatsgebiet geflohen sind, auf jene, die nach grausamsten Erfahrungen als Überlebende des Holocausts zumeist erst nach der Staatsgründung in den jüdischen Staat Israel gelangen.

Wenn man sich heute Plakate der zionistischen Bewegung der damaligen Zeit im Mandatsgebiet, etwa für Sportveranstaltungen, anschaut, so begegnet dem Betrachter eine Ikonografie, die sich nur wenig von der Bildsprache sozialistischer oder faschistischer Ästhetik unterscheidet. Im Mittelpunkt steht auch hier lange der Gedanke von einem neuen starken Menschen, vom wehrhaften und unbeugsamen Charakter. Andere ›alte‹ Erzählungen von der europäischen Heimat ebenso wie die Erinnerungen an den Holocaust sollen als überwunden gelten. Hebräisch ist die Sprache. Andere Sprachen sind nicht zugelassen.

Nicht umsonst ist die Bezeichnung jener Juden, die im Mandatsgebiet geboren werden, die des »Tzabar« oder »Sabre«. Dieses Wort, das für in Israel geborene Juden bis heute in Gebrauch ist, ist die Übersetzung von Kaktusfeige und ist metaphorisch gemeint. So wie die Feige innen weich und außen von einer harten Haut und Stacheln geschützt ist, so ist auch der »new jew«[193], von dem der Soziologe Oz Almog spricht, selbstbewusst und verteidigungsbereit. Und er sieht sich selbst in Abgrenzung zu denen, die zugewandert sind, oder gar jenen, die nach wie vor in der Diaspora verharren und sich so mehr oder minder freiwillig in die Opferrolle begeben.

Exkurs: Adolf Eichmann und der Umdenkprozess in Sachen Holocaust

Diese anfänglich ostentativ abfällige Haltung gegenüber den Holocaust-Überlebenden erfährt am 11. Mai 1960, erst gute 15 Jahre später, eine fundamentale Wandlung durch ein tiefgreifendes Ereignis: Auf der Garibaldistraße in San Fernando, einem Stadtteil von Buenos Aires, an der Ecke zur Landstraße 202 steht ein Auto mit geöffneter Haube, offenbar mit Motorschaden. Ein junger Mann ist über den Motor gebeugt und scheint eine ganze Weile konzentriert an dem Fahrzeug zu ›basteln‹. Genau fünf Minuten nach acht hält an der Bushaltestelle, nahe dem parkenden Wagen, ein Bus. Dem Bus entsteigt ein Mann, um die 50 Jahre alt, der langsam auf die Garibaldistraße einbiegt und zu seinem Haus gehen will. Er fühlt sich plötzlich von Scheinwerfern eines weiteren parkenden Autos geblendet. Dann geht alles ganz schnell: Ein vermeintlicher Passant stürzt von vorne auf ihn zu und reißt ihn zu Boden. Der auf dem Boden Liegende ist zu Tode erschrocken. Ein anderer kommt dazu und packt Ricardo Klement, so der Name des Mannes, an den Füßen. Zwei weitere Herren eilen herbei und helfen, das Entführungsopfer in den bereitstehenden Wagen zu zerren. Dann machen sich die beiden Autos auf den Weg. Im Auto vernimmt Klement Worte auf Deutsch, die ihm vermutlich nicht ganz unvertraut sind: »Stillhalten, oder ich schieße!«[194] Er hält still.

Ziel der Fahrt ist eine eigens angemietete Villa. In einer Befragung, die der unzweideutigen Identifizierung dienen soll, gibt der Mann seinen Entführern endgültige Gewissheit: »Ich bin Adolf Eichmann«[195], gesteht er. Ricardo Klement ist in der Tat jener Mann, der Leiter des »Judenreferates« im NS-Reichssicherheitshauptamt war und 1942 in einer Villa am Berliner Wannsee den Beschluss zur »Endlösung der Judenfrage« als »Protokollant« in Empfang genommen und schließlich maßgeblich für seine

Durchführung gesorgt hat. Der stellvertretende Chefankläger und spätere israelische Richter am Obersten Gerichtshof, Gabriel Bach, der wesentlich mit dazu beitragen wird, dass das Gerichtsverfahren zu einem Musterbeispiel eines rechtsstaatlichen Gerichtsverfahrens und nicht zu einem Schauprozess wird, weist später darauf hin, dass Eichmann kein simples Glied in der Hierarchiekette gewesen ist, sondern »ab einem bestimmten Punkt obsessiver als seine Vorgesetzten«[196]. Noch in den letzten Kriegsmonaten, so ermittelt Bach, habe Eichmann gesagt: »Ich weiß, der Krieg ist verloren, aber ich werde meinen Krieg dennoch gewinnen.«[197]

Am Ende verliert er »seinen Krieg« in mehrfacher Hinsicht. Den Agenten des Mossad gelingt es mit dieser spektakulären Aktion, einen der Hauptverantwortlichen für den Massenmord an den europäischen Juden festzusetzen. Der damalige Mossad-Chef Isser Harel, Strippenzieher der Entführung, nennt die Aktion später »eine unmissverständliche Warnung an die untergetauchten Mörder des jüdischen Volkes, sich in ihren Schlupfwinkeln nicht länger sicher zu fühlen«[198].

Wenige Tage später wird der ehemalige SS-Obersturmbannführer unter nicht minder abenteuerlichen Umständen narkotisiert, als schlafendes Besatzungsmitglied auf den Flughafen in Buenos Aires gebracht und dort in eine El-Al-Sondermaschine geschmuggelt, die zuvor eine – weitgehend ahnungslose – israelische Regierungsdelegation zur 150-Jahr-Feier der argentinischen Unabhängigkeit gebracht hatte. Am 21. Mai 1960 um 0.05 Uhr hebt die Propellermaschine vom Typ Britannia ab und bringt ihre hochbrisante Fracht mit einer Zwischenlandung in Dakar nach Israel.

Am 23. Mai 1960 spricht David Ben-Gurion zur Knesset: »Ich möchte die Knesset darüber in Kenntnis setzen, dass einer der größten Naziverbrecher, Adolf Eichmann, der zusammen mit anderen Naziführern an der ›Endlösung‹ der Judenfrage, das heißt an der Ausrottung von mehr als sechs Millionen europäischer Juden, arbeitete, vom israelischen Geheimdienst aufgespürt wurde. Er befindet sich bereits in Israel in Haft und wird demnächst in Jerusalem vor Gericht gestellt werden.«[199] Am Abend wird davon im staatlichen Rundfunk berichtet und die Nachricht verbreitet sich im ganzen Land wie ein Lauffeuer. Aber nicht nur in Israel, auch in Deutschland hören Millionen diese Neuigkeit, wenngleich zu diesem

Zeitpunkt nur wenige Deutsche diesen Mann und seine Funktion gekannt haben dürften.

Der entscheidende Tipp, der zum Zugriff führt, kommt aus Deutschland: Der Frankfurter Generalstaatsanwalt Fritz Bauer, deutscher Jude, Sozialdemokrat und Jurist, der in seinem anfangs sicheren Exil in Dänemark nach der deutschen Besetzung nur knapp durch Flucht der Deportation in das Konzentrationslager Theresienstadt entgeht, kommt Ricardo Klement, alias Eichmann, mit der Hilfe des früheren KZ-Häftlings und deutschen Juden Lothar Hermann auf die Spur.[200]

Die 12-jährige Tochter Hermanns hat zuvor durch Zufall den ältesten Sohn Eichmanns, den 17-jährigen Klaus Eichmann, in einem Kino flüchtig kennengelernt. Lothar Hermann informiert Bauer über seinen Verdacht. Bauer wiederum ist sich der Tatsache bewusst, dass es schwierig werden dürfte, Eichmann vor ein deutsches Gericht zu stellen – nicht nur, weil es nicht unwahrscheinlich ist, dass sich Argentinien weigern würde, den Kriegsverbrecher auszuliefern. Vielmehr hätte nach einem solchen Auslieferungsersuchen die Gefahr bestanden, dass Eichmann untertaucht. Über Felix Shinnar, mit dem sich Bauer trifft, gelangt diese Nachricht nach Israel; dort findet sie erst allmählich die Beachtung, die sie verdient.

In Jerusalem wird dem Kriegsverbrecher vom 11. April 1961 an der Prozess gemacht. Während der Verhandlung gegen Eichmann, die das erwartet große Presseecho in Israel und überall in der Welt findet, wird anhand der mehr als 100 Zeugenaussagen, die von schrecklichen Erfahrungen berichten, deutlich, wie ungeheuer perfide und ausgeklügelt die deutsche Mordmaschinerie gearbeitet hat: Sie beschreiben, dass es in dieser industriellen Form des Massenmordes kein Entrinnen gab, dass Adolf Eichmann und seine Mittäter die Juden in Europa getäuscht haben, dass selbst demonstrative Stärke und Selbstbewusstsein, die es in den Ghettos, nicht zuletzt während des Aufstandes im Warschauer Ghetto, gab, die verfolgten und verfemten Juden nicht vor dem sicheren Tod retten konnten.

Fortan setzt sich gerade die junge Generation der »Sabres«, die stolz auf ihr Land sind, in einem fundamentalen Umdenkprozess mit diesen Ereignissen auseinander, die so zu einem Teil der israelischen Geschichte werden. Bis zum Eichmann-Prozess ist der Holocaust für sie eine abstrakte

Angelegenheit, die von ihrer persönlichen Erfahrungswelt denkbar weit entfernt ist.

Erst mit der Eichmann-Anklage und Verurteilung ändert sich das, nun aber fundamental. Das liegt auch an der breiten Berichterstattung im Land, denn die Vorgänge im Gerichtssaal werden durch den Radiosender *Kol Israel* live ausgestrahlt. Hunderttausende Israelis auf der Straße, an ihrer Arbeitsstätte, in der Schule verfolgen aufmerksam die Sendungen, insbesondere die Aussagen der Überlebenden.

Die Überlebenden bekommen nach dem Prozess zunehmend die Aufmerksamkeit, die ihnen – vor allem, weil viele Israelis unwillig waren, ihren Erzählungen zuzuhören – bislang verweigert worden ist. Plötzlich stoßen ihre persönlichen Erinnerungen nicht nur auf Interesse, sie werden für die Bürgerinnen und Bürger in letzter Konsequenz zum integralen Bestandteil ihrer kollektiven Identität als Juden und als Israelis. Fortan gehören sie zum Schulunterricht.

Der Prozess – eine Konfrontation mit der Vergangenheit

Der Prozess, in dem sich der Angeklagte zu Unrecht als »einfacher Befehlsempfänger«[201] stilisiert und in seinem Panzerglaskasten im Saal des Jerusalemer Bezirksgerichtes nicht die geringsten Anzeichen von Reue zeigt, ändert auch in anderer Hinsicht die israelische Geschichte. Der Ben-Gurion-Biograf Tom Segev macht deutlich, dass der Kampf um die Existenz Israels damit eine neue Richtung erhält: Während des Unabhängigkeitskrieges von 1948 hätten die Israelis trotz Tausender Toter und einer ihnen entgegenstehenden Übermacht in die Zukunft schauend gekämpft und die Gefahr der totalen Vernichtung ein Stück weit verdrängt.[202] In der Folge des Eichmann-Prozesses dagegen hätten die Israelis bei den Kriegen von 1967 und 1973 geglaubt, dass es um ihre physische Existenz und pures Überleben gehe. »Mit dem Prozess hat die Vergangenheit sie eingeholt.«[203]

Auswirkungen hat der Prozess auch direkt auf die deutsch-israelischen Beziehungen. Und zwar auf beiden Seiten. Auf diese psychologischen

Effekte weist die bekannte deutsch-israelische Journalistin Inge Deutschkron hin, Autorin des berühmten Buches »Ich trug den gelben Stern«[204], die die Zeit des Nationalsozialismus in Berlin überlebt hat, weil sie sich dort versteckt halten konnte, und die nach dem Krieg Korrespondentin der Zeitung *Maariv* in Deutschland wird: »So haben die Israelis lange vor einer Begegnung mit den Deutschen zurückgeschreckt, in denen sie die Mörder ihrer Angehörigen sehen, und die Deutschen fürchten in der gleichen Zeit, zu Recht oder nicht, für die Verbrechen, die in der Vergangenheit begangen worden sind, zumindest moralisch zur Rechenschaft gezogen zu werden. Der Prozess hat die festgefügte Nachkriegsgewissheit, dass Schweigen über die Vergangenheit gebreitet wird, erschüttert.«[205] In Israel hinterlassen die Reaktionen, die der Prozess in der deutschen Öffentlichkeit und im Verhalten der deutschen Journalisten in Israel hervorgebracht hat, positive Spuren.

Vor allem der Auftritt des früheren KZ-Häftlings und Mitglieds der Bekennenden Kirche, Propst Heinrich Grüber, der für Juden eingetreten war, macht auf die Israelis Eindruck, weil er, wie Inge Deutschkron schreibt, »den Typ des Hitler-Gegners, den die meisten Israelis vorher nicht gekannt hatten oder nicht hatten kennen wollen«[206], verkörpert. Sein Auftritt, aber auch andere Geschichten über Deutsche, die Juden geholfen haben, die nach und nach ans Licht kommen, streuen bei vielen Israelis Zweifel, ob die oft ablehnenden und verallgemeinernden Ansichten, die sie und ihre Nachkommen über Deutschland und die Deutschen haben, tatsächlich zutreffend sind.

Bei den Deutschen stellt sich der Sachverhalt anders dar. Jene, die der Generation der Täter angehören, fühlen – ob zu Recht oder zu Unrecht – durch den Prozess gegen Eichmann, dass ihnen gleichsam ein Teil der Last der Schuld von den Schultern genommen wird. Das erlaubt dieser Generation, mit dem Ende des Eichmann-Prozesses etwas unbefangener mit Israel umzugehen und es – zu diesem Zeitpunkt nicht wirklich berechtigt – zunehmend als ein Land unter anderen Ländern zu betrachten.

Aber noch interessanter ist die Spur, die der Prozess bei den jüngeren Deutschen nach Einschätzung Inge Deutschkrons und anderen hinterlässt. Hier beginnt die Neugierde zu wirken auf ein Land, das es fertiggebracht hat, einen ehemaligen SS-Obersturmbannführer in seinem Versteck in Argentinien aufzuspüren, ihn unbemerkt zu entführen und ihn erfolgreich nach Israel zu bringen; die Neugierde auf ein Land, das es nach der Unabhängigkeit fertiggebracht hat, sich militärisch erfolgreich gegen eine Übermacht arabischer Staaten zur Wehr zur setzen. Tatsächlich – das mag auch andere Gründe haben – intensivieren sich um den Eichmann-Prozess die ersten zarten Pflänzchen der organisierten Reisen junger Menschen aus Deutschland nach Israel.

Inge Deutschkron kommt zu dem interessanten Schluss, dass der Eichmann-Prozess viel zu einer Annäherung zwischen Deutschen und Israelis beigetragen habe – »so seltsam es klingen mag«[207], wie sie selbst sagt. In den Jahren vor der Staatsgründung und um die Staatsgründung herum ist an diese Annäherung noch nicht einmal im Traum zu denken.

Dass dieser Traum auch auf israelischer Seite recht bald nicht mehr nur als Albtraum gedacht wird, geht vor allem auf Ben-Gurion zurück. Seine deutliche Konzentration auf die Vision eines jüdischen Staates auf dem Boden des Mandatsgebietes Palästina, seine leidenschaftliche Beschäftigung mit dem Zionismus setzt ihn trotz aller Wahrnehmung der Schrecken, die ihn emotional zweifelsohne tief erschüttert haben, in eine gewisse Distanz zu den Vorgängen in Deutschland. Die relativ ausgeprägte ›Instrumentalisierung‹ dieses Themas, aber zugleich die volle Fokussierung auf die Zukunft und auf die Vollendung seiner Vision von Eretz Israel ermöglichen ihm vielleicht mehr als anderen seiner Generation, den Graben zwischen Deutschland und Israel zu überwinden.

Das verheißene Land »Israel« – zum Greifen nah

Diese Vision des Judenstaates, der nach dem Holocaust für viele Überlebende des Grauens in Europa zum verheißenen Land wird, ist für Ben-Gurion und für seine zionistischen Kameraden nur wenige Jahre nach dem Zweiten Weltkrieg ausgerechnet mit jener Organisation der internationalen Staatengemeinschaft verbunden, die heute in Israel fast unisono und nicht immer zu Unrecht der Einseitigkeit im israelisch-palästinensischen

Konflikt geziehen wird: mit den Vereinten Nationen. Heute wird gelegentlich vergessen, dass es der Teilungsbeschluss der Vereinten Nationen am 29. November 1947 ist, der den entscheidenden Schritt zum eigenen Staat darstellt. Dieser Schritt ist es, der aus der Frage, *ob* Israel entstehen wird, die Frage macht, *wann* Israel entstehen wird; der so kraftvoll und bedeutend ist, nicht nur weil das Ergebnis mit 33 Ja- und nur 13 Gegenstimmen und 10 Enthaltungen so eindeutig ist, sondern auch, weil sich mit den USA und der Sowjetunion die beiden Großmächte im Lager der Befürworter finden; ein Schritt, der im gesamten Mandatsgebiet gewaltige Jubelstürme auslöst.

Amos Oz beschreibt in seiner großartigen autobiografischen Geschichte »Von Liebe und Finsternis« die Freude, die die Delegierten in Lake Success in Jerusalem auslösen, und zitiert seinen Vater, der ihm zwischen den Jubelnden und Tanzenden in Jerusalem sagt: »Schau Dir das an, mein Junge, schau Dir das sehr gut an, mein Sohn, mit sieben Augen schau Dir das bitte alles an, denn diese Nacht, Kind, wirst Du bis an Dein Lebensende nicht vergessen und von dieser Nacht wirst Du noch Deinen Kindern, Enkeln und Urenkeln erzählen, wenn wir schon lange nicht mehr da sind.«[208]

Ein ebenso wichtiger Schritt, der ultimative vor dem Ziel, ist das Ende der britischen Mandatsherrschaft. Diesen Übergang markiert ein Mann, der am Morgen des 14. Mai schnellen Schrittes aus Jerusalems Hotel King David eilt, aus jenem Gebäude, in dem einige Abteilungen der britischen Palästinaverwaltung bis zu diesem Tag residieren und das die *Irgun Zwai Leumi* (auch »Etzel« genannt) am 22. Juli 1946 mit einem Bombenanschlag partiell zum Einsturz gebracht hatte. Der Mann stürzt auf einen kugelsicheren Daimler zu und nimmt im Fond Platz. Begleitet von mehreren Panzerwagen verlässt die Fahrzeugkolonne des letzten Hochkommissars Palästinas, Sir Alan Cunningham, die prachtvolle blumenumsäumte Vorfahrt des Hotels. Nach seiner Abfahrt wird – untermalt mit Dudelsackmusik – zum letzten Mal die Fahne des Vereinigten Königreichs, der Union Jack, eingeholt. Aufgezogen wird das Zeichen der Neutralität, die Flagge des Roten Kreuzes. Auf dem Flughafen Atarot, bei Qualandia, wo sich heute einer der wichtigsten Übergänge in das Palästinensische

Autonomiegebiet befindet, besteigt Cunningham ein Flugzeug der Royal Air Force nach Haifa.

Mit deutlicher Resignation hat zuvor der *Daily Graphic* das kommentiert, was sich für die britische Mandatsmacht beim Abzug ihrer Soldaten aus dem Mandatsgebiet wie eine Niederlage anfühlt: »Wir sind als Befreier nach Palästina gekommen. Wir blieben dort als Treuhänder der Rechte eines Bevölkerungsteils und der politischen Wunschträume des anderen. Jetzt hat unsere Mission mit einem Fehlschlag geendet.«[209]

Was des einen Fehlschlag, ist des anderen Triumph. Der Weg in die Unabhängigkeit ist frei. Doch wie schon zweitausend Jahre zuvor sollten auch die ›letzten Meter‹ zum Staat Israel nicht frei von Hindernissen sein. Was am 14. Mai 1948 um 13.50 Uhr zunächst wie eine simple Formalität aussieht, nämlich die Zustimmung der Mitglieder des Staatsrates, die sich im Museum in Tel Aviv vor der Verlesung der Unabhängigkeit getroffen haben, zum Entwurf der Unabhängigkeitserklärung einzuholen, scheint plötzlich den ganzen Prozess in Gefahr zu bringen. Und eine ›Tradition‹ beginnt, die bis in die Gegenwart andauert: Die stets aufs Neue gestellte Frage, wie man einen jüdischen Staat definieren kann, damit er religiösen und säkularen Juden gleichermaßen zur Heimat wird.

Für die religiösen Vertreter des Staatsrates ist es unannehmbar, dass Gott in dem Dokument keine Erwähnung findet. Die säkularen sozialistischen Zionisten wiederum sehen damit ihr Recht in Gefahr, in einem Staat zu leben, der auch jene achtet, die nicht glauben.

Die Fronten sind schnell verhärtet. Als Retter in der Not erweist sich Chaim-Mosche Schapira, ein gläubiger Jude, der ursprünglich aus Weißrussland nach Israel gekommen ist und dort bereits ab 1936 Alijah-Direktor in der Jewish Agency war, sich an einer Rettungsaktion für österreichische Juden beteiligte und nach der Unabhängigkeit gleich zwei wichtigen Ministerien im ersten Kabinett Ben-Gurions vorsteht: Dem Gesundheits- und dem Immigrationsministerium. Sein rettender Vorschlag ist, dass man die Formulierung »Gott Israels«[210] im letzten Satz der Erklärung schlicht durch »Fels Israels« ersetzen könne. Das könne ja dann jeder so interpretieren, wie er es wolle. Der Satz: »Mit Zuversicht auf den Fels Israels setzen wir unsere Namen zum Zeugnis unter diese

Erklärung«[211] findet wie der ganze Rest der Erklärung die Zustimmung der Staatsratsmitglieder.

Die Geburt des Staates Israel beginnt pünktlich: Um exakt 16 Uhr ist David Grün aus Płońsk mit dem hebräischen Namen David Ben-Gurion am Ziel seiner Träume. Er ist es, der die außerordentliche Sitzung des Staatsrates mit dem Schlag eines kleinen hölzernen Hammers eröffnen darf. Die Versammlung erhebt sich und singt die haTikwa, die zionistische Hymne, welche zur Nationalhymne des jungen Staates wird und die seit zweitausend Jahren bestehende Hoffnung besingt, »ein freies Volk in unserem Land, im Lande Zion und in Jerusalem« zu sein.[212]

Dann beginnt Ben-Gurion jene Sätze zu verlesen, die die Geschichte verändern werden. 33 Minuten dauert die Zeremonie in einem Saal, der mit sparsamen Aufwendungen von gerade einmal 200 Dollar geschmückt worden ist unter dem großen Porträt des Mannes, der all jene, die als Unterzeichner unter dem Dokument stehen, mit seiner Begeisterung für den Traum vom Lande Zion angesteckt hat. Jetzt fallen die entscheidenden fünf Worte: »Der Staat Israel ist gegründet.«[213] Noch geschieht das allerdings mit der Duldung der britischen Mandatsmacht. Denn deren ›Herrschaft‹ über das Mandatsgebiet Palästina endet erst siebeneinhalb Stunden später, um Mitternacht.

Ein »Trauernder unter Feiernden« – die Verteidigung des Traumes Israel

Sein Tagebuch verrät, dass er sich sehr deutlich bewusst ist, wie fragil die Situation und wie gefährdet die Existenz des eben geborenen Staates ist. Noch vor der Sitzung im Museum in Tel Aviv erfährt er von der Kapitulation Kfar Etzions, das von Arabern angegriffen worden ist: »Abschlachtung der Verteidiger durch die Araber«,[214] aber auch: »Im Land Jubel und große Freude, und wieder, wie am 29. November, bin ich ein Trauernder unter Feiernden.«[215] In einem neu begonnenen Heft seiner Tagebücher schreibt er dann fast schon in fatalistischem Ton und ohne jeden Triumph: »Um vier Uhr nachmittags wurde die jüdische Unabhängigkeit ausgerufen und der Staat gegründet. Sein Schicksal ruht in den Händen der Sicherheitskräfte.«[216]

Als um Mitternacht der britische Kreuzer »Euryalus« mit seinem prominenten Passagier Sir Alan Cunningham im Hafen von Haifa die Anker lichtet und sich auf den langen Weg durch das Mittelmeer und den Atlantik an die britische Küste macht, ist man pietätvoll genug, auf das Feuerwerk zu verzichten, das Techniker der britischen Marine eigens für den Abschied vorbereitet hatten.

Der Kampf um den jungen Staat beginnt mit dem unmittelbaren Einmarsch der Heere des Libanons, Syriens, Iraks, Transjordaniens und Ägyptens – zunächst mit großer Siegessicherheit auf der arabischen Seite. Die Operationsabteilung der »Arabischen Legion«[217] wagt eine steile Prognose: Binnen weniger Tage sei der Judenstaat auf dem ehemaligen Mandatsgebiet schon wieder Geschichte. Schon zuvor droht eine Vertreterin des arabischen Hochkomitees für Palästina mit Blick auf den Teilungsplan der Vereinten Nationen: »Die Entscheidung der Vereinten Nationen hat die Araber zusammengeführt, wie es noch nie zuvor der Fall war, nicht einmal gegen die Kreuzritter [...] Ein jüdischer Staat hat keine Überlebenschance jetzt, wo der heilige Krieg ausgerufen wurde. Letztlich werden alle Juden massakriert werden.«[218]

Ben-Gurion und seine Mitstreiter werfen sich diesem angekündigten Massaker mit aller Kraft entgegen. Aber tatsächlich sind die nächsten Tage für David Ben-Gurion und seine israelischen Mitbürgerinnen und Mitbürger ein kaum erträgliches Wechselbad der Gefühle. Tiefste Verzweiflung wechselt sich nicht nur mit der Freude ab, in scheinbar aussichtslosen Situationen unerwartete Siege zu verzeichnen, sondern auch mit dem Glück, das Maß an politischer Anerkennung zu erringen, das der Bevölkerung den notwendigen Kampfesmut verschafft. In den ersten Nächten nach der Unabhängigkeitserklärung gibt es gleich zwei derartige Ereignisse. Schon zwanzig Minuten nach der Ausrufung Israels erkennt der amerikanische Präsident Harry S. Truman den neuen Staat an. Man hat in Washington offenbar alles daran gesetzt, der Sowjetunion zuvorzukommen. Diese Nachricht erreicht Ben-Gurion aber erst um ein Uhr in der Nacht – neben militärischen Hiobsbotschaften wie der Ankündigung, dass in den frühen Morgenstunden ägyptische Bomber ihre tödliche Last über Tel Aviv abwerfen. Die Sowjetunion zieht dann mit ihrer Anerkennung Israels tatsächlich zwei Tage später nach.

In diesen Stunden zeigt David Ben-Gurion beinahe unerschütterliche Nerven und die Qualitäten eines Feldherrn. Noch in der ersten Nacht, in der er sich in einer direkt übertragenen Rundfunkansprache an das Volk der Vereinigten Staaten wendet und drastisch – wie ein erfahrener Radioreporter – schildert, wie Tel Aviv von feindlichen Flugzeugen angegriffen wird, nimmt er den Heimweg im offenen Jeep, sichtbar für alle, bewundert von den Kämpfern. Eine Bewunderung, die er postwendend zurückgibt: »Aus allen Häusern waren die Leute in Schlafanzügen und Nachthemden auf die Straße geeilt, um die Wirkung der weiter entfernt fallenden Bomben zu beobachten. Aber es gab keine Anzeichen von Panik. Ich hatte das sichere Gefühl, dass auf diese Menschen Verlaß ist.«[219]

Die Anforderungen an den ›Oberbefehlshaber‹ Ben-Gurion – zumindest empfindet er sich zum Kummer seiner soldatischen Führung so, sie fühlt sich immer wieder übergangen – sind gigantisch. Alles ist knapp: Waffen ebenso wie die Kämpfer. Und auch die Kämpfer, die die Hagana eilig auffüllen müssen, sind alles, nur keine erfahrenen Soldaten: Rekruten, die frisch von den Einwanderungsschiffen kommen, die zumeist noch nie ein Gewehr in der Hand gehalten haben und oft Hebräisch, die Sprache, in der die Befehle gebrüllt werden, schlicht nicht verstehen können. Aber auch die Bevölkerung selbst ist vor gewaltige Probleme gestellt, die über kurz oder lang auf dem Schreibtisch des frischgebackenen Ministerpräsidenten landen: Eingeschlossene jüdische Viertel; abgeschnittene Nachschubwege; Lebensmittel und Wasser werden knapp und müssen bereits so stark rationiert werden, dass viele Menschen Hunger leiden. Mehrfach blickt das junge Land in den Abgrund des eigenen Untergangs. Hinzu kommen unerwartete interne Gefahren durch zunehmende Auseinandersetzungen mit den Kommandeuren über die Struktur der Armee, vor allem aber mit der Altalena-Affäre und der damit verbundenen hartnäckig kolportierten Befürchtung, dass Menachem Begin und Konsorten entweder einen »Separatstaat« gründen oder die Regierung stürzen wollen.

Die Altalena-Affäre konfrontiert erneut die beiden Politiker miteinander, die dann später über die Deutschlandpolitik einmal mehr aneinandergeraten werden. Begin weigert sich trotz gegebener Zusagen noch immer, die Irgun-Einheiten unter den Befehl der Regierung zu stellen. Das Schiff Altalena mit etwa 800 Emigranten und bis an den Rand beladen mit Waffen und Munition, die der Irgun gekauft hat, bewegt sich auf die Küste bei Tel Aviv zu und die Regierung verlangt, dass ihr die Waffen ausgehändigt werden. Begins Kameraden ignorieren gestellte Ultimaten.

Ben-Gurion spricht von einem »Mordanschlag auf den Staat«[220] und erkennt die Gefahr eines Bürgerkrieges deutlicher als andere. Er zeigt die Unnachgiebigkeit, Kompromisslosigkeit und Streitlust, die ihn so lange an der Spitze der zionistischen Bewegung gehalten haben, und erteilt die Anweisung, das Schiff anzugreifen. Eine erste Granate verfehlt ihr Ziel. Die zweite trifft und löst im Laderaum des Schiffes ein Feuer aus, das schließlich den Sprengstoff und die Munition zur Explosion bringt. Das Schiff sinkt. Vierzehn Irgun- und ein Palmach-Soldat kommen dabei ums Leben.

Begin reagiert eigentümlich und im wahrsten Sinne des Wortes angeschossen. In einer Rundfunkansprache verliert er, wie Bar-Zohar beschreibt, zwischenzeitlich die Kontrolle über sich selbst, vergießt Tränen, beschimpft Ben-Gurion als »Narren«, »Idioten«, »verrückten Diktator« und sein Kabinett als eine »Regierung von kriminellen Tyrannen«[221]. Er droht Ben-Gurion und seinen Gefolgsleuten, sie seien verloren, »wenn sie gegen einen von uns die Hand erheben«[222]. Aber zugleich ruft er seine Leute, offenbar seine Niederlage erkennend, zur Besonnenheit auf: »Wir werden nicht das Feuer eröffnen. Es darf keinen Bruderkrieg geben, während der Feind vor den Toren steht.«[223] Ben-Gurion bleibt beim Vorwurf der Rebellion und deutet auf das Waffenpotenzial hin, das nun nicht in die Hände der Irgun gelangt sei: »Mit einem Gewehr kann man mehrere Menschen töten; mit fünftausend Karabinern läßt sich eine ganze Volksgemeinschaft ausrotten [...] Gesegnet sei das Geschütz, das dieses Schiff versenkt hat.«[224] Diese Konfrontation und die Niederlage, die Begin erlitten hat, bleibt die Grundmelodie der Feindschaft, die Begin und Ben-Gurion pflegen.

Der Unabhängigkeitskrieg – die Erfolge des Feldherrn Ben-Gurion

Dass es Ben-Gurion gelungen ist, diese mutmaßliche Rebellion im Keim zu ersticken, rettet ihn und das israelische Volk nicht an der anderen entscheidenden Front. Noch immer besitzt Ben-Gurion nicht die volle Kontrolle über die Streitkräfte des Landes. Die anhaltenden ›Meutereien‹ an den verschiedenen Teilen der Armeespitze führen schließlich dazu, dass Ben-Gurion seinen Rücktritt vom Amt des Ministerpräsidenten und Verteidigungsministers erklärt und damit seine ultimative Waffe einsetzt. Diese Reaktion zeigt gleichsam exemplarisch, wie sehr Ben-Gurion sich in dieser Situation am Ende seiner Kräfte sieht, aber auch, wie konsequent, entschieden und zugleich rücksichtslos er handeln kann. Denn freilich ist ihm voll und ganz bewusst, dass er in seiner Funktion in dieser Situation alternativlos ist und die Armeeführer vor diesem ›Schlag‹ kapitulieren müssen. Das tun sie dann auch ergebenst, und alle Empfehlungen, die in Zukunft mehr kollektive Entscheidungsmechanismen vorsehen, wandern in den Papierkorb. Diese Entscheidung und die Verschnaufpause des ersten Waffenstillstandes geben Ben-Gurion die Möglichkeit, die Armee grundlegend umzustrukturieren, neue Waffen ins Land zu bringen und neue Rekruten auszuheben. Das wendet das Blatt. Am 8. Juli 1948 flammen die Kämpfe wieder auf, aber der ganze ›Zauber‹ ist bald vorbei. In nur zehn Tagen müssen die Angreifer empfindliche Gebietsverluste hinnehmen, vor allem existiert nun wieder ein breiter Korridor nach Jerusalem. Fortan verstummt die Siegesgewissheit auf der arabischen Seite. Es sind dann auch die Großmächte im UN-Sicherheitsrat, die eine Destabilisierung der ganzen Region fürchten und die am 15. Juli 1948 einstimmig eine neue Waffenruhe verlangen; sie tritt am 18. Juli 1948 in Kraft und hat bis zum 15. Oktober Bestand. Aber auch danach ändert sich die Lage nicht grundlegend. Israel gelingt es auch diesmal deutlich besser als den Gegnern, diesen Stillstand für die massive Verbesserung der eigenen Ausrüstung zu nutzen. Die israelischen Kämpfer bleiben auf dem Vormarsch und drängen vor allem Ägypten deutlich zurück.[225]

Der Krieg hat erhebliche Auswirkungen auf die Juden und auf die Araber nicht alleine im ehemaligen Mandatsgebiet. In vielen islamisch geprägten Ländern ereignen sich Pogrome. Es kommt zu gewalttätigen Ausschreitungen, beispielsweise in Städten wie Aden, Aleppo, im persischen Isfahan, aber auch in Bahrain, in Kairo, in Beirut und an vielen anderen Orten, wo jüdische Minderheiten leben. Daneben treten staatliche Repressionen, insbesondere im Irak, aber auch in Ägypten. Mehr als eine halbe Million Juden flüchtet während des Krieges und in seiner Folge aus ihren Heimatländern nach Israel. Für den Staat hat das erhebliche Auswirkungen, denn viele Einwanderer müssen in ihren Herkunftsstaaten ihren Besitz zurücklassen. Die schon damals auftretenden Spannungen zwischen den sogenannten Mizrachim oder Sephardim, Juden, die aus den Nachbarländern Israels stammen, und den Aschkenasim, Juden, die aus Ost- und Mitteleuropa nach Israel eingewandert und die in der Regel gebildeter und wohlhabender sind, bestehen bis in die Gegenwart.

Was als »Nakba«, das arabische Wort für »Katastrophe«, tiefen Eingang in die palästinensische Identität gefunden hat, soll die Tatsache beschreiben, dass rund 700.000 palästinensische Araber zunächst in der Zeit des Bürgerkrieges und dann auch während des Unabhängigkeitskrieges zu Flüchtlingen wurden. Israelische Truppen sind an vereinzelten Vertreibungen und Massakern beteiligt, eine konsistente und systematische Politik der Vertreibung, die außenpolitisch beim Kampf um internationale Anerkennung kontraproduktiv gewesen wäre, stellen die israelischen Historiker aber infrage. Die Mehrheit flieht aus Angst vor den Kampfhandlungen und den herannahenden Truppen.

Im Juli 1949 ist der Unabhängigkeitskrieg beendet und Israel kann sich vorerst auf die Sicherung seiner Existenz im Inneren konzentrieren. Nachdem diese übermenschlichen Anstrengungen des Regierungschefs, der trotz aller Anfechtungen immer wieder seine unbändige Entschlusskraft und Führungskompetenz unter Beweis stellt, überstanden sind, ist Ben-Gurion zermürbt. So ist es mit Träumen, die erfüllt werden – sie hinterlassen neben der Befriedigung, dass der innigste Wunsch Wahrheit geworden ist, auch so etwas wie eine Leere. Das ganze Leben Ben-Gurions bis zur Übernahme des Amtes des Ministerpräsidenten ist von der tiefen Sehnsucht erfüllt, den Jahrtausende währenden Wunsch nach der erneuten Ankunft des jüdischen Volkes im verheißenen Land umzusetzen. Zionismus ist für ihn Erfüllung, die alles überlagernde Idee, die keine anderen Prioritäten duldet. Und er ist letztlich die Droge, die über schwere Phasen hinweghilft. Jetzt verliert diese Droge einen Teil ihrer Wirkung. Noch immer gilt es, den Wahrheit gewordenen, aber noch sehr fragilen Traum zu sichern und zu verhindern, dass er nachträglich platzt, aber nun geht es um das Regieren eines Staates mit allen Einzelheiten und Niederungen, die die weitgehende Neuorganisation eines solchen Gebildes bedeutet.

Aber nicht nur das Ausbleiben des Rausches, auch der jahrzehntelange Kampf hinterlässt Spuren bei David Ben-Gurion, was sich an seinem zunehmend kritischeren Gesundheitszustand ablesen lässt. Heute würde man sagen: David Ben-Gurion ist in der Gefahr, einen ›Burn-out‹ zu erleiden. Dabei beginnen nun die Jahre, die Michael Bar-Zohar »die heroischen Jahre«[226] nennt.

Was er damit meint, ist die mehr oder weniger einsame Entscheidung Ben-Gurions, die Tore des jungen Staates für die Masseneinwanderung zu öffnen. Durchaus berechtigte Einwände auch aus den Reihen der eigenen Partei, dass eine uneingeschränkte Zuwanderung das Risiko in sich birgt, die Grundfesten des noch immer nicht stabilen Staates zu erschüttern, schlägt er kurzerhand in den Wind. Alle Player, ganz gleich ob seine Mapai, die Regierung oder die Jewish Agency werden ausgespielt und unter Druck gesetzt. Tatsächlich ist diese politische Entscheidung ähnlich epochal wie die Entscheidung Adenauers, sich für die unpopuläre Wiederbewaffnung einzusetzen. Einem Staat mit 700.000 Einwohnern alljährlich Hunderttausende von Neubürgern zuzumuten, ist eine gewaltige Herausforderung. Später schreibt Ben-Gurion über die Einwanderung: »Hätte sie sich [...] als Fehlschlag erwiesen und den Staat ruiniert, wie viele nicht ohne Grund vorausgesagt hatten, dann wäre ich dafür allein verantwortlich gewesen.«[227] Die Masseneinwanderung gelingt und erweist sich, wie Bar-Zohar sagt, »als großartiges, erregendes Heldenepos«[228].

Exkurs: Kreativität in der Not – Ben-Gurion-Reis und Adenauer-Brot

Das Heldenepos setzt sich neben der Durchsetzungskraft Ben-Gurions nicht zuletzt auch aus seinem Improvisationstalent und seiner Kreativität zusammen. Alles muss in großem Maßstab neu gemacht werden. Gerade in diesen Anfangsjahren ihrer jeweiligen Regierungszeit treten sowohl bei David Ben-Gurion als auch bei Konrad Adenauer diese Eigenschaften sehr augenfällig hervor. Die charakterliche Ähnlichkeit des Zionisten Ben-Gurion und des rheinisch-katholischen Politikers Konrad Adenauer werden an Beispielen aus Adenauers früher Zeit als Kölner Kommunalpolitiker und aus den Anfangsjahren Ben-Gurions als Ministerpräsident auf ebenso eindrucksvolle wie unterhaltsame Weise offenbar, wenngleich drei Jahrzehnte Zeitdifferenz zwischen den beiden Ereignissen liegen.

Und bei beiden Geschichten spielt neben dem Weizen die zupackende, problemlösungsorientierte, aber zugleich hochkreative Art der beiden Politiker eine ganz entscheidende Rolle: Im Jahr 1915 leistet eine vergleichsweise simple Erfindung einen nicht ganz unwesentlichen Beitrag dazu, eine Hungersnot zu verhindern. Nur wenige Monate nach der Mobilmachung im Ersten Weltkrieg kann das Deutsche Reich die Ernährung der Zivilisten, aber auch der Soldaten nur noch begrenzt sicherstellen. Am 26. Januar 1915 stellt die *Frankfurter Zeitung* nüchtern fest: »Alle Vorräte an Weizen, Roggen und Mehl werden beschlagnahmt und für die Regelung des Verbrauchs eine Reichsverteilungsstelle errichtet.«[229]

In dieser schwierigen Situation entwickelt ein damals in ganz Deutschland noch vergleichsweise unbekannter 39-jähriger Mann, talentierter Kommunalpolitiker, Nachfahre einer Bonner Bäckersfamilie, gemeinsam mit der »Rheinischen Brotfabrik« ein Patent mit weitreichender Wirkung. Ein Patent, das das kaiserliche Patentamt als sogenanntes »Kölner Brot«[230] und als »Verfahren zur Herstellung eines dem rheinischen Roggenschwarzbrot ähnelnden Schrotbrotes«[231] anerkennt und das bis heute Gültigkeit hat. Es ist der Mann, der in der Rheinmetropole als Mitglied der Stadtregierung und als stellvertretender Oberbürgermeister mit der schwierigen Aufgabe betraut ist, die Lebensmittelversorgung aufrechtzuerhalten, und der mit seinem Handlungswillen und seiner Umsicht damals den Grundstein für seine herausragende Karriere legt: Dr. Konrad Adenauer.

Das Brot, das aus Mais-, Gersten-und Reismehl sowie aus Kleie, den Schalenrückständen von Getreide, aber auch dem Schrot, grob gemahlenem Getreide, gebacken wird und das die Kölner auch ohne Brotmarken kaufen dürfen, weil Weizen- und Roggenmehle dabei nicht oder nur gering verarbeitet werden, ist nicht der einzige Ausdruck der politischen Kunstfertigkeit des jungen Kommunalpolitikers: Frühzeitig werden Vorräte angelegt. Fleisch wird aus den Niederlanden importiert. In Gummersbach und Waldbröl, aber auch im entfernteren Oldenburg werden durch die Stadt Köln Weiden gepachtet, städtische Grünanlagen werden zu Anbauflächen, selbst mit dem Einfrieren von Fleisch wird experimentiert. Je länger der Krieg dauert, desto mehr schwindet das Image des legendären Krisenmanagers Adenauer: Alle Nahrungsmittel werden knapp und Ersatznahrungsmittel wie das Brot, das fortan als »Adenauer-Brot« in die Geschichte eingeht, rufen zunehmend den Unwillen der Bevölkerung hervor. Zu schlecht ist die Qualität, wenn Topinambur statt Kartoffeln, ›Wurst‹ aus Soja und Gewürzen und Kaffee aus Gerste und Zichorie benutzt werden müssen. Auch das Adenauer-Brot wird als »Viehfutter«[232] verhöhnt, und der Kölner »Lebensmittelzar« Adenauer erhält den wenig schmeichelhaften Beinamen »Graupenauer«[233].

Interessant ist in diesem Zusammenhang das Glückwunschschreiben der orthodoxen Synagogengemeinde Adass Jeschurun in Köln, das Adenauer nach seiner Wahl zum Oberbürgermeister erhält. Es hält höchstes Lob der Gemeinde, die seit 1884 ein eigenes Bet- und Lehrhaus in Köln betreibt, für den Kommunalpolitiker bereit, der den religiösen Juden in schwierigen Zeiten eine koschere Lebensweise ermöglicht habe. Wörtlich heißt es in dem Schreiben des Gemeindevorstandes: »Konnte die Gemeinde, getreu ihren Grundsätzen, auch während und trotz der harten und prüfungsreichen Kriegsnot die Vorschriften ihrer heiligen Religion auf dem für sie so überaus wichtigen Gebiet der Nahrungsmittelversorgung bisher hochhalten und durchführen, so verdankt sie dies in erster Linie dem verständnisvollen und allzeit bereitwilligen Entgegenkommen, das sie bei Ew. Hochwohlgeboren gefunden hat.«[234]

Ohne den geringsten Zweifel erwirbt sich Konrad Adenauer – auch in den Augen der ganzen Kölner Bevölkerung und trotz aller Kritik – Verdienste um die Stadt und ist in den Zeiten, in denen, wie Hans-Peter Schwarz es beschreibt, »die gemütliche Welt des alten Deutschland«[235] versinkt, eine verlässliche Säule der Stabilität. Das Adenauer-Brot ist im Übrigen bis heute – freilich in verfeinerter Form – bei ausgewählten Kölner Bäckereien erhältlich. Ein ›Kassenschlager‹ ist es indes nie geworden.

Die Ereignisse, die sich beinahe dreißig Jahre später in Israel, eben in jener Zeit, in der die Masseneinwanderung stattfindet, abspielen und bei denen der Staatsgründer Israels, David Ben-Gurion, eine ähnlich entscheidende Hauptrolle wie Konrad Adenauer spielt, gleichen der ›Kölner Brotgeschichte‹ fast bis ins Detail.

Nach dem Unabhängigkeitskrieg gerät Israel in eine Phase der Sparpolitik und der Entbehrung und schrammt immer wieder haarscharf an einer Hungersnot vorbei. So wie in Köln bedeutet das für viele Bevölkerungsgruppen eine massive Einschränkung ihres gewohnten Ernährungsverhaltens.

Bei den mizrachischen Juden etwa aus dem Gebiet des heutigen Iran basieren unzählige Gerichte auf der Verwendung von Reis. Reis aber ist in dieser Phase außerordentlich knapp. Weder kann er mangels brauchbarer Nassflächen in dem heißen und trockenen Land vernünftig und erfolgversprechend angebaut werden, noch ist ein umfangreicher Ankauf und Import möglich, weil das Geld fehlt und Schiffe infolge der Blockade der arabischen Staaten nicht passieren können.

Ben-Gurion muss eine Lösung für dieses Problem finden und wendet sich an die Ingenieure und Lebensmitteltechniker des dominierenden Lebensmittelkonzerns Osem, namentlich an einen der Mitgründer der Firma, Ivgen Propper, mit der Bitte, einen preiswerten und zugleich nahrhaften Ersatz für Reis auf der Basis von Weizen zu entwickeln. Was bei diesem Prozess herauskommt, sind die sogenannten »Pititim«, reisförmige, ofengeröstete Nudeln aus Weizen, die in Israel nicht selten wie Reis zubereitet werden, eine gute, dem Reis ähnliche Aufnahmefähigkeit für Saucen besitzen und die sich heute in Risotto oder auch in persisch-jüdischen Reisgerichten wiederfinden.

Anders als Adenauers Brot in Deutschland sind die »Pititim« zu einem festen Bestandteil der israelischen Kultur geworden. Besonders populär sind die Nudeln bis heute vor allem bei Kindern; sie sind in jedem israelischen Supermarkt vorrätig und haben es in New York und in anderen Städten, in denen die jüdische Diaspora stark vertreten ist, bis in die Feinschmeckerrestaurants geschafft. So wie das Adenauer-Brot mit dem Namen des ersten Bundeskanzlers verbunden ist, heißen die Pititim bis heute im Volksmund »Ben-Gurion-Rice«.

Das Exemplarische an diesen beiden Geschichten ist die Fähigkeit, über den eigenen politischen Tellerrand weit hinauszudenken, Kreativpotenzial bei sich und anderen freizusetzen, in scheinbar ausweglosen und existenziellen Situationen nicht fatalistisch zu denken, sondern Lösungen anzustreben; solche Potenziale sind freilich in Umbruchssituationen, die so etwas wie eine ›Stunde Null‹ darstellen, immer sehr viel einfacher politisch umzusetzen, als in etablierten politischen Systemen. Insofern nutzen beide bei der Beschreitung solch ungewöhnlicher Wege auch den historischen Moment.

Beide Politiker müssen Phasen in ihrer politischen Karriere durchstehen, in denen die Existenz der Menschen, für die sie Verantwortung tragen, ernsthaft bedroht ist oder gar am seidenen Faden hängt; sie erweisen sich in diesen Situationen als kraftvolle und durchsetzungsstarke Männer. In beiden Fällen spielt dabei das Thema Ernährung eine herausragende Rolle. Was für Adenauer die Zeit als Beigeordneter im Köln des Ersten Weltkriegs ist, das ist für Ben-Gurion die Zeit unmittelbar nach der Staatsgründung.

Die Masseneinwanderung und Hilfe aus Deutschland

Nicht nur der Traum Ben-Gurions von einem eigenen Staat wird – vor allem durch seinen persönlichen Beitrag – zur Realität. Auch der damit verbundene Wunsch, dass eine Masseneinwanderung in das ehemalige Mandatsgebiet beginnen und damit die Existenz des jungen Staatsgebildes sichern möge, erfüllt sich. Schon zwischen dem Datum der Ausrufung der

Unabhängigkeit Israels und dem Jahresende treffen über Hunderttausend Juden in Israel ein. Bis in das Jahr 1951 werden es fast 700.000 Neubürger sein. So verheißungsvoll das ist, so gigantisch sind die Probleme, die daraus erwachsen.

Der Biograf Michael Bar-Zohar beschreibt die Situation, die bei Ben-Gurion schnell den Eindruck einer dramatisch dringlichen Sicherung des Staatswesens erweckt, sodass auch Hilfe aus dem Land der Shoah, aus Deutschland, akzeptiert werden muss, sehr plastisch: Verzweifelt versucht die israelische Regierung, an Geld zu kommen, über Anleihen, Kredite und Zuschüsse von ausländischen Regierungen, durch Spenden von Juden aus der Diaspora in aller Welt. »Immer wieder fehlen die finanziellen Voraussetzungen, um im Ausland Grundnahrungsmittel zu kaufen, so dass die regierungseigenen Lagerhäuser oft leer sind. Mehrmals hing die Ernährung der Bevölkerung des ganzen Landes von der Ankunft eines einzigen Frachtschiffes mit Weizen oder Weizenmehl ab; hätte sich das Einlaufen des Dampfers verzögert, wäre eine Hungersnot die Folge gewesen.«[236]

Ben-Gurion ist zudem gezwungen, ein politisches Mittel anzuwenden, das sich immer negativ auf die politischen Zustimmungsraten und damit auf die Wahlergebnisse auswirkt: Steuererhöhungen. Gravierender wird es noch durch die Tatsache, dass gleichzeitig strenges Sparen und eine Zwangsbewirtschaftung von Konsumgütern angewendet werden muss, um die staatlichen Ausgaben, vor allem in ausländischen Devisen, künstlich gering zu halten.

Diese Gemeinsamkeiten werfen die Frage auf, wie ähnlich die beiden, die doch in so unterschiedlichen Bezugsräumen gelebt haben, sich am Ende tatsächlich sind. Hans-Peter Schwarz zieht einen ausführlichen Vergleich zwischen Ben-Gurion und einem anderen weltberühmten Staatsgründermythos, dem des ersten US-Präsidenten George Washington – und doch macht auch Schwarz deutlich, wie erstaunlich kongruent die Charaktere Adenauers und Ben-Gurions sind.[237]

Niels Hansen, früherer Botschafter Deutschlands in Israel und Autor eines Standardwerkes über die Beziehungen der beiden Staaten in der Ära Adenauer/Ben-Gurion, hat das Kunststück fertiggebracht, eine umfassende Charakterisierung der Ähnlichkeiten der beiden Herren in einem einzigen

Satz zu fassen. Sie seien vergleichbar in »ihrer mit sprödem, kantigem Charisma gepaarten streitbaren, jeder Routine abholden Führungsstärke und Entscheidungsfreude, in unbegrenzter zupackender Energie, gediegener Fachkompetenz und tiefem Pflichtbewusstsein, in ihrer Zähigkeit und Beharrlichkeit, in nüchternem, mißtrauischem, unsentimentalem politischen Pragmatismus und taktischer Begabung, trotzdem aber, vor allem, in ihrer unbeirrbaren Grundsatztreue und dem Mut, auch gegen den Strom zu schwimmen«[238].

Durch das Leben und die Arbeit der beiden Politiker zieht sich die Erkenntnis in Sachen internationaler Politik, dass es ohne kraftvolle Partner, ohne Bündnisse nicht geht, aber dass gegenüber diesen Partnern immer auch Skepsis angebracht ist. Ben-Gurion und Adenauer sind bei allen Wertüberzeugungen in erster Linie Realpolitiker, die die Banalität tief verinnerlicht haben, dass internationale Politik vor allem auf die Durchsetzung nationaler politischer Interessen abzielt. Beide wissen, dass sich diese Interessen je nach Weltlage ändern können. Beide wissen, dass es letztlich darauf ankommt, die eigenen Interessen auf Übereinstimmung mit den Interessen anderer Akteure abzuklopfen und die größtmöglichen Schnittmengen zu ermitteln.

Ben-Gurion nutzt eine interessante Analogie für die Interessensüberschneidungen im Rahmen der deutsch-israelischen Beziehungen, die quasi eine Hommage an die Politik seines Freundes Konrad Adenauer enthält und tiefen Einblick in den außenpolitischen Ansatz des zionistischen Politikers gewährt: Er setzt die Annäherung zwischen Deutschland und Israel in Beziehung zur Annäherung Deutschlands an Frankreich. In seinen Gesprächen mit seinem Berater Moshe Pearlman, die 1964 in Sde Boker aufgezeichnet werden, weist er darauf hin, dass Frankreich schon dreimal schwer gelitten habe unter den Angriffen Deutschlands während des Kaiserreichs und in der Zeit Hitlers und Charles de Gaulle dennoch die Initiative zu einer besonderen Annäherung der beiden Staaten ergriffen habe; de Gaulle sei nach Bonn gegangen, um dort Adenauer zu treffen, und habe sich in dessen eigener Sprache an das deutsche Volk gewandt. Dieser Besuch – so Ben-Gurion – endete mit einem Freundschaftsvertrag. Und dann sagt er den entscheidenden Satz: »Zweifelt irgendjemand an dem

Patriotismus de Gaulles? Glaubt irgendjemand, daß er aus Schwäche so handelte?«[239] Der Vertrag sei doch nicht deshalb geschlossen worden, weil die Franzosen die Deutschen oder die Deutschen die Franzosen liebten.

Die Franzosen hätten keinesfalls vergessen, was ihnen die Deutschen angetan hätten. »Nicht die Liebe zueinander war der Anlaß, sondern gemeinsame Notwendigkeiten.«[240] Gemeinsame Interessen seien die Basis für politische Freundschaft. Und aus diesem Grund hätten die beiden Länder einen Versuch zu engerer Zusammenarbeit, insbesondere auf wirtschaftlicher und militärischer Basis, begonnen. »Als Premierminister suchte ich, wie jeder Staatsmann, die außenpolitischen Richtlinien so festzulegen, daß der einmal bestimmte Kurs die Interessen Israels förderte. Aus diesem Grund bestimmte ich eine freundschaftliche Politik gegenüber Deutschland.«[241]

So sehr Ben-Gurion mit diesen Argumenten versucht, die Vernunft anzusprechen, so sehr ist in diesen frühen Jahren jegliche Betrachtung Deutschlands in Israel von brennender Emotion durchzogen. An die Ratio zu appellieren ist angesichts der Verheerungen der Judenvernichtung eine geradezu unfassbare Zumutung an das eigene Volk. Zu tief ist die Verletzung der jüdischen Volksseele. Entsprechend vorsichtig müssen die ersten tastenden Annäherungsversuche ausfallen. Auch steht die Frage im Raum, von welcher Seite der erste Schritt ausgehen soll. Muss nicht die Initiative von den Erben der Massenmörder selbst ausgehen?

In der Zeit unmittelbar nach dem Krieg erscheint es daher geradezu unmöglich, die moralische Notwendigkeit von Entschädigungen an die Juden, denen man alles geraubt hatte, was sie besaßen, mit der Idee einer Kontaktaufnahme mit dem offiziellen Nachkriegsdeutschland zu verbinden – ganz davon zu schweigen, dass es diese offiziellen Stellen im besetzten Deutschland zu diesem Zeitpunkt nur auf der regionalen Ebene gibt. Die Durchsetzung der kollektiven Ansprüche verläuft folglich zunächst über die Besatzungsmächte. Chaim Weizmann meldet als Präsident der Jewish Agency schon im September 1945 Entschädigungsansprüche »in Vertretung des jüdischen Volkes«[242] an. Etwa acht Milliarden Dollar beträgt seiner Ansicht nach der materielle Schaden. Dabei bezieht er sich, wie später auch Ben-Gurion, darauf, dass den Deutschen das Vermögen jüdischer Verfolgter zugefallen ist, weil auch die Erben, die

Rückforderungen hätte stellen können, oftmals ermordet worden sind. Das Ansinnen bleibt bei den Alliierten erfolglos. Das liegt auch daran, dass in den unmittelbaren Nachkriegsjahren die individuelle Entschädigung der Überlebenden zunächst Priorität genießt.

Israel und Adenauer – ein »erstes unmittelbares Zeichen«

Mit der Gründung der Bundesrepublik Deutschland ändert sich die Situation insofern, als es nun wieder eine nationale Adresse für Entschädigungsansprüche und mit dem Regierungschef Konrad Adenauer einen Ansprechpartner gibt. Der enttäuscht allerdings zunächst die Erwartungen, sowohl diejenigen der wenigen noch in Deutschland lebenden Juden als auch diejenigen der Juden in Israel und der Welt, die bei der ersten offiziellen parlamentarischen Verlautbarung der Regierung ein deutliches Zeichen erwartet haben.

Konrad Adenauer spricht jedoch in seiner ersten Regierungserklärung am 20. September 1949 die Entschädigungsfrage gar nicht und das nationalsozialistische Unheil nur sehr knapp und etwas umständlich an: »Lassen Sie mich in diesem Zusammenhang ein Wort zu hier und da anscheinend hervorgetretenen antisemitischen Bestrebungen sagen. Wir verurteilen diese Bestrebungen auf das schärfste. Wir halten es für unwürdig und für an sich unglaublich, daß nach all dem, was sich in nationalsozialistischer Zeit begeben hat, in Deutschland noch Leute sein sollten, die Juden deswegen verfolgen oder verachten, weil sie Juden sind.«[243] Das stößt auf deutliche Kritik: »Zu matt und zu schwach ist gewesen, was gestern die Regierungserklärung über die Juden und über die furchtbare Tragödie der Juden im Dritten Reich gesagt hat«[244], sagt der Oppositionsführer Kurt Schumacher. Es sei die Pflicht jedes deutschen Patrioten, das Geschick der deutschen und der europäischen Juden in den Vordergrund zu stellen »und die Hilfe zu bieten, die dort notwendig ist«[245].

Aber das täuscht darüber hinweg, dass exakt in der gleichen Zeit Adenauer erste Gespräche mit seinen engsten Mitarbeitern führt über die Frage, »in welcher Weise es möglich sein würde, das Verhältnis des deutschen Volkes zum Judentum und zum Staat Israel auf eine neue Grundlage zu stellen«[246], wie das sein Mitarbeiter Herbert Blankenhorn zum Ausdruck bringt. Dabei kommt freilich auch zum Ausdruck, dass »der neue deutsche Staat in der Welt Vertrauen, Ansehen und Glaubwürdigkeit nur wiedergewinnen werde, wenn die Bundesregierung und das Bundesparlament durch einen in freier Entscheidung getroffenen Willensakt sich von der Vergangenheit distanzieren und durch eine eindrucksvolle materielle Wiedergutmachungsleistung dazu beitragen, das unglaubliche Ausmaß erlittener seelischer und materieller Not zu erleichtern und denen, die alles verloren hatten, beim Aufbau einer neuen Existenz zu helfen.«[247]

Kurze Zeit nach der Regierungserklärung aus Anlass des elften Jahrestages der Novemberpogrome gibt Konrad Adenauer im November 1949 ein in jeder Hinsicht bemerkenswertes Interview. Es ist hervorzuheben, weil es in vielen Haltungen des Kanzlers an seine positiven Erfahrungen mit jüdischen Mitbürgern in der Kölner Zeit anknüpft; weil es eines der ersten ausführlichen Interviews ist, die der Bundeskanzler überhaupt in seiner neuen Funktion gibt; schließlich weil es sich gerade einmal vier Jahre nach dem Ende der Judenvernichtung mit der Beziehung Deutschlands zum Judentum befasst. Außerdem ist es bemerkenswert durch den Interviewer, Karl Marx: Er entstammt wie sein berühmter Namensvetter einer jüdischen Familie, die im Hunsrück in der Nähe Triers ansässig ist, und hat beinahe so etwas wie die klassische Biografie eines assimilierten deutschen Juden in dieser Zeit vorzuweisen: 1914 Notabitur, Freiwilliger im Ersten Weltkrieg, Eisernes Kreuz; 1919 Arbeit als freier Journalist in Baden-Baden und in Berlin für deutsche und ausländische Zeitungen und Nachrichtenagenturen; Mitgliedschaft in der linksliberalen Deutschen Demokratischen Partei; mit der Machtergreifung folgt die Odyssee der Flucht, erst ins Saargebiet, dann nach Frankreich, nach Italien, von dort nach Tanger und schließlich nach Großbritannien; in Auschwitz verliert er große Teile seiner Familie.

Nach dem Krieg ist Karl Marx 1946 einer der ersten Juden, die nach Deutschland zurückkehren. Und er ist einer von denen, die stark gegen das Unverständnis kämpfen, das ihm und vielen Remigranten sowie den in Deutschland verbliebenen Juden für ihre Entscheidung, im Land der Mörder zu leben, entgegengebracht wird. Karl Marx leidet unter der Art und Weise, wie die Gruppe der in Deutschland lebenden Juden auch in internationalen jüdischen Gremien ausgegrenzt wird.

1946 wird er Lizenzträger für jüdische Zeitungen, 1948 Herausgeber und Chefredakteur der *Allgemeinen Wochenzeitung für Juden* in Deutschland. Bis zu seinem Tod 1961 bleibt er einer der bedeutendsten jüdischen Publizisten im deutschsprachigen Raum. Vor allem ist er eine der wenigen jüdischen Stimmen von Rang, die die These einer deutschen Kollektivschuld in ihrer Absolutheit ablehnen – eine Einstellung, die er mit Adenauer teilt.

In dem Interview mit Karl Marx fällt ein folgenreicher Satz. Und das 1949, zu einem Zeitpunkt, zu dem Deutschland noch nicht souverän ist und den Besatzungsmächten Rechenschaft über wesentliche Entscheidungen schuldet, nur vier Jahre nach dem Ende des Krieges und gerade einmal sechs Monate nach der Gründung der Bundesrepublik Deutschland. Adenauer betont: »Das deutsche Volk ist gewillt, das Unrecht, das in seinem Namen durch ein verbrecherisches Regime an den Juden verübt wurde, soweit wiedergutzumachen, wie dies nur möglich ist, nachdem Millionen Leben unwiederbringlich vernichtet sind. Diese Wiedergutmachung betrachten wir als unsere Pflicht. Für diese Wiedergutmachung ist seit 1945 viel zu wenig geschehen. Die Bundesregierung ist entschlossen, die entsprechenden Maßnahmen zu treffen.«[248]

Er wartet dann sogar mit sehr konkreten Vorschlägen auf, allerdings mit der Nennung einer Summe, die von der jüdischen Seite als vollkommen unzureichend betrachtet werden muss: »Ihre besondere Aufmerksamkeit wird die Bundesregierung dem Ausgleich der den jüdischen Staatsangehörigen zugefügten wirtschaftlichen Schäden widmen. Die bestehende Gesetzgebung bedarf hier mancher Verbesserung und Ergänzung. Der Staat Israel ist die nach außen sichtbare Zusammenfassung der Juden aller Nationalitäten. Die Bundesregierung beabsichtigt, dem Staat Israel Waren zum Wiederaufbau im Werte von 10 Millionen DM zur Verfügung zu stellen, und zwar als erstes unmittelbares Zeichen dafür, daß das den Juden in aller Welt von Deutschen zugefügte Unrecht wiedergutgemacht werden muß.«[249]

Der israelische Fernsehjournalist David Witzthum findet auch heute noch, dass die Summe unverschämt niedrig ist. Man muss dieses Zitat aber genau lesen: Adenauer sieht die 10 Millionen als ein »erstes unmittelbares Zeichen«[250]. Er scheint sich der Tatsache bewusst zu sein, dass es langwieriger und intensiver Verhandlungen bedarf, um der Wiedergutmachung näherzukommen, und dass eine solche Einmalzahlung nur der Einstieg in ein größeres finanzielles Commitment sein kann.

Was damals in Israel ebenfalls nicht wahrgenommen wird, ist ein Detail der Geschäftsordnung der Bundesregierung, nämlich die Tatsache, dass er mit diesem lächerlich erscheinenden Betrag exakt bis zu der Grenze des Rahmens geht, innerhalb dessen er frei über den Staatshaushalt verfügen kann. Es ist seine Unterlassungssünde, nicht schon damals stärker darauf hingewiesen zu haben, dass das lediglich eine allererste Geste ist. Es ist aus heutiger Sicht wenig überraschend, dass das ›Angebot‹ auf erhebliche Kritik stößt. In Israel wird es mehrheitlich brüsk zurückgewiesen. Man wolle von Deutschland keine Geschenke annehmen. Einige israelische Zeitungen schimpften Adenauer gar einen »Neonazi«. Es sei makaber, »für jeden ermordeten Juden eine DM und sechzig Pfennig zu bieten.«[251]

Ben-Gurion, der zu diesem frühen Zeitpunkt noch nicht den Gedanken entwickelt hat, von Deutschland in erheblichem Maße Wiedergutmachungsgelder – oder, wie es im Hebräischen fortan heißt, »Schilumim«, was so viel bedeutet wie Zahlungen – zu verlangen, verwirft das ihm nahegelegte Vorhaben, eine negative Antwort an Adenauer zu senden.

Ein »bemerkenswerter Präzedenzfall« – das Recht Israels auf Entschädigung

Ben-Gurion scheint einer der wenigen zu sein, die erkennen, dass dieses Angebot trotz seiner Defizite einen bemerkenswerten Präzedenzfall für die deutsch-israelischen Beziehungen darstellt. Mit der ausdrücklichen Anerkennung Israels als »die nach außen sichtbare Zusammenfassung der Juden aller Nationalitäten«[252] erkennt Adenauer zugleich implizit das Recht Israels auf kollektive Entschädigung an. Ebenso lädt er mit der

Formulierung »erstes unmittelbares Zeichen«[253] geradezu dazu ein, nach mehr zu fragen.

Der Gedanke der kollektiven Entschädigung kommt zu Beginn des Jahres 1950 erneut auf den Tisch und ruft einen zunehmenden Handlungsdruck hervor.[254] Auch in ganz inoffiziellen Treffen: Hoch über dem Vierwaldstättersee mit Blick auf Luzern, auf dem Bürgenstock in der Schweiz, auf dem Konrad Adenauer in den frühen 1950er-Jahren mit Vorliebe seine Urlaube verbringt, stößt er im Hotelgarten auf einen Gast, der ebenfalls die gute Luft zu genießen scheint: auf den israelischen Staatspräsidenten Chaim Weizmann. Ein Gespräch kommt zu Adenauers Bedauern nicht zustande. Es scheint nicht gewollt zu sein. Weizmann sei »so krank, daß er niemanden empfängt«[255], schreibt Adenauer an seinen jüdischen Freund Dannie Heineman. Aber auf Mitarbeiterebene entsteht ein Kontakt: Weizmanns Chargé d'affaires Schmuel Tulkowsky und Adenauers persönlicher Referent Ernst Ostermann unterhalten sich. Wie es denn um die Reparationen stünde, will Tulkowsky wissen. Ostermann sagt eine Antwort zu.

Die Frage Tulkowskys nach den Reparationen bezieht sich auf eine Reise von Kurt Mendelsohn, Abteilungsleiter im israelischen Finanzministerium, der als erster Vertreter Israels in offizieller Mission zuvor im Frühjahr nach Bonn gefahren ist und unter anderem Adenauers Finanzminister Fritz Schäffer trifft. Das Gespräch soll ersten Sondierungen dienen. Zwischen Tulkowsky und Ostermann kommt tatsächlich ein Briefwechsel zustande, und der überraschende Inhalt des Briefes aus Israel ist, dass »die israelische Regierung beabsichtigt, gleich nach Erhalt einer Antwort seitens der Regierung der Bundesrepublik die Angelegenheit in direktem Kontakt mit dem Bundeskanzler Ihrer Regierung anzusprechen«.[256]

Der Wunsch nach einem solchen Gespräch steht im Raum, aber zugleich sind die Vorbehalte gegenüber dem Land, das in Israel einem breiten gesellschaftlichen und kulturellen Boykott unterliegt, immer noch gewaltig. Von nicht geringer Bedeutung in dieser Situation des Misstrauens ist eine zivilgesellschaftliche Initiative im August 1951, die auch von Adenauer mit einem Dankschreiben bedacht wird, obgleich der Initiator der Aktion der anderen politischen ›Feldpostnummer‹ zugehört. Erich Lüth, Sozialdemokrat und Leiter der Pressestelle des Hamburger Senats, lanciert, mit der Unterstützung des *Welt*-Chefredakteurs Rudolf Küstermeier, einen expliziten Friedensappell, der sich an die politischen Entscheidungsträger in Deutschland und Israel richtet, und der klar macht, von wem die Initiative zur Verständigung ausgehen muss: »Was wir tun sollten und womit jeder einzelne von uns einen Anfang machen kann, das ist, zu den Juden in Deutschland und in Israel zu sprechen. Nicht Israel, das so grauenvoll heimgesucht worden ist, nicht der einzelne Jude, der auf seiner Flucht vor den Folterkellern der Nazis tausend Tode der Furcht erlitten hat, kann das erste Wort sprechen. Wir sind es, die anfangen müssen! Wir müssen sagen: ›Wir bitten Israel um Frieden!‹«[257]

Der Text, der dem Autor den Spitznamen »Israelüth«[258] einträgt, wird neben deutschen Politikern, wie dem Bundespräsidenten Theodor Heuss, auch israelischen Politikern übermittelt: dem Staatspräsidenten Chaim Weizmann ebenso wie dem Ministerpräsidenten David Ben-Gurion sowie dem WJC-Präsidenten Nahum Goldmann. In Israel wird der Aufruf durchaus positiv aufgenommen. Der Leiter der Westeuropa-Abteilung im Außenministerium, Gershon Avner, begrüßt die Initiative, lässt Lüth eine ›Empfangsbestätigung‹ mit einer kleinen Stellungnahme übermitteln, die aber deutlich macht, dass dieser Aufruf nicht mehr ist als ein guter Anfang eines breiteren zivilgesellschaftlichen Aufbruchs: »Nur wenn das deutsche Volk als Ganzes Ihren Appell annimmt, hat es ein Recht auf Wiederaufnahme in die Völkergemeinschaft. Wenn Ihr Appell auf Schweigen stößt, wird es keinen Frieden zwischen Israel und Deutschland geben.«[259] Entscheidender noch als die Wirkung, die der Aufruf in Israel entfalten wird, ist die Wirkung in Deutschland.

Lüth selbst und andere behaupten später, diese Aktion habe die maßgebliche Regierungserklärung Adenauers im Bundestag wenige Wochen später ausgelöst. Längst aber waren die Arbeiten an dieser Erklärung innerhalb des Bundeskanzleramtes im Gange. Dass der Aufruf Lüths dennoch eine flankierende Rolle dabei spielt, die zarten Zuflüsse der ersten Initiativen in Richtung Israel langsam zu einem Fluss anschwellen zu lassen, ist kaum zu bestreiten.

Den insgesamt zähen Fortgang der Dinge beschleunigt eine doppelte Besorgnis ganz erheblich: Zum einen die Befürchtung, ›zu spät‹ zu sein, was auch Moshe Sharett als die treibende Kraft in Sachen Schilumim immer wieder artikuliert: »Wir hören jeden Tag vom Aufschwung der Deutschen – politisch, ökonomisch und moralisch. Die Zeit arbeitet in dieser Sache gegen uns und ich fürchte, wir haben den Zeitpunkt verpasst«[260]; zum anderen die zunehmend verzweifelte wirtschaftliche Lage, in der sich Israel zum Jahreswechsel 1950/1951 befindet. Im Januar schreibt Ben-Gurion an seinen Finanzminister Elieser Kaplan: »Die Lebensmittellage ist katastrophal. In zwei Monaten gibt es kein Brot mehr [...] Ich telefonierte mit Eban [israelischer Botschafter in den USA] und Elath [israelischer Botschafter in London, der Verf.] und bat sie, alles zu unternehmen, um wenigstens 50.000 Tonnen Getreide zu besorgen.«[261] Nicht anders sieht es beim Benzin aus, das ebenfalls nur noch für kurze Zeit reicht. Devisen für Importe fehlen.

In dieser trostlosen Situation schlägt der Staatssekretär im israelischen Finanzministerium und spätere erste Direktor der israelischen Zentralbank, David Horowitz, vor, Wiedergutmachungsgelder aus Deutschland zu fordern. In sein Tagebuch notiert David Ben-Gurion: »Dokel [Spitzname von Horowitz] glaubt, dass wir Gelder aus Deutschland erhalten können. [...] Wieviel können wir bekommen? Eine Milliarde Dollar in zehn Jahren. Diese Summe beträgt nur drei Prozent von Deutschlands Ausfuhrhandel in den nächsten zehn Jahren.«[262]

In seiner Verzweiflung stellt Ben-Gurion seine Sprunghaftigkeit und seine Spontaneität zum Leidwesen seiner Mitstreiter mit einem abenteuerlichen Vorschlag unter Beweis, mit dem er hofft, die Ausgangslage Israels beim Kampf um Kriegsreparationen deutlich verbessern zu können. Ein Vorschlag, mit dem man nicht in der Rolle des Bittstellers ist und Deutschland auf Augenhöhe begegnen würde: Man könne Deutschland doch nachträglich den Krieg erklären – rückwirkend vom Tag der Staatsgründung an. Sharetts Außenministerium ist einigermaßen geschockt über den Vorschlag – auch wegen der unabsehbaren rechtlichen Folgen – und setzt alles daran, dem ›Alten‹ diesen Gedanken auszureden.

Hinter der ›Schnapsidee‹ des Ministerpräsidenten steckt allerdings auch das schwierige Dilemma Ben-Gurions und seiner Regierung, das sein Außenminister in einer Sitzung des israelischen Kabinetts klar auf den

Punkt bringt: »Zwei widersprüchliche Forderungen«, so Moshe Sharett 1950, »stehen in der Öffentlichkeit nebeneinander. [...] Die eine besagt: Keine Verhandlungen mit den Deutschen [...], totaler Boykott. Die andere besagt: Wiedergutmachungszahlungen [...] Beide Forderungen können jedoch nicht verwirklicht werden: Wir können keine Wiedergutmachungszahlungen erhalten, wenn wir nicht mit ihnen verhandeln.« Man könne von anderen nicht verlangen, »die eigene Schmutzarbeit zu verrichten, während man die Hände blütenweiß hält und sich in die dünne Luft erhabener Moralität zurückzieht«.[263]

Bezeichnend für die Haltung Ben-Gurions und für die Konsequenz seiner Entscheidungen ist die Reaktion, die er in einem Gespräch mit prominenten Schriftstellern und Intellektuellen zeigt, die ihn inständig bitten, keine direkten Verhandlungen mit den Deutschen zu führen, sondern eine befreundete Macht als Mittelsmann einzuschalten. Er antwortet glasklar und notiert die Antwort am 13. Dezember 1951 in seinem Tagebuch: »Ich bin dagegen, einen Shabbes-Goi[264] zu benutzen. Wenn verhandelt werden muss [...] dann tun wir dies selbst oder überhaupt nicht.«[265]

Diese Haltung Ben-Gurions macht zugleich einen Ansatz deutlich, der unter anderen Vorzeichen auch für die junge Bundesrepublik und für Konrad Adenauer wichtig ist: eine klare Vorstellung von souveräner Staatlichkeit, die mit Rechten und Pflichten verbunden ist. Ben-Gurion ist der Auffassung, dass das jüdische Volk nun eine souveräne und unabhängige Nation geworden sei.[266] Als solche habe es Pflichten zu erfüllen, die es als Volk ohne Land noch umgehen konnte. Israel müsse sich wie eine Nation unter Nationen verhalten und könne es sich in dieser neuen Situation nicht erlauben, Deutschland zu boykottieren.

Israel und Deutschland – die erste inoffizielle offizielle Begegnung

Mit dieser Haltung gibt Ben-Gurion seine Erlaubnis zu einer ersten Begegnung eines israelischen Regierungsvertreters mit dem deutschen Regierungschef. Durch die Vermittlung von Jacob Altmaier soll am

Rande der ersten Reise des deutschen Bundeskanzlers nach Paris, wo dieser am 18. April 1951 den Vertrag über die Gründung der Montanunion unterzeichnen wird, ein streng geheimes Treffen mit einem Vertreter Israels – sozusagen auf neutralem Boden – stattfinden. Adenauer geht auf dieses Angebot ein: »Ich werde mich freuen«, so bestätigt der Kanzler, »den Vertreter des Staates Israel zu empfangen. Ich kann verstehen, dass diese Zusammenkunft auf neutralem Boden stattfinden soll. Ich weiß, dass es der israelischen Regierung nicht leicht war, diesen Beschluss zu fassen. Für mich ist die Sache jedoch nicht nur eine außenpolitische Angelegenheit. Es ist mir ein wahrhaft menschliches Bedürfnis, den Frieden und gute Beziehungen zwischen dem deutschen Volke und dem jüdischen Volke herzustellen.«[267]

Jacob Altmaier, der als deutscher Jude und als SPD-Abgeordneter keinen offensichtlichen Grund hat, die Motive des deutschen Bundeskanzlers in Sachen Annäherung an Israel in den schönsten Farben zu schildern, gibt eine interessante Charakterisierung Adenauers in einem Brief an den israelischen Konsul, Elijahu Livneh, in München ab, die Adenauers moralische und religiöse Motive betont und dessen Selbstbeschreibung bestätigt: »Herr A. [Adenauer] ist ein sehr frommer westdeutscher Katholik. Frommer Katholik ist der Grundzug seines Wesens, dann erst kommt bei ihm der Deutsche. Von seinen Kindern ist eine Tochter im Kloster und ein Sohn katholischer Priester. Wenn es ihm eine Herzenssache ist, wie er mir sagte, den Frieden und die guten Beziehungen zwischen Juden und Deutschen wiederherzustellen, so hat dies bei ihm neben den politischen Motiven in der Hauptsache religiös-humane. Das ist wichtig bei den Verhandlungen in Paris und für die Zukunft und danach sollte man ihn behandeln.«[268]

Adenauer erkennt die Sprengkraft, die diese Verhandlungen und diese erste direkte Begegnung vor allem für die israelische Seite haben, und bietet an, für den Fall, dass das geheime Treffen publik wird, zu dementieren, dass die Zusammenkunft überhaupt stattgefunden hat. Die Geheimhaltung hat ihren Sinn, denn die israelische Regierung hat zunächst vor, Maurice Fischer, den israelischen Botschafter in Paris, das Gespräch führen zu lassen, weil er, aus Antwerpen stammend, gut deutsch spricht, ohne deutscher Herkunft zu sein; sie sendet aber schließlich einen deutlich prominenteren Unterhändler zu dem Treffen nach Paris: keinen Geringeren als Finanzstaatssekretär David Horowitz. Auf ausdrückliche Weisung Ben-Gurions, der wegen der kurz bevorstehenden Wahlen besonders vorsichtig ist, wird das Treffen sogar vor dem israelischen Kabinett geheim gehalten. Gerüchte kommen dennoch auf und müssen augenblicklich von Moshe Sharett dementiert werden.

Das Ziel des Gespräches ist aus israelischer Perspektive, dem deutschen Bundeskanzler zu verdeutlichen, dass eine Erklärung der deutschen Regierung zu den Verbrechen der Vergangenheit eine Conditio sine qua non für jede Form von Verhandlungen sei. Das sei angesichts der öffentlichen Meinung in Israel aber auch im Blick auf die Knesset unabdingbar. Man gibt dem israelischen Unterhändler aus dem Außenministerium sogar Formulierungshilfen mit auf den Weg: Die Erklärung müsse Ausdruck des »Entsetzens, der Abscheu, der Scham usw.«[269] für die Verbrechen der Nazis sein. Auch die Anerkennung von Schuld und die Versicherung, dass man es als »ewige Pflicht«[270] betrachte, dass keine deutsche Regierung je wieder solche Verbrechen gegen die Menschlichkeit begehe, müsse in der Erklärung enthalten sein. Selbst für das Gesprächsverhalten gibt es detaillierte Anweisungen: »Natürlich muss man Adenauer den historischen Sinn des Treffens mit seinem ganzen tragischen Aspekt spüren lassen. [...] Das jüdische Geschichtsbewußtsein muß zum tiefsten Ausdruck kommen, während in der Form völlige Ruhe vorzuherrschen hat.«[271]

Das Treffen findet am Nachmittag des 19. April 1951 im Pariser Hôtel de Crillon an der Place de la Concorde statt. Die Idee, Horowitz zu senden, erweist sich als nicht so recht glücklich. Alle Berichte, die über das Treffen existieren, legen die Vermutung nahe, dass Horowitz den Kanzler einigermaßen frontal angeht. Altmaier, der das Treffen von deutscher Seite aus arrangiert hat, notiert: Die Unterredung sei »durch einige unglückliche Bemerkungen von israelischer Seite und schwerste Vorwürfe an die Deutschen heftig und unglücklich«[272] verlaufen. »Ergebnis: null«[273]. In seinen Memoiren verteidigt sich Horowitz: »Ich hatte Instruktionen, eine stolze und ehrenhafte Haltung zu bewahren, für unsere Forderungen zu kämpfen, uns jedoch nicht zu erniedrigen und nicht zuzulassen, dass in den Verhandlungen gefeilscht wurde wie auf dem Markt.«[274]

Anscheinend verlangt Horowitz vom deutschen Kanzler mit der entsprechenden Leidenschaft ein Bekenntnis zur deutschen Kollektivschuld. Der ist freilich nicht bereit, ein solches Bekenntnis zu konzedieren, und kontert mit einem Hinweis auf seine eigene Gegnerschaft zum Nationalsozialismus. Schon bei dieser ersten Begegnung wie bei allen anderen Zusammentreffen mit israelischen Politikern fügt Adenauer den nicht sehr glücklichen Hinweis hinzu, dass die Herrschaft der Nationalsozialisten und der Krieg auch für die Deutschen katastrophale Auswirkungen gehabt hätten.

Horowitz verlangt, dass in einem feierlichen Akt ein offizielles Schuldbekenntnis von Deutschland abgegeben werde. Adenauer akzeptiert diese Bedingung postwendend mit der Bemerkung: »Es wird geschehen.«[275] Sein Land würde Israel gerne helfen. Horowitz unterbricht ihn: Er sei nicht als Bittsteller gekommen. Es ginge schließlich um die Rückgabe von gestohlenem Eigentum. Ansonsten vermisst Horowitz ein klares Bekenntnis Adenauers zu der Forderung Israels, dass Deutschland 1,5 Milliarden Dollar zahlen solle. Dass Adenauer darauf keine klare Antwort gibt, aber auch keinen Einwand erhebt, weckt in Maurice Fischer, der Horowitz bei dem Gespräch begleitet, den Eindruck einer »kalten Persönlichkeit«[276] mit einer starren Haltung. Er sei berechnend.

Obgleich Adenauer seine Bereitschaft betont, »alles in seiner Macht Stehende zu tun, um den materiellen Schaden zu kompensieren, den das verbrecherische Hitler-Regime verursacht hat«[277], traut Israel dieser Zusicherung nicht und versucht Druck auf Deutschland auszuüben. Im August 1951, gerade drei Monate nach diesem Geheimtreffen, gibt David Ben-Gurion eine Erklärung ab, die den Zusagen Adenauers in diesen vertraulichen Erörterungen deutlich, ja in hartem Ton widerspricht. Dabei gibt er zu verstehen, dass das offizielle Nachkriegsdeutschland bis jetzt nicht zu erkennen gegeben habe, dass es von Hitlers Haltung den Juden gegenüber abweiche. Es gebe keinen konkreten Beweis eines Gesinnungswandels in Deutschland. Auch fehle es an der Bereitschaft, die Juden zu entschädigen.

Der Umweg über die Amerikaner – ein gescheiterter Versuch

Schon zuvor im Mai 1951 hat Ben-Gurion in den USA versucht, Druck auszuüben. Gegenüber dem amerikanischen Außenminister Dean Acheson weist Ben-Gurion auf das Treffen in Paris hin und bittet den Amerikaner mit deutlichen Worten um seine Unterstützung: »Die Deutschen hätten jüdisches Leben vernichtet und jüdisches Eigentum geraubt und sollten nun auch einen Teil der Last der Wiederansiedlung jüdischer Emigranten übernehmen, die unter ihren Exzessen gelitten hätten. Herr Adenauer habe sich gegenüber gewissen Vertretern des Staates Israel zu Deutschlands Schuld bekannt, den Wunsch geäußert, Genugtuung zu leisten und das Prinzip der Entschädigungszahlung anerkannt. Adenauer habe aber bemerkt, er könne solche Entschädigung nicht gegen den Willen der USA ausrichten. Die USA könne Israel daher von großer Hilfe sein, indem sie Deutschland ermögliche und ermutige, seine gerechte Schuld zu begleichen.«[278]

Der amerikanische Außenminister denkt gar nicht daran, auf diese Forderung einzugehen. Stattdessen spricht er ›Tacheles‹ und weist darauf hin, wer nach seiner Ansicht am Ende die Rechnung zu begleichen habe: Er gibt dem israelischen Ministerpräsidenten zurück, dass er die Aussage von Adenauer nicht ganz verstehen würde: »Ich unterstrich, dass ein etwaiges deutsches Defizit von den USA gedeckt werden müsste. Wir hätten in dieser Sache schon Probleme mit den Russen gehabt. Die Russen hätten von Deutschland eine hohe Entschädigung gefordert, doch sämtliche Reparationen aus Westdeutschland [...] kämen letztlich aus den USA.«[279] Der israelische Botschafter in Washington und spätere Außenminister, Abba Eban, will das so nicht stehen lassen und weist darauf hin, dass Deutschland einen höheren Lebensstandard als Israel habe und es sich leisten könne, ein solches Programm zu verfolgen.[280]

Michael Wolffsohn streut auch vor diesem Hintergrund begründete Zweifel an der These, dass die Alliierten, insbesondere die Amerikaner, Wiedergutmachungsleistungen an Israel verlangt hätten. Dieser Eindruck, es sei ein gewisser Zwang ausgeübt worden, gehe sicherlich auf eine Äußerung des amerikanischen Hohen Kommissars John J. McCloy zurück, der bereits im Juli 1949 verlauten ließ, man werde die Deutschen nicht zuletzt an ihrem Verhalten gegenüber den Juden messen.

Tatsächlich liegen die Interessen der USA – abgesehen von der Tatsache, dass sie wenig Lust haben, Geld für den Wiederaufbau nach Deutschland zu senden, das von Deutschland an Israel weiterüberwiesen würde – auch quer zu diesem ›Maßstab‹, den McCloy angelegt hatte: Die Deutschen sollten zahlen! Ja, aber nicht in erster Linie für die Wiedergutmachung, sondern für ein anderes, allerdings politisch nicht weniger ›heikles Produkt‹, nämlich für die eigene deutsche Wiederbewaffnung. Schon Monate nach der Staatsgründung wird das Undenkbare im amerikanischen Außenministerium ziemlich laut ›gedacht‹. Zu notwendig erscheint im Kalten Krieg, dass Deutschland im Krisenfall nicht nur Aufmarschplatz alliierter Streitmächte, sondern selbst wieder wehrhaft wird – freilich eingebunden in das Korsett eines kollektiven Sicherheitssystems.

Die militärische Notwendigkeit der Bewaffnung Deutschlands erscheint wichtiger als der moralisch berechtigte Wunsch, Wiedergutmachungen an Israel zu zahlen! Diese Priorität verstärkt sich mit dem Korea-Krieg noch einmal deutlich. Außenminister Acheson wagt es bereits im Dezember 1950, den zu diesem Zeitpunkt weltfremden Vorschlag zu unterbreiten, Jerusalem solle »normale diplomatische Beziehungen mit der Bundesrepublik aufnehmen«[281]. Kein Sterbenswörtchen über Bedingungen jedweder Art – erst recht nicht finanzieller Natur! Dass dieser Vorschlag auf wenig Gegenliebe in Israel stößt, verwundert kaum. Umgekehrt weckt der israelische Vorstoß zur Klärung des israelisch-deutschen Verhältnisses wiederum bei den Amerikanern wenig Begeisterung: In kurzer Folge werden im Januar und im März 1951 zwei Noten an die Siegermächte übergeben. Beide drängen auf Entschädigung, »die Deutschland dem jüdischen Volk für die pauschale Vernichtung der europäischen Judenheit schuldet«[282]. Das Argument, mit dem den Siegermächten schmackhaft gemacht werden soll, auf diese Entschädigung zu drängen, ist, dass Israel die meisten Displaced Persons aufgenommen habe und damit eine finanzielle Last schultere, für die anderenfalls die Besatzungsbehörden hätten aufkommen müssen.

Am Beginn der zweiten Note heißt es: »Der einzige Weg, auf dem das deutsche Volk noch einen Teil seiner furchtbaren Schuld abtragen könne, wäre die vollstmögliche Entschädigung für die materiellen Verluste der Opfer des Dritten Reichs«[283]. Allein in Deutschland schätze man den Wert des geraubten jüdischen Eigentums auf drei Milliarden Dollar. Und dann kommen harte Vorwürfe an die Siegermächte: Fast sechs Jahre nach Kriegsende stünden die darauf gerichteten gesetzgeberischen Maßnahmen der Besatzungsmächte noch weitgehend nur auf dem Papier; den Amerikanern stellt man hier noch das bessere und den Briten das schlechteste Zeugnis unter den Westmächten aus. Auch die Deutschen nähmen ihre in diesen Gesetzen übertragenen Funktionen bisher nur widerwillig wahr. Im weiteren Verlauf der Note wird noch einmal deutlich gemacht, »dass die Sühne der deutschen Regierung und des deutschen Volkes für diese Wunden eine notwendige Voraussetzung für jedwede politische und moralische Rehabilitierung Deutschlands in den Augen der zivilisierten Welt darstellt. Die israelische Regierung vermag sich nicht damit abzufinden, dass Deutschland sich der Früchte von Raub und Mord erfreuen kann, während den Opfern eines unheiligen deutschen Regimes jeder Trost und jede Entschädigung versagt bleibt.«[284]

Schon die inoffiziellen Reaktionen bringen auf den Punkt, warum sich die Westalliierten mit den israelischen Forderungen so schwertun. Man befürchtet, es würde antijüdische Gefühle auslösen, wenn man den Deutschen Entschädigungsmaßnahmen aufzuzwingen versuche. Die offizielle Antwort auf beide Noten ist zwar im Ton freundlich, aber gegen die »Verallgemeinerungen«, dass die Gesetze zur Entschädigung nur zögerlich durchgeführt würden, verwahrt man sich und nimmt dabei auch die Deutschen in Schutz.

Diese Zurückhaltung – insbesondere auf amerikanischer Seite –, aber auch die eindeutige Priorisierung der Wiederbewaffnung vor der Wiedergutmachung, bleibt den Israelis nicht verborgen und löst große Sorgen aus. In einem internen Brief, den der UN-Botschafter Israels, Gideon Raphael, an den damaligen israelischen Botschafter in Washington, den späteren Außenminister Abba Eban, schickt, zeigt sich das mehr als deutlich: »Die Haltung der USA bezüglich des Wiederaufbaus Deutschlands ist für uns

Anlaß zu ernster Sorge«, so beginnt das Schreiben. Und im weiteren Verlauf wird er noch deutlicher und bringt die Befürchtung zum Ausdruck, »dass die amerikanische Politik betreffend Deutschland uns noch alle ins Verderben führen wird«.[285]

Als Vertreter Israels habe man nicht das Recht, einer »solchen Katastrophe« tatenlos zuzuschauen. »Die Anstrengungen zur Wiederbewaffnung Deutschlands, die Amnestie für Kriegsverbrecher und das Aufflammen des Neonazismus laufen den Interessen des jüdischen Volkes und des Staates Israel diametral entgegen.«[286] Das sei eine ernste Gefahr für den Weltfrieden. Die Strategie, die dann vorgeschlagen wird, ist, gleichsam über die Bande zu spielen und alle Kräfte des amerikanischen Judentums für diese Frage zu aktivieren.

Die Briten sehen die Sache anders als die Amerikaner. Ein führender Mitarbeiter des Außenministeriums hält fest: »Adenauer hat den Opfern der NS-Verfolgung die Rückerstattung ihres Eigentums und Entschädigung versprochen, und es ist ein wichtiger Bestandteil der alliierten Politik, für die Einhaltung dieser Versprechen zu sorgen.«[287] In gewisser Weise tun die Alliierten das, indem sie die formelle Beendigung des Kriegszustandes mit Deutschland, die im Juli 1951 erfolgt, anstreben. Damit ermöglichen sie implizit auch das, was die Voraussetzung für eine Annäherung der beiden Staaten Deutschland und Israel ist. Sie zwingen damit beide Länder, sich mit direkten Gesprächen zu befassen.

Verbrechen im Namen des deutschen Volkes – eine folgenreiche Erklärung

Die Voraussetzung dafür ist und bleibt eine Erklärung Adenauers, die schon Horowitz während des Treffens in Paris als absolute Bedingung eingefordert hat. Adenauer weiß um die Wirkung dieses Schrittes und lässt durchaus erhebliche Vorsicht walten, indem er alle möglichen Akteure in die Vorbereitung der Erklärung einbezieht: Theodor Heuss, der von Anfang an Adenauers Schritte auf dem Terrain der Wiedergutmachung verfolgt, mal kritisch, mal wohlwollend; Jacob Altmaier, der jüdische

SPD-Abgeordnete, der – seiner eigenen Überzeugung nach – an Adenauers Seite für die Annäherung an Israel kämpft; die Alliierten in der Person des stellvertretenden Hochkommissars Benjamin J. Buttenwieser und gar die Israelis selbst. Am 26. September, einen Tag vor der entscheidenden Bundestagssitzung, stellt sich das Bundeskabinett einstimmig hinter die Erklärung.

Am 27. September schließlich gibt Konrad Adenauer aus Anlass des jüdischen Neujahrsfestes Rosch Haschana die erbetene Erklärung ab, die die Tür zu den Wiedergutmachungsverhandlungen öffnen soll: »Die Bundesregierung und mit ihr die große Mehrheit des deutschen Volkes sind sich des unermesslichen Leides bewusst, das in der Zeit des Nationalsozialismus über die Juden in Deutschland und in den besetzten Gebieten gebracht wurde.«[288]

Und dann kommen die Sätze, die heute problematisch klingen, die andererseits aber das zum Ausdruck bringen, was damals die Mehrheit der Menschen in der Bundesrepublik Deutschland denkt: »Das deutsche Volk hat in seiner überwiegenden Mehrheit die an den Juden begangenen Verbrechen verabscheut und hat sich an ihnen nicht beteiligt. Es hat in der Zeit des Nationalsozialismus im deutschen Volke viele gegeben, die mit eigener Gefährdung aus religiösen Gründen, aus Gewissensnot, aus Scham über die Schändung des deutschen Namens ihren jüdischen Mitbürgern Hilfsbereitschaft gezeigt haben.«[289] Was er verschweigt, sind die vielen Millionen, die sich zwar nicht an Pogromen und an der Judenverfolgung beteiligt haben, die aber gleichgültig geblieben sind im Angesicht des entsetzlichen Hasses, der ihren jüdischen Mitbürgerinnen und Mitbürgern entgegengebracht worden ist und die sich nicht selten persönlich an jüdischem Vermögen bereichert haben. Das Wort »Schuld« kommt ihm nicht, noch nicht, über die Lippen. Erst im Verlaufe der ersten zwei Jahrzehnte der Bundesrepublik gelingt politischen Entscheidungsträgern wie Eugen Gerstenmaier und anderen der etwas ›unbefangenere‹ Gebrauch des Wortes »Schuld«.

Schließlich sagt Adenauer die entscheidenden Worte seiner Erklärung: »Im Namen des deutschen Volkes sind aber unsagbare Verbrechen begangen worden, die zur moralischen und materiellen Wiedergutmachung verpflichten, sowohl hinsichtlich der individuellen Schäden, die Juden erlitten haben, als auch des jüdischen Eigentums, für das heute individuell Berechtigte nicht mehr vorhanden sind. Auf diesem Gebiet sind erste Schritte getan. Sehr vieles bleibt aber noch zu tun. Die Bundesregierung wird für den baldigen Abschluss der Wiedergutmachungsgesetzgebung und ihre gerechte Durchführung Sorge tragen. Ein Teil des identifizierbaren jüdischen Eigentums ist zurückerstattet worden; weitere Rückerstattungen werden folgen.«[290]

Noch immer fehlt der Hinweis auf Israel, der im letzten Absatz seiner Regierungserklärung erfolgt, den er aber, als Signal an seinen skeptischen Finanzminister Fritz Schäffer, der die roten Linien, an denen die finanziellen Möglichkeiten der jungen Bundesrepublik enden, auch im Verlaufe der Verhandlungen immer wieder verdeutlichen wird, mit Einschränkungen versieht: »Hinsichtlich des Umfangs der Wiedergutmachung – in Anbetracht der ungeheuren Zerstörung jüdischer Werte durch den Nationalsozialismus ein sehr bedeutsames Problem – müssen die Grenzen berücksichtigt werden, die der deutschen Leistungsfähigkeit durch die bittere Notwendigkeit der Versorgung der zahllosen Kriegsopfer und der Fürsorge für die Flüchtlinge und Vertriebenen gezogen sind. Die Bundesregierung ist bereit, gemeinsam mit Vertretern des Judentums und des Staates Israel, der so viele heimatlose jüdische Flüchtlinge aufgenommen hat, eine Lösung des materiellen Wiedergutmachungsproblems herbeizuführen, um damit den Weg zur seelischen Bereinigung unendlichen Leides zu erleichtern. Sie ist tief davon durchdrungen, daß der Geist wahrer Menschlichkeit wieder lebendig und fruchtbar werden muß. Diesem Geist mit aller Kraft zu dienen, betrachtet die Bundesregierung als die vornehmste Pflicht des deutschen Volkes.«[291]

Der ganz große öffentliche und politische Beifall bleibt zunächst aus – in Deutschland wie in Israel. Adenauer selbst, der die Israelis um eine positive Stellungnahme gebeten hat, vermerkt in seinen Memoiren enttäuscht, dass die Reaktion, die noch am selben Tag aus Israel kommt, »sehr reserviert«[292] ist: »Es hieß, die Regierung Israels werde die Regierungserklärung prüfen und zum gegebenen Zeitpunkt ihre Haltung dazu bekannt geben.«[293]

Aber auch die SPD – wenngleich in die Vorbereitung einbezogen – ist nicht zufrieden mit dem Ergebnis: »Zu lau«[294] sei die Erklärung, befindet Kurt Schumacher. Kritisiert wird auch die Beschränkung der deutschen Leistungsfähigkeit, die Adenauer angesprochen hat. Das stünde in keinem vernünftigen Verhältnis zu den Dimensionen des begangenen Unrechts. Dennoch gelingt mit einigen Verrenkungen das, was die *Süddeutsche Zeitung* damals zu den »Lichtblicken unseres daran nicht eben reichen parlamentarischen Lebens«[295] zählt: Die Zustimmung aller im Bundestag vertretenen Parteien – nur mit Ausnahme der Kommunisten und der äußersten Rechten.

Die öffentlichen Reaktionen in Israel reichen von Enttäuschung bis zu vorsichtiger Zustimmung: Man dürfe die Aufrichtigkeit der Motive Adenauers nicht in Zweifel ziehen und seine Erklärung habe überzeugen können, schreibt die Zeitung *Dawar*. *Haaretz* hingegen zieht in Zweifel, dass die Erklärung Ausdruck einer reuigen Grundhaltung ist. Ganz anders sind die Reaktionen im Ausland. John J. McCloy, der Adenauer ja noch zuvor zu einem sichtbaren Zeichen aufgefordert hatte, gibt zu erkennen, er sei »sehr beeindruckt von Ton und Inhalt«[296]. Der große Rabbiner Leo Baeck zeigt sich gar »tief ergriffen«[297]. »Das Beste, was seit 1933 aus Deutschland gekommen ist«[298], jubiliert die *Washington Post*. Auch die deutschen Juden reagieren überwiegend positiv: Die Erklärung sei erfreulich und notwendig, sagt der Zentralrat.

Horowitz, der in dem Gespräch mit Adenauer so sehr auf diese Erklärung gedrungen hat, ergreift ein paar Tage nach der Bundestagsrede des Kanzlers die Initiative, mit dem Ziel, Adenauer in direkten Verhandlungen schnell auf seine im deutschen Parlament gegebenen Zusagen festzunageln. Denn auch sein Misstrauen gegen den deutschen Regierungschef ist noch immer überdeutlich spürbar: »Verzögerungen führten nur dazu, die Deutschen mit ihrer Erklärung als Alibi davonkommen zu lassen.«[299] Die Zustimmung der Knesset gelte es einzuholen.

Doch ganz so schnell wird es nicht gehen. Zu sehr steckt bei der komplizierten Annäherung der Teufel im Detail. Zu kompliziert sind auch die emotionalen und moralischen Fallstricke. Zu knapp sind die zu erwartenden Abstimmungsverhältnisse in der Knesset. Die Idee, die vor allem Felix Shinnar vertritt, der später für lange Jahre das Bindeglied und der Kommunikationsweg zwischen Israel und Deutschland sein wird, mit einer Delegation nach Deutschland zu reisen und dort jene anzusprechen, die eine positive Einstellung zu dem Projekt haben, wird schnell verworfen. Das ›rieche‹ zu sehr nach Bittstellerei. Man zieht einen neutralen Ort vor.

Eine Schlüsselfigur – Nahum Goldmann und die Entschädigungen

Aber auch die Frage der Höhe des zu verlangenden Betrages und die Frage, wie weit die Bundesrepublik in den Verhandlungen gehen wird, erhitzen die Gemüter. Mit einem unbedeutenden Betrag könne sich Israel nicht zufriedengeben. Es sei zu verhindern, dass die Deutschen die Summe auf ein Minimum beschränkten. Auch die Frage, was mit den individuellen Entschädigungen geschehen soll, liegt auf dem Tisch. In dieser Situation kommt der Mann ins Spiel, der mit dem israelischen Ministerpräsidenten zwar in einer Art von gegenseitiger Hassliebe verbunden ist, der aber eine Schlüsselposition auf dem Weg zu den Wiedergutmachungsverhandlungen einnimmt: Nahum Goldmann.

Nahum Goldmann ist zugleich auch eine der Schlüsselfiguren für die Untersuchung der Beziehung Konrad Adenauers zum Judentum in der Nachkriegszeit. Gemeinsam mit Felix Shinnar wird er ein besonders enges Verhältnis zu Konrad Adenauer aufbauen. Nahum Goldmann wird fünf Jahre vor der Jahrhundertwende in Weißrussland geboren – als Spross einer jüdischen Schriftsteller- und Lehrerfamilie. Seine Eltern wandern nach Deutschland aus und schlagen mit ihrem Sohn in Frankfurt Wurzeln, wo sein Vater das *Frankfurter Israelische Familienblatt* herausgibt. Nach der Schulzeit studiert er Rechtswissenschaften und Philosophie in Marburg, Berlin und Heidelberg, unter anderem auch bei Karl Jaspers.

Bereits während des Ersten Weltkrieges protestiert er gegen eine Ausweisung jüdischer Ausländer und wird deswegen selbst in Bad Nauheim interniert. Ernst Jäckh, Intellektueller und Nahostexperte, holt ihn ins Auswärtige Amt, wo er in der Abteilung für Jüdische Fragen tätig wird.

Nahum Goldmann bekennt sich von Anfang an zum Zionismus Er gibt die *Freien Zionistischen Blätter* heraus. Im Jahr 1923 reist er erstmals nach Palästina. Vom Jahr 1926 an gehört er der Leitung der »Zionistischen Vereinigung in Deutschland« an, deren Vorsitz er schließlich übernimmt. In dieser Eigenschaft beklagt er schon Ende der 1920er-Jahre, dass die Nationalsozialisten die Juden akut bedrohen. Zum Zeitpunkt der Machtergreifung hält er sich im palästinensischen Mandatsgebiet zur Beerdigung seines Vaters auf. Dieser Moment der Trauer ist für ihn zugleich seine Lebensrettung. Ein Jude, der so exponiert war wie Nahum Goldmann, wäre sofort nach der Machtergreifung der Nationalsozialisten von der Gestapo verhaftet worden und hätte mit lebensbedrohlichen Repressalien rechnen müssen.

Er kehrt nach Genf zurück, wo er schon Jahre vor der Machtergreifung immer wieder als der Vertreter der Jewish Agency beim Völkerbund agiert. In dieser Eigenschaft arbeitet er eng mit David Ben-Gurion zusammen, der von 1935 bis 1948 Vorsitzender der Jewish Agency ist. In Genf beteiligt er sich massiv daran, Hilfe und Fluchtmöglichkeiten für verfolgte Juden in Europa zu organisieren.

Diese internationale Tätigkeit ist gleichsam das Präludium für sein bedeutendstes Amt. 1949 rückt er an die Spitze des Jüdischen Weltkongresses (WJC). Beinahe 30 Jahre lang führt er die bedeutendste Dachorganisation aller jüdischen Verbände, die es außerhalb Israels gibt. In dieser Funktion wird er nicht nur Sprecher von 13 Millionen Juden in aller Welt, sondern durch dieses Amt auch einer der wichtigsten Fürsprecher Israels. Dennoch bleibt Goldmann immer ein ebenso glühender wie distanzierter Liebhaber des Landes.

Vor allem aber wird er auch zu einem der zentralen Advokaten Deutschlands in Israel. Hatte Goldmann noch 1949 vor deutschem Nationalismus gewarnt, der noch genauso stark sei wie unter Hitler, so nimmt er im Jahr 1966, in dem Adenauer Israel bereisen sollte, auf dem Brüsseler Zusammentreffen des WJC eine sehr vermittelnde Rolle ein. Am Ende, so der Historiker Shlomo Shafir, trägt er »mehr als jede andere jüdische Persönlichkeit zur allmählichen Verbesserung der Beziehungen zwischen Juden und Deutschen nach dem Holocaust bei«[300].

Im Oktober 1951 wird Goldmann zu der zentralen Figur auf jüdischer Seite, als es um individuelle Entschädigungen geht, und nimmt auch in der Frage der kollektiven Entschädigung eine Schlüsselrolle ein. Er wird in New York Gründungsvorsitzender und Mitinitiator der Conference on Material Jewish Claims against Germany (Jewish Claims Conference, JCC). Diese Institution vertritt fortan die Interessen der 22 maßgeblichen jüdischen Organisationen mit Ausnahme der antizionistischen Bewegungen.

Konrad Adenauer findet würdigende Worte in seinen Lebenserinnerungen, die mit der Beurteilung Shafirs übereinstimmen. Er hatte sich gewünscht, dass es als Counterpart für ihn die eine Persönlichkeit gäbe, die alle jüdischen Interessen vertrete: »Die Wahl Dr. Nahum Goldmanns war eine sehr glückliche Lösung. Dr. Goldmann war zwar ein äußerst energischer und geschickter Vertreter seiner Auftraggeber, er verstand andererseits aber auch die deutschen Schwierigkeiten. Er gab sich seiner Aufgabe mit ganzem Herzen hin, unermüdlich, zäh und beseelt von dem Bestreben, eine Verständigung zu erreichen.«[301]

Goldmann ist neben diesen freundlichen Charakterisierungen nicht zuletzt auch ein gewiefter Taktiker. Vor einem ersten Treffen mit Konrad Adenauer stellt er zwei Bedingungen: Eine ist an Israel, eine an Deutschland gerichtet. Zunächst holt er sich das ›nihil obstat‹ des israelischen Patriarchen ein, weil er weiß, dass ein Treffen in offizieller Mission angesichts der negativen Haltung gegenüber Deutschland in Israel nahezu ein ›Himmelfahrtskommando‹ ist. Ben-Gurion, der die Eigenwilligkeit Goldmanns kennt und vermutlich die Kontrolle nicht verlieren will, stellt sich allerdings außerordentlich halbherzig hinter den künftigen Unterhändler und will zunächst nur von Kenntnisnahme und nicht von Billigung des Vorhabens reden und auch nur als Regierungsmitglied erscheinen, wenn das Treffen öffentlich wird. Das verärgert Goldmann, der die Sache deshalb zunächst auf Eis legt. Nach energischer Fürsprache durch den ebenso umtriebigen wie umsichtigen Außenminister Sharett – man müsse Demagogie und Feigheit ignorieren und ihm den öffentlichen Schutz der Regierung gewähren –, spricht ihm auch Ben-Gurion die volle Unterstützung aus und findet sich vor dem Treffen mit Adenauer zu einem persönlichen Gespräch mit Goldmann ein.

Goldmann und Adenauer – die erste Begegnung in London

Die zweite Bedingung richtet sich an den deutschen Kanzler: Noch im Sommer 1951 lehnt Goldmann ein Treffen mit Adenauer ab. Denn seine ›Conditio‹ für eine Zusammenkunft ist eben die Erklärung, die Adenauer im September vor dem Bundestag abgibt. Goldmann wird über den SPD-Abgeordneten Altmaier gar in den Abstimmungsprozess einbezogen und bekommt Gelegenheit, Anmerkungen zur Regierungserklärung Adenauers zu machen. Am 6. Dezember 1951 kommt es im Rahmen des ersten Englandbesuches von Konrad Adenauer im Londoner Claridge's Hotel, einem wuchtigen Art-déco-Bau im Herzen der britischen Hauptstadt, zu einem ersten Treffen, das ein wenig an die Geheimniskrämerei in John-le-Carré-Filmen erinnert: Goldmann kommt durch den Lieferanteneingang. Der israelische Botschafter in Großbritannien bucht sich gar unter falschem Namen ein. Das Dementi für den Fall der Entdeckung ist bereits vereinbart. Adenauer zeigt Verständnis für diese Vorsichtsmaßnahmen.

Die erste Begegnung der beiden Herren verläuft, so Adenauer, »in einer sehr ernsten und beeindruckenden Atmosphäre«[302]. Das ist gar nicht so selbstverständlich, denn Goldmann hat einen ›dicken Brocken‹ mit im Gepäck: Schon am Tag zuvor gibt er Blankenhorn gegenüber an, dass er den Kanzler bitten werde, eine Milliarde Dollar zur Grundlage der Verhandlung zu machen. Blankenhorn winkt ab. Goldmann könne nicht erwarten, dass der Kanzler eine solche Entscheidung treffe, ohne vorher seinen Finanzminister oder das Kabinett konsultiert zu haben. Derart belastet beginnt am nächsten Tag das Gespräch und wird doch ein Erfolg: »Ich habe in meinem Leben«, so Goldmann, »viele bedeutsame Unterhandlungen mit wichtigen Staatsmännern gehabt, aber sehr wenige nur, die inhaltlich so wichtig und positiv waren und psychologisch mich so beeindruckt haben, wie das Gespräch mit Konrad Adenauer in seinem Salon im Claridge's.«[303]

Goldmann bedingt sich aus, zunächst 20 bis 25 Minuten sprechen zu dürfen, ohne von Adenauer unterbrochen zu werden. Er nennt das Treffen historisch und macht Adenauer klar, dass eine der zwingenden

Voraussetzungen für eine Normalisierung der Beziehungen zwischen Juden und Deutschen eine positive Lösung der Reparationsfrage sein müsse. Die bevorstehenden Verhandlungen nennt Goldmann ein moralisches Problem ersten Ranges, das nur mit einem vollen Verständnis für den moralischen Charakter dieses tragischen Problems gelöst werden könne. Goldmanns Erinnerungen zufolge entgegnet Adenauer: »Herr Goldmann, Sie kennen mich erst seit heute, aber meine Freunde werden Ihnen sagen, dass ich ein Mann der kurzen Worte bin und pathetische Erklärungen nicht mag. Deswegen werden Sie verstehen, was es mir bedeutet, wenn ich Ihnen sage, dass ich, während Sie zu mir sprachen, die Flügel der Weltgeschichte in diesem Raum verspürte.«[304]

Und dann legt Goldmann sein eigentliches Anliegen auf den Tisch. Er habe gestern Blankenhorn angekündigt, dass er Adenauer um die schriftliche Zusicherung bitten werde, eine Milliarde Dollar als Grundlage der Verhandlungen zu akzeptieren, die auch bereits in der Note an die Westmächte vom März enthalten sei. Dann offenbart Goldmann Adenauer die Einwände Blankenhorns. Der Kanzler zeigt sich ungerührt und erwidert: »Lieber Herr Goldmann, Sie kennen mich viel kürzer als mein Freund Blankenhorn, aber Sie verstehen mich besser als er. Wenn wir dieses Gespräch beendet haben werden, werde ich Ihnen meine Sekretärin ins Nebenzimmer senden. Diktieren Sie den Brief und ich werde ihn bis heute Nachmittag unterschreiben. Sie können ihn dann abholen lassen.«[305] Der Brief wird geschrieben!

Nahum Goldmann wird auf diese elegante Weise mit Adenauer ›fertig‹, indem er, so sieht er das selbst, die richtige Verhandlungstaktik anwendet: den richtigen Ton zu treffen und mit ihm Deutsch zu sprechen »über Goethe und Bach«[306]. Blankenhorn konstatiert später, dass Adenauer sich »dem Charme dieses hochgebildeten, vielseitigen Mannes und seiner fesselnden, heiteren Unterhaltungsgabe nicht entziehen konnte«[307].

Diese erste Zusammenkunft ist der Beginn einer engen Zusammenarbeit, wie auch die vielen Briefe zeigen, die beide miteinander wechseln. Ein Buchbeitrag von Nahum Goldmann mit dem Titel »Adenauer und das jüdische Volk«[308] enthält eine mehrseitige Eloge auf den früheren Bundeskanzler. Obwohl dieser Text streckenweise eine übertriebene

Heiligsprechung vornimmt, sieht Goldmann dennoch genau hin und versucht, das ›Geheimnis Adenauer‹ so gut wie möglich zu entschlüsseln und insbesondere den moralischen Gehalt seiner politischen Handlungen herauszuarbeiten. Das macht den Text noch heute lesenswert. Auch weil er einen Blick darauf erlaubt, wie Adenauer in Israel und von jüdischer Seite betrachtet wird.

»Er hatte etwas von einer mittelalterlichen gotischen Holzfigur«[309], so schreibt Goldmann. »Er war nicht geschmeidig, er war nicht charmant, aber man spürte sofort – mir jedenfalls ging es so –, dass man, ich möchte beinahe sagen, einer Naturkraft gegenüberstand, einer Figur, die man nicht vergessen kann und die man in ihrem Gewicht und ihrer Einmaligkeit permanent im Gedächtnis behalten wird. [...] Er repräsentierte eine seltene Synthese zwischen moralischen und religiösen Prinzipien und großem politischen Talent; ich würde sogar nicht zögern, ihn als politisches Genie zu bezeichnen. [...] Üblicherweise meinen Politiker und Diplomaten, dass zu starke Überzeugungen und moralische Prinzipien, an denen man festhält, wirkliche Diplomatie erschweren oder gar unmöglich machen, aber wenn man die großen Staatsmänner von bleibender Wirkung in der Geschichte, und auch die wenigen unserer Generation, analysiert und versteht, wird man einsehen müssen, dass die Synthese das Geheimnis ihrer Größe und ihrer historischen Wirkung erklärt.«[310] Sieht man von der »gotischen Holzfigur« ab, die wohl auf Adenauers kantiges Gesicht und seine einprägsame Erscheinung abhebt, so könnte diese Beschreibung fast eins zu eins, auch im Hinblick auf die religiösen Prinzipien, auf David Ben-Gurion übertragen werden. Zwar aß Ben-Gurion bis zuletzt Schweinefleisch und arbeitete an dem strengen Fasten- und Ruhetag Yom Kippur, aber sein leidenschaftlicher Zionismus und seine kantige Persönlichkeit sind ohne religiöse Bezüge, ohne die klaren Verbindungen zu biblischen Dimensionen, nicht wirklich denkbar.

An anderer Stelle schreibt Goldmann in dem Beitrag etwas über Konrad Adenauer, das ebenso Übereinstimmungen mit dem Bild aufweist, das Mitstreiter von David Ben-Gurion zeichnen. Ihn habe beeindruckt, in welcher Form Adenauer große politische Probleme betrachte: »Er drang immer zum Kern des Problems vor. Er war kein Mann der Nuancen. Er sah Probleme in ihrer wesentlichen Essenz, in großen Zusammenhängen – er hatte nichts von dem Provinzialismus vieler deutscher Politiker – und reduzierte sie auf die einfachste Formel. Das ist der Hauptgrund, der mich dazu bewegt, ihn Genie zu nennen. Ich glaube, es war Edgar Friedel, der einmal gesagt hat, nur Talente seien originell, während Genies immer wieder die einfachen ewigen Wahrheiten wiederholen. Adenauers Allergie gegen sogenannte Intellektuelle war, wie mir scheint, eine Folge dieser seiner Einstellung!«[311]

Von besonderer Bedeutung für die deutsch-israelischen Beziehungen ist angesichts der späteren Auseinandersetzung über die 500 Millionen Dollar im Gespräch mit Ben-Gurion in New York 1960, über die noch zu reden sein wird, die Einschätzung der Glaubwürdigkeit des deutschen Politikers: »Bevor ich die Verhandlungen mit Adenauer begann [...], hatten mich viele seiner politischen Gegner davor gewarnt, dem, was er eventuell aus politischem Opportunismus zusagen würde, irgendwelchen Glauben zu schenken. Sehr viele jüdische Führer hatten, in ihrer damals verständlichen negativen Einstellung zu allem, was deutsch war, die gleiche Besorgnis. In vielen Verhandlungsjahren habe ich jedoch nie erfahren müssen, daß er mich irregeführt hat, daß er eine Zusage machte, die er nicht einhielt.«[312] Habe man ihn von der Berechtigung einer Forderung überzeugt, so habe man beinahe unmittelbar eine Reaktion erhalten und sich auf die Zusagen verlassen können. Und noch mehr: Es sei unvorstellbar gewesen, »daß die Beamten sie entweder hinschleppen, sabotieren oder wieder zunichtemachen konnten. Niemand hätte gewagt, seine Entscheidung anzuzweifeln, weil er ein ungewöhnliches Maß an Autorität hatte.«[313]

Vor den Verhandlungen – ein politischer ›Showdown‹ in der Knesset

Mit dieser sehr positiven Einschätzung, die sich schon nach dem ersten Treffen verfestigt, geht Goldmann zu Sharett und Ben-Gurion und empfiehlt, mit dem Schreiben im Handgepäck, die Aufnahme der Verhandlungen. Davor steht aber die Entscheidung des Parlamentes. Ben-Gurion geht zwar ein erhebliches Risiko ein, denn eigentlich ist die Einschaltung des Parlamentes nicht zwingend durch die Verfassung vorgeschrieben. Er hat aber mehrfach das Versprechen abgegeben, das israelische Parlament im Vorfeld der Verhandlungen einzuschalten. Wiedergutmachungsverhandlungen ohne eine Absicherung durch das Parlament erscheinen ihm undurchführbar. Das aber macht einen erneuten politischen ›Showdown‹ mit einem seiner kraftvollsten Rivalen, mit Menachem Begin, unumgänglich, der nur auf diese Gelegenheit wartet.

Letztlich ist die Politik Begins sowohl ganz praktisch als auch ideologisch der komplette Gegenentwurf zu den politischen Vorstellungen David Ben-Gurions. Zum einen ist der Kampf gegen die Wiedergutmachung das, was man heute ein Mobilisierungsthema nennen würde. »Der Kampf gegen die Verhandlungen mit Deutschland beendete für Menachem Begin eine politische Flaute und half seiner Partei aus einem Tief«[314], beschreibt Tom Segev die Situation. In den Wochen vor der Abstimmung herrscht in seinem Büro Aufbruchsstimmung, ja fast so etwas wie Euphorie.

Viele Freiwillige lassen sich begeistert für den Kampf gegen die Verhandlungen mit Deutschland verpflichten. Begin verschweigt dabei geflissentlich, dass er und seine Cherut-Partei bei der Debatte um individuelle Entschädigungen aus Deutschland im Dezember 1949, die in letzter Konsequenz ebenfalls einen direkten Kontakt mit deutschen Behörden bedeuten, keinesfalls erbitterten Widerstand geleistet hat.

Aber auch ideologisch steht Begin konträr zu David Ben-Gurion. Während der Holocaust für Ben-Gurion ein ärgerlicher Hemmschuh, ein schwerer Rückschlag auf dem Weg nach Zion, zu einem unabhängigen Staat ist, der ihm das Potenzial an Menschen geraubt habe, das er gerne zum Aufbau seines Staatswesens zur Verfügung gehabt hätte, ist für Begin und seine Parteigänger der Holocaust, wie Segev sagt, das »Zentrum seines Wertesystems […] Er betrachtet ihn als Quelle aller Normen von Gut und Böse, von Reinheit und Unreinheit, von Erlaubtem und Verbotenem, von Lohn und Strafe. Es war kein Zufall, dass er die Nazi-Opfer als ›heilige Märtyrer‹ bezeichnete.«[315]

Vor allem aber nutzen Begin und seine Mitstreiter immer wieder die religiöse Metapher von Amalek als der Verkörperung alles Bösen. Amalek war der biblische Urvater des Volkes der Amalekiter, die sich immer wieder kriegerische Auseinandersetzungen mit den Israeliten lieferten. Die eigentliche Metapher bezieht sich auf eine Bibelstelle, wo es heißt: »Denk daran, was Amalek dir unterwegs angetan hat, als ihr aus Ägypten zogt: wie er unterwegs auf dich stieß und, als du müde und matt warst, ohne jede Gottesfurcht alle erschöpften Nachzügler von hinten niedermachte. Wenn der HERR, dein Gott, dir vor allen deinen Feinden ringsum Ruhe verschafft hat in dem Land, das der HERR, dein Gott, dir als Erbbesitz gibt, damit du es in Besitz nimmst, dann lösche die Erinnerung an Amalek unter dem Himmel aus! Du sollst nicht vergessen.« (Deuteronomium 25,17–19) Daraus leitet sich die religiöse Pflicht, die »Mizwa«, ab, rigoros gegen Amalek vorzugehen. Ein Gebot, das unter den 613 Geboten des Judentums, die von Maimonides zusammengestellt wurden, deshalb eine besondere Rolle spielt, weil es das einzige Gebot ist, das als kollektive Pflicht für das ganze Volk Israel zu verstehen ist. Für Begin ist die in der Bibel dargestellte Hinterhältigkeit der Amalekiter die große Chiffre für den niederträchtigen Vernichtungsfeldzug der Nationalsozialisten.

Letztlich hebt Begin so das Erbe des Holocaust auf die Ebene einer religiösen Frage und erhebt sich selbst, so Segev, zum »Hohepriester dieser neuen Religion«[316]. Damit setzt er dem logischen und rationalen Pragmatismus David Ben-Gurions einen hoch emotionalen Politikentwurf entgegen. Seine ganz persönliche Tragik ist, dass er seiner Zeit zu weit voraus ist und deshalb auch in der Öffentlichkeit nicht auf die Resonanz stoßen kann, die ihm und seiner Partei den Aufstieg ermöglichen und ihn an die Spitze der Regierung bringen würde. Nach dem Eichmann-Prozess werden der Holocaust und die Frage, wie man das richtige Gedenken daran bewerkstelligen kann, zu einer identitätsstiftenden Angelegenheit für alle Israelinnen und Israelis, zu einer kollektiven Erinnerung.

In der Zeit seines sehr ausgeprägt antideutschen Pathos und der Erhebung des Holocaust zu einer religiösen Kategorie jedoch ist für die Überlebenden und ihre Angehörigen der Holocaust noch zu nah. Ihr Denken dreht sich um ihre ganz individuellen Dramen und Tragödien. Und die zwingen sie nicht selten auch, ihren Teil der Entschädigungen zu akzeptieren und für den Aufbau ihres eigenen neuen Lebens zu nutzen.

»Die Entscheidung der Überlebenden«, so Tom Segev, »war das wahre Plebiszit, an dem die Einstellung Israels in dieser Frage gemessen werden musste.«[317]

Warum auf das verzichten, was uns gehört? – Eine schwere Debatte

Ben-Gurions Hauptanliegen bleibt, den Erfolg des israelischen Staates und der Nation mit der Hilfe eines jeden zu sichern, den er für dieses Unternehmen gewinnen kann. Das wird auch an der Art und Weise deutlich, in der er die Attacken all jener kontert, die ihre Lebensgeschichte oder die Geschichte ihrer Familie in den Zeiten der Shoah, ihre eigenen schmerzhaften und grausamen Tragödien in den Vordergrund stellen, um damit jeden Kontakt mit Deutschland, vor allem aber auch Verhandlungen über mögliche Wiedergutmachungsleistungen, zu verhindern. Um einen Gegenpol zu diesen Erzählungen zu bilden, konstruiert er, wie David Witzthum zeigt, seine eigene »Ghettovergangenheit« in Płońsk: »Wir wollen nicht in das Ghetto zurückkehren mit den Gefühlen eines ›Ghettojuden‹ [...] Ich selbst bin davongerannt, als ich neunzehn war, und ihr werdet mich nicht dorthin zurückbringen [...] Ich will nicht hinter einem Deutschen hinterherlaufen und ihm ins Gesicht spucken [...] Ich will hier sitzen [in meinem Land] und es aufbauen.«[318]

Aber nicht nur dem politischen Gegner muss David Ben-Gurion seine ganze Streitlust und seine Argumentationskraft entgegenhalten. Auch die internen Diskussionen, die David Ben-Gurion in seiner eigenen Partei führen muss, sind alles andere als einfach. Im Zentralkomitee seiner Mapai nimmt er zu einzelnen Punkten Stellung und zeigt dabei auch seiner Partei gegenüber zunächst eine ostentative Distanz zu Konrad Adenauer: »Ich habe nicht die Absicht, mich für Adenauer verantwortlich machen zu lassen. Vielleicht wird er uns betrügen. Ich soll mich für Adenauers Ehrlichkeit verbürgen? Aber warum sollten wir auf das verzichten, was uns gehört?«[319]

An anderer Stelle der Rede vor seinen Parteigenossen thematisiert er die Kategorie der Rache: »Wenn ich deutsches Eigentum nehmen könnte, ohne mich mit ihnen an einen Tisch zu setzen, einfach nur, indem ich mit Jeeps und Maschinengewehren in ihre Warenhäuser einbreche und es mir hole, würde ich das tun – wenn wir zum Beispiel in der Lage wären, hundert Divisionen loszuschicken und den Soldaten zu sagen: ›Nehmt es Euch.‹ Aber das können wir nicht, weil ich diese Divisionen, wenn wir sie hätten, zuerst in den Irak schicken würde. Aber selbst das kann ich nicht. Wir können nicht alles erreichen.«[320] Das könnten nicht einmal die Russen und die Amerikaner.

Das ist auch der Tenor der Rede in der Knesset: Ganz bewusst stellt er die pragmatischen Überlegungen, die Not, die die Verhandlungen zur Sicherung der staatlichen Existenz gebietet, in den Hintergrund, und erklärt, dass es die Aufgabe seiner Regierung sei, alles Erdenkliche dafür zu unternehmen, wenigstens einen guten Teil des Eigentums wiederzuerlangen, das die Deutschen den Juden und dem jüdischen Volk geraubt haben. Seine Rede kulminiert in einer Passage, die zeigt, dass sich auch Ben-Gurion, wie sein Gegner Begin, auf religiöse Bilder und Kategorien stützt: »Lassen wir die Mörder unserer Nation nicht auch ihre Erben sein.«[321] Das ist wiederum eine Anspielung auf eine Bibelstelle (1 Kön 21,17–29), in der der Prophet Elija Gottes Zorn gegenüber König Ahab mit der drohenden Frage zum Ausdruck bringt: »Hast du gemordet und auch in Besitz genommen?«[322]

Genau an dieser These Ben-Gurions, dass die Deutschen durch den Massenmord zu Erben geworden und damit verpflichtet seien, Restitutionen zu zahlen, werden massive und gut begründete Zweifel während der Debatte im israelischen Parlament laut. Der Knessetabgeordnete Elimelech-Schimon Rimalt, selbst ordinierter Rabbiner, macht deutlich, dass dieser jüdische Rechtssatz nach seiner Ansicht im Hinblick auf die Ungeheuerlichkeit der Verbrechen in diesem Fall keine Gültigkeit hat.[323] Es habe sich bei dem Mord an den Juden nicht um einen Raub gehandelt, bei dem Gewalt, womöglich mit Todesfolge, angewendet und in Kauf genommen wird, um sich einer fremden Sache zu bemächtigen. Im Falle der Nationalsozialisten seien die Juden nicht ihrer Besitztümer wegen ermordet worden. Hitler habe ihnen in erster Linie ans Leben gewollt! Der Zugriff auf ihr Eigentum sei demgegenüber ein nachgeordnetes Ziel gewesen.

Rimalt weist vor allem auch auf die unfassbare Dimension des Verbrechens an den Juden hin. Die bedingungslose Vernichtung habe den Juden keine Wahl zwischen Tod und Taufe gelassen, und damit wurde auch der Märtyrertod zur Ehre des Namens Gottes unmöglich gemacht. Ihr Tod sei sinnlos und grundlos gewesen. Die Deutschen hätten aus niedersten Trieben heraus gemordet: »Möge ihnen das Kainsmal auf ewig anhaften.«[324] Ihre Ächtung sei jedenfalls jeglicher Restitution klar vorzuziehen.

Noch schwerer als diese Einwände wiegen die Argumente, die Yehuda Harari vorbringt, der zu den ›Progressiven‹ gehört und der gegen den Strom der eigenen Fraktion, die für die Verhandlungen stimmen will, schwimmt. Er warnt vor einer Spirale der Verflechtung mit Deutschland: »Das Abkommen werde, vor allem auch wegen der angestrebten Sachleistungen, eine nicht mehr aufzuhaltende Annäherung zur Folge haben: Auf die Lieferungen deutscher Maschinen würden deutsche Monteure folgen. Deutsche Schiffe würden unter deutscher Flagge die Häfen Israels anlaufen. Die dabei sich ergebenden Kontakte würden immer enger werden. Es werde schließlich unausweichlich sein, das aus der Vergangenheit erwachsene Gefühl tiefster Bitterkeit in sich zu ersticken«[325].

Begins Kampf auf Leben und Tod – »Adenauer ist ein Mörder«

Etwa einen halben Kilometer von der Stelle entfernt, an der diese Debatte geführt wird und an der David Ben-Gurion seine schwierige, im Ton aber doch sachliche und klare zwanzigminütige Rede hält, peitscht sein politischer Widersacher Menachem Begin seine Anhänger ein mit einer Ansprache, die man kaum anders als einen Aufruf zum Bürgerkrieg verstehen kann: »Als ihr mit einem Geschütz auf uns gefeuert habt, habe ich den Befehl gegeben, nicht zurückzuschießen! Heute werde ich befehlen, es zu tun! Dies wird ein Kampf auf Leben und Tod werden.«[326] Mit dieser Andeutung bezieht Begin sich auf die bereits geschilderte Ankunft des Irgun-Schiffes Altalena im Jahr 1948. Er erinnert an die bewaffnete

Auseinandersetzung um das Schiff mit Regierungstruppen und die Tatsache, dass er trotz Verlusten auf der Seite der Irgun die Anweisung gibt, nicht zurückzuschlagen.

Begin fährt auf dem Zionsplatz mit seiner Rede fort: »An diesem Tag schickt sich der jüdische Regierungschef an, zu verkünden, dass er nach Deutschland reisen will, um Geld in Empfang zu nehmen, dass er die Ehre des jüdischen Volkes gegen Geld verkauft und es dadurch mit ewiger Schande bedeckt.«[327] Die Absicht einer Reise nach Deutschland hat Ben-Gurion zu diesem Zeitpunkt so freilich niemals geäußert.

An Deutschland gerichtet wütet der Politiker: »Sie sagen, dass es eine neue deutsche Regierung gibt, mit der wir reden, verhandeln und eine Vereinbarung unterzeichnen können. Bevor Hitler an die Macht kam, haben die Deutschen für ihn gestimmt. Zwölf Millionen Deutsche haben in der Nazi-Armee gedient. Es gibt keinen Deutschen, der nicht unsere Väter ermordet hat. Jeder Deutsche ist ein Nazi. Jeder Deutsche ist ein Mörder. Adenauer ist ein Mörder. Alle seine Mitarbeiter sind Mörder. Aber denen da oben geht es bloß ums Geld. Für ein paar Millionen Dollar geht man hin und übt schändlichen Verrat.«[328] Aber das ist Begin alles noch nicht genug ›Aufputschmittel‹ für die aufgeheizte Menge. In manipulativer und propagandistischer Absicht behauptet er, dass Ben-Gurion Polizisten aufgeboten habe, die mit Tränengasgranaten bewaffnet seien, und dieses Gas sei in Deutschland hergestellt worden: »Es ist dasselbe Gas, mit dem unsere Eltern umgebracht wurden.« Begin droht mit Gewalt und schwört, er und seine Freunde seien bereit, »in Konzentrationslager und Folterkammern zu gehen.« Es gebe keinen Weg zurück: »Freiheit oder Tod!«[329]

Seine Anhänger ruft er auf dem Zionsplatz dazu auf, keine Steuern mehr zu bezahlen, und nimmt ihnen gar einen ›biblischen Eid‹ ab: »Im Namen Jerusalems, im Namen jener, deren Leben am Galgen endete, im Namen von Zeev Jabotinsky: ›Wenn ich die Vernichtung der Juden vergesse, möge meine rechte Hand verdorren, möge meine Zunge sich bis zum Gaumen spalten, wenn ich mich eurer nicht erinnere, wenn ich nicht all meine anderen Sorgen zurückstelle.‹«[330]

Es ist kaum verwunderlich, dass es danach zu gewaltsamen Ausschreitungen im Herzen Jerusalems kommt. Seit dem Unabhängigkeitskrieg war die Sicherheitslage nicht so angespannt, wie sie in diesen Tagen ist. Die aufgewiegelte Schar der Demonstranten dringt bis zum Parlament vor, damals ein Gebäude im Stadtzentrum, in dem sich heute ein Museum befindet. Das deutsche Nachrichtenmagazin *Der Spiegel* beschreibt die tumultartigen Szenen eindrucksvoll: »Schwaden von Tränengas, vermischt mit dem Qualm verbrannten Öls, wälzten sich durch die zerbrochenen Fenster des großen Sitzungssaales. Mal näher, mal ferner hörten die Abgeordneten des ›Knesseth‹ [sic!] – des israelitischen Parlaments in Neu-Jerusalem – vom Zionsplatz her die Kommandos der Polizeioffiziere, dazu das Rasseln der Panzerspähwagen und das Geschrei der zehntausend Demonstranten: ›Verräter, Hitler-Erben!‹«[331]

Über hundert Menschen – Polizisten wie Demonstranten – werden verletzt. Paula Ben-Gurion, die Frau des Ministerpräsidenten, ist eine ausgebildete Krankenschwester und hilft im Knesset-Gebäude, die Verletzten zu versorgen. Am Ende stehen die Demonstranten unmittelbar vor dem Eingang. Der Ministerpräsident lässt zwischenzeitlich gar die Armee zur Hilfe rufen. Die Situation droht außer Kontrolle zu geraten. Auch in dieser Situation, schon an der Abbruchkante zum Bürgerkrieg, zeigt Ben-Gurion viel Ähnlichkeit mit Adenauer. So wie sein späterer Freund bleibt er in Krisensituationen und unter dem immensen Druck der aufgewühlten Situation völlig ruhig und kaltblütig. Wie Adenauer greift er mit dosierter und kalkulierter Empörung in die Debatte ein und zeigt das, was man heute ›klare Kante‹ nennen würde. Auch das beschreibt der *Spiegel* deutlich: »Unter den buschigen Augenbrauen Ben-Gurions blitzten Trotz und Entschlossenheit. Ein Abgeordneter berichtet: ›Sein weißes Haar stand wie ein heiliges Feuer über seinem Haupt‹.«[332]

Was der zionistische ›Prophet‹ gegen Begin unternimmt, nennt David Witzthum einen »vernichtenden Gegenangriff«[333]. Beim staatlichen Radiosender greift er mit einer schnell verfassten Rede an die Nation zum Mikrofon und nennt beim Namen, was Menachem Begin nach seiner Auffassung vorhat: »Zum ersten Mal wurde ein Versuch unternommen, die Demokratie in Israel zu zerstören. [...] Ein krimineller und verräterischer Anschlag eines wilden Mobs, [...] einer Bande von Aufrührern.«[334] Namentlich nennt er Menachem Begin und die »früheren Mitglieder von

Etzel«[335]. Etzel leitet sich von der Abkürzung IZL (Irgun Zwai Leumi) ab und ist damit ein anderes Wort für Irgun.

Dem beunruhigten Volk erklärt der Politiker, dass er in seiner Eigenschaft als Ministerpräsident und als Verteidigungsminister alles getan habe, um Recht und Ordnung wiederherzustellen und die Demokratie und die Unabhängigkeit des Parlamentes zu bewahren: »Seien Sie nicht beunruhigt und fürchten Sie nichts [...] Der Staat Israel wird kein zweites Spanien oder Syrien werden.«[336] Er nennt diese Staaten als Beispiel für Versuche, eine gewählte Regierung zu stürzen. Deutschland erwähnt er in seiner Radioansprache erst gar nicht. Das nennt David Witzthum »einen ganz wesentlichen Wendepunkt in den deutsch-israelischen Beziehungen«[337]. Schnell stellen sich auch die Medien insgesamt wieder deutlich hinter David Ben-Gurion.

Am 9. Januar 1952 findet in der Knesset die Abstimmung über die Resolution statt, die Ben-Gurion die Erlaubnis erteilen soll, mit Deutschland in Verhandlungen zu treten. Nach den Erfahrungen der vorausgegangenen Tage ist das Gebäude hoch gesichert. Polizei und Armee sind im Einsatz und bewachen das Gebäude im Herzen Jerusalems. Jeder der 120 Abgeordneten der Knesset wird aufgerufen, seine Stimme abzugeben. Selbst ein kranker Cherut-Abgeordneter wird liegend zur Stimmabgabe getragen. Am Ende ist das Ergebnis denkbar knapp, aber dennoch eindeutig: 61 Abgeordnete stimmen zu, 50 Mitglieder der Knesset stimmen dagegen. Der Rest enthält sich oder bleibt der Abstimmung fern.

»Im Auftrag des Gewissens« – Begin und der Anschlag auf Adenauer

Begin, der nach seinen Drohungen auf dem Zionsplatz und nach Schimpftiraden in der Knesset für über drei Monate von den Parlamentssitzungen ausgeschlossen wird, fügt sich nur äußerlich in seine Niederlage und belässt es in seinem unbändigen Zorn nicht bei seinem Kampf gegen Ben-Gurion. Seine Wut geht so weit, dass er den Auftrag zu einem Sprengstoffattentat auf Konrad Adenauer erteilt. Der Historiker Henning Sietz, der sich um die Aufklärung dieses über die Jahrzehnte auf beiden Seiten sehr sorgsam gehüteten Staatsgeheimnisses verdient gemacht hat, erzählt die Geschichte des Attentäters Elieser Sudit auf der Basis von dessen Geständnis. In einem Buch mit dem Titel »Im Auftrag des Gewissens«[338], das weitgehend unbeachtet bleibt und das Sudit im Eigenverlag zwei Jahre nach dem Tod Begins veröffentlicht, bekennt er sich als Haupttäter zu dem Anschlag, den er für Begin und sein Gewissen begangen habe.

Sudit ist ein angesehener Kämpfer des Etzel, der während der britischen Mandatszeit gegen die Briten gekämpft und sich einen Namen als Sprengstoffexperte gemacht hat. Im Frühjahr 1952 trifft er mit seinem »verehrten Kommandanten«[339] aus Etzel-Tagen, Menachem Begin, zusammen. Sudit beschreibt, wie aufgebracht Begin über die Wiedergutmachungsverhandlungen ist: »Er war sogar zu einer symbolischen Tat bereit, die unseren Zorn ausdrücken sollte, auch wenn wir nicht imstande sein sollten, das Abkommen zu verhindern.«[340] Entscheidend sei, dass es überhaupt eine Reaktion auf diese Schande gebe. Sudit betont rückblickend, man habe es für höchst unwahrscheinlich gehalten, dass der Kanzler, ohne vorherige Überprüfung, seine Post selbst öffnen würde. Ob das eine Schutzbehauptung ist oder eher Ausdruck der fehlerhaften Vorbereitung des ganzen Anschlages, wird wohl offen bleiben.

Begin, der noch Tage zuvor in seiner Knesset-Rede gesagt hat, physische Gewalt sei nutzlos, »sie ist müßig, eine Jagd nach dem Wind«[341], geht den Weg eben dieser Gewalt. Er stimmt, so behauptet Sudit, seinem Vorschlag, für ihn und die Sache ein Attentat auf die deutschen Verhandler zu begehen, zu. Aber der Politiker tut noch deutlich mehr als das und macht sich damit wahrhaftig zum Rädelsführer des Attentats. Begin organisiert ein Treffen Sudits mit Knesset-Abgeordneten, mit Yochanan Bad, Chaim Landau und Abba Scherzer. Ein Team, das fortan als Organisationskomitee für diese Tat fungiert und das sich vor allem um die außerordentlich schwierige Aufgabe der Finanzierung kümmert. Die ist alles andere als gesichert und so dramatisch, dass Begin gar erwägt, seine goldene Uhr mitsamt Widmung zu spenden, um die notwendige ›Anschubfinanzierung‹ locker zu machen. Es sei vereinbart worden, so Sudit, »daß ich ins Ausland fahre und dort Briefbomben an die Mitglieder der deutschen Delegation für die Shilumim-Verhandlungen sowie eine Buchbombe an den deutschen Bundeskanzler verschicken würde«[342].

Ausgangsbasis des geheimen Unternehmens wird Paris. Mit der Hilfe seiner Familie schmuggelt Sudit den Sprengstoff dorthin, in braunen Arzneifläschchen getarnt als Asthma-Medikament und die Zünder versteckt in Zigarren. Der versierte Bombenbauer ›bastelt‹ seinen Sprengsatz zusammen und bringt ihn in einem ausgehöhlten »Kleinen Brockhaus« mit den Buchstaben L–Z unter. »Sein erster Fehler«[343], wie Henning Sietz sagt, »auf den Gedanken, dass kaum jemand Konrad Adenauer den zweiten Band eines Lexikons schicken würde, kam er nicht.«[344] Der zweite Fehler liegt bei Chaim Landau, der die Adressaufkleber vorbereitet und seinen ›Job‹ nicht sehr gut macht. »An den Bundeskanzler Dr. Konrad Adenauer, Bundeshaus, Bonn«[345] steht auf dem Päckchen, wobei nicht beachtet wird, dass der Dienstsitz des Kanzlers im Palais Schaumburg ist. Sudit fällt der Fehler nicht auf.

In München übergibt Sudits Komplize Jakow Hewel das Päckchen zwei Jungen und bittet die beiden, ›bestochen‹ mit drei Mark, es für ihn zur Leopoldpost in Schwabing zu bringen, weil er eilig zum Zug müsse. Es kommt den pfiffigen Jungs dann doch komisch vor, dass der »Mann mit Mantel und Hut«[346] mit dem Fantasienamen Mario Mirelli ihnen trotz angeblicher Zeitnot folgt. Sie schöpfen Verdacht und geben das Paket nicht bei der Post in Schwabing, sondern bei der Polizei ab. Ihr aufmerksames Handeln trägt ihnen später eine persönliche ›Audienz‹ bei Bundeskanzler Konrad Adenauer ein und eine goldene Uhr zum Dank.

An diesem 27. März 1952 hält in den Kellerräumen des Münchner Polizeipräsidiums der Brandmeister und Sprengstoffexperte Karl Reichert ein Päckchen in den Händen, das an den »Bundeskanzler Dr. Konrad Adenauer« adressiert ist und das nach der Beschreibung der beiden Jungen nun als verdächtige Postsendung betrachtet wird. Reichert packt das Paket mit aller Vorsicht aus, macht dann aber, weil er auf den ersten Blick nichts Verdächtiges erkennen kann, den entscheidenden Fehler: Er zieht das Buch aus dem Schuber und öffnet es. Um 18.20 Uhr detoniert die Bombe mit großer Sprengwirkung. Sie verletzt Reichert schwer, reißt ihm beide Arme ab. Nur wenige Stunden später verstirbt er in der chirurgischen

Universitätsklinik in München. Zwei Polizeibeamte, die bei ihm sind und ebenfalls schwer verletzt werden, überleben den Anschlag nur knapp.

Wenige Tage später treffen zwei weitere Sprengsätze per Brief ein – diesmal beim Leiter der deutschen Delegation bei den Wiedergutmachungsverhandlungen mit Israel, Franz Böhm, und bei seinem Stellvertreter Otto Küster in Wassenaar in der Nähe von Den Haag. Sie können unschädlich gemacht werden. Zu allen Anschlägen bekennt sich eine – eigens für diesen Zweck erfundene – »Organisation jüdischer Partisanen«[347], die das Attentat begangen habe, »um das Blut von Millionen Juden zu rächen, die durch Deutschland umgebracht worden sind«[348]. Die Delegierten für die Verhandlungen in Wassenaar sind sich permanent der Tatsache bewusst, dass sie Opfer eines Attentates werden könnten. Ein bei der Unterzeichnung der Verträge an der Tür rüttelnder und in den Raum eindringender, sich aber als harmlos erweisender Journalist beschert Böhm und Kollegen die Schrecksekunde ihres Lebens.

Die Pariser Polizei verhaftet nach dem Sprengstoffanschlag fünf Verdächtige. Vier kommen wieder frei, nur einer bleibt in Haft: Elieser Sudit. In dessen Hotelzimmer – sein dritter Fehler – werden Waffen entdeckt. Wegen des illegalen Besitzes von Waffen, die er für die Ausführung ›seines‹ Auftrages gar nicht gebraucht hat, wird er zu vier Monaten Haft verurteilt. Danach wird er – das gleiche Schicksal ist den anderen vier Verdächtigen bereits widerfahren – nach Israel abgeschoben.

Henning Sietz mutmaßt, dass Ben-Gurion wusste, wer hinter den Anschlägen auf Adenauer und auf seine Unterhändler steckte: »Warum sollte Ben-Gurion, der mit seinen Nachrichtendienstchefs eng zusammenarbeitete, nicht alles daran gesetzt haben, zu erfahren, wer seine Politik torpedieren wollte? Es ist einfach undenkbar, dass der israelische Ministerpräsident, der sich der drohenden Gefahr durch alte Seilschaften der aufgelösten Untergrundorganisationen sehr wohl bewusst war, nicht alle Hebel in Bewegung setzte, zu erfahren, wer die Täter waren. Er wird sie gekannt haben, bis auf den letzten Mann.«[349] Das schließt den Drahtzieher Menachem Begin vermutlich mit ein. Sietz beschreibt, wie auch Adenauer die Ermittlungen über das Attentat genau im Blick hat und sich regelmäßig berichten lässt, vermutlich mit dem Ziel, jenen Zeitpunkt nicht zu verpassen, »an dem er noch eingreifen konnte, um Störfaktoren seiner Politik auszuschalten.«[350]

Fest steht: Es gibt wohl kaum etwas, woran die beiden alten Herren, Adenauer und Ben-Gurion, zu diesem Zeitpunkt weniger Interesse haben als an einem öffentlichen Prozess gegen jüdische Straftäter, verbunden mit zu erwartendem gigantischem Interesse der Medien. Das käme ohne jeden Zweifel einer politischen Katastrophe mit unabsehbaren Folgen gleich. Beide spielen deshalb die Angelegenheit herunter und tragen ihrerseits nicht mit Wortäußerungen zur Aufmerksamkeit für diese Vorgänge bei. 1978 wird das Verfahren zum Attentat eingestellt. Weder kommt es zu einer Auslieferung der Verdächtigen aus Frankreich oder dann aus Israel nach Deutschland, noch kommt es zu einem Prozess.

Ob David Ben-Gurion und Konrad Adenauer jemals über diesen Anschlag miteinander geredet haben, ist nicht überliefert. Nahegelegen hätte es, denn man sitzt im selben Boot: Nicht nur Adenauer, sondern auch die Regierung Ben-Gurions selbst wird wegen der Wiedergutmachungsverhandlungen wenige Zeit später zum Ziel eines Attentatsversuches. Am 5. Oktober 1952 – die Luxemburger Verträge sind bereits unterzeichnet und in Kraft – marschiert der frühere Kämpfer des jüdischen Widerstandes in Litauen, der ehemalige Häftling des Konzentrationslagers Dachau und Irgun-Kämpfer Dov Shilanski, der in Italien bereits 1946 an einem Anschlag auf die britische Botschaft und in Deutschland auf britische Armee-Einheiten beteiligt war, ins israelische Außenministerium. Unter dem Arm trägt er eine Tasche mit einer erheblichen Menge an Dynamit, die ausgereicht hätte, große Teile des Gebäudes in Schutt und Asche zu legen. So wie bei Sudit ist auch sein Motiv klar. Er will damit seinen Protest gegen die Deutschlandpolitik der Regierung von David Ben-Gurion zum Ausdruck zu bringen. Das Attentat wird vereitelt, Shilanski verhaftet und zu 21 Monaten Haft verurteilt. Später wird er Mitglied der Knesset und im Kabinett von Begin stellvertretender Minister. Noch im Juli 1990, dann bereits als Sprecher der Knesset und damit als Parlamentspräsident, erklärt Shilanski im israelischen Rundfunk – mit Bezug auf mögliche Wiedergutmachungsleistungen der DDR nach dem Fall der Mauer –, Juden und Deutsche trennten weiterhin »Berge von Asche und Knochen«[351]; die freie

Welt solle vor Deutschland auf der Hut sein. Die israelische Regierung bemüht sich umgehend zu betonen, Shilanski habe als Überlebender und nicht als Parlamentspräsident gesprochen.

Ob es zum Zeitpunkt des Anschlagsversuches einen Kontakt zwischen Begin und Shilanski gegeben hat, kann nicht nachgewiesen werden. Ebenso wenig wie ein direkter Draht Begins zu jenen aufgedeckt werden kann, die Anschläge auf die deutschen Schiffe planen, die die Waffen und Hilfslieferungen, die im Abkommen vereinbart worden sind, nach Israel bringen sollen. Die Episode dieser Attentatsversuche steht aber symbolisch für das Scheitern des Mannes, der sich mit seinem rigiden Kurs gegen die israelische Deutschlandpolitik nicht durchsetzen kann, der keine drei Jahrzehnte später selbst Ministerpräsident und 1978 wegen seiner Ägyptenpolitik Friedensnobelpreisträger wird.

Gescheitert ist das Störfeuer Menachem Begins freilich vor allem deshalb, weil es wenig bleibende Wirkung in der breiten Öffentlichkeit zeigt. »Ein Menachem Begin, der als Führer der rechtsradikalen Cherut-Gruppe davon spricht, dass normale Beziehungen mit Deutschland erst in hundert Jahren hergestellt werden dürften, wird nicht für voll genommen«[352], schreibt der Korrespondent der *Deutschen Rundschau*. Es gebe niemanden, »der keine guten Beziehungen zu Bonn wünscht«[353]. Das ist richtig und unrichtig zugleich. Freilich ist das »Unwohlsein« breiter Bevölkerungsteile noch über Jahrzehnte der Normalfall. Für viele bleibt, um es mit Paul Celan zu formulieren, der Tod »ein Meister aus Deutschland«[354].

Eine Notwendigkeit – die Mobilisierung von Unterstützung

Das Abstimmungsresultat in der Knesset ist deshalb auch nur die halbe Miete. Ben-Gurion steht deutlich vor Augen, dass die Mehrheit der Bürgerinnen und Bürger Israels nicht billigt, dass er ein Abkommen mit Deutschland anstrebt. Wo kann David Ben-Gurion bei seinem umstrittenen Vorhaben Unterstützung mobilisieren? Die höhere Beamtenschaft in Ben-Gurions Umfeld und den Ministerien, seine Berater unterstützen im Wesentlichen seinen Annäherungskurs, manche mit mehr oder weniger abenteuerlichen Ideen, wie dem Vorschlag des stellvertretenden Abteilungsleiters für Westeuropa im Außenministerium, Yechiel Ilsar, der in dieser emotionsgeladenen Situation eine Öffentlichkeitskampagne zugunsten der Bundesregierung empfiehlt, die vor allem den guten Willen der Bundesrepublik betonen soll.

Hier und da kommt schon früh die Idee auf, über die Aufnahme formeller Beziehungen zu Deutschland nachzudenken. Das geht beispielsweise aus einer Äußerung von Walter Eytan hervor, dem ersten Generaldirektor des israelischen Außenministeriums, der als Vater des israelischen diplomatischen Dienstes gilt. Eytan ist zwar der Meinung, dass es viel zu früh sei für solche Beziehungen, aber er schließt sie eben auch nicht aus: »Bevor wir zu laufen beginnen, müssen wir gehen lernen.«[355] Es sei noch ein weiter Weg zu bewältigen, bis sich die israelische Öffentlichkeit mit einem deutschen Gesandten abfinde. Zwischen den Zeilen ist aber zu lesen, dass Diplomaten wie Eytan eine solche Annäherung langfristig anstreben und befürworten.

Auch wenn Walter Eytan, geboren als Walter Ettinghausen 1910 in München, schon in seinen Kindertagen während des Ersten Weltkrieges Deutschland verlassen hat und in Großbritannien aufgewachsen ist, ist er doch beispielgebend für eine Gruppe in Israel, die durchaus zur Elite gehört und auf Entscheidungen Einfluss nehmen kann. Diese Gruppe sind die »Jeckim«, die deutschen Juden in Israel. Hier ist die Unterstützung derer, die die Gräuel erlitten haben, durchaus erheblich. Die Verbundenheit mit der alten Heimat haben auch die Nationalsozialisten nicht in ihnen auslöschen können. Und eine zweite Gruppe kommt als ›Förderer‹ seiner Pläne aus dem Ausland hinzu: Gerade die Diaspora-Juden, die der Zionist Ben-Gurion in seinen jüngeren Jahren so leidenschaftlich als Verlierer gesehen hat, als jene, die den zionistischen Traum nicht leben und denen der Mut zur Umsiedlung in das gelobte Land fehlt, sollten zu einer wichtigen Stütze für seine Politik werden. Die deutschen Juden, die in Amerika und Großbritannien oder an anderen Orten leben, aber auch die Juden, die in Deutschland geblieben sind, weisen einen entscheidenden Unterschied zu den Juden in Israel auf. Letztere empfinden vor allem

Abscheu für die Deutschen, vermeiden jeglichen Kontakt zum ›Tätervolk‹ und halten alle in die Zukunft weisenden Argumente für ein neues Verhältnis zu Deutschland für einen ungeheuerlichen Frevel.

Auch Adenauer muss wie Ben-Gurion Unterstützung für sein Vorhaben mobilisieren, denn er sieht sich bei den bevorstehenden Verhandlungen durchaus vor eine Reihe von Dilemmata gestellt: Er spürt – und später bestätigt die empirische Forschung seine Empfindungen –, dass die öffentliche Meinung keine Begeisterung für seinen Wiedergutmachungskurs empfindet. Die Deutschen haben noch immer ihrer eigenen Wahrnehmung nach andere Sorgen, als sich mit den Schrecken und Verfehlungen der Vergangenheit auseinanderzusetzen. Zugleich aber würde im Ausland auch der leiseste Versuch, so etwas wie einen »Schlussstrich« zu propagieren, mit Argwohn und Unverständnis quittiert werden und das Ansehen, das sich die junge Bundesrepublik in den gerade drei Jahren ihres Bestehens erworben hat, gefährden. Adenauer muss diese Widersprüche mit einer passenden Begründung überwinden. Diese Perspektive bietet das Bild eines von Grund auf geänderten Deutschlands. Mit der Gründung der Bundesrepublik ist gleichsam ein neues nationales Kapitel aufgeschlagen. Dieses Bild kann aber nur Kontur annehmen und einen halbwegs stimmigen Eindruck machen, wenn eine heikle Aufgabe bewältigt werden kann: Die Ablehnung jeder Anmutung einer kollektiven Schuld der Deutschen.

Aber auch David Ben-Gurion steht vor einem gewaltigen, vielleicht noch größeren Dilemma: Es gibt aus seiner Sicht keine Alternative zu einer Politik, die die zu diesem Zeitpunkt hochfragile Existenz des Staates Israel dauerhaft sicherstellt. So wie Konrad Adenauer denkt er dabei nicht in nationalen Kategorien, sondern versteht es, die eigene Interessenlage und die eigene Bedrohungssituation in eine Beziehung zu den internationalen Entwicklungen zu setzen. Hellsichtig weiß er die ersten Zeichen der schnellen ›Erholung‹ der Bundesrepublik nach dem Weltkrieg zu deuten. Vor allem aber sieht er, in welche Rolle sie durch den Ost-West-Konflikt und durch die damit verbundene Rivalität der Sowjetunion und der Westmächte, insbesondere durch die klare Politik der Westbindung von Konrad Adenauer schlüpft.

In den Debatten der außenpolitischen Elite Israels kommt freilich schon bald neben den materiellen und Sicherheitserwägungen noch ein anderes Motiv für eine Annäherung in Betracht, das auch Ben-Gurion klar sieht. In der internationalen Politik ist die Bundesrepublik durch die konsequente Westbindung Adenauers, durch den Kalten Krieg, der in Korea einen ›heißen‹ Höhepunkt findet, vor allem aber durch seine wachsende internationale Bedeutung die Braut, um die viele Kandidaten werben. Vor einem ›Liebeswerber‹ hat man in Israel besonders Angst: vor den arabischen Staaten, die sich schnell an die traditionell guten Beziehungen erinnern, die Deutschland in den arabischen Raum hinein besessen hat.

Deutschland ist ein besetztes Land, aber ebenso eine zunehmend bedeutende Figur auf dem Schachbrett; die Blickrichtung auch der Alliierten auf Deutschland ändert sich: Die Sieger machen dem Besiegten den Hof. Die Bundesrepublik bekommt Rückenwind durch die Westmächte, aber ihr fehlt, auch das sieht Ben-Gurion glasklar, dafür noch die Akzeptanz der öffentlichen Meinung in diesen Ländern, um wieder voll und ganz in die internationale Gemeinschaft aufgenommen werden zu können. Diese relative Schwäche will David Ben-Gurion nutzen, indem er »Besondere Beziehungen« zwischen Deutschland und Israel anbietet.

Ein Drahtseilakt – das Narrativ vom anderen Deutschland

Die Realpolitik des israelischen Politikers ist ein einzigartiger und bis an das Ende seiner politischen Karriere fortdauernder ›Drahtseilakt‹ über einen moralischen Abgrund hinweg. Zu frisch sind die Erinnerungen an den systematischen Massenmord, zu tief die Wunden! Und zu erbittert ist die Opposition, eben diese Gefühle anzusprechen. Realpolitik alleine, das ist Ben-Gurion ebenfalls klar, reicht nicht aus, um den Absturz in diesen Abgrund zu vermeiden. Eine stichhaltige moralische Argumentation ist notwendig, um die Israelinnen und Israelis, aber auch Jüdinnen und Juden in aller Welt, von seiner Politik zu überzeugen.

Dabei baut er seine Argumentation auf zwei Fundamenten auf: Zum einen ist dies der bereits erläuterte Gedanke, es sei ein Akt der historischen Gerechtigkeit, wenn die Mörder oder ihre Nachkommen nicht von gestohlenen Gütern profitieren, sondern sie in Form von Reparationen zurückgeben müssen, um den Überlebenden einen Neuanfang zu ermöglichen.

Das zweite moralische Fundament seiner Deutschlandpolitik ist die Vorstellung von einem »anderen Deutschland«. Diese bringt er interessanterweise bereits am 17. März 1933, also bereits nach der Machtergreifung und zu Beginn der Katastrophe, in der *Haaretz* zu Papier: Dort unterscheidet er explizit zwischen dem Deutschland Hitlers und dem »anderen Deutschland«.

Da mag nicht nur die positive Haltung Ben-Gurions gegenüber Deutschland durchschlagen, sondern auch die weit verbreitete Haltung vor allem der assimilierten Juden in Deutschland, die sie ihren Verwandten in Palästina zur Beruhigung weitergaben, nämlich dass man nicht glaube, das deutsche Volk mache die Hetze gegen die Juden mit. Erst allmählich wird deutlich, wie wenige Deutsche die Hand für ihre jüdischen Mitbürgerinnen und Mitbürger rühren und wie umfassend und rücksichtslos die Judenverfolgung in Deutschland organisiert wird.

Insofern ist es schwer, von dieser Konzeption des »anderen Deutschlands« eine Linie zu ziehen zur Nachkriegszeit, in der das Menschheitsverbrechen offenbar wird. Ben-Gurion hält dennoch an seiner Einschätzung eines »anderen Deutschlands« fest. Die junge Generation sei eine andere Generation, so betont er immer wieder. Die Deutschen hätten für die Nazi-Ideologie nichts mehr übrig. Konrad Adenauer sei kein Nazi. Und ganz entscheidend: Man könne die Sünde der Nazis nicht dem ganzen gegenwärtigen deutschen Volk anlasten. Der säkulare Jude David Ben-Gurion bedient sich dabei wiederum religiöser Bilder aus der Thora und der Aussagen der Propheten: Ein jeglicher solle für seine eigenen Sünden sterben. Damit dreht er das Argument seiner Gegner sozusagen um und brandmarkt das Handeln der Opposition als moralisch fragwürdig.

Yehudit Auerbach setzt ein großes Fragezeichen hinter die These des »anderen Deutschlands«. Eine Nation könne nicht in zehn Jahren alles ändern, was sie ausmache, ihren Charakter, die Ideologie, der sie gefolgt ist, etc. Vor allem aber sieht sie die strukturellen Risiken dieser Argumentation und zitiert den israelischen Dichter Nathan Alterman: Wenn es der These von Ben-Gurion folgend keine ›Nation der Mörder‹ geben könne, dann könne es auch keine ›Nation der Dichter und Denker‹ geben. In letzter Konsequenz sei damit auch der Gedanke des Zionismus fragwürdig, also der Rückbezug der Juden auf das Land der Propheten null und nichtig.

David Witzthum fügt dem hinzu, dass das Narrativ Ben-Gurions über ein »anderes Deutschland« nur dann aussagekräftig sei, »wenn seine Existenz vor der Nazizeit als erwiesen angenommen wird: Wie sonst ließe sich die plötzliche Transformation einer Nation von einer Horde Barbaren zu einem demokratischen, gesetzestreuen zivilisierten Volk erklären?«[356] Tatsächlich bezieht sich Ben-Gurion darauf, dass Deutschland vor 1933 ein demokratischer Staat gewesen sei, und er ringt sich sogar zu dem bemerkenswerten Satz durch, er sei überzeugt, »dass die Nazis eine Minderheit unter Deutschen darstellten [...]. Aber sie waren unerbittlich.«[357]

Ben-Gurion verhält sich widersprüchlich. Er selbst besucht die Bundesrepublik Deutschland erst zur Beerdigung Adenauers 1967 und hält sich auch bei hochrangigen deutschen Besuchern insgesamt zurück. Seine Distanz will er nicht aufgeben. Bereits 1959 sagt er der *Haaretz*, er müsse zugeben, »dass da so etwas wie ein Widerspruch besteht«[358]. Yehudit Auerbach sagt, dass seine Strategie des »anderen Deutschlands« zum Scheitern verurteilt war. Ben-Gurions Größe aber, so schreibt sie, liege darin, dass er diesen Widerspruch anerkennt, dass er zwischen Gefühl und Verstand unterscheiden kann und sich am Ende für den Verstand entscheidet.

Und diese Entscheidung ist eine, die über das reine Verhältnis zwischen Deutschland und Israel bereits deutlich hinausweist. Die Erzählung vom »anderen Deutschland« spinnt er in einer Knessetrede am 1. Juli 1959 noch etwas weiter: »Wenn ich behaupte, dass das heutige Deutschland, das Deutschland Adenauers und der Sozialdemokraten nicht Hitlers Deutschland ist, dann meine ich nicht nur die politische Neuordnung [...], sondern auch die geopolitischen Änderungen, die sich in Europa und in der Welt vollzogen haben. Das Deutschland unserer Zeit wird nicht zu dem zurückkehren, was es vor dem Zweiten Weltkrieg war; es hat nicht länger eine führende Rolle – dies haben derzeit die USA und die UdSSR und in der Zukunft – möglicherweise China, Indien, vielleicht Israel.«[359] Er sieht Deutschland als Teil einer neuen Weltordnung, in der jedoch andere die Strippen ziehen. Es mag auf den ersten Blick überraschen, dass Ben-Gurion ein »vielleicht Israel« hinzufügt. Es ist dies aber zugleich Ausdruck des trotzigen Selbstbewusstseins, das sich nach dem gewonnenen Unabhängigkeitskrieg gegen eine arabische Übermacht in der israelischen Seele etabliert hat.

Diese Debatte über das »andere Deutschland« ist als israelische Debatte durch »kommunizierende Röhren« mit der deutschen Debatte über die »Kollektivschuld« verbunden. Noch 1945 führen die Alliierten, insbesondere die amerikanischen Einheiten im Zuge der Psychologischen Kriegsführung, eine Kampagne durch, die bei den Deutschen ein Gefühl einer kollektiven Schuld hervorrufen soll. Die Direktive JCS 1067 der US-amerikanischen Joint chiefs of staff enthält solche Elemente, und doch ist die Frage zu stellen, inwiefern die Alliierten tatsächlich diesen Begriff gutheißen.

Der Historiker Norbert Frei spricht davon, dass die Alliierten die These der Kollektivschuld zwar anfänglich vertreten, aber – mit der Ausnahme der ›Zwangsbesichtigungen‹ von Konzentrationslagern – nicht wirklich praktizieren.[360] Dafür spricht auch, dass schon in den Nürnberger Kriegsverbrecherprozessen im Urteil gegen die I.G. Farben der Begriff öffentlich abgelehnt wird. Es sei undenkbar, die Mehrheit der Deutschen zu verdammen, mit der Begründung, dass sie Verbrechen gegen den Frieden begangen hätten. Das käme dem Begriff der »Kollektivschuld« gleich und würde insinuieren, dass eine Massenbestrafung vorstellbar wäre. Dafür aber gäbe es weder einen Präzedenzfall im Völkerrecht noch auch eine anders lautende Rechtfertigung.

Einen Freispruch von kollektiver Verantwortung bedeutet das jedoch auch damals nicht: Konrad Adenauer hat in seinen Lebenserinnerungen den »Gedanken der Kollektivschuld aller Deutschen«[361] ebenfalls klar zurückgewiesen. Aber er bringt in bemerkenswerter Offenheit bereits im Februar 1946 im Rahmen eines Briefes zum Ausdruck, dass das Ausschließen einer

Kollektivschuld keine Befreiung des Gewissens bedeuten dürfe: »Nach meiner Meinung trägt das deutsche Volk und tragen auch die Bischöfe und der Klerus eine große Schuld an den Vorgängen in den Konzentrationslagern. Richtig ist, dass nachher vielleicht nicht viel mehr zu machen war. Die Schuld liegt früher. Das deutsche Volk, auch Bischöfe und Klerus zum großen Teil, sind auf die nationalsozialistische Agitation eingegangen.«[362]

Auch der erste deutsche Bundespräsident Theodor Heuss weist – in einer Veranstaltung der Wiesbadener Gesellschaft für jüdisch-christliche Zusammenarbeit im Dezember 1949 – den Begriff der »Kollektivschuld« zurück mit dem Hinweis, dass das eine zu simple Vereinfachung sei, aber zugleich keine »Entschuldung« der Deutschen erlaube; er spricht von einer »Kollektivscham«: »Es hat keinen Sinn, um die Dinge herumzureden. Das teuflische Unrecht, das sich am jüdischen Volk vollzogen hat, muss zur Sprache gebracht werden.«[363] Vor allem aber geht es nun 1952 darum, sichtbare Beiträge dazu zu leisten, dass wenigstens ein kleiner Teil der immensen materiellen Schäden ausgeglichen werden kann.

Nach der positiven Knessetentscheidung macht Adenauer ›Dampf‹. Noah Barou, der in diesen Jahren die Arbeit von Nahum Goldmann unterstützt, berichtet aus einem Gespräch im Januar 1952, das Goldmann mit Adenauer führt: »Mein eigener Eindruck war, dass Adenauer nicht nur nicht das Interesse an der Sache verloren hat, sondern dass er sie offensichtlich weiterhin als etwas ansieht, das ihn persönlich angeht und für das er ein historisches Verdienst beanspruchen möchte.«[364]

Ein ›running-mate‹ für die Aussöhnung – Adenauer und Franz Böhm

Damit sein Vorhaben ein Erfolg wird, braucht Konrad Adenauer für sein Aussöhnungsprojekt einen ›running-mate‹. Er braucht einen Verantwortungsträger, der nicht nur seine Intentionen und seine Haltung widerspiegeln kann, sondern dem es auch in dieser von Misstrauen durchwehten Situation gelingt, keinen Zweifel an der Ernsthaftigkeit und an der moralischen Integrität des ganzen Unternehmens aufkommen zu lassen.

Die Wahl fällt auf einen Mann, der – im positiven Sinne – alles andere als ein ›unbeschriebenes Blatt‹ ist: Franz Böhm[365], ein Jurist, der sich massiv für gesellschaftspolitische Fragen interessiert, wobei sein Glaube als protestantischer Christ eine wichtige Rolle spielt. Gerade weil er eine so herausragende Rolle in der Anfangszeit der Beziehungen zwischen Israel und Deutschland spielt, lohnt es sich, einen etwas genaueren Blick auf seinen Werdegang sowie auf seine Motivation für die Wiedergutmachungsverhandlungen und seine Haltung gegenüber dem jungen Staat Israel zu werfen.

Schon im Ersten Weltkrieg hat es ihn als Leutnant und als Führer eines Geschützzuges ins Jordantal und ans Tote Meer verschlagen. An der Universität Freiburg wählt er die Universitätslaufbahn und gehört mit Walter Eucken zu den Gründern des Ordoliberalismus und der Freiburger Schule und damit zu den ideengeschichtlichen Architekten der Sozialen Marktwirtschaft. Seine kartellrechtlichen Vorstellungen prägen diese deutsche Wirtschaftsordnung bis in die Gegenwart, was ihm den Ehrentitel »Vater des deutschen Kartellrechts« verschafft. Nach dem Krieg trägt er zunächst als Vorsitzender des wissenschaftlichen Beirates bei der bizonalen Verwaltung für Wirtschaft und später des Bundeswirtschaftsministeriums sowie als Bundestagsabgeordneter wesentlich zur Verwirklichung und zur Grundlegung der Sozialen Marktwirtschaft bei.

Auch bis heute dürfte sich seine Bekanntheit eher daraus speisen als aus seiner Rolle beim Luxemburger Abkommen. Weniger bekannt ist auch, wie sehr Franz Böhm von Beginn an gegen den Nationalsozialismus gestanden hat. Bereits Anfang der 1930er-Jahre wendet sich Franz Böhm konsequent gegen die Verfolgung von Juden.

Seine eigene Einstellung, aber auch die Tatsache, dass er der Schwiegersohn der damals sehr populären deutschen Schriftstellerin Ricarda Huch ist, die bereits 1933 massiv gegen den Nationalsozialismus und die gesellschaftliche und staatliche Gleichschaltung eintritt und dies durch ihren demonstrativen Austritt aus der Preußischen Akademie der Künste sichtbar macht, führt dazu, dass er von Anfang an von den neuen Machthabern mit großem Misstrauen beäugt wird.

1938 hat er gemeinsam mit Ricarda Huch den bewundernswerten Mut, ja die Chuzpe, einem NS-Funktionär entgegenzutreten und den immer dramatischer zutage tretenden Antisemitismus anzuprangern. Es kommt, was kommen muss: Er wird denunziert und gemäß dem Heimtückegesetz (dem Gesetz gegen heimtückische Angriffe auf Staat und Partei und zum Schutz der Parteiuniformen, in Kraft getreten am 29. Dezember 1934) angeklagt. Die eigentlich für ihn vorgesehene Professur in Jena zerschlägt sich, und ein Verfahren vor einem NS-Sondergericht ist anhängig, was oft eine Einweisung in ein KZ nach sich zieht. Sein akademischer Lehrer und Freund Hans Grossmann-Doerth, übrigens ein überzeugter NS-Anhänger, erreicht, dass das Urteil 1940 in zweiter Instanz aufgehoben und das Verfahren gegen ihn eingestellt wird.[366]

Während der Kriegsjahre steht er gleich mit mehreren Oppositions- und Widerstandskreisen in enger Verbindung: mit Angehörigen der Bekennenden Kirche, mit dem Freiburger Konzil, der »Arbeitsgemeinschaft Erwin von Beckerath«[367], die konspirativ über eine Wirtschaftsordnung nach dem Fall des NS-Staates berät, und mit einem Beraterkreis um Carl Friedrich Goerdeler; über diese Verflechtungen ergeben sich dann auch Kontakte zum Kreisauer Kreis und mit den Widerstandskämpfern des 20. Juli. In dieser Zeit hätten diese zahlreichen Verknüpfungen und seine aktiven Beiträge in Denkschriften und Briefen eigentlich ausgereicht, um ihn an den Galgen zu bringen. Nur durch eine schier unglaubliche Namensverwechslung, eine Fahndung nach einem »Pfarrer Böhm« und nicht nach dem richtigen »Franz Böhm«, entgeht der Wissenschaftler der Verhaftung und vermutlich auch dem Tod.

Schon vor der Kapitulation wird er 1945 mit Hilfe der Alliierten Ordinarius und Prorektor an der Universität Freiburg, am 1. November Minister für Kultus- und Unterricht in Groß-Hessen, wo er auch der neu gegründeten CDU beitritt. Nur drei Monate später nimmt er seinen Hut, weil er selbst das Gefühl hat, dass seine ordoliberalen Ideen bei einer sich abzeichnenden linken Mehrheit keine Rolle spielen können, aber vor allem, weil die amerikanischen Besatzungsoffiziere seinen Einsatz für klassische Bildung und für das humanistische Gymnasium kritisch sehen. Er bleibt in Frankfurt, wo er einen Ruf an die Universität annimmt, deren Rektor er wenig später wird. Er folgt dort auf jenen Mann, der ihn als ›matchmaker‹ mit Konrad Adenauer in Verbindung bringt: den Bonner

Staatssekretär Walter Hallstein. Ob es die freundschaftlichen Beziehungen zwischen den beiden Wissenschaftlern sind oder ob die untadelige Biografie Böhms entscheidend bei dieser Kontaktanbahnung ist, lässt sich nachträglich kaum bewerten.

In jedem Fall spielt sein Interesse für das Judentum dabei eine wichtige Rolle. Schon im Februar 1949 ist er an der Gründung der Gesellschaft für christlich-jüdische Zusammenarbeit beteiligt. Das ist nur einer der Grundsteine eines ganzen Gebäudes von Aktivitäten Böhms gegen den Antisemitismus, für Wiedergutmachung, für einen Dialog mit dem Judentum, für einen verantwortungsbewussten Umgang mit den Verbrechen des Dritten Reiches.

Ein ›Himmelfahrtskommando‹ – die Dilemmata der Verhandlungen

Anfang 1952 wird Böhm dem Bundeskanzler als Delegationsleiter für die bevorstehenden Verhandlungen mit Israel vorgeschlagen. Damit lässt sich Böhm letztlich – mit Blick auf die politischen Rahmenbedingungen, unter denen die Verhandlungen geführt werden – auf ein ›Himmelfahrtskommando‹ ein, das er mit gefesselten Händen bestehen muss. Zwei Dimensionen machen seinen neuen ›Job‹ so außerordentlich schwierig: eine methodisch-moralische und eine außenpolitische. Erstens stellt sich ganz praktisch die Frage, wie die beschlossenen Verhandlungen zustandekommen sollen, wenn direkte und offizielle Kontakte zwischen Israel und der Bundesrepublik nicht existieren und eigentlich auch nicht gewünscht sind, die Westalliierten aber zugleich die Auffassung vertreten, dass Verhandlungen über Wiedergutmachung nur zwischen der Bundesrepublik selbst und den Vertretern des Judentums stattfinden können. Ist ein so komplexes Unterfangen nur über informelle Gesprächskanäle seriös zu betreiben? Kann es in Israel nur sechs Jahre nach dem Ende der Judenverfolgung in Deutschland gelingen, ›Prokura‹ für direkte Verhandlungen mit Deutschland zu bekommen?

Um einordnen zu können, wie extrem dünn das Eis ist, auf dem sich jeder israelische Befürworter einer Annäherung mit Deutschland bewegen würde, muss man sich die Stimmung, die gegenüber Deutschland in Israel in den Jahren vor den Wiedergutmachungsverhandlungen herrscht, erneut vergegenwärtigen. Eine breite Öffentlichkeit hält die Kluft für nicht überwindbar und den Bruch für endgültig. 1949 schreibt der Herausgeber der Zeitung *Haaretz*, Gershom Schocken, ein geborener Zwickauer, der später für eine linke Partei in der Knesset sitzt und der dort nicht gerade als »Scharfmacher« bekannt ist, einen dramatischen Aufruf: Jeder gesellschaftliche Kontakt ganz gleich welcher Art mit Deutschland und den Deutschen solle abgebrochen werden. Vor allem aber solle allen noch in Deutschland lebenden Juden die Einwanderung nach Israel versagt werden, was angesichts der vielfach beschworenen Einheit der Juden in Israel und der Diaspora, aber auch angesichts der Bedeutung der Alijah für die Existenz des jungen Staates Israel von besonderer Brisanz ist.

Entsprechend kühl beginnen zunächst die Verhandlungen im »Oude Kasteel«, einem Schlosshotel in der niederländischen Stadt Wassenaar. Am Anfang stehen unterschiedliche Erwartungen. Die israelische Seite verlangt ein sofortiges und präzises Angebot in der ersten Sitzung am 9. April 1952. Die deutsche Seite ist zunächst nur bereit, den Anspruch des Staates Israel auf die Entschädigungsleistung zu bestätigen, ohne irgendeine Angabe über die konkrete Höhe des Betrages zu machen.

Die sorgfältig gepflegte Inszenierung der Distanz, der kühlen Sachlichkeit, des latenten Vorwurfs an die deutsche Delegation endet aber bald: Schnell entdecken die Verhandlungspartner mehr Gemeinsamkeiten als Trennendes. Otto Küster schiebt fast wie im Schulunterricht dem Verhandlungspartner Shinnar ein Zettelchen über den Tisch. Auf dem Zettel steht: »Aus Ihrem Englisch glaube ich einen schwäbischen Akzent herauszuhören. Habe ich Recht?«[368] Ja, er hatte recht. Shinnar ›outet‹ sich als Stuttgarter. Aber mehr noch: Küster und Shinnar stellen fest, dass sie dieselbe Schule, das Realgymnasium in Stuttgart, besucht haben. Ein paar Tage später setzen sie sich zusammen und schreiben eine gemeinsame Postkarte an einen von ihnen sehr geschätzten Lehrer. Das Eis schmilzt. Man trifft sich, wie Shinnar berichtet, dann auch in zwangloser Atmosphäre zum Mittagessen im »Beukenhof«, »um in dieser inoffiziellen Atmosphäre einander besser kennenzulernen und einige Fragen freier zu besprechen, als es im Rahmen der Gespräche bei den Verhandlungen möglich war.«[369] Und noch wichtiger: Die Israelis, die zu Beginn der Gespräche bewusst Englisch sprechen, wechseln in die Sprache, die alle beherrschen: ins Deutsche.

Das erste Dilemma ist also lösbar, aber das zweite Dilemma ist dann doch etwas vertrackter: Hier geht es ums Geld. Noch lässt der Erfolg der Sozialen Marktwirtschaft, des Wirtschaftsmodells, an dessen Realisierung Franz Böhm so intensiv mitgewirkt hat, auf sich warten. Henning Köhler verweist zu Recht darauf, was die für die Wiedergutmachung auf dem Tisch liegenden Summen für die noch nicht voll belastbare Haushaltssituation in der jungen Bundesrepublik bedeuten, und warum insbesondere auch der Widerstand des Finanzministers Fritz Schäffer gegen Zahlungen in dieser Höhe zumindest teilweise nachvollziehbar ist: »Das spätere Wirtschaftswunder war im Frühjahr 1952 noch keine Realität, es war keine feste Größe, mit der man rechnen konnte. Die Wirtschaft in der Bundesrepublik hatte die Korea-Krise gerade hinter sich und man konnte noch nicht mit den hohen Wachstumsraten rechnen, die dann ab 1952 tatsächlich zu verzeichnen waren.«[370]

Aber gravierender noch ist die Tatsache, dass die Gläubiger auftreten und bei der Bundesrepublik auf die Begleichung deutscher Schulden pochen, die noch aus der Vorkriegszeit stammen. Bei der Londoner Schuldenkonferenz, die Anfang 1951 beginnt, geht es um die Frage, wie diese Verpflichtungen erfüllt werden können. Schnell zeichnet sich so etwas wie ein Junktim zwischen den Verhandlungen in London und den sich anbahnenden Konsultationen zu einer substanziellen Wiedergutmachung an Israel ab. »Verhandlungstaktisch«, so der Historiker Thomas Brechenmacher, »konnte es sich gegenüber den Gläubigern als fatal erweisen, auf der einen Seite – in London – einen möglichst weitgehenden Erlass oder wenigstens einen kulanten Umgang mit diesen Altschulden anzustreben, auf der anderen Seite jedoch – in der Frage der Wiedergutmachung – eine neue Verschuldung, zumal bei keineswegs konsolidierter Wirtschaftssituation, sogleich einzugehen.«[371]

Böhm wehrt sich nach Kräften gegen ein Junktim zwischen der Londoner Konferenz und den Wiedergutmachungsverhandlungen, weil ihm klar vor Augen steht, was die Konsequenz sein kann. Eine solche Verknüpfung würde Zweifel aufkommen lassen, ob Deutschlands Erklärungen und Adenauers Zusagen nur Lippenbekenntnisse sind oder ob eine ernsthafte Erfüllungsabsicht dahintersteckt. Auch signalisieren die Israelis mehrfach, dass sie es gerne vermeiden würden, in London mit anderen Gläubigern »Schlange zu stehen«[372], wie es Sharett formuliert. Böhm würde dementsprechend eine Verschiebung der Verhandlungen mit Israel bevorzugen und macht Adenauer deutlich, wie wichtig »die Überwindung der unvorstellbaren Bitterkeit, die das nationalsozialistische Verbrechen bei den Juden in aller Welt und bei allen Gleichgesinnten hervorgerufen hat«[373], für das heutige Deutschland ist. Das sei »wohl die wichtigste und dringlichste Aufgabe der deutschen Politik«[374].

Abs und Schäffer – Gegenspieler der Verhandlungen?

Adenauer weiß das, aber er ist mit einem ›gordischen Knoten‹ konfrontiert: Erstens weiß er, dass ihn jede Zusage in angemessener Höhe gegenüber den Israelis in London in eine gewisse Zwangslage führen und insbesondere die amerikanische Unterstützung beschränken wird. Das aber wird zweitens den Widerstand seines Kabinetts hervorrufen. In seinen Memoiren erweckt Konrad Adenauer den Eindruck, dass er sich uneingeschränkt hinter Böhm stellt. Tatsächlich aber fungiert er, wie es seiner Verantwortung als Bundeskanzler entspricht, quasi als wandelnder Vermittlungsausschuss zwischen den Verhandlungsführern Böhm und Küster auf der einen Seite und dem Vorstandsvorsitzenden der Deutschen Bank, Hermann Josef Abs, und Fritz Schäffer auf der anderen Seite. Dementsprechend richtet Adenauer erst Mahnungen an die eine, dann an die andere Seite der Akteure: Zunächst bekommt Finanzminister Schäffer eine eindeutige Anweisung: Er wünsche, »dass die Verhandlungen unter weitgehender Hintanstellung aller Bedenken, die in einem anderen Fall sehr verständlich wären, in einem Geiste vorbereitet und durchgeführt werden, der dem moralischen und politischen Gewicht und der Einmaligkeit unserer Verpflichtungen entspricht.«[375]

Im Gegensatz zu Abs, der durchaus politisch geschmeidig und pragmatisch denkt, ist der störrische Fritz Schäffer in seiner Sparpolitik rigoros und zweifelt schon vor Beginn der Verhandlungen an deren Sinnhaftigkeit und völkerrechtlichen Angemessenheit. Und er tut das bis an die Grenze der Herabsetzung: »Wenn die Juden Geld wollen, sollen es die Juden selbst aufbringen, indem sie eine amerikanische Anleihe zeichnen.«[376] Das ist angesichts der weithin bekannten Schwierigkeiten der ›klammen‹ Israelis, solche Anleihen zeichnen zu können, geradezu unverfroren. Den von den Israelis aufgebrachten Kausalzusammenhang zwischen der nationalsozialistischen Verfolgung einerseits und den Aufwendungen für die Einwanderung nach Israel aus Osteuropa andererseits stellt er ebenfalls infrage. Er kann aber auch nicht einfach übergangen werden, auch nicht per Richtlinienkompetenz des Regierungschefs, denn Schäffer hat formaljuristisch das Recht auf seiner Seite. Im Grundgesetz sind für den Finanzminister bei über- und außerplanmäßigen Ausgaben Widerspruchsrechte vorgesehen.

Der politisch beweglichere Abs, der im Gegensatz zu Schäffer die moralische Verpflichtung gegenüber Israel grundsätzlich anerkennt und diese in den deutschen Vorbereitungssitzungen immer wieder – teils als Einziger – offen anspricht, wird auf ›enge Fühlung‹ mit Böhm und Küster eingeschworen. Die andere Mahnung, die Abs mit auf den Weg bekommt, ist, wie sich erweisen wird, eher eine Ermächtigung zu taktischem Handeln: »Natürlich darf das Ergebnis Ihrer Verhandlungen in London, das entscheidend für unsere wirtschaftliche Zukunft ist, nicht darunter leiden.«[377] Die erste Forderung der Israelis, die sich auf eine Gesamtsumme von 4,2 Milliarden DM belaufen hätte, scheint aus Adenauers Sicht genau diese Gefahr in sich zu bergen. Böhm hält drei Milliarden für »gerade noch als eindrucksvolle Wiedergutmachungsleistung akzeptabel«[378].

Was dann folgt, ist, wenn die Andeutung Felix Shinnars in seinen Memoiren den Tatsachen entspricht, ein Meisterstück politischer Taktik: Ein Treffen der Verhandlungsführer in London soll am 19. Mai 1952 stattfinden. Drei Tage vorher berät das Bundeskabinett. Dabei kommt der Vorschlag auf den Tisch, pro Jahr 100 Millionen DM anzubieten. Böhm sagt den Abbruch der Verhandlungen voraus, weil der Vorschlag für die Israelis »unannehmbar« sei. Schützenhilfe bekommt Böhm dabei von Erhard. Und Böhm lehnt rundheraus ab, in London dabei zu sein. Stattdessen ›steckt‹ er seinen israelischen Verhandlungspartnern, was Abs vorschlagen wird: »Das war vielleicht nicht sehr korrekt meinerseits, aber es war gewiss menschlich«[379], sagt Böhm später.

Abs unterbreitet den angekündigten Vorschlag. Zur Laufzeit sagt er nichts. Shinnar interpretiert die Entwicklung später so, dass es nicht Abs' Absicht war, die Gespräche scheitern zu lassen. Das hätte Adenauer auch niemals zugelassen, denn der Imageverlust für die Bundesregierung und damit für den Regierungschef wäre unermesslich gewesen. Vielmehr ist das Ziel, mit diesem ›Hauruck-Verfahren‹ eine klare Reaktion der Israelis heraufzubeschwören, die es dann wiederum dem Kanzler erleichtert, das eigene Kabinett und auch die Gläubiger auf der Londoner Konferenz hinter sich zu bringen.

Dieser ›Bauerntrick‹ funktioniert: Nahum Goldmann schreibt dem Kanzler noch am gleichen Tag einen empörten längeren Brief. Er spricht Abs die Bereitschaft ab, »irgendwelche wirklichen Opfer für Wiedergutmachung zu leisten«[380]. Goldmann geht in seiner Enttäuschung noch weiter und schreibt: »Wenn ich im Lichte dieser vorangegangenen Erklärungen, ohne die es niemals zu den Verhandlungen gekommen wäre, die Vorschläge des Herrn Abs abwäge, bin ich überzeugt, dass die jüdische Öffentlichkeit in ihnen – verzeihen Sie das harte Wort – nichts anderes als eine Beleidigung sehen wird.«[381] Auch der Hinweis »des Herrn Abs« zur mangelnden Leistungsfähigkeit der Bundesrepublik überzeugt den Chef der Jewish Claims Conference angesichts der »steigenden Produktionskraft« der Bundesrepublik nicht.[382] Dann schmiert Goldmann dem deutschen Kanzler ›Honig ums Maul‹: »Was mich in den Gesprächen mit Ihnen, Herr Bundeskanzler, am tiefsten beeindruckt und mich dazu bewogen hat, Israel und dem jüdischen Volk gegenüber die Aufnahme von Verhandlungen mit der deutschen Bundesrepublik zu befürworten, war Ihre Auffassung von der moralischen Verpflichtung Deutschlands zu einer wenigstens materiellen ernsthaften Wiedergutmachung.«[383] Er wolle nicht die Überzeugung aufgeben, dass sich Adenauer solche Vorschläge nicht zu eigen mache. Den Abbruch der Verhandlungen betrachtet er als »eine sehr reale Möglichkeit« und fordert den Kanzler auf: »Führen Sie die Verhandlungen wieder zurück zu dem hohen moralischen Niveau, von dem Sie sie bisher betrachtet haben.«[384]

Die beschränkte Leistungsfähigkeit – eine Chimäre?

Die Israelis halten, was aus ihrer Sicht verständlich ist, das Argument der beschränkten Leistungsfähigkeit der Bundesrepublik für vorgeschoben. Aber so weit von der Realität ist dieses Argument nicht entfernt. Im Jahr 1952, so schreibt Hans-Peter Schwarz, befinde sich Adenauer »mit der Gesamtheit seiner Zusagen auf einem glitschigen Pfad, der in vielem an die frühen Kölner Oberbürgermeisterjahre erinnert. Wie damals ist jede Verpflichtung, die er für die kommenden Jahre eingeht und mit der ihm eigenen Unbedenklichkeit politisch durchsetzt, eine kaum vertretbare Belastung.«[385] Tatsächlich türmen sich durch die Politik Adenauers die möglichen finanziellen Aufwendungen wie ein ordentlicher Berg auf: Da sind erstens die Wiederbewaffnung, die die USA so sehr priorisieren, und die damit verbundenen 13 Milliarden DM, die im Rahmen der EVG und für alliierte Truppen in der Bundesrepublik aufzuwenden sind. Eine gewaltige Summe, wenn man bedenkt, dass das 10 Prozent des deutschen Bruttosozialproduktes sind, vor allem aber fast 60 Prozent des Gesamtvolumens des Bundeshaushaltes.

Auch wenn es gelänge, die Forderung der Westmächte, die Schwarz eine »Kaltschnäuzigkeit« der Alliierten nennt, auf 10 Milliarden zu reduzieren, so bliebe das eine dramatische Belastung. Und das ist noch nicht alles: Die jährlichen Zahlungen für Verzinsung und Tilgung der deutschen Auslandsschulden schlagen mit einer halben Milliarde DM zu Buche. Die teure Lastenausgleichsregelung für die Vertriebenen ist ebenfalls nicht zu umgehen. Eine politische Entscheidung, die getroffen werden muss, weil sie sonst den Zorn der 13 Millionen Flüchtlinge heraufbeschwören würde.

Adenauer hat in dieser offensichtlichen Zwangslage unglaubliches Glück. Erstens fällt der deutsche Verteidigungsbeitrag erst Mitte der

1950er-Jahre voll an. Wäre das nicht der Fall gewesen, dann hätte Adenauer kaum einen finanzpolitischen Spielraum für große Sprünge gehabt, auch nicht für die Wiedergutmachung. Zweitens ist es das deutsche Wirtschaftswunder, das ihm gerade rechtzeitig zur Hilfe kommt. Dabei gehört zur historischen Wahrheit auch die Tatsache, die inzwischen in der Wissenschaft weithin anerkannt ist, dass der Schuldenerlass in der Londoner Konferenz einen wesentlichen Einfluss auf das große Wirtschaftswachstum hat. Aber das ist zu diesem Zeitpunkt noch nicht abzusehen. Insgesamt pokert Adenauer, der von politischen Freunden wie von politischen Gegnern als »Schuldenmacher« tituliert wird, hoch. Er bleibt ein Politiker, der ein »teuflisches Talent hat, Zwangslagen zu schaffen, die keine andere Wahl offen lassen, als seine Vorhaben zu billigen und dem Land damit die schlimmsten Lasten aufzubürden.«[386]

Nach dem eindeutigen Brief von Goldmann kann Adenauer dieses »teuflische Talent« ausspielen und sich in die Position desjenigen bringen, der die Dinge in seinem Sinne vorantreibt. Vordergründig muss Adenauer sich zunächst wütend zeigen, dass Franz Böhm und Otto Küster zuvor, aufgrund der Krise der Verhandlungen, ihren Rücktritt erklären.[387] Küster hat das schon über eine Woche vorher nach einem Zusammenstoß mit Schäffer getan, von dem er sich ehrverletzend brüskiert fühlt, aber seinen Brief noch zurückgehalten. Böhm, der am 18. Mai seinen Rücktritt erklärt, aber ebenfalls Sorge dafür trägt, dass dieser Sachverhalt erst nach den Sondierungen von Abs in London bekannt wird, macht deutlich, dass aus seiner Sicht der Kabinettsbeschluss nicht vereinbar sei »mit dem politischen und moralischen Gewicht der uns obliegenden geschichtlichen Aufgabe. Der beabsichtigte Schritt wird unserem Ansehen sehr schaden. Ich habe es deshalb auch ablehnen müssen, Herrn Abs zu begleiten und die Mitverantwortung dafür zu übernehmen, dass Eröffnungen dieses Inhalts gemacht werden.«[388]

Böhm wird prompt für den 20. Mai 1952 zum Kanzler einbestellt. Der sei »außer sich«[389], warnt Adenauers Adlatus Blankenhorn den zurückgetretenen Verhandlungsführer. Tatsächlich wirft Adenauer Böhm vor, er habe dem Land schweren Schaden zugefügt. Die Tatsache, dass Adenauer in dem Gespräch nicht nur umgehend einlenkt, sondern Böhms

Anregungen – »drei Milliarden DM, erfüllbar in Warenleistungen, während einer Dauer von acht bis zehn Jahren«[390] – aufnimmt und notiert, zeigt, dass der Zorn nicht sehr profund sein kann, vielleicht sogar vorgespielt ist. Denn möglicherweise passt ihm diese Verstärkung der von Abs in London provozierten Reaktion der Israelis ganz gut ins Konzept.

Böhm, der angeblich keine Ahnung von politischer Taktik hat, wie Brechenmacher ihn porträtiert, scheint doch nicht so naiv zu sein und durchschaut die Sache: »Nur ganz massive Ereignisse können noch eine Wendung zum Besseren herbeiführen. Nämlich eine explosive Reaktion Israels und der Juden auf die Sondierung des Herrn Abs in Verbindung mit unserem Rücktritt«[391], schreibt Böhm.

Und in der Tat zeigt sich schon am Abend des 20. Mai 1952, wie sehr Adenauer exakt diese Strategie verfolgt: Es kommt zu einer hitzigen Kabinettssitzung, in der Konrad Adenauer den Brief Goldmanns lang und ausführlich behandelt und damit die Dramatik der entstandenen Situation betont.

Adenauer wirft sich in die Bresche. Er »war groß. Er riss jeden mit«[392], schildert Böhm diese Rede. Adenauer malt das Schreckensbild an die Wand, dass die öffentliche Wahrnehmung der Rücktritte Deutschland in den Ruf des Antisemitismus bringe. Viel Schuld an der Situation wird in der Debatte auf die Schultern der Verhandlungsführer Böhm und Küster gelegt, und auch der Kanzler spricht von abträglichen Äußerungen der Verhandlungsführer. Die Wahl der beiden sei falsch gewesen, sagt Schäffer. Man müsse die nunmehr auszusuchenden Delegationsleiter mit glücklicherer Hand auswählen, sagt Minister Franz Blücher mit unverhohlener Kritik am Kanzler.

Die taktische Schraube dreht Adenauer in der Sitzung noch eine Umdrehung weiter: Ohne genaueren Nachweis behauptet er, dass auch die Alliierten ihn gedrängt haben, die Verhandlungen zu einem vertretbaren Abschluss zu bringen, weil er weiß, dass das in gewissem Ausmaß Eindruck auf das Kabinett macht. Henning Köhler geht so weit, die fragwürdige Behauptung aufzustellen, »wie so oft«[393] habe Adenauer den Durchbruch nur mit der Hilfe McCloys erzielt, den Adenauer, Abs, Schäffer, Böhm und Blankenhorn an seinem Amtssitz in der Mehlemer Aue in der Tat treffen.

Köhler bleibt jedoch jeden Beweis schuldig, welcher Art dieser Einfluss McCloys gewesen sein soll. Er gibt selbst zu, es sei unbekannt, was dort besprochen worden ist. Die Ermahnungen der Westmächte kommen tatsächlich. Aber sie kommen halbherzig und erst drei Tage später, so wie die »Erinnerung« Sharetts, der seine Kollegen höflich darum bittet, Deutschland »in schärfstmöglicher Form an seine Verantwortung für die materielle Wiedergutmachung des dem jüdischen Volke zugefügten Schadens zu mahnen«[394].

Zu diesem Zeitpunkt – auch deshalb ist die Behauptung Köhlers, McCloy habe den Durchbruch befördert, sehr fragwürdig – liegt ohne amerikanisches Zutun den Israelis längst ein neues Angebot vor. Denn Adenauer denkt gar nicht daran, dem Rücktrittsgesuch von Böhm stattzugeben. Längst ist ihm offenbar geworden, dass Böhm das Vertrauen seiner Verhandlungspartner genießt, und es ist offensichtlich, dass dieses Vertrauen durch die Rücktrittsdrohung nicht geringer geworden ist. Goldmann konstatiert in seinen Memoiren, wie selten es in der Geschichte der Diplomatie sei, »dass die Vertreter einer Regierung so offen ihre Solidarität mit der Gegenseite bekundet haben«[395].

Eine »private« Mission in Paris – der Ausweg aus der Krise

Sein moralisches Engagement wird dem Freiburger Professor von den Israelis in Wassenaar eindeutig abgenommen und er erhält eine ungewöhnliche Heiligsprechung durch David Ben-Gurion, der sich in Israel öffentlich mit den Worten einlässt: »Wenn es in Israel zehn Personen von der moralischen Statur Böhms gäbe, wäre das Leben dort viel besser«[396]. Hier hat Böhm, der sich Vorwürfe anhören muss, er vertrete die deutschen Interessen zu wenig, seine Stärke: die Israelis trotz aller Schwierigkeiten am Verhandlungstisch zu halten. Die »Heimatfront«, vor der Blankenhorn den Wissenschaftler schon vor Beginn der Verhandlungen gewarnt hatte – »wenn Sie diesen Job annehmen, dann müssen Sie sich eine große Dosis Härte zulegen: wohlgemerkt nicht im Haag, sondern in Bonn«[397] –, wird von Adenauer in der Kabinettssitzung und im weiteren Verlauf der Verhandlungen selbst ›beackert‹.

Der Bundeskanzler weiß das alles und will Böhm halten. Der nimmt nicht nur seinen Rücktritt zurück, sondern geht für Adenauer auf eine vordergründig als ›privat‹ deklarierte Mission nach Paris. Der Professor reist so überstürzt und übermotiviert in die französische Hauptstadt ab, dass er lediglich zwanzig Mark und keinen einzigen Franc in der Geldbörse hat. Dort angekommen, muss er Nahum Goldmann verständigen, dass er sich eine gute Dreiviertelstunde verspäten wird. »Wieso denn?«[398], fragt Goldmann konsterniert. Er sei gezwungen, zu Fuß zu gehen, denn er habe »nicht einen Sou in der Tasche«[399]. Goldmann antwortet halb verdattert, halb amüsiert: »Ein Mann, der kommt, um über Milliarden mit mir zu verhandeln, hat keinen Sou bei sich?«[400] Die Banken und die Behördenkassen seien an einem Samstagabend bereits geschlossen gewesen, gesteht Böhm. Goldmann spendiert ihm ein Taxi und hinterlegt das Geld für den Fahrer an der Hotelrezeption.

Es beginnt ein folgenreiches Gespräch, das Adenauer schließlich ermöglichen wird, mit offenem Visier zu kämpfen und Israel jene Angebote vorzulegen, die er im Grunde – wie die Besprechungen Adenauers mit den eigenen Verhandlungsführern und mit anderen Persönlichkeiten zeigen – seit dem Beginn der Verhandlungen als angemessen betrachtet: Es bleibt bei den drei Milliarden und bei der ›Auszahlung‹ in Warenlieferungen über acht bis zwölf Jahre mit einem Umfang von 200 Millionen DM in den ersten zwei Jahren.

Jetzt ändert sich die Situation fundamental. Goldmann akzeptiert das Angebot umgehend im Gespräch mit Böhm als Grundlage für die weiteren Verhandlungen und Zusammenkünfte mit Adenauer. Und er hilft selbst in seiner Eigenschaft als Präsident der Jewish Claims Conference dabei mit, einen besonders dicken Brocken aus dem Weg zu räumen. Die Globalforderung der Individualentschädigungen wird von 500 Millionen Dollar auf 500 Millionen DM reduziert, bei dem damaligen Wechselkurs ist das nur noch ein Viertel des Anfangsbetrages.

Ein Dissens bei den Verhandlungen wird trotz der plötzlichen Harmonie schnell offenbar. Die Israelis können nicht anders, als auf ein

Entgegenkommen Deutschlands an jener Stelle zu pochen, an der ihnen das Wasser bis zum Hals steht: Israel ist der Zahlungsunfähigkeit nahe, und das ist der Grund, warum sie neben den Warenlieferungen auf einem Devisenanteil von mindestens 36 Millionen DM bestehen. Der Versuch, in London Anleihen zu nehmen, scheitert. Das Land ist so pleite, dass der *Observer* Mitte Mai mit dem sprechenden Titel »Israel Before Economic Collapse« aufmacht. Den Israelis fehlen die nötigen Sicherheiten, um für die britischen Rohöllieferungen, die zentral sind für das Land, aufkommen zu können. Die gesamte Energiegewinnung basiert in diesen Jahren auf ölgetriebenen Generatoren. Damals sind die Erdgasvorkommen im Mittelmeer noch nicht bekannt, und Israel muss mit der Tatsache leben, dass es eines der wenigen Länder im Nahen Osten ist, das über keine natürlichen Erdölvorkommen verfügt. Ein Mangel, der in dem schönen Spruch zum Ausdruck kommt, den die damalige Premierministerin Golda Meir 1973 beim festlichen Bankett zu Ehren des Kanzlers Willy Brandt während seines Staatsbesuches zum Besten gibt: »Moses schleppte uns 40 Jahre durch die Wüste, um uns an den einzigen Ort im Nahen Osten zu bringen, an dem es kein Öl gibt.«[401]

Die Devisenfrage bleibt das »größte Hindernis für die Lösung«[402] beim Endspurt zum Vertragsabschluss. Sie wird das Hauptthema bei der Sitzung am 9. und am 10. Juni 1952 in Bonn sein, die den Durchbruch bei den Verhandlungen markiert. ›An Bord‹ sind neben dem Kanzler höchst selbst Abs, Hallstein, Böhm, Blankenhorn und Abraham Frowein sowie auf der israelischen Seite Goldmann und Shinnar. Man wird unter der effizienten Führung von Hallstein schnell einig: Die Vertragssumme soll 3,4 bis 3,5 Milliarden DM, die Laufzeit zwölf Jahre betragen. Der Anteil, der für die Jewish Claims Conference vorgesehen ist, soll bei 500 Millionen DM liegen, die aber ebenfalls in Form von Warenlieferungen ins Land kommen sollen.

Auch der schwierigste inhaltliche Brocken auf dem Weg zum historischen Abkommen wird aus dem Weg geräumt: das Devisen- und Ölproblem. Es wird zunächst vereinbart, dass auch »außerdeutsche Güter« geliefert werden können, was »Dreiecksgeschäfte« ermöglicht und den großen Vorteil hat, dass Deutschland in solchen Ländern, in denen es ein Guthaben hat, Warenlieferungen von dort nach Israel indirekt finanzieren kann, mit dem hübschen Nebeneffekt, dass der Haushalt nicht zusätzlich belastet wird. Im konkreten Fall bewirkt diese Regelung, dass Deutschland direkt in Großbritannien israelische Ölschulden begleichen kann. Damit Israel in der akuten Devisennot nicht die Luft zum Atmen fehlt, willigt Adenauer ein, Guthaben der Bundesrepublik in Pfund Sterling bei der Europäischen Zahlungsunion so schnell wie möglich zur Verfügung zu stellen, damit wiederum israelische Rohölbestellungen in Großbritannien beglichen werden können. Mit dem sogenannten Ölbrief wird Israel bestätigt, dass die Bonner Regierung gleich nach der Ratifizierung des Abkommens den vereinbarten ersten Jahresbetrag von 75 Millionen DM in Pfund überweisen werde. Shell erklärt sich daraufhin bereit, diese Ankündigung ernst zu nehmen, weiter Öl zu liefern und bis zum Eingang des Betrages die Zahlungen zu stunden. Für Israel eine überlebenswichtige Nachricht, die in der Zeit der verstärkten Einwanderung den weiteren Ausbau der Infrastruktur und die Schaffung von Wohnraum, Straßen, aber auch Arbeitsplätzen ermöglicht.

Ben-Gurion weiß, dass durch die Abmachungen unter dem Strich mehr erzielt worden ist, als zwischenzeitlich zu erwarten war. Für ihn ist das eine große Erleichterung. Ein deutlich niedrigeres Ergebnis hätte nach den vorausgegangenen Protesten gegen die Aufnahme der Verhandlungen nur schwerlich vermittelt werden können. Dementsprechend zufrieden zeigt sich der Israeli über den Verlauf der Verhandlungen in einem Brief an Goldmann: »[...] wir können nun zuversichtlich sein, dass die Schilumim-Angelegenheit nicht ohne Erfolg ihrem Abschluss entgegengeht. Sie haben dazu ohne Zweifel einen sehr wichtigen Beitrag geleistet, doch ich weiß, dass Sie auch ganz gut ohne besondere Komplimente auskommen.«[403] An anderer Stelle dieses Briefes macht Ben-Gurion noch einmal deutlich, wie außerordentlich wichtig das Abkommen für Israel ist. Er tut das, indem er beschreibt, wie sehr dem Land finanziell und wirtschaftlich noch immer das Wasser bis zum Hals stehe: »Dieses Jahr scheint mir ein Jahr der Wende für die israelische Wirtschaft zu sein. Wir müssen unbedingt unsere Zahlungsbilanz ins Lot bringen, gleichzeitig aber auch eine stetige Nahrungsmittel-, Treibstoff- und Rohstoffversorgung garantieren, damit

Produktion und Produktivität gesteigert werden können, zudem muss der Staatshaushalt gestrafft und die Inflation gebremst werden.«[404] Und dann fügt Ben-Gurion noch hinzu: »Bei der Umsetzung des Reparationsabkommens werden bestimmt auch Probleme auftreten. Etzel-Aktivisten und andere delinquente Verrückte werden bestimmt versuchen, den deutschen Import zu sabotieren, doch damit werden wir schon fertig.«[405] Die Etzel-Aktivisten, die solcherlei Aktionen tatsächlich geplant haben, werden ihm am Ende weniger Sorgen machen als die arabische Gegenwehr und die mit dieser verbundenen Schwierigkeiten bei der Ratifizierung des Abkommens.

Dieser Brief ist beispielgebend dafür, wie eng der Premierminister, auch wenn er bei den Verhandlungen selbst unmöglich in Erscheinung treten kann, an den Verhandlungen ›dran‹ ist: »Ben-Gurion spielte die Rolle des alten Staatsmannes«[406], beschreibt Yeshayahu Jelinek die Funktion des israelischen Staatsgründers während der Verhandlungen mit Deutschland und gibt eine treffende Charakterisierung seines Politikstils: »Er beteiligte sich an der Entscheidungsfindung, griff persönlich ein, wenn es darum ging, Hürden zu meistern, an deren Überwindung andere zuvor gescheitert waren, und verlieh dem Unternehmen eine visionäre Note, während sich die Perspektive der anderen Politiker vor allem auf die Gegenwart beschränkte.«[407] Tatsächlich führt Ben-Gurion aus dem Hintergrund. Er leitet die Verhandlungen über die Wiedergutmachung nicht offensichtlich, aber in allen Momenten, in denen Grundsatzentscheidungen anstehen, ist sein Einfluss deutlich spürbar, auch wenn sein Außenminister Moshe Sharett weiterhin derjenige ist, der auf israelischer Seite maßgeblich die Dinge vorantreibt.

Nicht die Rechnung ohne den Wirt machen – der Widerstand Fritz Schäffers

Der Fortgang der Dinge liegt aber nun weniger auf der Seite der Israelis. Erneut darf der Kanzler nicht die Rechnung ohne den Wirt machen: Er muss die Beschlüsse durch das Kabinett bringen, wissend, dass insbesondere Fritz Schäffer wiederum aus dem allgemeinen Geleitzug ausscheren könnte. Der mokiert sich schon am 16. Juni 1952 gegenüber Hallstein mit begründeten und unbegründeten Argumenten: Vor allem hat es sein Vorwurf in sich, dass die Ansprüche der Israelis übertrieben seien, weil die Zahl der Flüchtlinge, die aus Deutschland nach Israel eingewandert seien, statt 500.000 nur 39.000 betragen hätte. Dazu notiert Blankenhorn in der Aufzeichnung des Gespräches nur trocken: »typische Verfälschungen des Finanzministeriums«[408]. Der Hinweis Schäffers mag nicht nur falsch sein, er ist vor allem außenpolitisch vollkommen instinktlos und angesichts der millionenfachen Ermordung potenzieller Einwanderer zynisch. Man mag sich kaum vorstellen, was passiert wäre, wenn die deutsche Delegation ein solches aufrechnendes Argument in die Verhandlungen eingebracht hätte.

Besonders merkwürdig ist – im Sinne einer ›vorauseilenden Kapitulation‹ vor dem Wähler – Schäffers Hinweis auf die antisemitischen Strömungen in Deutschland, die eine solche Politik der Bundesregierung bei den kommenden Bundestagswahlen gegen die Bundesregierung ausnützen würden. Ähnliche Argumente trägt Schäffer am folgenden Tag während der Kabinettssitzung vor. Er wird überstimmt und die Verhandlungen gehen weiter. An einer Stelle hat Schäffer aber Erfolg: Die Globalentschädigung für die Jewish Claims Conference wird vom Kabinettsbeschluss zunächst ausgenommen, weil dem Kabinett die juristische Begründung der Ansprüche nicht stichhaltig erscheint, und sie wird zur Nachverhandlung an die deutsche Delegation übergeben. Schnell macht die israelische Regierung deutlich, dass sie nicht bereit ist, das Abkommen ohne eine gleichzeitige Einigung mit der Claims Conference zu unterzeichnen.

Kritisch wird bei den neuerlichen Verhandlungen aber vor allem die Frage nach Sicherheitsklauseln, die die deutschen Lieferungen garantieren, sollte die deutsche Leistungsfähigkeit aus welchen Gründen auch immer (Katastrophenfall, Inflation etc.) eingeschränkt sein. So bedeutend aus israelischer Perspektive die Einzelheiten sind: Was dann in Wassenaar verhandelt wird, sind im Wesentlichen Nachhutgefechte.

Noch immer liegt die größere Baustelle für Adenauer in Bonn und nicht am niederländischen Verhandlungsort. Gegen die ständigen Einwürfe Schäffers bekommt er eine ungewöhnlich deutliche Schützenhilfe vom ›Vater des Wirtschaftswunders‹, von seinem späteren Nachfolger Ludwig Erhard. Der stimmt nicht nur seinen moralischen Argumenten ausdrücklich zu, sondern macht als Fachmann auch deutlich, dass sich die Güterlieferungen an Israel keinesfalls auf die Gesamtausfuhr der Bundesrepublik auswirken würden. Schon Monate zuvor hat Erhard im April 1952 dem Kanzler in einem Brief ein positives Bild von der Leistungsfähigkeit der Bundesrepublik vermittelt und seiner Israel-Politik eindeutig seine Rückendeckung zugesagt. Dabei betont er nicht allein, »dass wir die moralische Verpflichtung gegenüber Israel nicht nur zu einer platonischen Erklärung werden lassen sollen«[409], sondern er macht auch deutlich, dass sich diese Haltung auf den Optimismus gründen sollte, »dass der in den letzten Jahren erreichte wirtschaftliche Fortschritt anhalten wird. Wenn wir dieses Vertrauen verlieren, ist dieses Problem wie so viele innerdeutsche, insbesondere auch soziale Probleme, unlösbar.«[410]

Im Kabinett, aber auch in der eigenen Partei zieht der Kanzler Anfang September 1952 die Daumenschrauben an und übt Druck aus. Vor dem Bundesparteiausschuss der CDU sagt Adenauer: »Ich hoffe, dass das Kabinett mir da keine Schwierigkeiten macht. Wenn es das machen sollte, würde das eine außenpolitische Katastrophe ersten Ranges bedeuten. Es würde nicht nur eine politische Katastrophe sein, es würde auch unser ganzes Bestreben, wieder ausländische Kredite zu bekommen, in sehr starkem Maße beeinträchtigen.«[411] Und dann kommt einer jener Sätze, die aus dem Munde Adenauers, der in den Kölner Zeiten eine aufrichtige Nähe zu den jüdischen Gemeinden gepflegt und Verständnis für ihre Angelegenheiten gezeigt hat, so nachhaltig irritierend sind und der in ähnlicher Form auch im Rahmen seines Israel-Besuches 1966 noch einmal fallen wird: »Seien wir uns darüber klar, dass die Macht des Judentums auf wirtschaftlichem Gebiet außerordentlich stark ist nach wie vor, so dass diese, nun, der Ausdruck ist vielleicht etwas übertrieben, diese Versöhnung mit dem Judentum sowohl vom moralischen Standpunkt wie auch vom wirtschaftlichen Standpunkt ein unbedingtes Erfordernis für die Bundesrepublik ist.«[412] Es mag die Irritation über solche Äußerungen wenig mildern, dass von Ludwig Erhard, Kai Uwe von Hassel und anderen ähnliche Formulierungen zu hören sind, wie Adenauer selbst allesamt Politiker, die über den Verdacht des Antisemitismus vollständig erhaben sind.

Adenauers Aufruf zur Eile und zur Zustimmung ist insofern bitter nötig, als sich zunehmend Nervosität auf der israelischen Seite breitmacht. Trotz der konstruktiven Verhandlungen in Wassenaar ist man noch weit davon entfernt, den Deutschen Vertrauen entgegenzubringen. Selbst im September, kurz vor der Ziellinie, sind viele israelische Entscheidungsträger in Parlament und Regierung überzeugt, dass die deutsche Seite sie früher oder später täuschen würde. Am 5. September 1952, zu einem Zeitpunkt, zu dem eigentlich schon alles ›in trockenen Tüchern‹ ist, weist Moshe Sharett vor dem politischen Komitee der Mapai auf die Verhandlungsschwierigkeiten und den wachsenden Widerstand in Deutschland gegen die Schilumim hin und warnt, dass es neue Verhandlungen und dann auch schlechtere Konditionen für Israel geben könne.

Was den wachsenden Widerstand in Deutschland betrifft, ist Adenauer, das schreibt er in seinen Memoiren, überzeugt, »dass das deutsche Volk und die deutsche Wirtschaft hinter mir standen«.[413] Dass Adenauer allerdings – ob bewusst oder unbewusst – mit dem Abschluss des Vertrages eher gegen den Strom der öffentlichen Meinung schwimmt, zeigen die Ergebnisse des Institutes für Demoskopie in Allensbach sehr eindeutig. Im September 1952 sprechen sich nur 11 Prozent der Befragten ohne Einschränkungen für den Vertrag aus. 24 Prozent sind dafür, finden aber die Summe zu hoch. Erschreckende 44 Prozent halten den Vertrag für überflüssig und 21 Prozent äußern keine Meinung.

Entgegen den Befürchtungen, dass es wegen der Ablehnung des Vertrages zu Verzögerungen kommen könnte, passiert der Text, wenn auch mit einigen Abstrichen, das Kabinett. Adenauer hatte wenige Tage vorher, am 5. September, im CDU-Bundesvorstand das Londoner Abkommen und das Abkommen mit Israel energisch verteidigt.[414] Fritz Schäffer bleibt bis zur letzten Minute der Hauptgegner. Die entscheidende Kabinettssitzung findet am 8. September eigentlich an einem Tag statt, an dem Schäffers Terminkalender eine Tagung des Weltwährungsfonds in Mexiko vorsieht. Der durchschaut das Manöver und droht, nicht zu fliegen, um an der Sitzung teilnehmen zu können. Er kommt schließlich noch rechtzeitig zurück und kündigt an, von seinem verfassungsmäßigen Widerspruchsrecht Gebrauch zu machen. Mit diesem Druckmittel setzt er eine Änderung durch, die durchaus folgenreich für den langwierigen Ratifizierungsprozess ist, nämlich, dass der Bundestag und der Bundesrat sich erst mit dem Text befassen dürfen, wenn ein Deckungsvorschlag für den Haushalt vorliegt. Schäffer packt seine ›Keule‹ wieder ein, aber seine Zustimmung erteilt er nicht. Mit seiner Gegenstimme, nicht aber mit seinem Veto, und mit der Gegenstimme des Arbeitsministers Anton Storch passiert der Vorschlag das Kabinett. Auch in der Sitzung des Fraktionsvorstandes am selben Tag war Schäffers Einspruch ein Thema.[415]

Auf dieser Basis bestätigen am gleichen Tag die beiden Regierungen den Vertragstext. Adenauer entschließt sich zu einem cleveren Schachzug. Er kündigt an, in seiner Eigenschaft als Außenminister selbst an der Unterzeichnung teilnehmen zu wollen. Vordergründig tut er dies, um damit die Bedeutung dieses historischen Schrittes zu unterstreichen. Aber was er eigentlich will, ist, eine entsprechende Vertretung auf israelischer Seite zu erzwingen und zu verhindern, dass ein subalterner Vertreter zur Unterzeichnung abgeordnet wird. Seine Strategie geht auf: Moshe Sharett, der anfangs wenig Lust hat, an der Zeremonie teilzunehmen, und der in Israel gedrängt wird, den Deutschen diese Ehre nicht zukommen zu lassen, entschließt sich schließlich doch, dabei zu sein. Seine briefliche Verteidigung gerät zur Eloge auf Adenauer: Adenauer habe die Initiative ergriffen zu einem geschichtlich präzedenzlosen Akt – parallel zum präzedenzlosen Massenmord an den Juden. Es wäre »unritterlich, engstirnig und geschichtsblind, ihm dieses Privileg zu nehmen«[416].

Noch am Vorabend der Unterzeichnung werden die Einzelheiten der Vertragszeremonie vereinbart, die neben Moshe Sharett und Adenauer auch Nahum Goldmann einbeziehen wird. Es kommt zu der etwas absurden Situation, dass die Verhandlungen darüber nicht direkt zwischen den beiden Spitzenpolitikern geführt werden. Goldmann muss wie eine Art Eheberater zwischen den Hotelzimmern der beiden Politiker hin- und herpendeln. Eigentlich sind für die Veranstaltung Reden vorgesehen. Der Kanzler bekommt den Entwurf für die Rede Sharetts ausgehändigt. Eine Rede, die sich der Außenminister vom Mapai-Zentralkomitee offiziell absegnen lassen musste und bei der deshalb kein Spielraum für Änderungen besteht. Die Rede folgt dem Muster dieser Zeit und macht klar, dass für die Shoah »kaum eine Sühne« denkbar sei, »für die Vernichtung dieser Millionen von Unschuldigen. Israel und das jüdische Volk erwarten den Geist des Rassenhasses aus der Seele des Volkes ausgemerzt zu sehen, in dessen Namen die unsagbaren Untaten begangen worden sind.«[417]

Der Kanzler beanstandet den Entwurf ausdrücklich als zu »alttestamentarisch«[418] und fügt die sibyllinische Äußerung hinzu: »Ich bin bereit, das anzuhören, nicht jedoch Deutschland.«[419] Eine Einschätzung, welche die damalige öffentliche Meinung wohl weitgehend zutreffend charakterisiert und die zugleich zeigt, dass die Auseinandersetzung mit der Vergangenheit in Deutschland noch nicht wirklich begonnen hat. Der Kanzler will in seiner Ansprache das Abkommen als Werk des Friedens würdigen. Man einigt sich schließlich darauf, ganz auf Reden zu verzichten. In seinen Memoiren rechtfertigt Adenauer das: »Es gab in dieser Stunde nichts zu sagen, nur zu empfinden, dass etwas wirklich Bedeutungsvolles geschah.«[420]

Ein »besonderer und bedeutsamer Tag« – die Unterzeichnung in Luxemburg

Der Akt im Luxemburger Rathaus geht zunächst ausgesprochen steif und befangen über die Bühne. Man begrüßt sich mit höflichen Formeln: »Ich habe diesem Tag in Erwartung und mit Freude entgegengesehen«[421], verkündet Adenauer. »Auch für uns ist es ein besonderer und bedeutsamer Tag«[422], entgegnet sein israelischer Counterpart Moshe Sharett. In gerade einmal 13 Minuten geht der formelle Akt über die Bühne. Die kühle Atmosphäre, die bereits geschildert worden ist, die sorgfältige Vermeidung von Freundlichkeiten, ja von jedem physischen Kontakt ist aber vor allem auch sorgfältige Inszenierung. Der Journalist Joseph Croitoru berichtet Jahrzehnte später, dass dieses Bild, das freilich der israelischen Delegation helfen soll, die Verhandlungen und ihr Ergebnis in Israel zu ›verkaufen‹, nicht ganz den Tatsachen entspricht. Offenbar unterläuft Konrad Adenauer selbst diese ›Show‹, indem er unerwartet die Hand von

Moshe Sharett schüttelt, allerdings nicht in dem Raum des Luxemburger Stadtpalais, in dem die Unterzeichnung des Vertrages stattfindet. Den betreten beide Delegationen vereinbarungsgemäß getrennt und in zeitlichem Abstand.

Nahum Goldmann sorgt für einen kleinen humoristischen Höhepunkt beim eigentlich feierlichen Akt der Unterzeichnung. Als er unterschreiben soll, reicht ihm Hallstein seinen Füllfederhalter. Goldmann versucht verzweifelt, Tinte aus dem Schreibgerät herauszubekommen. Nach dem dritten erfolglosen Versuch gibt er den Füller an den schmunzelnden Hallstein mit den Worten zurück: »Herr Staatssekretär, der erste Gegenstand, den Sie uns liefern, taugt nichts.«[423]

Durch die insgesamt bewusste und gewollte Zurückhaltung bekommt die Zeremonie ein besonders würdevolles Gepräge. Ausgerechnet der brillante, aber kühle Jurist Walter Hallstein, den der *Spiegel* einmal als »stark rational« und als »sehr verschlossen, schwer zugänglich«[424] porträtiert hat, lässt seinen Emotionen in seiner Beschreibung der »Aufführung« freien Lauf: »Ich habe selten eine so eindrucksvolle Begegnung erlebt wie diese. Das war eine große Szene; ich würde beinahe sagen, eine Shakespearsche Szene, eine historische Szene. […] Zwei Männer, die sich vollkommen klar waren, wie ungeheuer die psychologische und politische Aufgabe war, die sie beide angefasst hatten, eine Versöhnung zwischen diesen Völkern herbeizuführen, und die sich auf keiner anderen Basis als auf der menschlichen begegnet sind, rückhaltlos, ohne Umschweife, ohne Theatralik, ohne falsches Pathos: und das ist eine eindrucksvolle Sache gewesen, der sich niemand, der dabei war, entziehen konnte.«[425] Offenbar reißt das auch den Kanzler selbst mit. Unmittelbar nach der Unterzeichnung, so berichtet der Historiker Saul Kagan, habe sich Konrad Adenauer in eine nahe gelegene Kapelle zurückgezogen, die er mit Tränen in den Augen wieder verlassen haben soll.

Nahum Goldmann berichtet dann auch in seinen Erinnerungen, dass die Inszenierung verdeckte, wie vertrauensvoll die Atmosphäre zwischen den Delegationen geworden ist: »Die etwas steife, verkrampfte Stimmung des Unterzeichnungsaktes löste sich in dieser Aussprache in eine Atmosphäre ungezwungener Freundlichkeit und gegenseitiger Sympathie auf.«[426]

Diese Freundlichkeiten und der spontane Händedruck der beiden Staatsmänner, die sich hinter den Kulissen abgespielt haben, bleiben zunächst bewusst geheim. Die israelische Presse berichtet, dass die Vertragsunterzeichnung sich ohne »Reden und ohne Händeschütteln«[427] vollzogen habe. Für Moshe Sharett ist das wichtig, denn er wird bereits vor seinem Abflug nach Europa von einem israelischen Journalisten direkt darauf angesprochen, ob es einen Handschlag mit dem deutschen Bundeskanzler geben werde. Schon wenige Tage später aber wird der Schleier über dem Händedruck-Geheimnis von findigen Reportern gelüftet, die die Information von der Geste zwischen den beiden Herren auf verschlungenen Wegen erhalten. Die ultranationalistische Presse – rund um die Cherut-Partei von Menachem Begin – nutzt dieses ›Leck‹, um den Händedruck zu einem erneuten Skandal zu erheben. Wieder kommt es zu Demonstrationen und zu Ausschreitungen. Das schon erwähnte Attentat auf das israelische Außenministerium scheitert knapp. Nach wie vor wird das Abkommen als Verrat, als Erniedrigung verstanden.

Neben diese Stimmen treten aber jene, die das Abkommen würdigen. Ausgerechnet der Präsident einer besonders konservativen und kritischen jüdischen Organisation, des American Jewish Congress, der Rabbiner Israel Goldstein, sagt, das Abkommen sei ein »historischer Meilenstein internationaler Moral«[428]. Während die israelischen Verhandlungspartner Adenauers ihm diese moralischen Motive zu hundert Prozent ›abkaufen‹ und an seinen Intentionen nicht den geringsten Zweifel haben, wird in der retrospektiven Betrachtung in Deutschland eher der Gegensatz betont: Hier wird der kühl kalkulierende und taktierende Adenauer porträtiert, der alles tut, um seine Politik der Westorientierung durchzusetzen und damit das Eintrittsticket zurück in die Riege der geachteten Nationen zu lösen; alles, um die ›Gespenster der Vergangenheit‹ zu vertreiben und damit den Eindruck eines anderen, ›unbelasteten‹ Deutschlands zu erwecken; alles, um mit einer Verbesserung des Images wirtschaftliche und politische Vorteile zu erringen: von der Verbesserung der Kreditwürdigkeit bis hin zur besseren Positionierung Deutschlands in internationalen Organisationen. Aber auch in diesem Fall liegt die Wahrheit in der Mitte. Die genannten realpolitischen Motive mögen eine Rolle spielen, erst recht bei einem mit allen strategischen Wassern gewaschenen Interessenspolitiker vom Range Adenauers, sie stellen aber keine ›Antithese‹ zu den moralischen Erwägungen dar. Beides steht nebeneinander.

David Ben-Gurion ist einer der ›Kronzeugen‹ für die moralischen Beweggründe Adenauers. Der verweist in einer Besprechung des Exekutivrates der Mapai-Partei im Jahr 1958, also zwei Jahre, bevor die beiden einander zum ersten Mal treffen, darauf, dass selbst jene erklärten Gegner Adenauers, die ihn als puren Opportunisten betrachten, eine klare Ausnahme machen: »Israel. Die Israel-Frage ist für ihn eine Frage des Gewissens und der Religion.«[429] Nahum Goldmann bläst in dasselbe Horn. Er zeigt seltene Einigkeit mit David Ben-Gurion und macht deutlich, dass Adenauer als versiertem Realpolitiker bewusst war, dass Israel möglicherweise auch einen geringeren Betrag akzeptieren würde. Dass er »gegen den Rat seiner meisten Mitarbeiter den relativ großen Betrag schließlich anbot, ist der beste Beweis, dass er in all diesen Verhandlungen nicht nur von politischen, sondern auch von tief moralischen Motiven geleitet war.«[430]

Natürlich ist fraglich, ob die gute Beziehung der beiden großen Männer – Adenauer und Ben-Gurion – ohne den entschiedenen und moralisch motivierten Einsatz des Kanzlers für das Luxemburger Abkommen und ohne seine unzähligen Sympathiebekundungen für Israel zustande gekommen wäre. Hans-Peter Schwarz macht aus der Antithese eine Synthese und schreibt über die Wirkung des Engagements Konrad Adenauers für Entschädigungsleistungen an das jüdische Volk, vor allem über seinen Einsatz für eine angemessene Höhe der Leistungen gegen erheblichen Widerstand in den eigenen Reihen: »Fraglos erwirbt sich Adenauer durch so viel moralisch motivierte Großzügigkeit für Deutschland, aber noch mehr für sich persönlich beim internationalen Judentum ein Vertrauenskapital, das politisch von unschätzbarem Wert ist.«[431]

Der israelische Historiker Yeshayahu Jelinek sagt klar, wem der Erfolg auf deutscher Seite zu verdanken ist: »Ohne Adenauers Vision, Beharrlichkeit und Entschlossenheit wäre das Abkommen nicht zustande gekommen. Der Staat Israel konnte bis zu diesem Zeitpunkt nur wenige ausländische Persönlichkeiten vom Format Adenauers zu seinen Freunden zählen.«[432]

Der Adenauer-Biograf Henning Köhler sieht das ganz anders und geht auch hier mit dem Kanzler hart ins Gericht: Er unterstellt ihm Führungsschwäche und Naivität und behauptet gar, er habe in London, bei dem entscheidenden Gespräch, einen kapitalen Fehler begangen und zu viel Konzessionsbereitschaft gezeigt, indem er auf die israelischen Forderungen so eindeutig eingegangen sei. Moralische Motive auf der Seite Adenauers lässt er gar nicht erst gelten, nicht einmal ansatzweise. Neuere Darstellungen, wie die kurze Analyse der Verhandlungen und der Rolle Adenauers und Böhms von Thomas Brechenmacher, der in dieser schwierigen Situation durchaus eine taktische Positionierung Adenauers erkennen kann, widersprechen der Einschätzung Köhlers sehr deutlich.[433]

Auch wenn das permanente Abgrenzungsbedürfnis von Henning Köhler gegenüber der epochalen Adenauer-Biografie von Hans-Peter Schwarz den wissenschaftlichen Wert seines eigenen, insgesamt sehr beachtenswerten und akribischen Buches über Adenauer eher schmälert als stärkt, so ist ihm in Sachen Wiedergutmachungsabkommen doch an einer Stelle uneingeschränkt zuzustimmen. Henning Köhler nennt die Behauptung von Schwarz, dass Abs »zu den erbittertsten Gegnern eines Wiedergutmachungsabkommens«[434] zu rechnen ist, haltlos. Und das ist sie in der Tat. Die Memoiren von Nahum Goldmann und Felix Shinnar sprechen mit Hochachtung von Abs. Felix Shinnar schreibt in seinen Erinnerungen vom »Versuchsballon«[435], den Abs steigen ließ, und offenbart damit, dass die taktische Natur des Hundert-Millionen-Angebotes auf der israelischen Seite durchaus wahrgenommen worden ist.

Thomas Brechenmacher beschreibt die Arbeitsteilung sehr nachvollziehbar: Böhm sei auch in den Augen Abs' die Rolle des ›good guys‹ zugeschrieben gewesen, der den Versuch gewagt habe, den Grundstein zu einer Versöhnung zwischen Israel und Deutschland zu legen. Abs hingegen habe dann, als es nötig war, die weniger dankbare Rolle des ›bad guys‹ gespielt, der abgebrüht genug war, die Verhandlungen aus taktischen Gründen bis an den Rand des Scheiterns, aber nicht darüber hinaus zu führen. Dazu sei Böhm unzweifelhaft nicht in der Lage gewesen. »An der Seite Adenauers waren freilich beide, ›goodguy‹ und ›badguy‹, gleichermaßen notwendig und wichtig, um die Gratwanderung letztlich zu einem erfolgreichen Abschluss zu führen.«[436] Dass Adenauer in seinen Memoiren Abs hemmungslos die Schuld an der zwischenzeitlichen Krise der Verhandlungen in die Schuhe schiebt, mag wohl dem Bedürfnis geschuldet sein, im Rückblick die eigenen Verdienste für den Wiedergutmachungsvertrag noch heroischer darzustellen.[437]

Dabei bedarf es dieser Heroisierung kaum: Erfolg kennt bekanntlich ja viele Väter. Aber Franz Böhm benennt ungewöhnlich klar in seinem Bericht über die Entstehung des deutsch-israelischen Abkommens, wer aus seiner Sicht der Architekt dieses epochalen Schrittes war: »Wie Dr. Adenauer dabei zu Werk gegangen ist, seine Kunst des Improvisierens und Verhandelns, seine Entschlusskraft, sein Einfühlungsvermögen haben die Bewunderung aller gefunden, die damals unmittelbare Zeugen dieser Vorgänge waren. Mir selbst hat sich die ihm eigene unpathetische Natürlichkeit und ihre eindrucksvolle Verbindung mit tiefem Ernst eingeprägt. Jedenfalls steht fest, dass Konrad Adenauer der einzige ist, der – auf deutscher Seite – den Anspruch erheben kann, Anreger und Vollender der Luxemburger Wiedergutmachungsverträge zu sein.«[438]

Adenauer – »Werkzeug des Weltjudentums« und »Marionette des Westens«?

Das sehen die arabischen Länder naturgemäß anders. Sie sprechen dem Kanzler die Eigeninitiative ab und porträtieren Adenauer als »Marionette des Westens«. Der Jerusalemer Großmufti und Hitler-Verehrer Mohammed Amin al-Husseini behauptet, der Vertragsschluss sei unfreiwillig und ungerecht und überdies von den Westmächten erzwungen. Dahinter stecke das »Weltjudentum« und Adenauer sei dessen »Werkzeug«.

Diese Einschätzung – insbesondere die des übergroßen Einflusses der Amerikaner – geht an den Fakten deutlich vorbei. Wenn man die Tatsache in Betracht zieht, dass die Israelis die USA immer wieder bedrängt haben, in der Entschädigungsfrage ihren Einfluss auf Deutschland geltend zu machen, muss man gar von Zurückhaltung sprechen. Auf die ausdrückliche Bitte des Präsidenten des American Jewish Committee, Jacob Blaustein, an die US-Regierung, eine Erklärung abzugeben, dass die jüdischen Forderungen nach einem materiellen Ausgleich zügiger behandelt werden sollen, reagiert der amerikanische Außenminister Dean Acheson ablehnend und mit einem eindeutigen Vertrauensvorschuss für Konrad Adenauer. An den US-Präsidenten Truman schreibt er im April 1952: »Ich habe allen Grund zu glauben, dass Kanzler Adenauer gewissenhafte Anstrengungen unternimmt, eine befriedigende Regelung [...] in der Sache der Entschädigung von jüdischen Opfern der Nazi-Verfolgung zu erreichen.«[439] Mehr als zwanzig Jahre später sehen sich die USA gar genötigt, in einer offiziellen Note des US-Außenministeriums noch einmal ausdrücklich gegenüber den arabischen Staaten zu versichern, dass »weder die Wall Street noch das State Department die Bundesregierung zum Abschluss des Abkommens veranlasst hätten«[440].

Dass Adenauers Wiedergutmachungskurs einen deutlichen Niederschlag in der öffentlichen Meinung findet, die damit in einem gewissen Gegensatz zu den politischen Entscheidungsträgern steht, wird sich auch kaum leugnen lassen. Jedenfalls hinterlässt Adenauer bei seinem USA-Besuch, der dann kurz nach der Ratifizierung 1953 stattfindet, tiefen Eindruck. Dass ihn das *Time Magazine* 1953 zum »Man of the year« macht, ist ein offensichtlicher Ausdruck dieser Wertschätzung. Henning Köhler führt den fulminanten Wahlsieg Adenauers im September 1953 auch auf den grandiosen Erfolg seiner USA-Reise »und seine geschickte propagandistische Verwertung«[441] zurück.

Das ändert aber nichts daran, dass die US-Regierungen einen ambivalenten Blick auf die deutschen Bemühungen um gute Beziehungen mit Israel haben. So sehr die USA mit der Wiedergutmachung an Israel die Hoffnung verbinden, Deutschland noch tiefer in den Westen einbinden und Vorbehalte in den eigenen Reihen abbauen zu können, so sehr existieren auch Vorbehalte: Jene arabischen Staaten, die besonders erbittert gegen Israel eintreten, sind zugleich wichtige Gesprächspartner der USA bei dem Versuch, im Konflikt der Supermächte während des beginnenden Kalten Krieges im Nahen Osten an Einfluss zu gewinnen.

Eben diese Stellung im Kalten Krieg nutzen die arabischen Staaten während des Ratifizierungsprozesses: Sie versuchen, Sand in das Getriebe der parlamentarischen Bestätigung zu streuen. Nach dem Abkommen hat Ben-Gurion dementsprechend zunächst die leichtere politische Aufgabe zu vollziehen als Konrad Adenauer. In Israel genügt für die Ratifizierung des Abkommens die einfache Zustimmung des Kabinetts. Der israelische Patriarch entscheidet sich (nach den schlechten Erfahrungen vor der Einleitung der Verhandlungen) tatsächlich dafür, keine Debatte der Knesset zum Thema zuzulassen. Dennoch ist es ihm wichtig, die Zustimmung zu dem Abkommen auf eine breitere Basis zu stellen und sie nicht nur auf den Beschluss des Kabinetts zu gründen. Dementsprechend plant Ben-Gurion eine Befassung des parlamentarischen Ausschusses für Sicherheit und auswärtige Angelegenheiten mit ein.

Auf der deutschen Seite ist das Unterfangen schon strukturell schwieriger. Am Ende wird die Ratifizierung in Deutschland die gleiche Dauer wie zuvor die Verhandlungen in Anspruch nehmen. Die Verzögerungen aber ergeben sich nicht etwa deshalb, weil die Mehrheiten in Bundestag und Bundesrat nicht zu sichern wären. Die stehen nicht infrage, aber mit Abschluss des Vertrages tritt nun die arabische Seite massiv in Aktion.

Schon zu Beginn haben arabische Initiativen zur ›Hintergrundmusik‹ der Verhandlungen in Wassenaar beigetragen. Dazu gehört die Argumentation ägyptischer Diplomaten, die drei Tage nach Beginn der Verhandlungen in Wassenaar schon einmal vorsorglich einen Anteil an den in den Niederlanden zu verhandelnden Wiedergutmachungsleistungen für sich beanspruchen und diesen Anspruch mit folgender Kausalkette begründen: Israel sei ohne den Holocaust nicht entstanden. Die Entstehung Israels aber habe die Flucht von Arabern in die Nachbarländer ausgelöst. Israel habe »fast eine Million Araber aus ihrer Heimat vertrieben, ohne jede moralische Rechtfertigung. Es seien deshalb die Araber, die für die Verbrechen der Nationalsozialisten zahlen müssten.[442] Für diese Mehrbelastungen in den betroffenen Ländern müsse es einen Ausgleich geben. Ähnliche Initiativen lancieren auch der Libanon und Syrien. Insgesamt werfen die arabischen Staaten der Bundesrepublik vor, mit ihren einseitigen Initiativen zum Nutzen Israels das regionale Kräftegleichgewicht zu stören.

Schon während der letzten Verhandlungen in Wassenaar wartet die deutsche Delegation mit einer beunruhigenden Botschaft an die israelischen Verhandlungspartner auf. Man erzählt von der vehementen Intervention der arabischen Länder, an deren Spitze Syrien marschiert.[443] Zwanzig Abgeordnete der Regierungskoalition hätten ein Memorandum an die Bundesregierung verschickt mit der Bitte, den Vertragsabschluss mit Israel zu überdenken, weil dieser die Handelsbeziehungen zu den arabischen Ländern gefährde.

Schnell versucht man auf der Seite der arabischen Staaten, das ganze Droharsenal aufzubauen. Man erwäge den Boykott deutscher Produkte, die Beendigung der Zusammenarbeit im Bereich von Handel und Industrie und den Abbruch der diplomatischen Beziehungen oder gegebenenfalls erst gar nicht deren Aufnahme. Man sei, das betont der ägyptische Staatspräsident Gamal Abdel Nasser 1960 gegenüber Adenauer, gar nicht gegen private Wiedergutmachungszahlungen an einzelne Juden und einzelne Familien – »dafür haben wir Verständnis, aber warum gibt man das Geld dem Staat Israel?«[444]

Für Aufsehen sorgt einen knappen Monat nach der Unterzeichnung des Abkommens ein Besuch einer Delegation der Arabischen Liga unter der Führung des früheren libanesischen Ministerpräsidenten Ahmed Daouk. Bei einem Gespräch mit Hallstein legen die arabischen Diplomaten die Karten unmissverständlich auf den Tisch: Das Ziel der Delegation sei, die Ratifikation des Abkommens zu verhindern. Hallstein weist das empört zurück und macht klar, dass über eine Änderung oder Annullierung des Abkommens überhaupt nicht gesprochen werden könne. Er bietet den arabischen Gästen einen ›Trostpreis‹ an: Man könne sich »über die Möglichkeiten einer Intensivierung des deutsch-arabischen Handels [...] unterhalten, wodurch die etwaigen, den Arabern unliebsamen Wirkungen der deutschen Lieferungen an Israel kompensiert würden. Daran zeigen die Araber kein Interesse.«[445] Wenig diplomatisch und »mit wenig Einfühlungsvermögen für die nahöstliche Mentalität«[446] wirft Hallstein der Delegation vor, in Deutschland Propaganda gegen die erklärte Politik der Bundesregierung gemacht zu haben, und legt der Mission nahe, das Land bald wieder zu verlassen. Das macht den ägyptischen Ministerpräsidenten

Muhammad Nagib so ärgerlich, dass er den deutschen Botschafter umgehend zu sich einbestellt und ihm entgegenhält, man sehe sich weniger denn je in der Lage, »die Ratifikation des Abkommens stillschweigend hinzunehmen«[447]. Der Botschafter warnt dann auch seine Zentrale in Bonn, man solle davon absehen, die Delegation nach Hause zu schicken, weil sonst selbst der Abbruch der diplomatischen Beziehungen nicht mehr auszuschließen sei. Die Delegation bleibt und setzt ihren Propagandafeldzug zum Ärger der Bundesregierung noch eine Weile fort.

Unter dem Eindruck des massiven Eingreifens des ägyptischen Ministerpräsidenten versucht der deutsche Botschafter in Ägypten, Günther Pawelke, die von den Arabern aufgebrachte UN-Karte auszuspielen. In einem Gespräch mit dem stellvertretenden Leiter der Israel-Mission in Köln, Jachil, bittet er während eines Deutschlandaufenthaltes noch einmal darum, man solle im Sinne einer Kompromisslösung doch die Abwicklung des Vertrages durch die Vereinten Nationen erwägen.

David Ben-Gurion hatte diesen Gedanken schon zuvor in einem Gespräch mit Nahum Goldmann, der ein solches Vorgehen sachte in Erwägung zog, brüsk abgewiesen. In sein Tagebuch notiert er: »Ich war strikt dagegen. Die ganze Schilumim-Angelegenheit ist eine moralische Frage. Rein formal betrachtet, haben wir keine Forderung gegenüber Deutschland. Das deutsche Volk ist für den Mord an sechs Millionen Juden verantwortlich und hat den Besitz der Opfer geraubt. Es handelt sich um eine Entschädigung auf moralischer Ebene gegenüber dem jüdischen Volk. Was hat das mit den Arabern und der UNO zu tun? Wenn man die UNO einbezieht und dem arabischen Druck nachgibt, geht die moralische Grundlage verloren und damit verliert die ganze Sache ihren ursprünglichen Zweck.«[448] Auch auf der deutschen Seite gibt es Zweifel an der Sinnhaftigkeit dieses arabischen Vorschlages. Hallstein beispielsweise weist diese Idee zurück mit der Begründung, dass der deutsche Steuerzahler wissen wolle, was mit seinem Geld geschehe.

Die arabische Seite führt den Nervenkrieg fort. Da annulliert die saudische Regierung plötzlich einen Zwei-Millionen-Dollar-Auftrag über drahtlose Telefonanlagen, den sich Siemens & Halske drei Wochen zuvor gesichert hatte, und macht diese Entscheidung nach einer Intervention durch das Auswärtige Amt überraschend wieder rückgängig. Der Libanon und Saudi-Arabien sagen Gespräche über die Aufnahme diplomatischer Beziehungen zur Bundesrepublik ab. Adenauer beeindruckt das alles wenig. Unumwunden erklärt er: »Ich habe das deutsch-israelische Abkommen unterzeichnet. Ich halte mein Wort!«[449]

Um die Wogen insbesondere gegenüber Ägypten zu glätten, überreicht der deutsche Botschafter am 9. November 1952 dem ägyptischen Ministerpräsidenten ein Angebot zur Güte: Man wolle eine formelle Garantie anbieten, dass keine Waffen an Israel geliefert werden. Auch wolle man Handelsverträge mit einzelnen arabischen Staaten schließen. Am 11. November 1952 beauftragt die Bundesregierung den deutschen Botschafter in Ägypten, der Liga nun unmissverständlich klarzumachen, dass man nicht nur an den Wiedergutmachungsleistungen für das jüdische Volk festhalten wolle, sondern auch eine Vertagung der Ratifizierung entschieden ablehnen müsse.

Die Arabische Liga wiederum hat nicht das geringste Interesse an einer Deeskalation und übersendet am 12. November einen Drohbrief, der für den Fall der Ratifizierung des Luxemburger Vertrags den Abbruch der Wirtschaftsbeziehungen ankündigt. Gegenüber dem Publizisten Ernst Friedländer gibt Adenauer ein bemerkenswertes Interview, in dem er klar macht, dass er kein Jota zurückweichen will. »Es wäre beschämend, wenn wir in unserem Entschluss schwankend würden, nur weil uns wirtschaftliche Nachteile angedroht werden. Es gibt Höheres als gute Geschäfte.«[450]

Die Araber aber glauben zu wissen, womit man Adenauer doch noch in die Bredouille bringen kann, und wählen eine Strategie, die sie in der folgenden Zeit immer wieder gegen die Bundesrepublik anwenden werden: Sie bringen die DDR ins Spiel. Man könne sich ja auch dort die Waren holen, die man sonst aus Westdeutschland beziehen würde. Der DDR ist das willkommen, denn sie wendet sich von Anfang an gegen die Wiedergutmachung. Sie sieht in der Gründung ihres ›antifaschistischen Staates‹ als des ›besseren Deutschlands‹ bereits eine Form der Wiedergutmachung. Dementsprechend blockt sie nach der Verabschiedung des Wiedergutmachungsabkommens alle Forderungen nach finanziellem und materiellem Schadensersatz für das, was den Juden genommen worden ist, ab. Sie tut das mit Argumenten und Äußerungen, die eine tief sitzende Feindschaft gegen Israel dokumentieren. Offen wendet man sich gegen eine »Verschiebung von deutschem Volksvermögen«[451]. Die »Arisierung« durch das NS-Regime sei letztlich nur so etwas wie eine »Umwandlung jüdischen Monopolkapitals in arisches gewesen«.[452]

Die DDR sendet prompt eine Wirtschaftsdelegation nach Ägypten, die Maschinen im Wert von 14 Millionen Dollar im Austausch gegen Baumwolle, Flachs, Felle und Leder anbietet. Das Angebot, das Adenauers Staatssekretär Ludger Westrick zur gleichen Zeit in Kairo anzubieten hat, ist zweifelsohne deutlich attraktiver als das der ostdeutschen ›Landsleute‹. Die Bundesregierung bietet Ägypten einen Kredit von 300 Millionen DM zu günstigen Konditionen an. Dieses Angebot wird von den Arabern jedoch empört zurückgewiesen. Sie sehen, so erklären die Vertreter der Arabischen Liga, nicht den geringsten Grund, warum ihnen nicht die gleiche Summe zugebilligt werden sollte, die Israel zugestanden worden sei.

Westrick lässt sich nicht im Mindesten unter Druck setzen und macht vollständig klar, dass er unter keinen Umständen mehr als 300 Millionen DM anbieten könne und dieses Angebot auch nur bis zu seiner Abreise gelte. Ernüchtert kehrt Westrick von seiner Mission zurück und rät dem Bundeskanzler, den Vertrag nun ohne weiteren Verzug zu ratifizieren. Es scheint so, als ob er bei seinen Gesprächen mit den arabischen Regierungen den Eindruck gewonnen habe, dass erstens die Einmütigkeit der Araber nicht besonders ausgeprägt ist und zweitens auch deshalb kaum massive Schritte von arabischer Seite zu erwarten seien. Dennoch bietet Adenauer kurz vor der Ratifizierung am 4. März 1953 im Bundestag noch einmal an, die Wünsche der arabischen Staaten zu ermitteln und zu prüfen. Eine Warnung kann er sich dabei allerdings nicht verkneifen: »Ich brauche kaum hinzuzufügen, dass solche Verhandlungen nur dann zu einem günstigen Abschluß gebracht werden können, wenn sie beiderseits in freundlichem Geist geführt und nicht von vorneherein mit Drohungen belastet werden.«[453] Diese Konsequenz Adenauers im Umgang mit den arabischen Drohungen wird ihm später in Israel ausgesprochen hoch angerechnet.

Der letzte Akt von Luxemburg – die Ratifizierung des Abkommens

Nun sind nur noch die beiden Kammern in Deutschland als letzte Hürde zu überwinden. Im Bundesrat gibt es ein nicht zuletzt von Hamburg und Bremen vom Zaun gebrochenes Geplänkel über die Frage, wie man mit der Tatsache umgehen solle, dass Schiffe unter deutscher Flagge israelische Häfen bislang nicht anlaufen können. Nachdem die Bundesregierung verspricht, noch vor der Ratifikation mit der israelischen Regierung über dieses Thema zu verhandeln, gibt der Bundesrat grünes Licht.

Im Bundestag ›singt‹ in den Fraktions- und Ausschussberatungen dann noch einmal der ›Chor‹ der kritischen Stimmen. Schäffer, der sich Mühe geben muss, nicht allzu weit aus der Kabinettsdisziplin auszuscheren, trägt noch einmal seine Bedenken vor. Franz Josef Strauß, der keine vier Jahre später zu einem ›Frontrunner‹ der deutsch-israelischen Beziehungen mutiert, stellt eine ganze Reihe kritischer Fragen an die Bundesregierung. In der eigentlichen Debatte während der zweiten und dritten Lesung des Vertragsgesetzes geht es jedoch weniger um diese Einwürfe. Bemerkenswert ist zunächst die Tatsache, dass der Berichterstatter des Auswärtigen Ausschusses, Karl Graf von Spreti, Klartext in Richtung der arabischen Staaten spricht: »Mit etwas Befremden hat es der Außenpolitische Ausschuss bei der Besprechung dieses Vertragskomplexes empfunden, dass, während wir uns in einer seelischen Not befinden und aus dieser seelischen Not herauszukommen versuchen, gerade in diesem Moment in den arabischen Ländern eine gewisse Gegenbewegung auftrat, die geeignet sein könnte, diesen unseren Wiedergutmachungsversuch zu stören.« Er appelliert an die Araber, friedlich zu bleiben und sich an das »starke Rechtsgefühl« im Islam zu erinnern.[454]

Noch bemerkenswerter ist die spannende und vielsagende Auseinandersetzung über die Frage der Kollektivschuld. Prägend ist dabei der klare Beitrag des CDU-Politikers Eugen Gerstenmaier, der selbst dem Widerstand gegen den Nationalsozialismus angehört hat und der an die ermordeten Kämpfer gegen den NS-Staat erinnert: »Diesen Blutzeugen der Menschlichkeit, Vertreter des deutschen Volkes, hat es Deutschland in erster Linie zu danken, wenn es den Satz von der Kollektivschuld aller Deutschen ablehnen darf. Aber ihre Schar ist bei weitem nicht groß genug, um den anderen Satz von der Kollektivunschuld aufstellen zu können.«[455] Damit schreibt er seinen Landsleuten ins Gedächtnis, dass mit diesem Vertrag keinesfalls die Schuld abgegolten und eine Auseinandersetzung mit der Vergangenheit geboten ist.

Die Kritik konzentriert sich in der Debatte vor allem auf die Frage, ob nicht die individuelle Entschädigung vor die kollektive Entschädigung gestellt werden müsse und inwiefern diese Entschädigungsleistung nun die individuelle Wiedergutmachung gefährde. Und freilich kommen auch Stimmen zu Gehör, die damals wie heute schwer erträglich sind: Der rechtsextreme Politiker Adolf von Thadden, der später die NPD mitbegründen wird, spricht in der Debatte von einer Million ermordeten Juden und begeht damit wenigstens eine partielle Holocaustleugnung, vor allem aber zieht er von dort eine hoch problematische, direkte Linie zu den mehr als eine Million Arabern, die blühendes Land ohne jede Entschädigung überlassen müssten.

Am Ende steht die Abstimmung, bei der die SPD-Opposition das Vorhaben des Kanzlers nolens volens rettet: Sie beantragt eine namentliche Abstimmung und zwingt damit die Abgeordneten zu einem klaren Bekenntnis; die SPD-Fraktion stimmt geschlossen für den Antrag. Ohne ihre Zustimmung wäre der Vertrag gescheitert. Denn von den 214 Mitgliedern der Regierungskoalitionsfraktionen stimmen nur 106, also knapp die Hälfte, für den Vertrag.

Bereits in der ersten Lesung des Gesetzes im Bundestag erklärt Adenauer, man habe die »berechtigte Hoffnung, daß der Abschluß dieser Verträge schließlich auch zu einem ganz neuen Verhältnis zwischen dem deutschen und dem jüdischen Volke wie auch zu einer Normalisierung der Beziehungen zwischen der Bundesrepublik und dem Staate Israel führen wird. Wir werden hierbei nach allem, was vorgefallen ist, Geduld zeigen und auf die Auswirkung unserer Wiedergutmachungsbereitschaft und schließlich auf die heilende Kraft der Zeit vertrauen müssen.«[456]

Diese Geduld ist notwendig. Aber mit der Ratifizierung des Vertrages stellt sich schon für die praktische Durchführung der Bestimmungen ganz zwangsläufig die Frage, wie man nun miteinander in Beziehung stehen wird. Ben-Gurion, der an einem möglichst engen Kontakt Interesse hat, behandelt nach der Ratifikation die Notwendigkeit eines ständigen Kontaktes zur Bundesregierung in Bonn ebenso elegant wie clever. Er folgt der Devise: Wenn die Zeit für die diplomatischen Beziehungen noch nicht reif ist, dann kann man ja wenigstens so tun als ob. Er beauftragt deshalb jemanden, der die Aufgabe voll und ganz erfüllen kann und auch in der israelischen Hierarchie den entsprechenden Rang einnimmt, ohne den diplomatischen Titel eines Botschafters zu tragen: Felix Elieser Shinnar. Seine Aufgabe als Leiter der Israel-Mission ist es offiziell, die Durchführung des Wiedergutmachungsabkommens zu begleiten, aber tatsächlich vertritt er die Interessen seines Landes auch deutlich darüber hinaus. Bereits 1954 lobt ihn der nüchterne und zurückhaltende Hallstein geradezu überschwänglich: Nach seiner Einschätzung »hätte man keinen geeigneteren Mann als Dr. Shinnar für den leitenden Posten der Israel-Mission in Deutschland wählen können.«[457] Shinnar habe sich in Westdeutschland einen Namen gemacht, und der reibungslose Ablauf der Umsetzung des Abkommens sei zum großen Teil dem besonderen Talent von Dr. Shinnar zuzurechnen.

In der Tat ist Shinnar ein virtuoser Sachwalter der israelischen Anliegen in Deutschland, der beim Bundeskanzler in Bonn mit Beginn seiner Tätigkeit stets eine offene Tür findet. Es ist in diesem Zusammenhang ein interessanter Zufall, dass Shinnar in Köln-Lindenthal in der unmittelbaren Nachbarschaft des früheren Hauses von Konrad Adenauer in der Max-Bruch-Straße wohnt. In der Frage der weiteren Vertiefung der Beziehungen wird Shinnar zu einer Schlüsselfigur.

Nach dem Abkommen – nächster Akt: diplomatische Beziehungen?

Mit dem Anlaufen der Lieferungen nach Israel, vor allem aber nach der Standfestigkeit, die die Bundesregierung gegenüber den arabischen Drohungen gezeigt und die den Israelis Respekt abgenötigt hat, wird in Israel die Frage der Fragen immer drängender: Wie stellt man sich die weitere Entwicklung der Beziehungen zu Deutschland vor? Unter den israelischen Diplomaten kursieren Memoranden, die empfehlen, die noch immer sehr zurückhaltende Einstellung gegenüber Deutschland zu überdenken. So schreibt beispielsweise der israelische Gesandte in den Niederlanden, dass man es sich nicht leisten könne, »mit der sturen Vogel-Strauß-Politik fortzufahren und zu ignorieren, dass Deutschland in Westeuropa eine erstrangige Stellung erworben hat und heute in der Verteidigung der freien Welt eine Schlüsselrolle einnimmt«[458]. Man könnte nicht jede Beteiligung Deutschlands in internationalen Organisationen verhindern oder die Wahl seiner Vertreter in Ausschüsse blockieren: »Eine solche Haltung entbehrt zwar nicht der Kampfromantik eines Don Quichotte, doch deren Resultat ist einem Kampf gegen Windmühlen gleichzusetzen.«[459] Der Gesandte macht sogar einen revolutionären Vorschlag – der zwar auch in Deutschland gelegentlich in den Beratungen auftaucht, aber zu dieser Zeit völlig unrealistisch ist: »Deutschland könnte sogar eine wichtige und konstruktive Rolle in der Friedensstiftung zwischen uns und den arabischen Staaten übernehmen.«[460]

Solche Erörterungen entsprechen zwar aus der Perspektive der Regierungselite dem Gebot der Vernunft, aber sie ignorieren völlig die nach wie vor herrschenden Emotionen. Eine Mitarbeiterin des Außenministeriums stellt kritische Fragen: »Haben wir denn das Recht zu vergessen, dass die Deutschen von heute die Deutschen von gestern sind? Eine einfache statistische Rechnung genügt doch schon, um aufzuzeigen, dass Wähler, die heute Adenauer oder Sozialdemokraten wählen, gestern die Nazis gewählt haben.«[461] Geduld bei dem Beweis der Umorientierung und dabei, den Respekt vor Deutschland wachsen zu lassen, scheint das Gebot der Stunde.

Ein Gebot, an das sich der rheinische Patriarch im fernen Bonn nur mäßig halten will. Noch nicht einmal zehn Monate nach dem Abschluss des Wiedergutmachungsabkommens erhöht auch Adenauer selbst den Druck auf Israel, wenngleich er noch nicht den Mut besitzt, die Aufnahme der diplomatischen Beziehungen konkret anzusprechen. In einem Gespräch mit Felix Shinnar erkundigt sich Adenauer nach der Stimmung in Israel. Er will wissen, ob sich nun allmählich die Überzeugung durchsetze, dass die Deutschen das Abkommen einhalten würden. Shinnar zeigt sich überzeugt, dass insbesondere die Öllieferungen, aber auch die zuverlässige Übergabe der sonstigen Waren »bestimmt auch noch die restlichen Zweifler zum Schweigen bringen werde[n].«[462]

Shinnar selbst ist es, der mit Berichten nach Israel (zumindest streng hinter den Kulissen) die Frage der diplomatischen Beziehungen mit Nachdruck auf die Agenda setzt. Er regt an, bald nach den Wahlen Gespräche über das Thema zu beginnen. Er träumt ›laut‹ davon, die Beziehungen bereits im Frühjahr/Sommer 1954 zu etablieren. Das erwarte man im Übrigen auch in Deutschland, lässt er seine Oberen in Israel wissen. Sogar über die Botschafter macht er sich Gedanken. In Deutschland kursiere der Name Böhms und er empfehle als israelischen Botschafter in Bonn Nahum Goldmann.

Das Wechselbad von Distanz und Nähe setzt sich aber fort. Der inzwischen amtierende Ministerpräsident Moshe Sharett bremst den Optimismus seines Bonner Missionschefs und warnt vor überhöhter Geschwindigkeit: »Hass auf Deutschland als primitive und logisch nicht kontrollierbare Gefühlsregung ist in der israelischen Bevölkerung tief verwurzelt. Jede Idee einer amtlichen Annäherung wird als abstoßend und emotional unverdaubar empfunden.«[463] Vielleicht will Sharett damit auch Ben-Gurion schützen, der noch im Januar 1952 der Knesset versprochen hat, man werde mit Deutschland nur über die »Schilumim«, nicht aber über die diplomatischen Beziehungen verhandeln. Dieser Zusage folgend, pfeift er seinen umtriebigen Bonner Vertreter immer wieder zurück und warnt vor impulsiven Aktionen. Immerhin wird 1953 ein interministerieller Ausschuss unter Federführung des israelischen Außenministeriums und unter Einbeziehung des Presseamtes sowie des staatlichen Rundfunks ins Leben gerufen, mit dem Ziel, nicht nur über die Beziehungen nachzudenken, sondern vor allem auch die öffentliche Meinung behutsam auf diesen Schritt vorzubereiten.

Anfang 1954 redet auch die deutsche Seite zunehmend ›Tacheles‹ in Sachen Beziehungen. Shinnar kabelt nach Jerusalem: »Die deutsche Haltung beinhaltet eine sofortige Bereitschaft zur Herstellung normaler

Beziehungen. Sie würden einen solchen Schritt begrüßen. Gleichzeitig ist aber festzuhalten, dass die Regierungsspitze unter Adenauer keinerlei Druck in dieser Richtung ausübt, sondern ebenfalls der Meinung ist, dass man es der Zeit überlassen muss, das ihre zu tun.«[464]

Es sind allerdings die Israelis, die den Zeitdruck allmählich verspüren. »Je länger wir das Notwendige hinausschieben«, so heißt es in einer internen Aufzeichnung des Außenministeriums, »desto höher wird der Preis sein, den wir bezahlen werden.« Noch würde man in Bonn der Aufnahme voller diplomatischer Beziehungen »mit Erleichterung und Wohlwollen« begegnen. Aber es sei nicht gesagt, dass das auch in zwei Jahren so sein werde. »Hallstein möchte Druck ausüben, Adenauer hält ihn zurück und ist bereit abzuwarten«[465], so beschreibt die Aufzeichnung die Situation in Bonn. Aber auch Adenauer gibt in einem Interview mit der Welt am 14. September 1954 zu verstehen, dass er die Auswirkungen des Luxemburger Vertrages als einen äußerst wichtigen Faktor ansehe, um Beziehungen mit Israel anzubahnen. Hallstein beweist mehr als nur Ungeduld. Er greift sogar zum demonstrativen Vorwurf und gibt in der Zeitschrift *Das Parlament* zu verstehen, es sei nicht die Schuld der Bundesrepublik, wenn noch keine diplomatischen Beziehungen zu Israel bestünden.[466]

Das Deutschland Adenauers – eine »Camouflage für den Neonazismus?«

Einen herben Rückschlag auf dem Weg der Annäherung an Deutschland stellt in Israel die Debatte über die Wiederbewaffnung dar. Eine Debatte, die ebenso heftige Gefühle wie brennende Befürchtungen auslöst und manchen Knesset-Abgeordneten zu beißendem Spott und zynischen Bemerkungen verleitet. Weder die Atom- noch die Wasserstoffbombe berge für die Menschheit den gleichen Schrecken wie die Wiederbewaffnung, erklärt ein Mitglied der Mapam-Partei.[467] Der Abgeordnete der HaAchdut, Jitzhak Ben Aahron, lässt sich gar zu der Behauptung hinreißen, dass »das Deutschland Adenauers eine von dem alten Mann fabrizierte dünne und durchsichtige Camouflage für den Neonazismus ist.«[468]

Der israelische Ministerpräsident Sharett nimmt den Kanzler gegen solche Herabsetzungen vehement in Schutz und charakterisiert ihn als den Garanten der Kontinuität: »Ich habe keinen Zweifel, dass der Mann, der heute die Geschicke der Bundesrepublik lenkt, in aller Aufrichtigkeit bestrebt ist, aus seinem Lande einen demokratischen Faktor zur Stärkung des Friedens in der Welt und der Stabilität in Europa zu machen.«[469]

Sharett schafft es überdies mit seiner brillanten Rhetorik, die Wellen wieder ein Stück weit zu beruhigen. Man könne die wachsende »Macht und Stärkung« Deutschlands, »das nun auch ein ernsthafter militärischer Faktor wird«[470], nicht einfach ignorieren. Dann wirbt er um Vertrauen in die Deutschen und weist darauf hin, dass Adenauers Schilumim-Vertrag genau und pünktlich eingehalten wird. Es bestehe Grund zu der Annahme, dass es so bleiben wird. Und im Übrigen hätten sich die Vorwürfe, die man der Regierung wegen ihrer angeblichen Naivität und Leichtgläubigkeit gemacht habe, in Luft aufgelöst. Wo solle man die Prioritäten setzen: »Sich in Erinnerungen an die Vergangenheit […] verlieren und ihretwegen Gegenwart und Zukunft […] opfern? Ist der Imperativ der Existenz des Staates und seiner Fortentwicklung nicht wesentlicher?«[471]

Für diese Fortentwicklung ist die politische Isolierung, in der sich Israel im Jahr 1955 befindet, angesichts seiner geografischen Lage ein hemmendes Gift. Mit den Beziehungen zum frischgebackenen NATO-Mitglied Deutschland würde nicht nur der Konnex zu den entstehenden europäischen Institutionen verstärkt, sondern die Beziehungen würden auch wichtige ›Blockfreie‹ wie Indien dazu ermuntern, sich dem Staat Israel anzunähern. Aus diesem Grund gibt Israel nun zunehmend deutlicher zu verstehen, dass es an diplomatischen Beziehungen interessiert ist. Als Einstieg will man auf den deutschen Vorschlag eingehen, in Israel das Gegenstück zu Shinnars Mission einzurichten: eine Deutschlandmission!

Diesem Plan folgend bekommt Shinnar nun im Januar 1956 einen eindeutigen Auftrag, entsprechende Verhandlungen aufzunehmen. Was wie der Beginn des Aufbaus diplomatischer Beziehungen wirkt, verkommt zum Debakel. Am 14. März 1956 erhält die israelische Regierung Antwort aus Bonn. Ohne jede Vorwarnung durch Shinnar, der deswegen scharfe Vorwürfe in Israel kassieren muss, schlägt der Brief wie eine Bombe ein. Bonn scheint an Beziehungen zu Israel vorläufig nicht gelegen zu sein. Um die Kränkung zu mildern, lässt Walter Hallstein den verdutzten Felix Shinnar wissen, man wolle nicht nur eine Mission einrichten, sondern auch die vollen diplomatischen Beziehungen anbieten, mit der entscheidenden Einschränkung: »Sobald die Umstände es irgend gestatteten.«[472]

Was sind die Umstände? Die Ursache dieser »Umstände« liegt nicht in Jerusalem und auch nicht in Bonn. Sie liegt in Moskau. Trotz aller schwerwiegenden deutschlandpolitischen Konsequenzen entscheidet sich Adenauer im September 1955 dazu, diplomatische Beziehungen zur Sowjetunion aufzunehmen, um die Rückkehr der letzten deutschen Kriegsgefangenen zu ermöglichen.[473] Ein Schritt, der Adenauer – zumindest in den Augen der deutschen Öffentlichkeit – den größten politischen Erfolg seiner Amtszeit einbringt. Der Preis ist freilich nicht gering, denn das bedeutet zumindest de facto die Akzeptanz der Existenz der DDR.

Um eine Kettenreaktion zu verhindern, die in der Folge dazu führen könnte, dass in unzähligen Ländern eine bundesdeutsche und eine DDR-Vertretung entstehen und damit der Status quo zementiert wird, ›erfindet‹ die Bundesregierung die sogenannte Hallstein-Doktrin, die Adenauer am 22. September im Bundestag verkündet: »Ich muss unzweideutig feststellen, dass die Bundesregierung auch künftig die Aufnahme diplomatischer Beziehungen mit der DDR durch dritte Staaten, mit denen sie offizielle Beziehungen unterhält, als einen unfreundlichen Akt ansehen würde, da er geeignet wäre, die Spaltung Deutschlands zu vertiefen.«[474] Man würde dann in der Folge die eigenen Beziehungen zu diesen Staaten überprüfen. Mit dieser Doktrin, die noch schwerer wiegt als die wirtschaftlichen Interessen, die Deutschland in den arabischen Ländern hat, zieht sich Deutschland einen gewaltigen Hemmschuh auch für die deutsch-israelischen Beziehungen an.

Bereits im Frühjahr 1956 schwört Walter Hallstein, enger Vertrauter Adenauers und Staatssekretär im Auswärtigen Amt, in Istanbul die Botschafter im Nahen Osten auf diese Doktrin ein. Ein Signal, das vor allem quer über das Mittelmeer nach Kairo gerichtet war. Der ägyptische Staatspräsident Nasser droht schon vor 1956 ohne jede Zurückhaltung mit der sofortigen Anerkennung der DDR für den Fall, dass Bonn diplomatische Beziehungen mit Tel Aviv aufnimmt.

Diese »Bedrohungslage« bleibt nicht ohne Folgen für die Nahostpolitik Adenauers, der letztlich zu einer Schaukelpolitik gezwungen ist, bei der die Interessen einer Eindämmung des sowjetischen Einflusses ausbalanciert werden müssen mit dem ebenfalls hoch bedeutsamen Ziel einer Aussöhnung und formalisierter Beziehungen mit Israel. In Israel freilich bleibt der Eindruck zurück, benachteiligt zu sein. Der *Spiegel* bringt es später kurz vor dem Treffen der beiden Staatsmänner in New York auf den Punkt und skizziert das auch moralische Dilemma: »Solange die Bundesregierung an der Hallstein-Doktrin festhält, ist es für die Deutschen unmöglich, zu jenen beiden Völkern normale Beziehungen aufzunehmen, die unter Hitler am schwersten gelitten haben: zu den Polen und zu den Juden.«[475]

Die Angst vor einer sowjetischen Vormachtstellung im Nahen Osten ist keineswegs ein »Konstrukt«. Mit den Ereignissen rund um die Sueskrise und den Sinai-Feldzug – eine militärische Auseinandersetzung zwischen Ägypten, Israel, Frankreich und Großbritannien, ausgelöst durch die ägyptische Verstaatlichung des Sueskanals – hebt sich, so der Journalist Rolf Vogel, der »Vorhang vor einem gigantischen Aufmarsch«[476]. Und beinahe prophetisch – etwa mit Blick auf die Rolle Russlands bei den gegenwärtigen Vorgängen in Syrien – schreibt er 1967: »Bis zum heutigen Tage ist es das nicht aufgegebene Ziel der sowjetischen Politik, die arabischen Staaten in ihre geistige und, wenn möglich, auch politische Gewalt zu bringen.«[477] Dass die Sowjetunion, zur Untermauerung ihrer Interessen, als Waffenlieferant in diese Länder – sozusagen als Nebenprodukt – zum Aufbau eines riesigen Vernichtungspotenzials gegenüber Israel beiträgt, ist ebenfalls eine Tradition, die sich bis heute fortsetzt.

Adenauer kann diese Sachlage als Realpolitiker nicht ignorieren. Wie sehr aber bei ihm die moralischen Erwägungen und Verpflichtungen gegenüber dem jüdischen Volk dennoch im Fokus seiner Aufmerksamkeit bleiben, wird auch an einem sprechenden Beispiel deutlich: Während der Sueskrise und des Sinai-Feldzuges 1956 werden der Bundeskanzler und die

Bundesregierung spürbar bedrängt; die Vereinten Nationen, vor allem aber die Vereinigten Staaten, drängen darauf, die Leistungen und die Warenlieferungen, die im Luxemburger Abkommen vereinbart worden sind, vorübergehend einzustellen. Adenauer gibt sich unbeirrt und bleibt eisern. Zum einen seien das Leistungen für den friedlichen Aufbau des jungen israelischen Staates. Vor allem aber sei das eine moralische Verpflichtung und er sei nicht bereit, diese Pflicht in irgendeiner Form einzuschränken.

Das Signal an Israel ist überdeutlich: Deutschland steht treu zu seinen Abmachungen mit dem israelischen Volk. Diese Haltung ist auch deshalb so wichtig, weil es gerade die Sueskrise und die damit einhergehende Blockade von israelischen Schiffen oder solchen Schiffen, die zu israelischen Häfen unterwegs sind, ist, die den Wert des Abkommens für Israel noch einmal besonders deutlich macht. Die letzten Raten der Abmachung fließen insbesondere in den Schiffsbau, der sinnigerweise auf deutschen Werften bewerkstelligt wird und der in der Folge die israelische Handelsflotte deutlich verstärken soll.

Schnell wird deutlich, dass die im Abkommen vorgesehenen Finanzleistungen nicht ausreichen, um den Schiffsbau im vorgesehenen Ausmaß zu intensivieren. Bereits Ende Oktober gewährt die Deutsche Bank, die durch den Adenauer-Vertrauten Hermann Josef Abs vertreten wird, ein Darlehen in Höhe von 450 Millionen DM, das durch die letzten beiden Jahresraten des Luxemburger Abkommens abgesichert wird.

Aber schon bei den Verhandlungen über dieses Darlehen rückt ein anderes Interesse der Israelis, vor allem aber David Ben-Gurions, in den Vordergrund und bildet damit bereits so etwas wie eine Brücke zu den Unterredungen von Konrad Adenauer und David Ben-Gurion in New York: Es geht nicht nur um Schiffe, sondern auch um die Erschließung der Negev-Wüste, die mehr als die Hälfte des israelischen Staatsgebietes ausmacht. Eine ungeheuer wertvolle Reserve: als Land für Wohnsiedlungen, als Ort für industrielle Ansiedlungen, als neue landwirtschaftliche Nutzfläche, aber nicht zuletzt auch als Gebiet zur Gewinnung von Mineralien, die für den jungen Staat lebensnotwendig sind.

Dieses Pionierwerk, dem David Ben-Gurion wie ein entschlossener General vorsteht, ist eine gewaltige Aufgabe, die vor allem Unmengen an Geld benötigt: Neue Städte, neue Straßen, neue Eisenbahnwege, die komplette Infrastruktur muss geschaffen werden, in einer Umgebung, die dazu nicht gerade einlädt. Neben den sicherheitspolitischen Erwägungen und den wirtschaftspolitischen Intentionen treibt Ben-Gurion bei seiner Deutschlandpolitik vor allem dieser Plan ganz besonders an. Hier erhofft er sich signifikante Hilfe von Deutschland.

Aber die Sueskrise macht noch eine ganz andere Unterstützung nötig und führt damit zu einem in der Öffentlichkeit unbemerkten, aber doch epochalen Paradigmenwechsel. Im Zuge des Sinai-Feldzuges zwingt Amerika die Israelis nicht nur, sich hinter die Waffenstillstandslinie zurückzuziehen, sondern stellt die Waffenlieferungen an das Land ein und schlägt damit einen für Israel sehr bedrohlichen Weg ein. Adenauer war dabei schon im Vorfeld der Krise von der amerikanischen Seite über die drohende Kriegsgefahr und ihre Vorbehalte gegenüber der Intervention unterrichtet worden.[478]

Geheime Fahrt durch den Schnee – ein epochales Ereignis im Dunkeln

Die Sueskrise führt in letzter Konsequenz auch dazu, dass es neben dem Wiedergutmachungsabkommen 1952, dem Treffen der beiden politischen ›Granden‹ in New York 1960 und dem Besuch Adenauers in Israel 1966 noch eine Jahreszahl gibt, die für die Beziehungen der beiden Länder von größter Wichtigkeit ist, und die in diese Reihe aufgenommen werden muss: Das Jahr 1957. Inge Deutschkron beschreibt das epochale Ereignis plastisch und berichtet über drei Männer, die sich in geheimer Mission mit einem Auto in einer dunklen Dezembernacht von Frankreich aus auf den Weg nach Deutschland machen. Es ist bitterkalt, Nebel behindert die Fahrt. Plötzlich bleiben sie in einer Schneewehe stecken. Die Räder drehen durch. Es geht nicht vor und nicht zurück. Die Schuld an dem Malheur trägt der Mann, der später als erster Botschafter Israels in Deutschland in die Geschichte eingehen wird, zu diesem Zeitpunkt aber der Vertreter des israelischen Verteidigungsministeriums in Westeuropa ist: Asher Ben-Natan. Er war einfach nicht daran gewöhnt, bei derartigen Witterungsverhältnissen zu fahren, und hatte den Schneehügel übersehen. Ihre geheime Mission droht entdeckt zu werden.

Schließlich gelingt es ihm, den Wagen doch mit einem beherzten Tritt auf das Gaspedal im Rückwärtsgang wieder flott zu machen. Bei dem Manöver hätte er beinahe General Haim Laskow, einen seiner beiden Begleiter, überfahren. Gemeinsam mit dem Dritten im Bunde, mit Schimon Peres, dem späteren Friedensnobelpreisträger und Staatspräsidenten Israels, damals Staatssekretär im israelischen Verteidigungsministerium, setzen die Herren ihre Fahrt fort und sind erleichtert, dass die kurze ›Panne‹ von niemandem bemerkt wurde. Es ist das Ziel, das ihre Fahrt so brisant macht: ein Haus im malerischen oberbayerischen Dorf Rott am Inn, südöstlich von München, das Haus des amtierenden deutschen Verteidigungsministers Franz Josef Strauß.

Es gibt gute Gründe, warum die Herren so auf Geheimhaltung erpicht sind. Sie wollen kein neues Öl in das Feuer einer Kabinettskrise gießen, die zur gleichen Zeit im Hintergrund in Israel tobt und die David Ben-Gurion mit der Ankündigung ausgelöst hat, dass er eine »hochgestellte Persönlichkeit«[479] nach Deutschland senden wollte, um dort die Möglichkeit von Waffenkäufen zu erörtern.

Ben-Gurion hat ursprünglich geplant, seinen Generalstabschef Moshe Dayan nach Deutschland zu entsenden. Der General ist in den Augen Ben-Gurions deshalb der richtige Mann, weil der Sinai-Feldzug bei der Bundeswehr tiefen Eindruck hinterlassen und Dayan damit Reputation in Deutschland gewonnen hat. Die Wahl fällt auch wegen seiner politischen Ambitionen auf ihn und Ben-Gurion verfolgt mit seinem Einsatz eine Doppelstrategie. Erstens strebt er aus militärischen Gründen den Kauf von zwei U-Booten in Kiel an. Zweitens ist er davon überzeugt, dass Dayan Adenauer auf der politischen Ebene den ›Schubs‹ geben könne, den er brauche, um diplomatische Beziehungen mit Israel einzugehen.

Doch Ben-Gurion denkt dabei nicht an seinen Koalitionspartner, die Partei Achdut Ha'awoda. Sie ist strikt gegen den Botschafteraustausch mit Deutschland. Zwei Minister bringen das nicht nur zum Ausdruck, sondern begehen zugleich einen folgenschweren Vertrauensbruch: Sie verletzen die Geheimhaltungspflicht, indem sie aus einer Kabinettssitzung, in der über die Entsendung Dayans debattiert wird, Informationen an die Tageszeitung *LaMerchav* weitergeben. Es kommt zu einer handfesten Krise. David Ben-Gurion ist erbost, beschließt, dass Dayan, der ohnehin zögert, weil er seine politische Karriere nicht aufs Spiel setzen will, nicht nach Deutschland fahren solle, und erklärt seinen Rücktritt. Die ›Auszeit‹, die er dadurch gewinnt, bleibt aber denkbar kurz, denn nur sieben Tage später bildet er erneut ein Kabinett, das mit dem vorherigen identisch ist. Im Nachhinein wird deutlich, dass Ben-Gurion ein Ablenkungsmanöver inszeniert hat, um in der überaus kritischen Öffentlichkeit nicht bekannt werden zu lassen, dass die militärischen Beziehungen und die Waffenkäufe in Rott am Inn längst ›angeleiert‹ worden sind.

Im Jahr 1957 hält David Ben-Gurion eine aufsehenerregende Rede vor der Knesset, wiederum als Reaktion auf einen Angriff der Cherut-Partei auf seine Deutschlandpolitik: »Das Wohlbefinden des Staates Israel hängt ganz wesentlich von stabilen Beziehungen mit Deutschland ab, weil wir es nicht mit der Welt von gestern, sondern mit der Welt von morgen zu tun haben; nicht mit Erinnerungen aus der Vergangenheit, sondern mit Wegen in die Zukunft; wir haben es nicht mit einer Realität zu tun, die verschwunden ist, sondern mit einer konkreten Realität, die sich verändert und erneuert.«[480]

In einer Rede vor dem Zentralkomitee seiner Partei, der Mapai, geht er noch weiter und rechtfertigt die Verknüpfung des Themas Waffenlieferung mit dem Thema diplomatische Beziehungen: »Das Land, das die Waffen verkauft, muss dem Staat, der die Waffen braucht und kauft, einen minimalen Grad an Freundschaft und vielleicht sogar ein gewisses Vertrauen entgegenbringen.«[481] Sein zweites Argument für die militärischen Beziehungen mit Deutschland ist das drohende Wettrüsten zwischen der arabischen Welt und Israel. Israel kann es sich nicht leisten, dabei zurückzufallen. Und das ist angesichts der begrenzten Zahl von Ländern, die willens und fähig sind, die benötigten Waffen zu liefern, nicht so einfach. Sein stärkstes Argument ist allerdings, diese Waffenlieferungen seien so überragend wichtig für die Sicherheit des Landes, dass sie etwaige Konzessionen rechtfertigten, was auch beinhalte, Waffen von Deutschland zu kaufen, vorausgesetzt, das geschehe alles unter strikter Geheimhaltung. So rechtfertigt er vor dem Kabinett, dass »wir dabei sind, gewisse Ausrüstungen von diesem Land zu erwerben, die nur in diesem Land erworben werden konnten – und dass dies für unsere Sicherheit lebenswichtig ist.«[482]

Diesen lebenswichtigen Auftrag erfüllt anstelle von Dayan nun vor allem Schimon Peres. Die erste Begegnung der beiden Herren Strauß und Peres ereignet sich bereits im Bonner Büro des Ministers einige Monate vor der ›Schneefahrt‹ nach Rott am Inn. Schon bei diesem Gespräch macht Peres deutlich, dass es ihm in erster Linie um die gemeinsamen Interessen der beiden Länder und weniger um die Vergangenheit gehe: »Freundliche Worte, selbst Geld kann uns nicht helfen, die Vergangenheit zu bewältigen und unsere Zukunft zu sichern. Deswegen bin ich nicht gekommen. Ich will vielmehr den Weg für eine neue Politik ebnen. Israel braucht praktische Hilfe für seine Verteidigung und Kontakte zu den europäischen Körperschaften.«[483] Letztlich betrachtet es Peres als die moralische Pflicht der Bundesregierung, alles in ihrer Macht Stehende zu tun, um Israels Sicherheit zu garantieren. Strauß stimmt Peres uneingeschränkt zu. Im Grunde entwickeln Peres und Strauß damals auch implizit den ›Staatsräson-Gedanken‹, der in die Äußerung der Bundeskanzlerin Angela Merkel während ihrer Knesset-Rede im Jahr 2008 eingeflossen ist: »Jede Bundesregierung und jeder Bundeskanzler vor mir waren der besonderen historischen Verantwortung Deutschlands für die Sicherheit Israels verpflichtet. Diese historische Verantwortung Deutschlands ist Teil der Staatsräson meines Landes.«[484]

Neben diesen moralischen Erwägungen teilt Strauß mit Adenauer die Ansicht, dass Israel ein Teil der westlichen Welt sei. Strauß lässt Peres wissen, Europa dürfe nicht nur seine Vordertür verteidigen, es müsse auch an seiner Hintertür wachen. Für ihn wie für Adenauer ist die israelisch-arabische Frage ein Teil des Ost-West-Gegensatzes. Strauß sieht die Gefahr, dass ein Konflikt im Nahen Osten letztlich auch die Gefahr einer Konfrontation der Supermächte mit sich bringen könnte. Israel mit einem abschreckenden Waffenpotenzial auszustatten, ist nach seiner Ansicht ein Beitrag dazu, die Spannung in der Welt zu verringern und deshalb zutiefst im deutschen Interesse.

Für die deutsche Seite sind die Waffenlieferungen ein politisches Hasardspiel, weil zu diesem frühen Zeitpunkt das Parlament noch nicht einbezogen ist. Erst 1961, als sich die Waffenlieferungen nicht mehr vor den Oppositionsfraktionen verbergen lassen, kommt es zu einer Einbeziehung der Bundestagsfraktionen. Daher wird in der Waffenhilfe nichts in schriftlichen Abmachungen kodifiziert. Mündliche Absprachen wiederum setzen tiefes Vertrauen voraus. In einem Interview mit dem Journalisten Rolf Vogel sagt Peres: »Gegenseitiges Vertrauen entstand während dieses ersten Treffens und beherrschte es von Anfang bis Ende. Die meisten unserer Vereinbarungen waren mündlicher Art und wurden getreu dem Wortlaut und Geist unserer Gespräche verwirklicht.«[485]

Das Gespann Strauß und Peres, der ab 1959 von Ben-Gurion zum stellvertretenden Verteidigungsminister gemacht wird, ist in Sachen ›Chemie‹, Offenheit und Vertrauen so etwas wie ein Spiegel der Beziehung Adenauer–Ben-Gurion. Es entsteht eine Freundschaft zwischen Strauß und Peres, über die viele Briefe der beiden Politiker Zeugnis ablegen. Rückblickend auf die 1957 beginnende Freundschaft schreibt Schimon Peres später: »Strauß' Bereitschaft, Israel beizustehen und uns entschlossen seine Unterstützung zu gewähren, war in dieser Zeit außergewöhnlich und hat sich für Jahre danach fest in unserem Gedächtnis eingeprägt.«[486]

Die stillschweigende Allianz von Strauß und Adenauer ist ebenfalls ein nicht zu unterschätzender Bestandteil des ganzen Geheimprojektes. Franz Josef Strauß ist zu Beginn zwar einer der expliziten Kritiker der Wiedergutmachungsleistungen, schwenkt aber schon bald auf den Kurs des Kanzlers ein und hält später die »weitsichtige und menschlich fundierte Politik«[487] des ersten Bundeskanzlers für ebenso moralisch geboten, außenpolitisch alternativlos wie visionär. Adenauer, von dem er gerne zum Außenminister gemacht worden wäre, betrachtet den Aufstieg des fast vierzig Jahre jüngeren Politikers wegen seiner vielen und wiederholten Alleingänge mit einer guten Portion Misstrauen. Das mag auch die Erklärung dafür sein, dass Strauß, der bei der Waffenhilfe für Israel den Kanzler über alle seine Schritte in Kenntnis setzt, seine Rückendeckung, zumindest Peres zufolge, nicht voll und ganz erhält. Der Kanzler habe seinem Verteidigungsminister gelbes Licht gegeben, also weder grün noch rot, und ihm lediglich eine schweigende Kenntnisnahme gewährt. Ab 1959, bei der Durchführung der tatsächlichen Verschiffung von Waffen nach Israel, die immer sehr konspirativ und mit Methoden erfolgen muss, die einem erfahrenen Schmuggler Achtung abnötigen würden, will Strauß allerdings, wie Felix Shinnar berichtet, nicht auf die Mitzeichnung Adenauers verzichten und fordert seine Unterschrift vehement ein.[488]

Adenauer kann sich in dieser Zeit politische Alleingänge mehr denn je leisten. Die Wahl zum dritten Deutschen Bundestag beschert den Unionsparteien nach einem relativ polarisierenden Wahlkampf, in dem die CDU mit einem Konterfei Adenauers und dem Spruch »Keine Experimente« für sich wirbt, eine satte absolute Mehrheit von über 50 Prozent der Stimmen. Wenn der von Karlheinz Niclauß mitgeprägte Begriff der »Kanzlerdemokratie« jemals wirklich Realität gewesen ist, dann gewiss in diesen Jahren. Adenauer steht auf dem Höhepunkt seiner parlamentarischen Einflussmöglichkeiten. Auch wenn die Motive Adenauers für seine schweigende Unterstützung dieser Waffenhilfe vermutlich nicht ganz abschließend geklärt werden können, so gibt es doch ein benennbares Motivbündel, das in diesem Zusammenhang eine Rolle spielt.

Sven Olaf Berggötz verweist darauf, dass den Waffenlieferungen an Israel in ganz erheblichem Maße zunächst auch Wirtschaftshilfen für die arabische Seite gegenüberstehen.[489] Allein in der Zeit, in der 1958 die konkreten Lieferungen an Israel einsetzen, erhalten beispielsweise die Vereinigten Arabischen Emirate mit der Übernahme von Garantien und Bürgschaften eine Finanzhilfe in Höhe von rund 550 Millionen DM. Zu der Zeit des Treffens mit Ben-Gurion im Jahr 1960 hingegen hatten sich die wirtschaftlichen Erwartungen an das Handelsvolumen mit den arabischen Staaten bereits deutlich verringert, so dass das Risiko, auf die Wünsche Israels einzugehen, deutlich geringer wird.

Seinen symbolischen Genehmigt-Stempel setzt Adenauer 1959 unter die mündlichen Abmachungen, als ihm Schimon Peres bei einem persönlichen Treffen einen Brief Ben-Gurions überreicht. Schimon Peres erzählt der Journalistin Inge Deutschkron, wie der damals 83-jährige Adenauer den Brief ohne Brille liest und, als er Peres darüber erstaunt lächeln sieht, fragt: »Junger Mann, warum lächeln Sie?«[490]

Peres hingegen handelt nicht nur in klarem Einverständnis und letztlich im Auftrag Ben-Gurions, sondern er weiß auch, dass Ben-Gurion die Politik der deutschen Waffenhilfe an Israel mit ›Zähnen und Klauen‹ verteidigt und dabei auch Franz Josef Strauß explizit in Schutz nimmt. Ein alter Weggefährte Ben-Gurions, Jitzchak Tabenkin, greift den Ministerpräsidenten massiv an. Er habe das Treffen in Rott »mit den Führern der Nazimörder vor dem Volk geheim gehalten.«[491]

Peres sorgt auch dafür, dass Strauß einige Jahre später, 1961 in Paris, am Rande des Staatsbesuches von Ben-Gurion in Frankreich die Ehre eines dreistündigen Gespräches mit dem israelischen Patriarchen erhält. Eine Begegnung, die in einen engen persönlichen Kontakt mündet.

Ein Jahr vor dieser ›Audienz‹ für Strauß liegt aber die erste Begegnung der beiden Regierungschefs. Ein Treffen der beiden Staatsmänner steht seit 1955 immer wieder einmal in diversen Gesprächskreisen von Politikern und Journalisten im Raum. Aber spätestens mit den geschilderten vertraulichen Gesprächen zwischen dem damaligen stellvertretenden Verteidigungsminister Schimon Peres und dem deutschen Verteidigungsminister Franz Josef Strauß über die militärische Zusammenarbeit der beiden Staaten von 1957 bis 1959 wird ein solches ›Gipfeltreffen‹ immer greifbarer. Allerdings ist das alles andere als ein einfaches Unterfangen und der Wille allein noch nicht der Weg, denn ein solches Treffen ist – insbesondere für die israelische Gesellschaft und für ihre politische Klasse – immer noch keineswegs leicht zu verdauen und zu dieser Zeit weder in Israel noch in Deutschland möglich und vermittelbar.

Inszeniert werden muss deshalb zur Gesichtswahrung ein Ort und ein Zeitpunkt, der die weitgehende Illusion von Beiläufigkeit und Spontaneität kreiert. Ein wichtiger ›Komplize‹ für dieses komplexe Unterfangen ist der frühere US-General Julius Klein, ein amerikanischer Jude, der über Heinrich von Brentano in Kontakt mit Konrad Adenauer kommt und ihn bereits 1952 in Sachen Wiedergutmachung besucht. Er verfügt über glänzende Kontakte zu den jeweiligen politischen Spitzenkräften in den USA, in Deutschland und Israel. Mit seiner Public-Relations-Firma, die im Auftrag der Bundesregierung für eine positive Vermarktung der Wiedergutmachungsbemühungen nach 1952 gesorgt hat, trägt er die Hauptlast der halbwegs geheimen Vorbereitung. Es wird ein Termin ins Auge gefasst, an dem sich beide Politiker in New York aufhalten. Für Mitte März hat das Büro des israelischen Premiers ein Treffen zwischen John F. Kennedy und Ben-Gurion terminiert. Auch mit Eisenhower soll der Israeli zusammentreffen und an der jüdischen Universität Brandeis die Ehrendoktorwürde entgegennehmen.

Bei Konrad Adenauer hingegen ist es eine kleine Weltreise, die ihn 1960 nach New York führt. Von dort soll es weitergehen: nach Washington und Los Angeles, nach San Francisco, später nach Hawaii und dann weiter nach Japan. »Auf dieser langen Reise ist mir klar zum Bewußtsein gekommen, daß wir Europäer uns aus der Enge und Kleinheit Europas herausdenken müssen«, so schreibt der politische Patriarch in seinen Memoiren.[492]

Es hat durchaus einen tiefen Sinn, dass diese denkwürdige Begegnung Teil seiner ›Welttournee‹ ist. Am Horizont zeichnet sich wetterleuchtend der Wolkenberg der zunehmenden Ost-West-Konfrontation ab, dessen Bedrohlichkeit noch etwas dunkler erschien durch die Tatsache, dass zum Zeitpunkt der Begegnung der beiden Staatsmänner unklar ist, wer bei den anstehenden Wahlen 1961 amerikanischer Präsident werden würde.

Adenauer tritt die Reise mit entsprechender Besorgnis an: Was ihn ausgesprochen nervös macht, ist das Ereignis, das nach der Reise auf ihn zukommt, die Pariser Gipfelkonferenz, die zugleich das letzte große Treffen der sogenannten großen Vier ist. Es bewegt ihn die Gefahr, dass nach der schwelenden Berlin-Krise eben jene Vier auf die Idee kommen könnten, sich über den deutschen Kopf hinweg zu einigen. Es beunruhigt ihn, dass nach seinem Eindruck die Führungsrolle, die er von amerikanischer Seite erwartet, nicht angenommen wird. Schon beim Treffen der drei Westmächte im Dezember 1959, zu dem Adenauer geladen ist, hat er den Eindruck, dass Eisenhower im Gegensatz zu den anderen beiden Westmächten bereit wäre, am herrschenden Rechtsstatus Berlins zu rütteln. Die Reise will er auch nutzen, um in Amerika seine Sicht der Dinge zu vermitteln und deutlich zu machen, wie wichtig ein militärisches Engagement der USA in Europa bleibt. »Auf dieser Reise ist mir sehr deutlich bewußt geworden«, so schreibt Adenauer in seinen Lebenserinnerungen,

»wie groß die militärische Macht der Vereinigten Staaten ist, sei es im Bereich des Pazifik, sei es im Bereich des Atlantischen Ozeans, sei es in Europa.«[493]

»Er ist der Ältere« – ein besonderes Gipfeltreffen in New York

Am 12. März 1960 fliegt Konrad Adenauer mit einer großen Delegation in die USA. Nach sechzehnstündigem Flug landet die Maschine im frostkalten New York. Bereits am zweiten Tag des Aufenthaltes kommt es zu der historischen Begegnung. Das Nobelhotel Waldorf Astoria an der Lexington Avenue, der Ort des ersten Treffens der beiden Staatsmänner, bricht den beiden besonderen Gästen zuliebe mit seinen Gepflogenheiten, denen es normalerweise folgt, wenn Staatsgäste in seinen ›heiligen Hallen‹ residieren oder Treffen abhalten: Um die Geheimhaltung nicht zu gefährden, werden vor dem Hotel nicht, wie üblich, die nationalen Flaggen der Gäste aufgezogen. Die israelische und deutsche Fahne einträchtig nebeneinander im New Yorker Wind wehend – das ist ein Bild, das man den Israelis, aber auch den vielen jüdischen Bewohnern New Yorks so noch nicht zumuten kann und will.

Bedenken seiner Protokollbeamten, vor allem auch die seines Botschafters in Washington, Avraham Harmann, schlägt der 73-jährige Israeli einfach mit vier knappen Worten in den Wind: »Er ist der Ältere.«[494] Damit ist die Frage, wer am 14. März 1960 zu wem geht, für David Ben-Gurion erledigt. Er entspricht dem Wunsch des 84-Jährigen und verlässt pünktlich um 10 Uhr am Vormittag seine Suite im 37. Stockwerk, um sich zur President's Suite des deutschen Bundeskanzlers in der 35. Etage auf den Weg zu machen. Die israelische Presse sieht darin sogleich ein perfides Werk der Deutschen, die angeblich ihre Vormacht unter Beweis stellen wollen, und reagiert entsprechend negativ auf diese Geste Ben-Gurions.

Ben-Gurion ist gleich noch einmal gezwungen, pragmatisch zu sein. Weil die Gänge rund um die Aufzüge im 35. Stock überfüllt sind mit Journalisten und Fotografen – das Treffen hat sich eben doch nicht geheim halten lassen –, empfiehlt der verantwortliche Sicherheitsbeamte der amerikanischen Bundespolizei FBI, statt des Aufzuges die Feuertreppe zu nehmen. Mit einem Lächeln auf dem Gesicht und dem Hinweis, er gehe ja bekanntlich gerne zu Fuß, entschließt sich Ben-Gurion kurzerhand, den Empfehlungen zu folgen und zu Fuß zu Adenauer zu gehen, um der fotografierenden und schreibenden ›Meute‹ zu entwischen. In seiner Entourage sind so illustre Begleiter wie der spätere legendäre Jerusalemer Bürgermeister und damalige Generalsekretär des Ministerpräsidentenamtes, in Deutschland wäre das der Rang eines Kanzleramtsministers, Teddy Kollek.

Vor dem Gespräch – noch im Zimmer Ben-Gurions – wird der Journalist Ari Rath Zeuge eines Gespräches zwischen Ben-Gurion und seinem Bürochef Yitzhak Navon, der später Staatspräsident Israels werden sollte. Es ist ein Gespräch, das ein wenig an einen Basar erinnert und sehr aufschlussreich – auch für die spätere Diskussion der Sachverhalte – ist. Während Ben-Gurion an der für ihn ungewohnten Krawatte nestelt, argumentiert Navon, man solle von den Deutschen eine Milliarde Dollar verlangen. »Sie sind verrückt«[495], gibt der israelische Patriarch zurück und verweist auf die Fachleute, die nach intensiven Diskussionen 250 Millionen vorgeschlagen haben. Navon verringert seine ›Empfehlung‹ auf 750 Millionen, muss aber erleben, dass ihm Ben-Gurion nicht zuhört, und geht noch weiter auf 500 Millionen herunter. »Es war, als ob sie um ein Pferd feilschten«[496], schreibt Inge Deutschkron über diese Begegnung. Im Aufbruch zu Adenauer begriffen, wendet sich Ben-Gurion zu Navon: »Also gut, ich werde 500 Millionen Dollar verlangen.«[497]

Adenauer wartet auf den besonderen Gast, erhebt sich von seiner Couch und streckt ihm lächelnd die Hand zur Begrüßung entgegen. Später wird Adenauers Sekretärin und Reisebegleiterin Anneliese Poppinga schreiben: »Beide strahlten Herzlichkeit aus. Die Sympathie, die beide füreinander empfanden, war offensichtlich.«[498] Am Anfang des Gespräches steht zunächst die – durchaus sensible – Frage, welche Sprache genutzt wird. Adenauer bittet darum, Deutsch sprechen zu dürfen, weil er so Nuancen besser betonen könne. Ben-Gurion antwortet, dass er einige Fremdsprachen verstehe und man so verfahren könne, wenn er das wolle. Zu einem Dolmetscher, für beide Herren standen Übersetzer bereit, sagt Ben-Gurion auf

Hebräisch: »Sie brauchen mir nicht zu übersetzen, was er sagt. Wir wollen die Zeit lieber dazu nutzen, uns die jeweilige Antwort zu überlegen.«[499]

Am Anfang des Vieraugengespräches, bei dem nur die Übersetzer Arieh Manor und Heinz Weber anwesend sind, stehen zunächst die gegenseitigen Freundlichkeiten. Es beginnt förmlich und etwas stockend, wie die offizielle Aufzeichnung des Gespräches verrät: Adenauer betont, so das Protokoll der Unterredung, er habe den Wiederaufbau Israels immer genau und mit großer innerer Anteilnahme verfolgt. Er müsse seiner großen Bewunderung Ausdruck geben für das, was dort geleistet worden sei, sowie für den Mut, die Stärke und die Zielstrebigkeit. Aus dieser inneren Anteilnahme heraus verfolge er das Schicksal Israels auch weiter mit großer Aufmerksamkeit.

Den israelischen Missionschef in Bonn, Felix Shinnar, lobt er ausdrücklich. Der sei »ein ausgezeichneter Vertreter Israels und ein sehr guter und charaktervoller Mann.«[500] Auch dass ihn Goldmann, der mit Ben-Gurion ja, wie er wisse, nicht in allem übereinstimme, über die Situation in Israel unterrichte, erwähnt der Kanzler. Ben-Gurion gibt die Komplimente artig zurück: »Ich möchte Ihnen sagen, wie sehr ich schätze, was Sie für die Errichtung eines demokratischen Regimes in Deutschland, für die Wiederaufnahme der Beziehungen zu den anderen Völkern und für die Juden getan haben.«[501]

Auch das Wiedergutmachungsabkommen wird als erster Vertrag gewürdigt, der zwischen den beiden Ländern geschlossen worden ist: »Dass der Führer eines großen Landes den Mut hatte, die moralische Verantwortung für das zu übernehmen, was geschehen war, das ist die wahre Bedeutung des Wiedergutmachungsabkommens.«[502] Das sei für ihn wichtiger als die rein materiellen Leistungen.

Er selbst, so Ben-Gurion, sei verschiedentlich mit Deutschen zusammengetroffen, die allerdings politische Gegner des Bundeskanzlers seien und mit seiner Politik nicht übereinstimmten. Doch hätten alle in großer Einigkeit gesagt, seine Haltung gegenüber den Juden sei von seinem Gewissen bestimmt. Welchen Weg Deutschland auch gehen werde, er sei sicher, dass der Weg, auf dem Deutschland durch Adenauer geführt werde, der richtige sei.

Nach diesen Höflichkeiten redet der israelische Politiker schnell ›Tacheles‹: Sechs Millionen unschuldiger Menschen, darunter eine Million kleiner Kinder, seien umgebracht worden. Etwas Ähnliches habe sich nie zuvor in der Geschichte zugetragen. Dann kommt er auf sein persönliches zionistisches »Ceterum censeo« zurück: Er klagt, dass Hitler nicht nur die Juden in Europa vernichtet, sondern beinahe auch die Möglichkeit, einen jüdischen Staat aufzubauen, verhindert habe. »Diejenigen unseres Volkes, die Weitblick, Wissen, Befähigung, Idealismus, Opferbereitschaft – und die materiellen Mittel besaßen, [...] wurden ausgerottet.«[503] Das europäische Judentum sei das Rückgrat der zionistischen Bewegung gewesen, in kultureller Hinsicht, aber auch in seiner Bereitschaft, sich an die Spitze des Zionismus zu stellen.

Dann begeht Konrad Adenauer einen schwerwiegenden Fauxpas, der das ganze Gespräch zum Kippen bringen könnte. »In gewisser Weise«, so unterbricht er seinen Gesprächspartner, »ähnelt das Schicksal der Juden dem unseren. Auch uns fehlen die Persönlichkeiten aus dieser Bevölkerungsschicht beim Wiederaufbau unseres Landes.«[504] Das macht Ben-Gurion für einen Moment ärgerlich und er entgegnet unwirsch: »Ich denke nicht, dass man diese beiden Dinge miteinander vergleichen kann. Wir haben ganze Bevölkerungsgruppen, Millionen von Menschen verloren, nicht nur ›Persönlichkeiten‹. Sie können die Tragödie unseres Volkes mit nichts anderem vergleichen. Die Möglichkeit eines jüdischen Staates existierte Tausende von Jahren in unseren Herzen [...] Das hat Hitler zerstört.«[505]

Aber Ben-Gurion, der die Hilfe des Deutschen braucht, hat keinerlei Interesse daran, die Situation zu eskalieren, und kommt auf sein Thema zurück, auf die Schwierigkeiten beim Aufbau des jüdischen Staates. Nach der großen Zahl der europäischen seien nunmehr vor allem die Juden aus den asiatischen und afrikanischen Ländern nach Israel gekommen – ausgestattet mit der gleichen messianischen Vision, und das sei die Rückkehr nach Zion. Sie seien aber eben nicht ausgerüstet mit dem gleichen Idealismus, den gleichen Fähigkeiten und der gleichen Vorstellungskraft, das Land Israel aufzubauen.

»In den arabischen Ländern«, so der Wortlaut der deutschen Aufzeichnung des Gespräches, »werde körperliche Arbeit als verachtungswürdig angesehen. Für die europäischen Juden hingegen sei die Arbeit, und gerade die einfache körperliche Arbeit auf dem Lande, die höchste Berufung, und nur so sei es zu erklären, dass viele Juden, die in Europa angesehene akademische Posten gehabt hätten, heute in Israel auf dem Lande arbeiteten – gleichsam als Pioniere. »Ich habe das, wie viele Freunde, auch selbst getan. Ich bin sogar vor einigen Jahren selbst in die Wüste gegangen. Ich wollte wissen, wie sich die Wüste anfühlt.«[506]

Die Aufgaben, denen sich der Staat Israel nun gegenübersehe, seien ungeheuer schwer, weil es an den Menschen fehle, die einen Staat aufbauen können. »Wenn wir in Israel jetzt vier bis fünf Millionen Juden hätten, dann gäbe es kein Sicherheitsproblem. Wir wären zwar nicht reich, aber unsere Leben und unsere Arbeit wären gesichert.«[507] Als er auf die Einwanderer zurückkommt, sagt Ben-Gurion: »Wir werden zwei bis drei Generationen brauchen, um jene Juden aus Asien und Afrika wirklich zu integrieren und sie zu Pionieren zu machen, wie es die europäischen Juden waren.«[508] Gleichsam um den herablassenden Unterton in seinen Darlegungen auszubügeln, fügt Ben-Gurion eine Anmerkung zur Struktur der Kibbuze hinzu: Alle hätten dort den gleichen Zugang zu Besitz und die gleichen Rechte, es gäbe keine Unterschiede.

Adenauer hört interessiert zu und erkundigt sich nach der Geburtenrate in Israel: »Bei den orientalischen Juden sind es rund acht Kinder pro Familie, bei den europäischen Juden rund zwei, im Durschnitt also vier«[509], erwidert Ben-Gurion. »Das ist nicht genug«[510], kommentiert Adenauer und erwähnt nicht, dass die Geburtenrate in Deutschland damals bereits nur bei 2,3 liegt. »Ich bin völlig Ihrer Ansicht«[511], antwortet Ben-Gurion.

Ben-Gurion kommt zur Sache – ein ›moralisches‹ Angebot

Nach diesem Exkurs kommt Ben-Gurion zur Sache und legt auf den Tisch, was er wirklich von diesem Gespräch erwartet: »Was ich Ihnen jetzt vorschlagen möchte, können Sie ablehnen. Ich kann es von Ihnen nicht fordern. Es gibt keine offizielle oder inoffizielle Verpflichtung, aber was ich

Ihnen vorschlage, sollten Sie annehmen.«[512] Es könne keine Abfindung für das Leben von mehr als sechs Millionen Menschen geben. »Aber es kann etwas getan werden, um den schrecklichen Schaden, der der Idee des ›jüdischen Heims‹ zugefügt wurde, wiedergutzumachen.«[513]

»Wir möchten, dass Sie sich an der Entwicklung unseres Landes beteiligen. Israel muss Industrien aufbauen, um seine Schifffahrt und seine Landwirtschaft zu entwickeln und damit Arbeit für eine Million Menschen zu schaffen.«[514] Und dann lässt er die 500-Millionen-Dollar-Katze aus dem Sack und kommt auf die Summe zu sprechen, die zuvor mit seinem Berater Navon abgesprochen worden ist: »Sie können direkt in solche Unternehmungen investieren oder Sie können uns eine Anleihe von 50 Millionen Dollar jährlich für eine Dauer von zehn Jahren geben. Das wäre eine große Hilfe bei der Bewältigung der Aufgaben, die uns auferlegt worden sind, […] von Gott oder den Geboten der Bibel.«[515] Noch einmal kommt er auf die deutsche Vergangenheit zurück: »Sie können nicht ungeschehen machen, was Hitler getan hat, aber Sie können uns die Mittel geben, die wir brauchen, um den Staat Israel aufzubauen.«[516]

Nachdem Ben-Gurion eingehend darlegt, dass die Mittel auch gebraucht würden, um Einwanderer aus den kommunistischen Staaten aufzunehmen und zu integrieren, die, nachdem sie das »kommunistische Paradies« erlebt hätten, nun völlig immun seien gegen die Verlockungen des Kommunismus, kommt es zu einem kuriosen Wortwechsel: »Was glauben Sie«, fragt Adenauer, »wie viele Mikrofone sind wohl in diesem Raum versteckt, drei oder vier?« Ben-Gurion antwortet: »Ich weiß nicht wie viele, aber ich bin sicher, da sind welche.«[517]

Adenauer zögert nach diesem kleinen amüsanten Zwischenspiel nicht lange mit seiner Antwort auf das Ansinnen Ben-Gurions: »Wir werden Ihnen helfen, aus moralischen Gründen und aus Gründen der praktischen Politik. Israel ist ein Bollwerk des Westens. Israel muss sich im Interesse der ganzen Welt weiterentwickeln. Ich kann Ihnen schon jetzt sagen, dass wir Ihnen helfen werden. Wir werden Sie nicht im Stich lassen.«[518] Über die Höhe des vorgeschlagenen Kredits verliert er kein Wort, aber er lehnt sie auch nicht explizit ab.

In seinen Memoiren geht er später auf diese taktische Zurückhaltung ein: »Mit einer exakten Antwort konnte ich auf diese Frage nicht eingehen. Ich musste meine Antwort vage halten, aber ich war bereit, alles nur Mögliche zu tun, um Israel zu helfen.«[519]

Adenauer bleibt vorsichtig, weil er weiß, dass weitreichende Zusagen, die umgehend das Licht der Öffentlichkeit erblicken, in diesem Moment wenig hilfreich sind und auch innenpolitisch zu heftigsten Diskussionen führen könnten. Mit dieser Zurückhaltung legt er freilich zugleich den Grundstein für die schwelende Debatte in den nächsten Jahren bis zu seiner Reise nach Israel, wie denn nun die – rein verbale – Abmachung der beiden Herren im Einzelnen zu interpretieren ist und ob das überhaupt als verbindliche Vereinbarung zu betrachten sei.

Dem israelischen Premierminister bleibt die Vorsicht Adenauers freilich nicht verborgen. Im weiteren Verlauf des Gespräches sagt Ben-Gurion deshalb, als ob er zur Besiegelung so etwas wie eine ›kaufmännische Bestätigung‹ einholen müsse, dass er die Antwort Adenauers so verstehe, »dass Sie prinzipiell mit meinen Vorschlägen einverstanden sind.«[520] Er selbst sei kein Wirtschaftsfachmann, sagt er, und unterbreitet den Vorschlag, zwei oder drei Wirtschaftsexperten zu senden, die sich mit den Bedürfnissen und Rahmenbedingungen der israelischen Industrie auskennen würden, mit dem Ziel, über Investitionen in bestehende Unternehmen zu diskutieren, denn man könne ja nicht Investitionen verlangen in etwas, das noch gar nicht existiere. Aber zweitens ginge es freilich auch um die Etablierung neuer Industrien. Felix Shinnar solle diese Expertenreise gemeinsam mit den deutschen Stellen finanzieren und organisieren. Adenauer antwortet: »Ich bin vollständig einverstanden und gehe davon aus, dass Sie Shinnar über dieses Gespräch informieren werden.«[521]

Noch einmal hakt Ben-Gurion nach: »Wenn ich wieder zu Hause bin, kann ich dann sagen: Der Grund ist bereitet?« »Ja, das stimmt«, gibt Adenauer umgehend zurück.[522] Besondere Brisanz erhält das Gespräch zwischen den beiden Staatsmännern durch die sehr eingehende Erörterung der sicherheitspolitischen Fragestellungen. Hier entsteht bei Adenauer die Interpretation, dass es bei den Krediten, die Israel erbittet, freilich nicht nur um die Wirtschaft, sondern auch um die Fortsetzung der militärischen

Kooperation geht. Schon zuvor ist die Sprache auf Franz Josef Strauß gekommen, der mit Adenauers Wissen die Waffenlieferungen an Israel verhandelt und koordiniert hatte. Adenauer beeilt sich, dem damaligen Verteidigungsminister den Rücken zu stärken: »Er ist in Ordnung. Er denkt wie ich«[523], bestätigt der Kanzler.

Im Waldorf Astoria nimmt Konrad Adenauer dann aus dem Mund Ben-Gurions eine kleine verbale Wunschliste entgegen. Und diese Wunschliste hat es in sich: Sie führt Waffen auf, deren Export insbesondere in instabile Gebiete auch damals als heikel galt, Fernlenkgeschosse nämlich aus französisch-deutscher Produktion, mit denen sich Panzer und Flugzeuge bekämpfen lassen. Israel freue sich über diese Freundschaft zwischen Deutschland und Frankreich nach den vielen Jahrhunderten, in denen die beiden Länder Feinde waren. Ben-Gurion nimmt diesen Ausdruck der gewachsenen deutsch-französischen Kooperation zum Anlass, auf die guten Kontakte zwischen Israel und Frankreich hinzuweisen: »Die Hilfe, die wir von Frankreich sowohl während des Unabhängigkeitskrieges als auch später erhalten haben, kann gar nicht hoch genug eingeschätzt werden.«[524]

Noch größer aber ist der Wunsch nach dem Waffensystem, das bis heute einen sehr zentralen Rang für die israelisch-deutschen militärischen Beziehungen einnimmt: U-Boote. Im Mittelmeer und im Roten Meer sind kleine wendige U-Boote, so wie sie in der Bundesrepublik für den Einsatz in der Ostsee genutzt werden, von höchstem strategischem Wert. Erlauben es diese U-Boote doch, unabhängig vom israelischen Territorium Angriffe auszuführen. Mit der Entwicklung von Atomwaffen in Israel bekommen diese U-Boote später die entscheidende strategische Wirkung. Der Schlüssel ist die sogenannte Zweitschlagskapazität. Damit wird es für potenzielle Angreifer, die ebenfalls über Atomwaffen verfügen, unmöglich, die atomaren Kapazitäten Israels mit einem vernichtenden Erstschlag zu eliminieren. Dies ist freilich 1961 noch nicht aktuell.

Die englischen Boote, die Israel besitzt, so Ben-Gurion in dem Gespräch mit Adenauer, hätten eine zu große Reichweite und bräuchten eine zu umfangreiche Crew. Nur durch eine Erweiterung der Flotte könne man mit den Ägyptern mithalten, die über zehn U-Boote aus russischer

Produktion verfügten. Er sei – eine Feststellung, die Adenauer zumindest alarmieren muss – sich im Übrigen gar nicht sicher, ob die Basis, von der aus die ägyptischen Boote operieren würden, vielleicht sogar eine russische Basis sei.

Seine Leute hätten über diese Fragen mit Strauß gesprochen und er sei ausgesprochen hilfsbereit gewesen. »Aber Sie haben das zu entscheiden. Sie sind mehr als nur ein einfacher Regierungschef. Sie haben schon zuvor gesagt, dass Sie zustimmen.«[525] Postwendend bestätigt Adenauer: »Ja, ich stimme zu.«[526] Strauß habe seine Unterstützung.

Jetzt geht es um die Weltpolitik – zwei Staatsmänner und ihr Blick auf die Welt

Nicht ganz ohne Bedeutung und aufschlussreich für die Gemeinsamkeiten, aber auch für die Differenzen zwischen den beiden Herren ist die nachfolgende Konversation in Adenauers Präsidentensuite. Jetzt geht es um die Weltpolitik und nicht zuletzt auch um das Verhältnis zu dem Staat, der für beide, für Israel und für die Bundesrepublik, existenzielle Bedeutung hat: um die USA. Beide konstatieren einen Ansehensverlust und beide halten es für ein Problem, dass damit gleichzeitig das »Ansehen der Kommunisten unter Chruschtschow«[527] gestiegen sei. Beide vermissen Klarheit in der amerikanischen Positionierung und damit eine eindeutige Führung im westlichen Bündnis. Beide halten die Übergangszeit vom sich abzeichnenden Ende der zweiten Amtszeit Eisenhowers hin zu einem neuen US-Präsidenten für eine besonders sensible Zeit.

Auf der anderen Seite steht die Einschätzung Nikita Sergejewitsch Chruschtschows als die eines Diktators »ausgeprägtester Form«, wie Adenauer sagt, »der auf niemanden Rücksicht zu nehmen brauche.«[528] Dem stimmt auch Ben-Gurion zu. Für Chruschtschow gebe es keinen Kompromiss: »Wenn er sagt ›friedliche Koexistenz‹, dann meint er: ›Was Dir gehört, gehört auch mir; und was mir gehört, geht Dich nichts an.‹«[529]

Was beide so besorgt, ist der schon angesprochene Gipfel der Westmächte in Paris, der im Mai stattfinden soll und bei dem es im Angesicht der noch immer schwelenden Berlin-Krise um den Status der Stadt Berlin gehen soll. Der Bundeskanzler kann die Angst und das Misstrauen nicht verbergen, dass in Paris letztlich eine Einigung auf Kosten Deutschlands vorbereitet werde. Berlin sei nicht allein eine deutsche Frage, vermittelt Adenauer seinem Gesprächspartner Ben-Gurion. Vielmehr gehe es um die Frage des Prestiges des Westens gegenüber dem Osten und um die Frage des Vertrauens des Westens in die Führung durch die Vereinigten Staaten. Ben-Gurion fügt hinzu, dass er in seinen Gesprächen in den USA darauf hingewiesen habe, dass man in Amerika nicht verstehe, was der Kommunismus wirklich bedeute.

Der Kanzler sagt, er würde jedes einzelne Wort von Ben-Gurion unterschreiben, und es kommt zu einem bezeichnenden Wortwechsel: »Ich habe Eisenhower meine Ansichten zum Kommunismus erläutert«, sagt Ben-Gurion. »Er hat mir völlig zugestimmt. Ich glaube, er ist ein aufrichtiger Mann.«[530] Adenauer erwidert: »Ich glaube auch, dass er aufrichtig ist, aber ich habe die Sorge, dass er nicht genug ›Ellenbogen‹ hat.«[531] Ben-Gurion wiederum antwortet fast schon verschmitzt, es sei wohl am besten, darüber Stillschweigen zu bewahren. Im Übrigen sei es nicht schlecht, so sagt Ben-Gurion halb ernst, halb im Scherz im Hinblick auf die bevorstehenden Präsidentschaftswahlen in den USA, wenn man die wichtigsten Fragen für zehn Monate auf die lange Bank schieben und in der Zwischenzeit keine Veränderungen vornehmen würde.

Wenn er auf die Gruppe der möglichen Präsidenten schaue, so Ben-Gurion weiter, dann habe er mit allen potenziellen Kandidaten gesprochen und ihre jeweilige Meinung habe ihn befriedigt. »Sie meinen Nixon, Rockefeller, Kennedy? Bei der Gelegenheit: Ich kenne Kennedy nicht, ist er gut?«[532], fragt Adenauer. Ben-Gurion gibt dem deutschen Kollegen sozusagen ›praktische Lebenshilfe‹ und macht deutlich, er glaube, Kennedy könne einen Beitrag zur Lösung von Problemen leisten. Dass es gut wäre, Nixon zu treffen, gibt er dem Kanzler noch mit auf den Weg.

Dann dreht sich das Gespräch um Asien und Afrika. »Vertrauen Sie Nehru?«, fragt der Kanzler. »Ich traue ihm nicht in internationalen Fragen«, sagt sein israelischer Amtskollege. »Er ist ein Schauspieler«, reklamiert Adenauer. »Ich weiß nicht, was nach Nehru kommt«, sagt

Ben-Gurion etwas vorsichtiger als der Deutsche. »Ich fürchte, dass Indien dann kommunistisch wird. Das muss nicht passieren. Es kann verhindert werden. Das wirkliche Problem ist die Armut.« Und das träfe eben auch auf Afrika zu.[533]

Hier treten dann doch die Differenzen zwischen beiden Politikern deutlich zu Tage. Adenauer gibt die »Hälfte Afrikas« bereits an den Kommunismus verloren. Das will Ben-Gurion so nicht stehen lassen und nimmt damit idealerweise die Rolle ein, die Israel auch heute für sich beanspruchen will: ein Bindeglied, ein Brückenbauer zwischen Europa auf der einen und Asien und Afrika auf der anderen Seite zu sein.

Ihm scheine es nicht unvermeidlich, dass Afrika auf die andere Seite schwenke, betont Ben-Gurion. Entscheidend sei in Afrika nicht die materielle Unterstützung, die den afrikanischen Völkern auch von der Sowjetunion versprochen werde. Entscheidend sei vielmehr, dass die freie Welt diesen Völkern mit Verständnis entgegentrete, ihre menschliche Würde respektiere und sie als gleichberechtigt behandle. Nur so werde man ihr Vertrauen gewinnen.

Dass sich Adenauer in seiner Antwort auf den Afrika-Missionar Albert Schweitzer beruft, verpackt die etwas abschätzige Einstellung, die er gegenüber den afrikanischen Völkern an den Tag legt, nur ungenügend: »Dr. Schweitzer sagt, dass die Afrikaner vollständig unfähig seien, sich selbst zu regieren. Sie seien nicht fähig, selbständig zu denken.«[534] Ben-Gurion ist nicht bereit, diese Einschätzung Schweitzers zu akzeptieren. Adenauer korrigiert sich selbst und sagt etwas spezifischer, er glaube nicht, dass Völker von heute auf morgen frei und selbstständig werden und ihren Weg in die Weltgemeinschaft finden können.

Aufschlussreich ist, wie Ben-Gurion Adenauer wenigstens ›durch die Blume‹ deutlich macht, dass man mit Überheblichkeit in Afrika ›keinen Blumentopf gewinnen‹ kann. Er zieht eine Linie zwischen dem jüdischen Volk und den Völkern in Afrika. Man könne die Afrikaner nur für die freie Welt gewinnen, wenn ihnen die »Weißen« als Brüder, als gleichberechtigte Mitglieder derselben menschlichen Familie, entgegenträten und nicht als Wohltäter, die die »Schwarzen« von oben herab behandeln: »Ich gehöre zu einer Rasse, die mehr verfolgt worden ist als andere, die aber nie ihr

Empfinden für die menschliche Würde verloren hat.«[535] Dies und die Tatsache, dass alle Menschen nach dem Bild Gottes geschaffen seien, müsse man in Afrika vermitteln, wenn man nicht wolle, dass die Sowjets die Oberhand in dieser Region gewinnen.

Zum Ende des Gespräches hin berichtet Adenauer, ein Vertreter des Weizmann-Institutes, Josef Cohen, habe sich an ihn gewandt mit der Bitte um Unterstützung für die Arbeit des Institutes. Das sei in Ordnung. Ben-Gurion beschließt die Unterhaltung mit dem Hinweis, er sei in seinem Land angegriffen worden wegen dieses Zusammentreffens, aber auch, »weil ich zwischen Ihrem Deutschland und dem Deutschland Hitlers einen Unterschied mache. Ich denke, es ist nicht jüdisch, einer ganzen Nation eine kollektive Verantwortung aufzuladen und damit ewig fortzufahren. Mein Gewissen ist ruhig. Ich tue nur meine Pflicht als Jude und als menschliches Wesen. Mein Gewissen ist rein.«[536] Adenauer wiederum dankt ihm dafür, dass er das deutsche Volk heute nicht mit Hitler und seinen Taten gleichsetze.

Gegen 11.30 Uhr, nach eineinhalb Stunden, endet der vertrauliche Teil des historischen Gespräches. Die Fotografen werden hereingebeten. Es entstehen die ikonischen Bilder, die bis heute Prägekraft für die deutsch-israelischen Beziehungen entfalten und in keiner Publikation zum Thema fehlen. Einer der Fotografen äußert gegenüber Adenauers Pressechef Felix von Eckardt später: »Es ist das Bild des Jahres. Vielleicht gäbe es noch ein sensationelleres Foto, aber das müssten dann schon Chruschtschow und Prinzessin Margaret-Rose vor dem Traualtar sein.«[537] Adenauer selber berichtet stolz darüber in der Unionsfraktion.[538]

Der Journalist Ari Rath, Augenzeuge der denkwürdigen Begegnung in New York, überliefert einen der schönsten Dialoge, der sich am Ende des Gespräches im 35. Stock abgespielt haben soll und der die gelöste Stimmung bei dem ersten Treffen der beiden alten Herren symbolisiert, die ja alles andere als eine Selbstverständlichkeit ist. Ben-Gurion soll mit einem Lächeln auf dem Gesicht eingestanden haben, dass er sich nicht mit der Energie Adenauers messen könne, und zum Beweis eine Anekdote erzählt haben, die ihm zu Ohren gekommen sei. Demnach habe Adenauer einen seiner 21 Enkel gefragt, welcher Beruf ihm denn so vorschwebe.

»Bundeskanzler«, sei die Antwort gewesen. Und die Erwiderung des Rhöndorfers an den Enkel habe gelautet: Das sei gänzlich unmöglich, denn schließlich könne es zur gleichen Zeit nur einen Bundeskanzler namens Adenauer geben. »Adenauer hörte geduldig zu«, so Ari Rath, »und versuchte ein Lächeln zu unterdrücken. Dann bemerkte er: ›Das ist wirklich lustig, ich habe dieselbe Geschichte über Sie und einen Ihrer Enkel vernommen.‹«[539] Diese hübsche Anekdote erfährt ihre Bestätigung dadurch, dass der Enkel des Kanzlers, Konrad Adenauer, sich im Vorwort zu dieser Publikation als derjenige Enkel zu erkennen gibt, um den es in dieser Geschichte geht.

Was auf der Liste fehlt – der Antisemitismus in Deutschland

Interessant ist neben diesem amüsanten Geplänkel bei der genaueren Betrachtung des Zusammentreffens nicht nur, was auf der Tagesordnung des Vieraugengespräches steht, sondern vor allem auch das, was auf der Liste fehlt: Eigentlich gibt es zwei Themen, die geradezu zwingend auf dem Tisch liegen und Gegenstand von Diskussionen zwischen den beiden Staatsmännern sein müssten. Da sind erstens die antisemitischen Vorfälle in der Bundesrepublik Deutschland, die sich im Jahr 1959 auffällig gehäuft haben: Insgesamt sind es um die Jahreswende herum rund 500 Zwischenfälle. Dabei fällt besonders augenscheinlich und schmerzhaft der Angriff zweier Mitglieder der Deutschen Reichspartei, einer Neonazi-Gruppierung, auf die Kölner Synagoge in der Roonstraße ins Gewicht, an deren Einweihung Adenauer noch kurz zuvor teilgenommen hat. In der Nacht vom 24. auf den 25. Dezember 1959 werden in Köln zunächst der Gedenkstein für die Opfer des Nationalsozialismus und dann die Außenfassade der Synagoge mit Hakenkreuzen geschändet. Die Täter, Arnold Strunk und Josef Schönen, sind binnen 24 Stunden gefasst, beide Mitte zwanzig, beide mehrfach wegen Eigentumsdelikten vorbestraft.[540]

Neben echtem Entsetzen über diese Taten gibt es auch viele Beschwichtigungsversuche. Der Innenminister von Nordrhein-Westfalen,

Josef Dufhues, beeilt sich mitzuteilen, dass die Tat kein »Beleg für Antisemitismus«[541] sei, sondern die Tat von »Außenseitern«[542], denen man nun das Handwerk legen müsse. Auch Adenauer selbst spielt diese Vorfälle als »Flegeleien ohne politische Grundlage« herunter, versehen mit der mehr als grenzwertigen Aufforderung: »Wenn Ihr irgendwo einen Lümmel erwischt, vollzieht die Strafe auf der Stelle und gebt ihm eine Tracht Prügel. Das ist die Strafe, die er verdient.« Eine Verharmlosung der Angriffe, die sowohl bei der SPD-Opposition, aber auch in den Medien viel Kritik findet. Und doch ist zugleich bemerkenswert, dass Adenauer der KZ-Gedenkstätte Bergen-Belsen, sogar entgegen dem Rat seiner Ärzte, demonstrativ einen Besuch abstattet. Er mag dabei auch daran gedacht haben, dass diese Ereignisse sicherlich großen Niederschlag in der medialen Berichterstattung in Israel finden. Zudem nimmt die Bundesregierung in den folgenden Monaten unter der Leitung von Bundesinnenminister Gerhard Schröder das Thema immerhin ernst genug, um ein »Weißbuch der Bundesregierung über die antisemitischen und nazistischen Vorfälle«[543] zu erarbeiten, das bereits Mitte Februar im Bundestag präsentiert wird.

Prügel bekommen die beiden Täter keine, aber ein ordentliches Gerichtsverfahren im Januar 1960. Auch das ist wieder Anlass zu verhetzenden Taten. Diesmal richten sich die Parolen nicht alleine gegen die Juden. Es treten auch solche Täter auf den Plan, die ihre Sympathie mit den Angeklagten zum Ausdruck bringen wollen und sich gegen die Politik wenden. Adenauer bescheren diese Taten so etwas wie ein Déjà-vu aus den frühen 1930er-Jahren, in denen er Ähnliches von SA und Konsorten zu hören bekam. Neben ›Freundlichkeiten‹ wie »Nieder mit Adenauer« wird er zusammen mit Willy Brandt, Erich Ollenhauer und anderen als »Judenfreund« und »Judenhelfer« diffamiert.

Adenauer sieht sich in dieser heiklen Situation gezwungen, das Thema zum Gegenstand einer Rundfunk- und Fernsehansprache zu machen, in der er die Taten zunächst »eine Schande und ein Verbrechen«[544] nennt, dann aber ungewöhnlich persönlich wird und auf seine eigene Vergangenheit zu sprechen kommt. Er spricht über die Todeslisten, auf denen er gestanden habe. Vor allem aber redet er über die beiden Juden – Heineman und Kraus –, die ihm in schwieriger Lage Hilfe angeboten hätten, und über das gute Verhältnis, das ihn mit dem Judentum verbindet.

Auch seine Bemühungen um das Wiedergutmachungsabkommen werden thematisiert: »Ich wollte damit vor der ganzen Welt kundtun, dass das heutige Deutschland den Antisemitismus von Grund auf ablehnt.«[545] Nicht fern von den Tatsachen, rhetorisch clever, aber bei Licht betrachtet doch eine Verdrehung von Ursache und Wirkung, ist der Hinweis, den er an das Ende seiner Rede stellt: »Die Verurteilung des Antisemitismus und Nationalsozialismus, die sich im deutschen Volke jetzt so spontan und einmütig offenbart, ist die gute Seite dieser abscheulichen Vorgänge.«[546] Das alles trägt Spurenelemente einer ›Fensterrede‹ ans Ausland, die vor allem den internationalen Schaden zu mindern sucht, den die Taten hervorgerufen haben.

In der Knesset spricht Ben-Gurion das Thema am 20. Januar 1960 an, nimmt Deutschland aber ganz ausdrücklich in Schutz und beschwichtigt ähnlich wie Adenauer: Es sei richtig, dass sich solche Vorfälle in Deutschland ereignet hätten, aber so etwas habe sich in anderen Ländern auch zugetragen. »Wenn ich mich auf das gegenwärtige Deutschland beziehe, dann weise ich den Titel ›Nation der Mörder‹ zurück. Ich betrachte dies als rassistisch.« Und dann grundiert Ben-Gurion seine Wertung religiös: »Ich glaube, die Naziideologie ist gotteslästerlich, und dass wir auf ihren Einfluss achten müssen. Jeder muss nach seinen Taten beurteilt werden und so auch jede Regierung.«[547]

Im Gespräch mit Adenauer bleiben solche Stellungnahmen vollständig aus. In persönlichen Gesprächen aber bekennt Ben-Gurion expressis verbis seine Beunruhigung. Am Rande des New Yorker Gespräches stellt Ben-Gurion dem Sohn des Kanzlers, Max Adenauer, die Frage, ob er die Gefahr sehe, dass in Deutschland eine neue »Nazipartei« Rückhalt in der Bevölkerung erhalten könne. Max Adenauer antwortet, es gebe unter den Jugendlichen eine »starke Reaktion«[548] gegen den Nazismus und einen Wunsch nach europäischer Vereinigung.

Dass dieses Thema, so wichtig es in der öffentlichen Wahrnehmung in Israel ist, in der offiziellen Unterhaltung keine Rolle spielt, ist in gewisser Weise auch eine Absage an die These, die Hans-Peter Schwarz vertritt, nämlich, dass die deutschen Waffenlieferungen der Preis seien, der von der »durch die Hakenkreuzschmierereien diskreditierten Bundesrepublik«[549] für den demonstrativen Schulterschluss Ben-Gurions in New York an Israel zu zahlen sei. Vielmehr will Israel nicht die Waffenlieferungen in Gefahr bringen. Längst erfährt im Übrigen die Bundesregierung so viel internationale Anerkennung, nicht zuletzt in der Person ihres Regierungschefs Konrad Adenauer, dass diese These von Schwarz wenig stichhaltig wirkt.

Angst vor den Konsequenzen? – Deutschland und die diplomatischen Beziehungen

Das zweite große und bedeutende Thema, das im Gespräch der beiden Patriarchen keine Rolle spielt, nicht einmal andeutungsweise, ist der Wunsch nach der Aufnahme diplomatischer Beziehungen. Hier fühlt sich Israel nach wie vor als ›Opfer‹ der Hallstein-Doktrin und von Deutschland hingehalten. Ein Eindruck, der ebenfalls in den israelischen Medien entsprechend hohe Wellen schlägt und Ben-Gurion eigentlich nötigt, das Thema – auch in den öffentlichen Erklärungen – anzusprechen. Zumindest ist dies die Erwartung, die manche israelische Medienberichte an ihn stellen.

Was tut David Ben-Gurion? Er meidet dieses Thema sorgfältig und spricht es von sich aus nicht an. Er klammert die diplomatischen Beziehungen als imaginäre rote Linie freilich vor allem deswegen aus, weil er um die deutschlandpolitischen Konsequenzen weiß und weil er die deutsche Unterstützungsleistung, insbesondere die Waffenlieferungen Deutschlands an Israel, für unverzichtbar hält. Er selbst bestätigt, »mit der Deutschland- und Berlinfrage mehr oder weniger vertraut zu sei[n].«[550] In seinem Tagebuch notiert er: »Die [diplomatischen] Beziehungen stören mich nicht. Ich denke, zwei Themen sind hier wichtig: Daß die Deutschen in den nächsten zehn Jahren eine viertel Milliarde Dollar in unsere Industrie investieren [und dass sie] uns Waffen liefern.«[551] Anders als die genannte These von Schwarz, dass Deutschland einen hohen Preis zu zahlen habe, ist es eher Israel, das im Interesse seiner eigenen Sicherheit einen beträchtlichen Preis zahlt, indem es in der Frage der diplomatischen Beziehungen keinen Druck auf Adenauer aufbaut.

Adenauer quittiert das nach seiner Rückkehr von seiner ›Weltreise‹ in einem seiner berühmten »Teegespräche« mit dem britischen Journalisten William Frankel vom *Jewish Chronicle* entsprechend erleichtert: »In dem Gespräch mit Ben-Gurion, das sehr gut verlief, ist die Frage der Herstellung der diplomatischen Beziehungen überhaupt nicht angeschnitten worden. Sie sehen daraus, daß dieser Frage doch in der Öffentlichkeit manchmal ein größeres Gewicht beigemessen wird, als sie es verdient.«[552]

Es ist aber gar nicht alleine die Aussicht auf die Aufnahme der diplomatischen Beziehungen, die auf der arabischen Seite Missfallen auslöst. Die offensichtlich gute Chemie zwischen den beiden Staatsmännern ist es, die bereits Anstoß erregt. In einem Vermerk für den Vertriebenen- und Flüchtlingsminister Hans-Joachim von Merkatz als Vorbereitung für eine Besprechung des Ministers mit den neun Chefs der arabischen Missionen in Bonn fasst das Auswärtige Amt seine Beobachtungen so zusammen: »Offenbar nimmt man auf arabischer Seite Anstoß an zwei Punkten der Erklärung des Bundeskanzlers: dem Ausdruck seiner Bewunderung für Ben-Gurion sowie seiner Genugtuung darüber, dass die Bundesrepublik durch die Wiedergutmachung einen Beitrag zu dem Aufbauprozess Israels geleistet habe. Besonders in letzterem dürften die Araber eine Bestätigung für ihre stets vorgebrachte Ansicht erblicken, dass unser Israel-Abkommen nicht etwa nur den jüdischen Opfern des Nazismus geholfen, sondern vor allem den Staat Israel, in dem die Araber ihren Feind Nr. 1 erblicken, gestärkt habe.«

Das historische erste Treffen der beiden Staatsmänner entwickelt schon deshalb eine besonders große Durchschlagskraft, nicht nur auf der arabischen Seite, sondern auch weltweit, weil es mit Fernsehkameras festgehalten wird – zumindest der Teil der Zusammenkunft, der im Anschluss an die vertrauliche private Unterredung der beiden Männer aufgezeichnet wird. David Witzthum beschreibt die Szene, die sich im Hotel abspielt, eindrücklich: »Sie sitzen in Sesseln, einander halb zugewandt und schauen sich an; sie lächeln, berühren die Arme ihres Gegenübers, reden, gestikulieren und hören einander aufmerksam zu. Sie sind räumlich nah beieinander positioniert, eindeutig in einer ›intimen Distanz‹, die nur Menschen in einem sehr persönlichen und vertraulichen Gespräch einnehmen. Sie sind sich bewusst, und das zeigen sie auch, dass ihre Wege, jetzt vereint, sich durchgesetzt haben.«[553]

Der alte Herr aus Israel schätzt körperliche Berührungen nicht besonders. Das macht das Bild, in dem die Hand Ben-Gurions auf dem Arm Adenauers ruht, noch ein wenig bemerkenswerter. Aber auch der rheinische Katholik, der als kontrolliert, ja gelegentlich distanziert gilt und nicht zur ›Garde der Schulterklopfer‹ gehört, erwidert solche Gesten: »Ich sehe noch vor mir«, so schreibt Adenauers Pressechef Felix von Eckardt in seinen Lebenserinnerungen, »wie Adenauer eine Hand auf Ben-Gurions Arm legte und sagte: ›Seien Sie sicher, wir werden Israel nicht im Stich lassen.‹«[554]

David Witzthum berichtet in diesem Zusammenhang auch von einem Treffen Ben-Gurions mit Redakteuren der Zeitung *Maariv*, bei dem einer der Journalisten darauf hinweist, dass die Menschen, die das Treffen im Fernsehen sehen, sich durch die Tatsache gestört fühlen, dass das wie »ein Treffen voller Freundschaft und Zuneigung«[555] aussehe. Ben-Gurion stimmt dem sofort zu: »Ja, ich schätze Konrad Adenauer sehr. Wenn ich in meinem Leben je eine gute Tat getan habe – dann war es das. [...] Man muss an die Zukunft denken. Ich lebe in der Zukunft. Die Vergangenheit interessiert mich nicht.«[556]

In dem gleichen Interview, dessen Abschrift sich im Ben-Gurion-Archiv befindet, wird allerdings auch die Gratwanderung, die Ben-Gurion durchläuft, überdeutlich. So sehr er sich von Adenauer einnehmen lässt, so sehr hält er es aber auch für nötig, den Redakteuren gegenüber seine Distanz zu allem Deutschen spürbar werden zu lassen. Auch diese Äußerungen Ben-Gurions zeigen die tiefe Ambivalenz nicht nur seiner Politik gegenüber Deutschland, sondern auch den Zwiespalt, in dem er selbst psychologisch steckt.

Den Redakteuren erläutert er zunächst wortreich, warum er immer wieder Einladungen nach Deutschland abgelehnt habe, ja er führt sogar aus, dass er es ablehne, Briefe in Deutsch in das Land der Mörder zu senden. Als ihn der Interviewer Rosenfeld fragt, ob das kein Widerspruch sei, gibt er eine Antwort, die allen anderen Sympathiebekundungen gegenüber Adenauer, die auch aus Ben-Gurions Mund gekommen sind, deutlich widerspricht: »Das scheint in der Tat irrational zu sein, aber ich habe zu diesem Goi kein hasserfülltes Verhältnis. Darum konnte ich Adenauer auch guten Gewissens und ohne ein Gefühl der Abscheu treffen. Ich wusste, dass ich von ihm eine Sache verlangen würde, die Israel großen Segen bringen würde, und ich glaubte schon fest daran, bevor es zum Gespräch kam, da ich mir seine Gestalt schon aus den Berichten vorstellen konnte. – Er war dann härter, als ich mir das ausgemalt hatte, da konnte ich die deutsche Brutalität erkennen.«[557]

Zur Illustration seines Eindrucks schildert Ben-Gurion die Szene, in der die Kameraleute nach dem Ende des New Yorker Gespräches wortreich und zahlreich Anweisungen an die beiden Herren geben, um das beste Foto erhaschen zu können. »Adenauers Reaktion war: ›Raus! Raus!‹ […] Da fingen seine Begleiter auch wirklich an, Leute hinauszuwerfen. Ich sah die deutsche Brutalität. Die scheint wirklich in ihrer Natur zu stecken. Ich hätte jedenfalls nicht mit ›Raus‹ reagiert. Vielleicht hätte ich ›genug jetzt‹ gesagt, aber nicht ›Raus!‹. Doch ich bin nicht zu diesem Treffen gekommen, weil ich keine Wahl hatte, sondern weil ich dazu entschlossen war, Gutes zu tun. So muss man das betrachten.«[558]

Wenn Ben-Gurion den Eindruck hatte, er habe es nötig, den Eindruck einer liebenswürdigen Zusammenkunft mit solchen kritischen Tönen zu zerstreuen, um die negativen öffentlichen Reaktionen auf die Zusammenkunft in Israel damit zu verringern, so erwies sich diese Methode schon früher als fragwürdig. 1952 hatte die Ankündigung der Wiedergutmachungsverhandlungen in Israel auch durch die Eskalationen auf der Seite der Cherut-Partei zu einer handfesten politischen Krise geführt.

1960 ruht der See zwar nicht völlig still, aber die Proteste gegen sein Treffen mit Adenauer und gegen die anschließenden Erklärungen der beiden Politiker haben inzwischen einen gewissen Ritualcharakter: Das Treffen sei wegen seiner Freundlichkeit eine »historische Schande«[559], sagt eine Cherut-Abgeordnete. Vom »brutalen Missbrauch des Gedenkens an unsere ermordeten Brüder«[560] ist im Parlament die Rede, und die

Kommunisten stellen, ebenfalls ritualisiert, einen Misstrauensantrag gegen den Regierungschef. Am Ende sind es nur die drei Kommunisten unter den 120 Abgeordneten in der Knesset, die für den Antrag stimmen.

Es mag auch an der Entführung und am Prozess gegen Eichmann liegen, dass die Gewitterwolken der öffentlichen Empörung diesmal weniger dunkel ausfallen. Das jedenfalls ist die Vermutung der israelischen Historikerin Anita Shapira: Für viele, die sich gegen die Politik der Annäherung mit einem demokratischen Deutschland gewandt haben, habe die Gefangennahme und der Prozess gegen Eichmann dabei geholfen, die Balance zwischen dem Pragmatismus und der Erinnerung zu finden.[561]

In einem Bericht an ihre Chefs im britischen Außenministerium beschreiben die Mitarbeiter der britischen Botschaft, wie außerordentlich gering die Wellen sind, die das Treffen in der breiten Öffentlichkeit auslöst: »Die Öffentlichkeit hat, soweit wir es beurteilen können, ein minimales Interesse gezeigt. Die Wahrheit ist, dass das Treffen zwischen Herrn Ben-Gurion und Dr. Adenauer in New York für die meisten Menschen in Israel eine relativ geringe Bedeutung hat. Eine der bemerkenswerten Eigenschaften der Regierung in Bezug auf den Verkauf von Waffen an Deutschland im letzten Jahr war, dass dies keine wirkliche Aufregung erzeugte. Der gegenwärtigen Episode in den israelisch-deutschen Beziehungen wurde sogar mit einer noch größeren Apathie begegnet.«[562]

International aber macht das Treffen großen Eindruck: Auch andere herausragende Staatsmänner der Zeit beginnen die beiden Politiker nach der Zusammenkunft in New York in einem Atemzug zu nennen. Nur Wochen nach dem Treffen mit Adenauer besucht David Ben-Gurion den französischen Staatspräsidenten Charles de Gaulle. Es sind ähnlich schwierige Gespräche wie die, die Ben-Gurion zuvor mit dem US-Präsidenten Eisenhower geführt hat. Ben-Gurion beschwört den französischen Präsidenten, Israel mit Waffen zu helfen, weil sein Land sich sonst in tödlicher Gefahr befinde. Aber auch hier erhält er eine halbe Abfuhr, erneut konfrontiert mit der Legende vom ›unbesiegbaren Israel‹. »Ich kann mir nicht denken«, sagt de Gaulle, »dass die Araber Sie besiegen können.«[563] Mit drastischen Worten beschreibt Ben-Gurion den Vernichtungswillen, den er den Ägyptern zuschreibt, und was passiert, wenn die Araber Tel

Aviv angreifen würden und Israel nicht in der Lage sei, seine Reservisten einzuberufen. Ob er das dem amerikanischen Präsidenten auch geschildert habe, will der französische Staatschef wissen. Ja, entgegnet der Israeli resigniert und gesteht, dass Eisenhower auf der Grundlage der internationalen Lage abgelehnt habe, Hauptlieferant für Waffen zu sein. Auch wenn der Durchbruch zunächst ausbleibt, zeigt sich der große Franzose sichtlich beeindruckt von seinem israelischen Staatsgast, den er, so Ben-Gurions Biograf Michael Bar-Zohar, »mit Freundschaftsbeweise[n]«[564] geradezu überhäuft habe. Gegenüber seinem Schwiegersohn befindet de Gaulle später: »Ben-Gurion und Adenauer sind die beiden bedeutendsten Führer des Westens.«[565] Angesichts des nicht geringen Selbstbewusstseins de Gaulles, der sich selbst in der Aufzählung aussparte, keine ganz selbstverständliche Klassifizierung.

Schon unmittelbar nach dem Treffen beginnt vor allem auf israelischer Seite die Nachbereitung. Nicht nur der deutsche Kanzler steht im Ruf, mit allen Wassern gewaschen zu sein. Auch der israelische Ministerpräsident versteht sich auf Strategie. Tags darauf berichtet die israelische Presse, Ergebnis dieses denkwürdigen Treffens sei ein neuer deutscher Kredit für Israel. Ben-Gurion hat das in weiser Voraussicht lanciert, weil er glaubt, nur so Fakten zu schaffen, die nicht mehr revidierbar sind, zumindest nicht ohne einen erheblichen Gesichtsverlust in Kauf zu nehmen. Der Streit über die Auslegung des New Yorker Gesprächs, der weit bis nach Adenauers Besuch im Jahr 1966 andauert, findet zwar einigermaßen erbittert auf der Arbeitsebene statt, nicht aber zwischen den beiden greisen Staatsmännern. Die haben beide auch so erreicht, was ihnen wichtig ist, ohne sich in die Ebenen der Verhandlungsdetails zu begeben: Sie schreiben allein durch die Begegnung Geschichte und setzen ein kraftvolles Zeichen der Annäherung.

Interessant ist, dass David Ben-Gurion schon ein knappes Jahr nach der Begegnung sogar befürchtet, das in New York vertiefte Verhältnis zwischen den beiden Staatsmännern könnte zu Ende gehen. Bei seinen Männern in Deutschland, wie Felix Shinnar, erkundigt sich Ben-Gurion immer wieder nach dem Befinden des Kanzlers: Sehr manifest ist die Angst, dass mit dem Tod Adenauers auch die mündlich getroffenen Absprachen verloren sein könnten. 1961 ist er gar bereit, wie Tom Segev berichtet, Peres zu ermächtigen, der Bundesrepublik ein Geheimabkommen anzubieten – mit brisantem Inhalt: Er erwägt, den Deutschen im Bedarfsfall die Benutzung von Militärstützpunkten in Israel zu gestatten.[566] Es ist eine frappierende Vorstellung: 16 Jahre, nachdem deutsche Soldaten dazu beigetragen haben, ganz Europa zu verheeren und Deutschland sich durch die staatlich angeordnete, systematische Ermordung der Juden schwerste Schuld aufgeladen hat, hält es die israelische Regierung für nicht ausgeschlossen, deutsche Soldaten auf israelischem Territorium israelische Militäreinrichtungen nutzen zu lassen.

Der Eichmann-Prozess und Globke – eine Bedrohung der Beziehungen?

Zur gleichen Zeit macht sich Enttäuschung bei Ben-Gurion breit, weil er den Eindruck hat, dass sich die Dinge nicht wirklich fortbewegen. Eineinhalb Monate nach dem Beginn des Prozesses gegen Eichmann schreibt er an ›seinen Mann‹ in Bonn, Felix Shinnar, mit unverhohlener Ungeduld und mit fast schon abschätzigen Formulierungen: »Die Verzögerung untergräbt das Vertrauen in die Zusicherungen des Alten. Es war von einem Langzeitkredit die Rede [...] Seither sind 14 Monate vergangen. Man muss mit dem Alten reden, ob seine Zusicherung noch gültig ist.«[567]

Die Zusage ist gültig, aber Adenauer gibt Karl Carstens, dem neuen Staatssekretär im Auswärtigen Amt, zu verstehen: Keinesfalls solle »vor Beendigung des Eichmann-Prozesses etwas unternommen werden.«[568] Der Chef des Bundeskanzleramtes, Hans Globke, stellt fest, dass mit dem Abschluss des Prozesses die Voraussetzungen für eine »Kredithingabe« erfüllt sind. Der Prozess gegen Eichmann endet am 15. Dezember 1961 mit der Verkündung des Todesurteils.

Wer das Verhältnis Konrad Adenauers zu David Ben-Gurion und zum gesamten Themenkomplex Israel erfassen will, der kann die Person von Hans Globke kaum außer Acht lassen. Schon 1968 spricht der Politikwissenschaftler Wilhelm Hennis von der »Ära Adenauer-Globke« und spätere Betrachter der Zeitläufte wie Frank Bösch bestärken diese These auch heute. Der Blick auf die Durchsetzungskraft des Tandems Adenauer-Globke wird aber auch zu den aktiven Zeiten beider auf andere, ethische Dimensionen gelenkt: Wie ernst ist Adenauers zweifelsfreie Gegnerschaft zum Nationalsozialismus, wenn er Menschen in den innersten Kern der Macht einbezieht, die eine umstrittene Rolle in dieser Zeit gespielt haben? Und: Wie erpressbar macht sich Adenauer im Rahmen seines Projektes, Deutschland wieder an das Judentum anzunähern und Entschädigungen zu gewähren, wenn er in ein solches Projekt jemanden wie Hans Globke einbezieht? Diese inneren Widersprüche rufen – wie stets – schnell Verschwörungstheorien auf den Plan.

Eine solche Theorie vertritt die Journalistin Gaby Weber, die der Historiker Rainer Blasius als »Verschwörungstheoretikerin« bezeichnet, in ihrem Buch »Eichmann wurde noch gebraucht«. Zunächst stellt sie dort die mehr als abenteuerliche Behauptung auf, dass die Entführung Eichmanns nach Israel eigentlich gar nicht der Gerechtigkeit gegolten habe, sondern lediglich dazu diente, vom Bekanntwerden angeblicher geheimer unterirdischer Atomtests der USA in Argentinien abzulenken. Vor allem aber versucht sie, aus der Aktion »Geschäftsfreund« – das ist der Name für die Zahlungen, die aus dem Gespräch von Adenauer und Ben-Gurion hervorgehen – ein Manöver zu konstruieren, bei dem sich die Bundesrepublik durch die Gewährung eines aus ihrer Sicht »nicht legal« geschlossenen zwischenstaatlichen Vertrages mit der Bewilligung des Milliardenkredites eine Gegenleistung »erkauft« habe. Diese sei das Versprechen gewesen, dass gegen ›Nazigrößen‹, die im bundesdeutschen Staatsapparat arbeiten, keine »Kampagne« von israelischer Seite betrieben werde. Dabei spitzt Gaby Weber alles auf die These zu, dass es Adenauer letztlich nur darum gegangen sei, seinen Staatssekretär Globke gegen negative Aussagen zu seiner Rolle als Ministerialdirigent im Reichsinnenministerium und als Kommentator der Nürnberger Rassengesetze zu schützen. Und Globke, so Weber, sei schon alleine aufgrund der Tatsache, dass er in der Hierarchie über Eichmann gestanden habe, der weitaus problematischere Faktor als der Organisator des industriell angelegten Massenmordes, der 1962 im Ajalon-Gefängnis in Ramla hingerichtet wird.

Der Globke-Biograf Erik Lommatzsch schließt zwar nicht völlig aus, dass es im unmittelbaren Umfeld des Eichmann-Prozesses, insbesondere zwischen Franz Josef Strauß und Schimon Peres, Absprachen gegeben haben könnte, er schwächt diese Vermutung aber selbst gleich wieder deutlich ab und widerspricht der Einschätzung Webers, indem er unmissverständlich und auf der Basis seines intensiven Dokumentenstudiums zu Protokoll gibt, dass Globke in den Zeiten des Nationalsozialismus mit Eichmann keinerlei Verbindung hatte. Die interessierte und massive Anti-Globke-Propaganda, die insbesondere in der DDR zur Schwächung der Adenauer-Regierung erarbeitet worden ist, habe sich jedoch immer wieder intensiv bemüht, eine solche Verbindung herzustellen, so Lommatzsch.[569]

Auch der Blick in die israelischen Dokumente zeigt, dass es eine wie auch immer geartete Verbindung Globkes und Eichmanns und mithin eine Verantwortung Globkes für die Taten Eichmanns so nicht gegeben hat. In einer internen Aufzeichnung eines Gespräches, das Felix Shinnar mit einem Diplomaten im Umfeld des Eichmann-Prozesses geführt hat, heißt es: »Bis heute ist G. [Globke, der Verf.] im relevanten Material zum Fall Eichmann nicht erwähnt. […] Ich wollte wissen, ob E. G. kennt. Aus dem Kreis der Untersuchungsbehörden konnte ich in Erfahrung bringen, dass E. G. entweder gar nicht kennt, oder sich nicht an ihn erinnert.«[570]

Henning Köhler, dem man nun wirklich nicht den Vorwurf machen kann, unkritisch oder distanzlos gegenüber Konrad Adenauer und seinem Umfeld zu sein, ist in Sachen Globke eindeutig. Er widerspricht zwar der Selbstrechtfertigung Globkes, mit der Kommentierung der Rassengesetze Schlimmeres verhindert haben zu wollen, entwickelt aber eine differenzierte Beurteilung der Person. Er bescheinigt Globke erstens, dieser habe bei seiner Kommentierung schlicht nicht vor Augen haben können, dass die Verfolgung von Juden einmal in Auschwitz enden würde, und widerspricht Gaby Weber damit sehr klar. Vor allem aber konstatiert er, »dass Globke ein entschiedener Gegner des NS-Regimes gewesen ist. Zahlreiche Beziehungen zu Mitgliedern des Widerstandes, zu Josef Müller, Otto Lenz und Jakob Kaiser, aber auch zum bischöflichen Ordinariat, lassen daran keinen Zweifel.«[571]

Köhler führt ebenfalls aus, dass auch von Seiten der deutschen Juden aus gutem Grund Angriffe auf Globke ausgeblieben seien und dass der schon erwähnte Journalist Karl Marx, der durchaus eine jüdische ›Instanz‹ im Nachkriegsdeutschland war, sich explizit hinter Globke gestellt habe; diese Unterstützung habe auch angehalten, als er »tatkräftig das Wiedergutmachungsabkommen förderte und später für israelische Wünsche immer ein offenes Ohr hatte«.[572] Erik Lommatzsch macht klar, dass sich Globke bei dieser Angelegenheit weit im Hintergrund gehalten habe, was angesichts der Anschuldigungen wegen seiner Tätigkeit in der Zeit des Nationalsozialismus wohl naheliegend gewesen sei.[573]

In dieser Reihe und ebenfalls in einem Kontrast zu den Theorien Gaby Webers stehen die eindrucksvollen Aussagen von Nahum Goldmann, dem Chef der Jewish Claims Conference, über Hans Globke, der in seinen Memoiren dessen Rolle ebenso problematisiert, wie er in seinen Ausführungen zu der Frage von Entschädigungen für unverzeihliche Taten an Juden auch anerkennende Worte für ihn findet: »Trotz Drängen von Adenauer habe ich ihn lange nicht empfangen und riet auch dem Kanzler mit Erfolg davon ab, ihn auf eine Reise nach Südamerika zu schicken, wo er bestimmt von jüdischen Organisationen angegriffen worden wäre. Unbestreitbar war er einer der effektivsten Beamten, die ich je kennengelernt habe, der Mann, der alle Versprechen Adenauers mit unfehlbarer Pünktlichkeit und Zuverlässigkeit in die Wirklichkeit umsetzte, was auch von den israelischen Vertretern in Bonn immer anerkannt wurde. Auf die Dauer konnte ich es natürlich nicht vermeiden, ihn zuweilen zu treffen.«[574] Globke sei sogar, auch wegen seines Einsatzes für die Wiedergutmachungsleistungen, »einer der besten Freunde Israels«[575]. Ein Beispiel für die Effektivität Globkes in Fragen der deutsch-israelischen Beziehungen sei, dass er sich sehr dafür eingesetzt habe, ein der Bundesregierung unterstelltes Referat für Wiedergutmachungsangelegenheiten einzurichten, das die Arbeiten in diesem Bereich koordinieren soll. Diese Interpretation Goldmanns und die Tatsache, dass das ›regierungsoffizielle Israel‹ von Anfang an, schon lange vor der Entführung Eichmanns, alle Angriffe auf Globke unterlässt, zeigen, dass es keiner Leistung Adenauers, schon gar nicht der Beiträge zu einer atomaren Bewaffnung, bedarf, um sicherzustellen, dass dieses Thema weitgehend ›unter dem Teppich‹ bleibt. Schon das ist ein Beleg dafür, dass die These Gaby Webers im Kern abwegig ist.

Freilich sind mit dem Prozess auf der Seite der deutschen Bundesregierung erhebliche Ängste verbunden. Eine spezifische Furcht ist – nicht zuletzt auch wegen des DDR-Dauerfeuers auf Globke – nicht so schrecklich weit hergeholt. In einem Rundschreiben an ›seine‹ Botschafter schreibt der Bundesaußenminister Heinrich von Brentano: »Der Ostblock und insbesondere die sowjetische Besatzungszone werden nichts unversucht lassen, den Prozeß gegen Eichmann als einen Prozeß gegen die Bundesrepublik darzustellen und entsprechend propagandistisch auszuwerten. Die Abwehr dieser Hetze und die Bloßstellung der anti-israelischen Haltung der kommunistisch gelenkten Staaten wird daher eine der wichtigsten Aufgaben der politischen Öffentlichkeitsarbeit sein. Wir dürfen hierbei jedoch nicht bei der Replik stehenbleiben, sondern müssen im Ausland klarmachen, daß das Deutschland von heute, vertreten durch die Bundesrepublik, nicht mehr das Deutschland Hitlers ist. Ich bitte besonders dafür Sorge zu tragen, daß die beachtliche Reihe unserer positiven Handlungen (Wiedergutmachung, Verfolgung von Naziverbrechern, Aufklärung der Bevölkerung und besonders der Jugend über das ›Dritte Reich‹, Hilfe für Israel usw.) in einer die Öffentlichkeit beeindruckenden Weise bekannt gemacht wird.«[576]

Die Aufzählung der »positiven Handlungen«, die von Brentano anregt, ist zumindest fragwürdig, weil sowohl in Sachen Verfolgung von Naziverbrechern als auch in Sachen Geschichtsunterricht die Erfolge, die die Bundesregierung zeitigen konnte, noch recht bescheiden sind. Noch wenige Monate zuvor, nach dem Angriff auf die Kölner Synagoge, konstatiert Nahum Goldmann große Schwächen im Erziehungswesen der Bundesrepublik. Nichts Systematisches sei geschehen, um der deutschen Jugend die Schuld der Vergangenheit bewusst zu machen. Franz Böhm, der für Adenauer den Wiedergutmachungsvertrag vorbereitet hat, spricht sich entschieden für eine Forcierung und einen Ausbau des zeitgeschichtlichen Unterrichtes aus. Die beiden Täter, die man nach dem Synagogen-Anschlag festgenommen und vor Gericht gestellt hat, sagen aus, dass sie in ihrer Berufsschule keinen entsprechenden Geschichtsunterricht absolviert haben.

Hannah Ahrendt, die den Prozess beobachtet und die in seiner Folge ihr viel beachtetes Buch über die »Banalität des Bösen« schreiben wird, unterstellt in einem Brief an Karl Jaspers, dass es Absprachen, namentlich zwischen Ben-Gurion und Adenauer, gegeben habe, Hans Globke, Friedrich Karl Vialon und andere aus dem Prozess herauszuhalten. Dass es eine Intervention dieser Art gegeben hat, bestreitet der stellvertretende Ankläger im Eichmann-Prozess, Gabriel Bach, der als einer der maßgeblichen Prozessgestalter einer derjenigen gewesen wäre, der diese Intervention hätte in die Realität umsetzen müssen, bis heute vehement. Es habe keine Absprachen gegeben, die gelautet hätten, Globke nicht zu erwähnen.

Unabhängig von allen Verschwörungstheorien über ein angebliches Junktim zwischen der Gewährung von Milliardenkrediten und dem Verzicht auf die Verfolgung von Nazigrößen stellt der Eichmann-Prozess David Ben-Gurion selbst vor ein Dilemma: »Wie sollte man Eichmann«, so schreibt Tom Segev, »vor Gericht stellen, ohne dabei gleich das gesamte deutsche Volk zu verurteilen?«[577] Das ist ein Effekt, den David Ben-Gurion, dessen ganze politische Logik der Etablierung von guten Beziehungen zu Deutschland gilt, auf keinen Fall erzeugen will. Ben-Gurion erweist sich abermals als handfester Pragmatiker und bittet den Generalstaatsanwalt und Chefankläger in seiner historischen Einführungsrede zum Prozess das Adjektiv »Nazi« bei jeder Erwähnung Deutschlands voranzustellen, vor allem aber sollte die persönliche Schuld Eichmanns betont werden und weniger die Kollektivschuld des ganzen deutschen Volkes, die vor allem von der politischen Rechten und den Akteuren um Menachem Begin immer wieder auf den Tisch gebracht wird. Eine solche Regieanweisung für die Eröffnungsrede ist eine völlig andere Kategorie als die explizite »Schonung« von Altnazis, die Ben-Gurion nicht befürwortet.

Brentano betont aber auch, dass die Bundesregierung sehr daran interessiert sei, dass die schweren Verbrechen, die Eichmann begangen hat, geahndet werden. In die gleiche Richtung geht eine Fernsehansprache Konrad Adenauers: »In diesen Tagen beginnt in Jerusalem der Eichmann-Prozess. Wir wünschen, dass in diesem Prozess die volle Wahrheit ans Licht kommt und dass Gerechtigkeit geübt wird. Nach dem Zusammenbruch Deutschlands waren alle, die an die Arbeit gingen, Deutschland wieder aufzubauen, erfüllt von Scham und von Sorge. [...] Wir waren erfüllt von Scham, weil nunmehr zum ersten Male uns, dem deutschen Volke, der furchtbare Abgrund des Nationalsozialismus zum Bewusstsein kam. Wir waren erfüllt von Sorge, weil wir uns fragten, wie es möglich sein würde, dieses Gift aus dem seelischen Empfinden, aus dem seelischen Leben weiter Kreise des deutschen Volkes wieder zu entfernen.«[578] Doch dann kommt wieder die Vorstellung vom »anderen Deutschland« zum Tragen: »Unsere Sorge war nicht so begründet, wie wir es zuerst befürchtet hatten. Im deutschen Volkskörper, im moralischen Leben des deutschen Volkes, gibt es heute keinen Nationalsozialismus mehr, kein nationalsozialistisches Empfinden. Wir sind ein Rechtsstaat geworden.«[579] Seit dem Anschlag auf die Synagoge und seit der Antisemitismus-Welle am Ende der 1950er-Jahre ist allerdings zu diesem Zeitpunkt noch kein Jahr vergangen.

Nach dem Ende des Eichmann-Prozesses läuft – wie mit Karl Carstens abgesprochen – die Aktion »Geschäftsfreund« als »Entgegenkommen Adenauers für Ben-Gurion«, wie Blasius und Jelinek sagen, Ende 1961 dann tatsächlich an und die erste Tranche wird an Israel überwiesen.[580] Es beginnt ein durchaus beachtlicher Geld- und Warentransfer. Wie eine Aufzeichnung des Auswärtigen Amtes vom Mai 1966, also im Umfeld von Adenauers Besuch in Israel, zeigt, werden im Rahmen dieser Aktion Finanzhilfen in Höhe von insgesamt 629,4 Millionen DM überwiesen. Im Jahr 1961 sind es 82 Millionen DM, 1962 werden 97,6 Millionen DM und 1963 150 Millionen DM transferiert. 1964 sind es 149,8 Millionen und schließlich erneut 150 Millionen im Jahr 1965. Das aber sind die reinen Geldüberweisungen, die die Warenlieferungen noch nicht umfassen.

In diesem Zusammenhang hat es das Wort »Warenlieferung« freilich in sich. Gemäß der schon zitierten Aufzeichnung von 1966 werden bis zu diesem Datum an Israel Waffen aus den Beständen der Bundeswehr und aus deutscher Herstellung im Wert von 194 Millionen DM kostenfrei geliefert. Diese Aktion läuft unter dem Decknamen »Frank/Kol«. Diese Abkürzung steht für »Frankreich/Kolonien« und ist eine Anspielung auf die Tatsache, dass Deutschland in ähnlicher Weise verschiedene frühere Kolonien Frankreichs mit Rüstungshilfe bedenkt.

1962 steht der spätere israelische Staatspräsident Schimon Peres vor Adenauers Tür, ausgestattet mit einem Schreiben seines Chefs, David Ben-Gurion. Der hat die präzisierte Wunschliste, die in groben Zügen schon während des Waldorf-Astoria-Gesprächs zwischen Ben-Gurion und Adenauer vorgetragen worden ist, in seinem Reisegepäck. 6 Schnellboote, 3 U-Boote, 36 Haubitzen, 24 Hubschrauber, 12 Noratlas Transportflugzeuge, 15 Panzer, 54 Flakgeschütze und dann noch etliche Cobra-Raketen stehen auf dem Zettel: Waren – zum großen Teil aus Bundeswehrbeständen – im Gesamtwert von 240 Millionen DM. Die Waffenhilfe geht weiter.

»Unsere Nazis« in Ägypten – eine bedrohliche Krise für die Beziehungen

In der gleichen Zeit, in der sich die militärische Kooperation weiter verstetigt, wächst in Israels Nachbarstaat Ägypten ein großes Krisenpotenzial für die deutsch-ägyptischen Beziehungen heran, das beispielhaft für das Dialogdilemma der beiden Länder ist und in seinen Grundzügen bis heute wirkt: Auf der einen Seite steht in Israel die große Empfindlichkeit und Skepsis, wenn es um Deutschland geht. Das kombiniert sich zu dieser Zeit mit dem traumatischen Erlebnis, dass sich Israel 1948 allein gegen eine Übermacht von fünf arabischen Armeen wehren muss und keinen Beistand bekommt. Dazu gehört die fundamentale Angst, dass ein einziger verlorener Krieg den Staat Israel auslöschen könnte. In Deutschland hingegen wird nicht nur die eigene Vergangenheit verdrängt, sondern es fehlt auch das Verständnis für die existenziellen Bedrohungsängste der Menschen in Israel.

Diese Angst vor der Vernichtung zwingt Israel dazu – auch das zieht sich bis in die Gegenwart –, jeden militärischen Fortschritt, der das Kräftegleichgewicht bedroht, genau unter die Lupe zu nehmen. Das Krisenpotenzial, das in Ägypten heranwächst, wird im Juli ruchbar, als der ägyptische Staatspräsident auf großen Lafetten den Stolz seiner Armee mit entsprechendem Pomp durch Kairo paradieren lässt: Boden-Boden-Raketen mit den bezeichnenden Namen »Sieger« und »Eroberer«. Damit sei jeder Punkt südlich von Beirut erreichbar, heißt es kaum verschlüsselt.

Schnell macht der israelische Geheimdienst, an der Spitze Isser Harel, der die Eichmann-Entführung geleitet hat, klar, wen er hinter diesem militärischen Erfolg der Ägypter vermutet: deutsche Fachleute, frühere Offiziere von Wehrmacht und Waffen-SS, die vor der Strafverfolgung ihrer Taten wie andere Nationalsozialisten nach Ägypten geflüchtet sind und hier nicht nur Unterschlupf, sondern auch neue Aufgaben in der Armee gefunden haben. In Deutschland und in Israel war das Thema schon zur Zeit der Verhandlungen über das Wiedergutmachungsabkommen nicht unbekannt. In einem Gespräch mit Felix Shinnar erkundigt sich Adenauer nach dem »Benehmen ›unserer Nazis in Ägypten‹«[581], um gleich hinterherzuschicken, dass diese den ihm vorliegenden Berichten zufolge »unbedeutend« seien.

Zu Beginn der 1960er-Jahre schätzt man das Potenzial zunehmend sehr viel ernster ein. Isser Harel bittet Ben-Gurion deshalb auch, förmlich bei Adenauer zu intervenieren. Ben-Gurion lehnt das ab. Dabei leitet ihn vermutlich die geheime Militärkooperation mit Deutschland, die er nicht gefährden will. Andere sind da weniger zurückhaltend. Als Franz Böhm anlässlich des zehnten Jahrestages des Wiedergutmachungsabkommens eine Israelreise unternimmt, konfrontiert ihn die Außenministerin Golda Meir mit klaren Vorwürfen und beklagt bitter, dass sich »so bald nach der Katastrophe der nationalsozialistischen Judenverfolgung schon wieder Deutsche danach drängten, an einem Plan der Tötung von Juden und der Zerstörung jüdischer Städte und jüdischen Lebens teilzunehmen«[582].

Beunruhigend ist, dass sich zu den ›alten Nazis‹, die in Ägypten die Armee beraten, auch Raketenfachleute hinzugesellen, die zwar ebenfalls ihr Handwerk in den V2-Werkstätten gelernt haben, die aber inzwischen auch in der Bundesrepublik wieder anerkannte Stellungen an den Universitäten erreichen. Hier verfolgt Ägypten eine vergleichsweise aggressive Anwerbungspolitik über Tarnfirmen in Deutschland. Dennoch ist der Kreis dieser Fachleute, die an empfindlicher Stelle mitarbeiten, vergleichsweise klein. Und hier tritt das besagte Dialogdilemma zu Tage: Die deutsche Seite weist nicht zu Unrecht darauf hin, dass nicht nur die Zahl der Beschäftigten übertrieben, sondern auch verschwiegen wird, dass es sich dabei keinesfalls nur um Deutsche aus der Bundesrepublik, sondern ebenso um Personen aus der Schweiz, aus Österreich und aus der DDR handelt. Die DDR ist indessen tatsächlich massiv bemüht, von sich aus Experten nach Ägypten zu schicken. Ein weiteres Argument aus Bonn ist, dass die Experten nicht an Massenvernichtungswaffen arbeiten. Die amerikanische Seite, die mehrfach von den Israelis um Unterstützung in der Angelegenheit gebeten wird, stimmt im Wesentlichen mit der deutschen überein. Dabei gehen die Amerikaner noch weiter als die deutschen Verbündeten und behaupten, die Arbeit dieser Experten sei im westlichen Interesse, weil die Deutschen sofort durch Experten aus dem »sowjetischen Block« ersetzt würden, wenn man sie abziehe.

Das Dialogdilemma besteht nun darin, dass Israel es sich nicht erlauben kann, einer solchen Sichtweise zu folgen, und die Bedrohung äußerst ernst nehmen muss; dies schlägt sich auch in einigen spektakulären Mossad-Aktionen nieder. So beeinflusst die Arbeit der deutschen Techniker in Ägypten in massiver Weise die israelische Innenpolitik. Es ist letztlich die emotionale Komponente der ägyptischen Raketen, das Bedrohungsgefühl, das sie in Israel auslösen, das sie für das deutsch-israelische Verhältnis, vor allem aber für den Deutschland-Kurs David Ben-Gurions, so brandgefährlich machen.

Entsprechend heftig sind die Angriffe gegen den Ministerpräsidenten in der Knesset. Erneut tritt sein Allzeit-Rivale Menachem Begin auf den Plan und wirft ihm vor, er verschaffe Deutschland ein Alibi. Dabei pfeift Begin wie 1952 auf die Wahrheit und bezichtigt die Experten der Mitarbeit an chemischen und biologischen Waffen: »Sie laden Bildungsexperten hierher ein, und die Deutschen schicken Todesexperten zu Nasser. Sie nähen Uniformen für die deutsche Armee, und die Deutschen liefern Ägypten ihr Know-how über das Gas, das sie gegen das israelische Volk einsetzen können. Sie schicken unsere Uzis nach Deutschland, und die Deutschen versorgen dafür unsere Feinde mit Bakterien.« Er beendet seine Philippika mit der Frage: »Wie lange wollen Sie dieses System der Sklaverei, diese unbegreifliche Freundschaft noch aufrechterhalten?«[583]

Besonders bedrückend für Ben-Gurion ist die Tatsache, dass erstmals in der israelischen Geschichte seine Partei, die Mapai, gemeinsam mit dem rechten Cherut-Block eine Entschließung in der Knesset verabschiedet, die den Deutschen übergeben werden soll: »Das deutsche Volk kann sich nicht«, so heißt es in der Entschließung, »von einer Verantwortung für die Fortsetzung dieser verbrecherischen Tätigkeit befreien. Die Knesset appelliert an die aufgeklärte Weltöffentlichkeit, unverzüglich ihren Einfluss darauf auszuüben, dass dieser Tätigkeit deutscher Fachleute ein Ende bereitet wird, deren Ziel es ist, Israel, in dem die Überlebenden unseres Volkes, die der Nazi-Hölle entronnen sind, eine gemeinsame Zufluchtsstätte gefunden haben, der Gefahr der Vernichtung auszusetzen.«[584]

Die israelische Mission in Deutschland hat die undankbare Aufgabe, diese Botschaft an die Bundesregierung zu überbringen. Und man betätigt sich dabei auch gleich als Dolmetscher der Zwischentöne. Der Beschluss sei »wohl nur emotional, nicht rational zu verstehen«[585], bedeutet man den deutschen Partnern. Trotz dieser ›Interpretationshilfe‹ reagiert man in Bonn nur halbgar: Die Bundesregierung verurteilt die Tätigkeit der Fachkräfte, sieht sich jedoch nicht dazu in der Lage, die Ausreise deutscher Staatsbürger zu verhindern. Das ist den Israelis nicht genug. Gespräche im Hintergrund, an denen Shinnar intensiv beteiligt ist, vermitteln den deutschen Offiziellen zunehmend den Eindruck, dass man deutlicher reagieren müsse: Zu hoch würden die Wellen der öffentlichen Empörung schlagen, zu sehr können diese Vorgänge in den Beziehungen, die sich so positiv entwickeln, einen Rückschlag einleiten. Der damalige Regierungssprecher Karl-Günther von Hase geht darauf ein und macht deutlich, dass es die Bundesregierung verurteile, wenn Deutsche in Spannungsgebieten bei der Produktion von Waffen mitwirkten und dass man sich um deren Rückkehr bemühe. Voller Angst vor der ägyptischen Reaktion schickt das Auswärtige Amt gleich per Runderlass eine ›Gebrauchsanweisung‹ für den Satz Hases mit und betont, dass sein Statement in erster Linie der Beruhigung der Situation in Israel diene und keine Diskriminierung der arabischen Staaten darstelle. Tatsächlich will man in Ägypten den Eindruck vermeiden, dass man sich von Israel unter Druck setzen lasse.

Er ist krank und erschöpft – Ben-Gurion und der Rücktritt

Ben-Gurion bleibt trotz der Niederlage, die ihm die eigene Mapai zugefügt hat, ruhig und wiederholt, was er bereits 1962 gesagt hat: »Es gibt Nazi-Experten in Ägypten, aber ich mache nicht das Deutschland von heute verantwortlich.«[586] Es gibt gute Gründe für diese Zurückhaltung Ben-Gurions. Der militärische Nachrichtendienst leitet ihm im März 1963 Erkenntnisse zu, die eine sehr viel realistischere Einschätzung des Gefährdungspotenzials zulassen. Peres macht Ben-Gurion auf dieser Grundlage deutlich, dass die Informationen des Mossad-Chefs Isser Harel »reiner Mist« seien, »absoluter Quatsch«. Es seien teilweise »Phantasieprodukte«, die Harel da präsentiere, die deutschen Wissenschaftler seien eher mittelmäßig und die von ihnen konstruierten Raketen hätten weder präzise Leitsysteme, noch könnten sie mit Sprengköpfen ausgerüstet werden, die für Massenvernichtungswaffen geeignet sind. Es erweist sich später, dass er mit dieser Einschätzung recht behalten wird.[587]

Ben-Gurion nutzt das mit der ihm eigenen Impulsivität und macht Harel schwerste Vorwürfe. Es kommt zum Streit und Harel, der spätestens seit der Eichmann-Entführung große Anerkennung und Popularität in Israel genießt, lässt sich das nicht gefallen und erklärt wütend seinen Rücktritt. Für Ben-Gurion ist das unglücklich, denn es gibt der Krise neuen Auftrieb. Dazu trägt auch die Bundesregierung bei, die angesichts der Angriffe aus der israelischen Regierung, namentlich von Golda Meir, die Lust verliert, weitere für Israel günstige Erklärungen in dieser Sache abzugeben. Das macht Außenminister Gerhard Schröder Shinnar in einer Unterhaltung klar und er sorgt für noch mehr Unmut, indem er zu diesem Zeitpunkt die Aufnahme diplomatischer Beziehungen rabiat ablehnt.

Für Ben-Gurion wird unterdessen die Situation politisch bedrohlich. In der Knesset wird er beschuldigt, er habe Informationen über die Experten unterdrückt. Er reagiert mit der eindringlichen Bitte, nicht die Emotionen sprechen zu lassen: »Unsere schwere Sorge über den Plan des ägyptischen Diktators, Israel zu vernichten, und den Beistand, den er von deutschen und von anderen Wissenschaftlern erhält, sollte uns nicht veranlassen, das Kind mit dem Bade auszuschütten.«[588] Ihn treibt – das steckt auch hinter der Bitte, die Dinge vertraulich in den entsprechenden Ausschüssen zu behandeln – die Angst um, dass die deutsche Verteidigungshilfe in der Bundesrepublik wie auch in Israel zum Thema werden könnte.

Er übersteht einen Misstrauensantrag, aber das Thema Deutschland kocht weiter hoch. Erneut muss er sich am 13. Mai 1963 in der Knesset massiver Vorwürfe erwehren. Und erneut nimmt er die Bundesrepublik gegen Angriffe in Schutz: »Ein Wissenschaftler aus einem anderen Land ist nicht weniger gefährlich als ein deutscher Wissenschaftler, und die aktuelle absehbare Gefahr aus Ägypten sind die konventionellen Waffen.«[589] Im Bundestag, so will er seine Gegner besänftigen, berate man einen Gesetzesentwurf gegen die Fachkräfte. Tatsächlich wird Franz Böhm mit einem Gesetzesvorhaben aktiv.

Am 15. Juni schließlich sickert über die *dpa* eine Meldung durch, die die Krise, zumindest in der Wahrnehmung Ben-Gurions, der immer dünnhäutiger wird und nur noch Feindschaft um sich herum wittert, noch weiter verschärft. Diese Meldung der *dpa* reibt ihm Gold Meir in seinem Büro empört unter die Nase: Demnach würden israelische Soldaten auf Truppenübungsplätzen in der Bundesrepublik an neuen Waffen ausgebildet. Zwischenzeitlich kommt sogar die Falschmeldung auf, deutsche Soldaten fungierten als Ausbilder in Israel. Golda Meir, die ihm in Sachen Deutschland schon eine ganze Weile hart zusetzt, drängt ihn, die militärische Zensurbehörde aufzurufen, den Bericht über das Waffentraining nicht freizugeben. Die Nachricht würde sonst unnötiges Aufsehen erregen. Ben-Gurion erklärt sich für unbefugt, das sei die Aufgabe des Zensors. Voller Zorn bietet sie ihren Rücktritt an. Ben-Gurion lehnt ab. Sie rauscht aus seinem Büro. Teddy Kollek versucht zu retten, was zu retten ist, und überredet beide zu einem »Gütetermin« in Ben-Gurions Haus in Tel Aviv. Dort setzen sich die drei gegen elf Uhr abends in der Küche des Hauses zusammen und reden sich über die »deutsche Frage« die Köpfe heiß. Nach Mitternacht gehen sie auseinander, ohne sich auch nur ein bisschen angenähert zu haben.

Zu einer Annäherung wird es dann auch nicht mehr kommen, denn Ben-Gurion ist so verärgert, dass er am darauffolgenden Morgen sein Büro betritt und seinem Sekretär erklärt: »Ich werde meinen Rücktritt einreichen.«[590] Die Nachricht von diesem epochalen Ereignis schlägt ein wie eine Bombe. Groß ist der Schrecken, insbesondere auch in der Armee, die – nicht zuletzt in der Person des hochdekorierten Generals und späteren Ministerpräsidenten Jitzchak Rabin – immer sehr auf Ben-Gurion vertraut hat. Alle Versuche seiner engsten Vertrauten, ihn von seinem Entschluss abzubringen, scheitern.

Michael Bar-Zohar schreibt: »Sein Rücktritt erfolgt zu einem Zeitpunkt, als er unter enormer psychischer Belastung steht; darum sind seine Motive und Impulse weitgehend irrational. Die verbale Auseinandersetzung mit Golda Meir am Vorabend stellt nur noch das auslösende Moment dar. Ben-Gurions emotionaler Zustand in den vergangenen zehn Wochen hinderte ihn daran, das Land zu regieren. […] Er ist krank und erschöpft und lässt einfach alles im Stich.«[591]

Schnell beginnt die Motivsuche: Warum hat er das getan? In einem vergleichsweise wirren Tagebucheintrag nimmt Ben-Gurion einen ›Rundumschlag‹ vor, der das ganze Ausmaß seiner Dünnhäutigkeit erkennen lässt und Spuren von Verfolgungswahn enthält. Darin gibt er vor allem die seit vielen Jahren gärende Affäre um den früheren Verteidigungsminister Pinhas Lavon, den er besonders für eine gescheiterte Geheimdienstoperation in Ägypten verantwortlich machen will, als Grund für seine Entscheidung an. Er malt eine »faschistische Herrschaft« an die Wand, die etabliert werden soll und die »der Führer«[592] anstrebe. »Der Führer«, das ist der Name, den er seinem Kontrahenten Begin voller Sarkasmus gibt. Der Streit mit Isser Harel wird ebenfalls genannt. Auch wenn die deutsche Frage in diesem Eintrag nicht explizit vorkommt, so stellt sie aber augenscheinlich das auslösende Moment des Rücktrittes dar.

In dieser und anderen Fragen fühlt er sich durch die eigenen Genossen in seiner Partei und seinem Regierungsbündnis nicht mehr unterstützt.

Ein neues Treffen mit Adenauer? – Ben-Gurion und der gescheiterte Versuch

Es ist das Ende einer politischen Ära angebrochen, aber das bedeutet noch nicht, dass Ben-Gurion nicht auch weiterhin politisch aktiv bleibt. Er sieht sich nach wie vor in der Verantwortung, für seine Deutschlandpolitik einzustehen und für ihre Weiterentwicklung zu sorgen. Aber so, wie auch Adenauer bald nach seinem eigenen Rücktritt spüren muss, dass der politische Stern zu sinken beginnt und die Einflusskanäle auf der Bonner Politikbühne sich verringern, so muss auch Ben-Gurion diese schmerzhafte Erfahrung machen.

Im Juli 1963 – noch vor dem Rücktritt Adenauers, aber bereits nach der Demission Ben-Gurions – kommt es zu einer interessanten Episode, die ein Licht auf seine Position in der israelischen Politik nach seinem Rücktritt wirft.[593] Sie zeigt, wie wichtig ihm der Kontakt mit Adenauer ist, wie wenig er aber auch dafür bereit ist, seinen Nachfolger Levi Eschkol, seinen vormaligen Finanzminister, zu brüskieren. Am 23. Juli 1963 übergibt Felix Shinnar in seiner Eigenschaft als ›inoffizieller Botschafter‹ seinem ehemaligen Ministerpräsidenten Ben-Gurion ein Schreiben Adenauers. Der Rheinländer bittet den Israeli um ein Treffen. Shinnar beschwört den Politiker, die Einladung zu diesem Gespräch anzunehmen. Adenauer kündigt bereits im Dezember 1962 an, dass er im Herbst 1963 zurücktreten wolle. Shinnar hat den Eindruck, dass es klug wäre, die verbleibende Amtszeit des Kanzlers zu nutzen, um die deutsch-israelischen Beziehungen weiter zu festigen. Ben-Gurion antwortet dem Emissär, dass er die Einladung annehmen wolle, aber dem israelischen Protokoll folgen müsse, das ihn verpflichte, die Angelegenheit mit dem neuen Premierminister Levi Eschkol und mit der Außenministerin Golda Meir abzustimmen.

Levi Eschkol erkennt die heikle Situation und wählt eine Taktik, die später sein Markenzeichen wird: Er verzögert. Teddy Kollek, der zwar nicht mehr sein Büro leitet, aber auch weiterhin als enger Vertrauter Ben-Gurions agiert, teilt der Premier mit, er möge seinem Vorgänger ausrichten, dass noch am gleichen Abend mit einer Stellungnahme zu rechnen ist. Offenbar hofft Eschkol, dass Ben-Gurion den Hintergrund dieses Manövers und das Ausbleiben einer schnellen Reaktion als negatives Zeichen versteht und keinen weiteren Druck auf ihn ausüben werde. Aber der israelische Übervater denkt gar nicht daran. Er wartet weiter auf die Antwort seines Vorgängers. Am kommenden Morgen übermittelt Kollek seinem Mentor Ben-Gurion weder eine Absage noch eine klares Einverständnis: »Eschkol habe Zweifel, dem Treffen mit Kanzler Adenauer seine Zustimmung zu erteilen.«[594] Man könne das dann, so die Befürchtung Eschkols, so interpretieren, als ob man Adenauer nachlaufe.

»Diese Unentschlossenheit ist merkwürdig«[595], notiert Ben-Gurion in sein Tagebuch. Und doch ist sein Blick auf Eschkol nach wie vor so positiv, dass er sich einfach nicht vorstellen kann, dass es sein Nachfolger darauf anlegt, ihn zu kränken. Aber im Hintergrund zieht offenbar Golda Meir, die stets mit Argwohn auf den Annäherungskurs Ben-Gurions gegenüber Deutschland geschaut hat, die Fäden. Sie zieht sich auf den formalistischen Standpunkt zurück, Adenauer müsse sich erst an Eschkol wenden, um sein Anliegen vorzubringen.

Einige Tage später, Ben-Gurion wartet noch immer auf eine Antwort, trifft sich sein Nachfolger dann doch persönlich mit ihm, im Haus Kolleks in Jerusalem. Und was er ihm überbringt, ist die Absage. Eschkol ist gegen das Treffen. Das verletzt Ben-Gurion, der seine gute persönliche Beziehung zu Konrad Adenauer dazu nutzen will, in den verschiedensten Bereichen, in denen Not herrscht, Deutschlands Hilfe einzufordern. Adenauers Nachfolger, so ist seine Befürchtung, würde möglicherweise nicht das gleiche Engagement gegenüber Israel an den Tag legen wie der Bundeskanzler – eine Vermutung, mit der er sich in Erhard täuscht. Es gelingt Ben-Gurion nicht, seinen Nachfolger umzustimmen. Er muss offenbar durch diese Härte lernen, wie schnell seine Macht zerfallen ist. In seinem Tagebuch notiert er ernüchtert: »Ich habe nicht mit ihm darüber gestritten.«[596]

Schon dieses im Anlauf gescheiterte zweite Treffen Adenauers mit Ben-Gurion und die Rolle, die Levi Eschkol und Golda Meir dabei gespielt haben, zeigt: Nach der Konstellation Ben-Gurion – Adenauer wird es für die Zukunft der deutsch-israelischen Beziehungen nicht unbedingt leichter. Der ›Neue‹ an der Spitze der israelischen Regierung mag den Kanzler vordergründig für seine Einstellung zu Israel loben und sich in einer ersten Pressekonferenz für eine Fortführung der Deutschlandpolitik seines Vorgängers aussprechen. Aber unter Levi Eschkol – das wird später auch während des Besuches von Konrad Adenauer in Israel deutlich – weht in Sachen Deutschlandpolitik ein anderer, vor allem ein deutlich schärferer Wind. Das ist angesichts der Tatsache, dass die Deutschlandpolitik Ben-Gurions zu seinem Rücktritt beigetragen hat, allerdings nicht sonderlich überraschend.

Mit einem klaren Hinweis auf die Rolle der deutschen Raketenfachleute in Ägypten schreibt der neue Ministerpräsident der deutschen Regierung, der zu diesem Zeitpunkt noch Konrad Adenauer vorsteht, harte Kritik ins Stammbuch: »Wer den Feinden Israels hilft, ihren Plan zur Vernichtung unseres Staates zu verwirklichen, macht sich der Teilnahme an einem Verbrechen schuldig. Wenn aber Söhne des deutschen Volkes, auf dem die Verantwortung für den Mord an sechs Millionen lastet, dies tun, dann ist das Verbrechen noch unendlich größer und wiegt unendlich schwerer.«[597]

Freilich hat Eschkol nicht die einfachsten Voraussetzungen, die Deutschlandpolitik seines Vorgängers wie auch insgesamt die ambitionierte Außenpolitik Ben-Gurions fortzusetzen, kann er doch selbst nicht mit dem Nimbus des Staatsgründers auftreten.

Vier Wochen nach dem Rücktritt Ben-Gurions schreibt der noch amtierende Kanzler Konrad Adenauer einen Brief, in dem er zum Ausdruck bringt, wie bestürzt er über den Rücktritt des israelischen Ministerpräsidenten ist. Eine Bestürzung, die möglicherweise nicht nur sein Mitgefühl wiedergibt, sondern vielleicht auch aus der Tatsache herrührt, dass auch die »deutsche Frage« mit dem Rücktritt des israelischen Politikers zu tun hat. Der Brief ist außergewöhnlich persönlich gehalten: »Als mich die Nachricht von Ihrem Rücktritt vor vier Wochen erreichte, war ich bestürzt. Ich dachte an die Unruhe und die manchmal überraschenden politischen Wendungen im Nahen Osten. Ich dachte an Ihr Volk, das unter Ihrer Führung zwar das Schwerste überwunden hat, dessen Lage aber weiterhin gefährdet ist – und ich dachte an Sie persönlich. Ich erinnere mich gern an unser Zusammentreffen in New York im März 1960. Damals dankte ich Ihnen dafür, dass Sie dem deutschen Volk gegenüber den Weg der Verständigung gingen, obwohl – verständlicherweise – nicht alle Ihrer Mitbürger Ihre Einstellung teilten. Seither sind Sie weiter für die Aussöhnung zwischen dem israelischen und dem deutschen Volk eingetreten und ihre persönlichen Bemühungen haben es vor allem zuwege gebracht, dass sich beide Völker nähergekommen sind und dass gute Aussichten für eine immer bessere Zusammenarbeit bestehen. Im Namen des deutschen Volkes möchte ich Ihnen auch heute dafür von Herzen Dank sagen. Ich bin sicher, dass Sie auch in Zukunft mit Rat und Tat weiterwirken werden für Ihr Volk und für den Frieden und die Freiheit in der Welt.«[598]

Der Zionist wird sich dann einige Monate später nach Adenauers Rücktritt mit einer nicht minder überschwänglichen Würdigung bedanken. Auf der sechsten Seite der *Jerusalem Post* erscheint am 14. Oktober 1963 fast so etwas wie eine politische ›Liebeserklärung‹ an den rheinischen Politiker. Schon die Überschrift »The Greatness of Adenauer«[599] spricht Bände. Er habe mit einigen der politischen Gegner des Kanzlers während ihrer Israel-Reisen gesprochen, die in mancherlei Hinsicht über ihn geklagt hätten, so führt der frischgebackene israelische Politpensionär Ben-Gurion in der Zeitung aus: »Alle jedoch fügten hinzu, dass sie überzeugt sind, dass seiner Haltung Israel gegenüber tiefe moralische und religiöse Motive zugrunde lägen.«[600] Schon während der Begegnung in New York, aber auch im Verlauf der Korrespondenz, die er mit Adenauer geführt habe, habe sich seine ganze moralische und politische Großartigkeit deutlich offenbart.

Die Aufnahme der Beziehungen? – Letzter Versuch zur Krönung der Verständigung

Aber noch ist Adenauer im Amt. Und kurz vor seinem Rücktritt will Adenauer seinen Einsatz für die deutsch-israelische Verständigung mit der Aufnahme diplomatischer Beziehungen krönen. Vielleicht hat auch der Auftritt von Franz Josef Strauß, der Ende Mai 1963 mit großer Wärme in Israel empfangen und mit Gesprächen mit der ganzen ersten Riege der Politik – von Regierungschef Ben-Gurion über Golda Meir bis hin zu Finanzminister Levi Eschkol – hofiert wird, einen Beitrag dazu geleistet, dass er sich dazu aufgefordert fühlt, in dieser Frage noch einmal aktiv zu werden. Der ehemalige Verteidigungsminister plädiert in einer ungestümen Art und Weise für die Aufnahme der Beziehungen, wie es Adenauer als Regierungschef nicht hätte tun können und die man in dieser Klarheit noch nie in Israel gehört hat: »Die Zeit für halbe Lösungen ist vorbei. Die Bundesregierung muß nunmehr eine klare Stellung gegenüber Israel beziehen. Die Hallstein-Doktrin ist zwar nicht aufgegeben, und die Drohungen der arabischen Staaten dürfen nicht leichtgenommen werden. Wir können aber nicht zulassen, daß jemand anderer sagt, was wir tun sollen. Die deutsche Politik gegenüber Israel wird von der Überzeugung bestimmt, daß eine Wiedergutmachung notwendig ist und daß Israel nicht nur eine moralische und materielle, sondern auch eine politische Frage darstellt. Die Bundesrepublik fühlt sich verantwortlich für das Leben und die Existenz Israels, die israelischen Sicherheitsfragen sind darin eingeschlossen.«[601] Prompt distanziert sich der vorsichtige Außenminister Gerhard Schröder gemeinsam mit seinem Stellvertreter Walter Scheel von der FDP von dem forschen Auftritt von Franz Josef Strauß, der zu diesem Zeitpunkt lediglich CSU-Vorsitzender und Bundestagsabgeordneter ist, mit dem Hinweis darauf, dass Strauß nur als Privatmann gesprochen habe.

Ben-Gurion schreibt etwa zwei Wochen vor seinem Rücktritt einen Brief an Adenauer. Darin bittet er den Kanzler, die Bundesrepublik möge sich in der arabischen Welt für bessere Beziehungen zu Israel einsetzen – ein durchaus bemerkenswerter, aber auch letztlich in dieser Situation vermessener Vorgang: Deutschland als Vermittler! Der Kanzler reagiert entsprechend zurückhaltend, sagt aber zu, das Thema bei ohnehin anstehenden Gesprächen mit Kennedy und de Gaulle zu erörtern. Shinnar, der den Brief überbringt, weist noch darauf hin, dass man in Sachen diplomatischer Beziehungen auf ein Angebot wartet, sobald die Bundesregierung den Zeitpunkt für geeignet hält. Auch hier bleibt Adenauer zunächst zurückhaltend: Innerhalb der Bundesrepublik gebe es keinerlei

Schwierigkeiten, aber das würde die Araber zu einer neuen Hetze gegen Israel ermuntern.

Aber er wittert dennoch seine Chance. Levi Eschkol hatte trotz seiner Skepsis gegenüber Deutschland durchblicken lassen, dass bei einer Formalisierung des Verhältnisses nur volle diplomatische Beziehungen und keine Zwischenlösungen in Betracht kämen, doch müsse die Initiative von der Bundesregierung ausgehen. Obwohl Gerhard Schröder als Außenminister merklich bremst und vor dem totalen Verfall der Hallstein-Doktrin warnt, gibt Adenauer Shinnar eindeutig zu verstehen, dass er »für die Aufnahme von Beziehungen sei und sie noch während meiner Amtszeit als Bundeskanzler durchführen möchte«[602]. Er betrachtet es aber als zweckmäßig, die USA vorher von seiner Absicht zu unterrichten. Das Auswärtige Amt bleibt bei seinen Warnungen und unterstellt in einer Aufzeichnung des Unterabteilungsleiters Alexander Böker den Israelis gar ein Stück weit unlautere Absichten bei ihrem Drängen auf Beziehungen. Nicht so ganz von der Hand zu weisen sei die »Möglichkeit, dass die israelische Regierung gute deutsch-arabische Beziehungen und substanzielle deutsche Entwicklungshilfe an die arabischen Länder ungern sieht und nichts dagegen hätte, wenn diese durch die Aufnahme diplomatischer Beziehungen gestört würden.«[603]

Adenauer aber scheint angesichts des nun sehr bald herannahenden, angekündigten Rücktrittes das sogenannte »Lame-duck«-Phänomen erleiden zu müssen. Er muss Shinnar gestehen, dass die Amerikaner die Unterstützung verweigern: »Der Versuch der vorbeugenden Absicherung gegen die unerwünschte Reaktion der Araber sei negativ verlaufen«, so sagt er etwas verklausuliert, »eine der konsultierten westlichen Großmächte hätte zwar nicht abgeraten, aber doch weitgehende Befürchtungen über die Folge der zu erwartenden arabischen Reaktion geäußert, daß er mit diesem Schritt eine außerordentliche Verantwortung auf sich nehmen würde.«[604] Shinnar zufolge führt er weiter aus: »Da seine Absicht nicht von dem Ergebnis dieses Versuches abhängig gewesen sei, würde er den Vorschlag ungeachtet dieser möglichen Folgen und der damit verbundenen Verantwortung durchführen, wenn er noch im Amt bleiben würde, um so selbst mögliche Folgen vertreten und verantworten zu können. Da dies aber nicht der Fall sei, würde er seinen Nachfolger kurz vor seinem Ausscheiden mit diesem Beschluß belasten, und dazu sähe er sich nicht in der Lage.«[605] Adenauer, der die Macht schon nicht mehr voll in den Händen hat, kapituliert. Shinnar ist überrascht und enttäuscht.

Aber Adenauers Einwand stimmt. Insbesondere die USA, die sich immer auch als Sachwalter der Interessen Israels verstanden haben, betrachten die Konsequenz, mit der Konrad Adenauer auf formalisierte Beziehungen zwischen Israel und Deutschland pocht, mit Argwohn. Im frühen Herbst 1963, kurz nach der Demission Ben-Gurions, bittet der amerikanische Botschafter in Bonn, George C. McGhee, implizit mit der Aufnahme der diplomatischen Beziehungen zu Israel zu warten. Hintergrund der Zögerlichkeit ist auf amerikanischer Seite die Angst, dass die Sowjetunion ihren gewachsenen Einfluss in dieser Weltregion weiter ausbaut. Insbesondere in den israelischen Nachbarstaaten Jordanien und Ägypten, die trotz aller westlichen Zuwendungen für das Werben Moskaus empfänglich sind, sieht man diese Gefahr.

Die Westmächte, vor allem die USA, so der Diplomat, hätten nur wenig Einfluss in den arabischen Staaten. Die USA würden aber gerade deshalb Wert darauf legen, dass die Bundesrepublik Deutschland ihren Einfluss in den arabischen Staaten behalte, um das westliche Lager nicht noch mehr in den arabischen Gebieten zu schwächen. Den eigenen Einfluss sieht man in Washington offenbar gefährdet, wenn infolge der Aufnahme der diplomatischen Beziehungen mit Israel entweder diese arabischen Staaten die DDR de-facto anerkennen oder sogar die Beziehungen ganz abbrechen.

Konrad Adenauer, noch im Amt, lässt diese verschleiert vorgetragene und mit allerlei Verzierungen garnierte Bitte – etwa mit der Beteuerung, man wolle sich nicht in ureigenste deutsche Dinge einmischen – zumindest nicht vollständig unbeeindruckt. Die israelische Regierung zeigt sich von diesem ›friendly fire‹ geradezu geschockt – zumal man durch das jahrelange Hin und Her in der Frage der diplomatischen Beziehungen ohnehin zunehmend irritiert und verärgert ist.

Adenauer muss die Aufnahme diplomatischer Beziehungen seinem Nachfolger überlassen. Aber er legt ihm zugleich ein weiteres ›Ei ins Nest‹.

Bis zum Ende seiner Amtszeit, das dann am 15. Oktober 1963 erfolgt, schleppt er, wie es Hans-Peter Schwarz auf den Punkt bringt, die Zeitbombe der geheimen und völlig illegalen Waffenlieferungen weiterhin mit sich im Gepäck: »Zu seiner Erleichterung explodiert sie aber erst unter Bundeskanzler Erhard. Adenauer und Strauß können dann von der Tribüne aus zuschauen, wie bei dieser Gelegenheit die Bonner Nahostpolitik in Scherben fällt.«[606] Auf der anderen Seite des Mittelmeers, in Israel, ist die Einschätzung interessanterweise ähnlich illusionslos, wenngleich hier die Schuld auf die Schultern von Konrad Adenauer und von David Ben-Gurion gleichermaßen verteilt wird. Die linksliberale *Haaretz*, zu dieser Zeit so etwas wie die regierungstreue Zeitung, unkt: »In seiner Entschlossenheit, Israel Entschädigung zu geben, hat Adenauer in Form geheimer Reparationen und nächtlicher Waffensendungen, denen Ben-Gurion zustimmte, eine Erbschaft hinterlassen, die für die Nachfolger beider Staatsmänner so schwierig ist.«[607]

Erhard übernimmt – Aufnahme der diplomatischen Beziehungen

Adenauer hat nicht nur den Luxus, diese explosive Erbschaft in den Händen seines Nachfolgers zu wissen, die dann im Oktober 1964 mit einem Beitrag in der *Frankfurter Rundschau*, in dem erstmals genauere Angaben zu den Waffenlieferungen enthalten sind, hochgeht. Er genießt zugleich den Komfort, nunmehr Forderungen stellen zu können, für deren Erfüllung oder Ablehnung er keine politische Verantwortung mehr tragen muss. Gleich nach dem Rücktritt verlangt er (trotz des eigenen Scheiterns und einer Sachlage, die sich im Großen und Ganzen nicht geändert hat) vehement die möglichst baldige Aufnahme der diplomatischen Beziehungen. Jener Schritt solle nun endlich getan werden, vor dem er selbst bis zum letzten Tag seiner Amtszeit zurückgeschreckt ist, weil der amerikanische Druck zu spürbar und die Risiken für seine Politik zu unkalkulierbar erschienen. Ebenso informiert er den Bundesvorstand freilich darüber, dass die Waffenlieferungen auch auf Wunsch der USA erfolgten.[608]

Erhard steht als neuer Bundeskanzler nicht nur durch die ›geplatzte‹ geheime Waffenhilfe, sondern ganz generell vor einem massiven nahostpolitischen Dilemma. Einerseits ist er aus den arabischen Ländern mit großen Vorschusslorbeeren bedacht und als »Freund der Araber« tituliert worden, nicht zuletzt, weil er sich schon als Wirtschaftsminister für vertiefte Handelsbeziehungen mit den arabischen Ländern eingesetzt hat. Andererseits ist er, auch nach seiner positiven und konstruktiven Rolle während der Verhandlungen zum Luxemburger Abkommen, zugleich so etwas wie ein Hoffnungsträger für die Fortsetzung des israelfreundlichen Kurses von Konrad Adenauer. So mag es kaum verwundern, dass Israel auch in der ersten Regierungserklärung des frisch gekürten Kanzlers einen breiten Raum einnimmt – allerdings mit eher vorsichtigen Formulierungen, was die diplomatischen Beziehungen betrifft: »Unser Verhältnis zu Israel [...] findet nicht so sehr seinen Ausdruck in der Aufnahme der diplomatischen Beziehungen als vielmehr in der Verpflichtung des deutschen Volkes und der auch praktisch geübten Hilfeleistung für all das, was aus deutscher Schuld dem jüdischen Volk erwachsen ist.«[609]

Wie sehr Vorsicht angebracht ist und jede Aktion im Nahen Osten zum Nullsummenspiel werden kann, bei dem jeder Schritt in eine Richtung eine Gegenreaktion in die andere Richtung hervorruft, muss Erhard bald erfahren. Seine Regierung sorgt zunächst dafür, dass die über hundert Techniker, die in Ägypten zur Aufrüstung des Landes beigetragen haben, versehen mit komfortablen finanziellen Lockmitteln, zu großen Teilen die freiwillige Heimreise nach Deutschland antreten. Zugleich gibt er sein Einverständnis zur Lieferung von ausgemusterten Bundeswehr-Panzern nach Israel. Die Reaktion aus Kairo, nachdem der ›Deal‹ mit Israel publik wird, lässt nicht allzu lange auf sich warten und ist ein harter und schwer verdaulicher Brocken: Eine Einladung an den Staatsratsvorsitzenden Walter Ulbricht im Februar und März 1965, die beinahe so etwas wie die De-facto-Anerkennung der DDR ist. Vor allem ist sie die implizite Aufforderung, die Waffenlieferungen an Israel einzustellen.

Nasser provoziert mit dem Ulbricht-Besuch noch nicht einmal blindwütig, sondern sehr kalkuliert: Die DDR-Fahne wird gehisst, »Auferstanden aus Ruinen« wird gespielt, Orden werden an die Staatsratsvorsitzendenbrust geheftet. Aber Nasser hält sich vermeintliche ›Hintertürchen‹ offen: Von der DDR ist nicht die Rede und auch auf den Begriff »Staatsbesuch« wird verzichtet. Die Zonengrenze wird als »Demarkationslinie« bezeichnet.

Ludwig Erhard, dem Adenauer hin und wieder mangelnde Entschlossenheit vorgeworfen hat, lässt sich von solchen Spielchen wenig beeindrucken und reagiert ungewöhnlich empört. Er spricht von einem »feindseligen Akt, der geeignet ist, die Beziehungen zur Bundesrepublik zu gefährden oder zu stören.«[610] Umgehend storniert Erhard die umfangreiche Wirtschaftshilfe an Ägypten, was wiederum von den arabischen Außenministern mit der Drohung quittiert wird, dass man die Beziehungen zur Bundesrepublik abbrechen werde, wenn die Bundesregierung der Aufnahme der diplomatischen Beziehungen zu Israel nähertreten würde.

Vordergründig ist die Situation völlig verfahren und viel Porzellan zerbrochen. Die Beziehungen zu Israel sind, wie geschildert, durch die jahrelange Zögerlichkeit der Bundesregierung in einer spürbaren Krise. Man fühlte sich neun Jahre lang gleichsam als ›Geisel‹ der Hallstein-Doktrin. Verschärft wird die Kritik in Israel durch einen Entschluss Erhards, der bereits vor der Ulbricht-Reise fällt, nämlich durch jenen, keine Waffen mehr in Krisengebiete zu liefern. Im Falle Israels ist das weniger einfach, als es klingt, denn die bereits eingegangenen Lieferverpflichtungen müssen nach dem Wortlaut des Luxemburger Abkommens einvernehmlich in Zahlungen umgewandelt werden. Das gilt auch für einen ›Panzerdeal‹, den Erhard 1964 noch selbst auf Drängen der USA mit eingefädelt hat und der beinhaltet, dass 150 Panzerchassis aus Bundeswehrbeständen geliefert und in Italien mit neuen Kanonen ausgestattet werden sollen. Die neue Ausrichtung erfordert monatelange Verhandlungen. Diese Entscheidung wird auch in Deutschland scharf kritisiert. Ein Kommentator im *Bayerischen Rundfunk* spottet, Erhard habe sich verhalten wie ein »Nichtschwimmer, den man ins Wasser geworfen hat«[611], und er habe damit Deutschland vor der ganzen Welt lächerlich gemacht. Auch Adenauer spricht von einem »rapiden Vertrauensverlust in der Öffentlichkeit«[612]. »Am nächsten Tag soll mit Erhard gesprochen werden«[613], schreibt der Bundesminister Heinrich Krone raunend in sein Tagebuch. Das böse Wort des »Rücktritts« fällt nicht explizit, aber »die Absicht, einen neuen Kanzler zu nehmen«[614], wird verschwörerisch zum Ausdruck gebracht.

Der ›Alte‹ hat den ›Neuen‹ sogar zuvor in einem Brief dazu gedrängt, die diplomatischen Beziehungen zu Ägypten abzubrechen. Dabei versucht er ihm das politische Handwerk zu erklären und spricht damit zwischen den Zeilen sein Misstrauen aus: »Ich rate Ihnen dringendst, vor der Entscheidung des Kabinetts eine Aussprache mit den Vertretern der Fraktionen oder der Parteien stattfinden zu lassen. [...] Die Entscheidung ist sehr schwer. Sie kann oder wird sogar wahrscheinlich von außerordentlich großer Tragweite sein.«[615]

In dieser beinahe ausweglosen politischen Zwickmühle, »von uneinigen Ministern und Ratgebern umgeben, die zu verschiedenen Maßnahmen drängten«[616], wie es der Politikwissenschaftler Markus A. Weingardt formuliert hat, massiv bedrängt vom Auswärtigen Amt, an der Spitze Gerhard Schröder, mit der Aufforderung, den arabischen Interessen noch deutlicher den Vorzug zu geben, entschließt sich Ludwig Erhard nach anfänglichem Zögern schließlich zum ›Befreiungsschlag‹. Er tut dies gegen erbitterten Widerspruch in den eigenen Reihen. Aber er handelt auch erneut gegen den Widerstand der drei westalliierten Botschafter, allen voran den der USA.

Zugleich gibt es auch ›friendly fire‹, das ihn zur Flucht nach vorn verleitet: Der junge parteiinterne Konkurrent Rainer Barzel, Vorsitzender der CDU/CSU-Fraktion, drängt ihn, mehr Wert auf Jerusalem als auf Kairo zu legen. Am 7. März 1965 kündigt Erhard an, diplomatische Beziehungen zu Israel anzustreben. Dabei weiß er auch die deutsche Bevölkerung hinter sich: Nur noch 20 Prozent der Deutschen, so bringt eine Umfrage zutage, sind gegen die Aufnahme diplomatischer Beziehungen zu Israel. Die Knesset in Jerusalem stimmt, wie es der israelische Ministerpräsident Levi Eschkol damals formuliert, »in einem Zwiespalt von Gefühl und Verstand«[617] mit deutlicher Mehrheit dem Botschafteraustausch zu.

Erneut tritt Begin mit seinem tief sitzenden Hass gegen Deutschland in Erscheinung. Man spreche von einem anderen Deutschland. Ja, das Land sei geteilt »und Treblinka und Auschwitz liegen nicht mehr auf deutschem Territorium. Das ist aber auch alles.«[618] Die Zeitung der Cherut spricht von einem der »tragischsten und schamvollsten Tage«[619]. Die ganze Medienlandschaft ist kritisch. Selbst eine der ganz wenigen abwägenden Einlassungen in der Zeitung *Davar* sagt, die Aufnahme der Beziehungen sei »der Preis, den Gefühle der politischen Vernunft zahlen müssen«[620].

Adenauer muss die Entwicklung von Rhöndorf aus beobachten, weil er erkrankt ist, aber er schreibt an Shinnar: »[…] ich bin sehr zufrieden, dass diese ganze Angelegenheit, die uns beiden während der vergangenen Jahre viel Kopfzerbrechen gemacht hat, nun endlich ihre Lösung gefunden hat. Ich bin überzeugt, dass schließlich eine Beruhigung im ganzen vorderen Orient infolgedessen eintreten wird.«[621] Eine merkwürdige Formulierung, angesichts der zu erwartenden Reaktionen aus den arabischen Staaten.

Noch am Abend der offiziellen Vereinbarung zur Aufnahme der Beziehungen am 7. Mai 1965 erfolgt mit dem Abbruch der Beziehungen zur Bundesrepublik durch den Irak die erste arabische Reaktion. Das Kalkül Erhards geht allerdings deutlich besser auf, als je zu erwarten war, und auch der immer wieder beschworene Schaden für die Deutschlandpolitik hält sich in engen Grenzen: Zwar brechen zehn der dreizehn Staaten der arabischen Liga sofort nach dem Austausch der Botschafter zwischen Deutschland und Israel die Beziehungen zur Bundesrepublik ab. Sie nehmen sie aber bis in das Jahr 1974 nach und nach alle wieder auf; und bis 1969, was noch wesentlich schwerer wiegt, nimmt kein einziger der arabischen Staaten offiziell Beziehungen zur DDR auf. Die Angst, fortan von den Quellen der Entwicklungshilfe in der Bundesrepublik abgeschnitten zu sein, ist einfach zu groß. Das »Stalingrad am Nil«, das der Publizist Giselher Wirsing vorhergesagt hat, wurde keine Realität, und die Offerten aus »Pankow«, wie die DDR von der Bundesregierung in diesen Jahren genannt wird, bleiben für die arabischen Staaten auf lange Sicht einfach zu unattraktiv.

Es ist, im Nachhinein betrachtet, müßig, zu diskutieren, ob auch angesichts der massiven öffentlichen Gegenreaktionen in Israel eine wesentlich frühere Aufnahme der diplomatischen Beziehungen wirklich möglich gewesen wäre, ebenso, welchen Schaden die Zögerlichkeit der Bundesregierung bis zum Austausch der Botschafter angerichtet hat. Umso schwerer wiegt das Verdienst des zweiten deutschen Bundeskanzlers, der die Reaktionen der arabischen Staaten in Kauf genommen hat.

Dabei hat es an Schmähungen und Sehnsuchtsanfällen nach dem ›Alten‹ nicht gemangelt: Nicht einmal ein Jahr nach seinem Rücktritt trauert sogar der *Spiegel* dem starken Adenauer nach und unkt über die ›Dünnhäutigkeit‹ seines Nachfolgers: »Der Bundeskanzler gehört zu jenen nur scheinbar dickhäutigen und dickfelligen Pykniker-Typen, die Anerkennung brauchen. Kritik und Ablehnung erhöhen bei ihnen Puls und Blutdruck und erzeugen ein Angstgefühl, das nur durch einige Tropfen vom Herz-Gold des Lobes zu kurieren ist. Schon die kühle Brise, die Erhard ab und zu ins Gesicht bläst, seit er die Kommandobrücke im Palais Schaumburg betreten hat, reicht aus, um sein seelisches Gleichgewicht zu stören.«[622] Ausgerechnet dieser angeblich so schwache Politiker, dieser »Quereinsteiger«, dem »Schüchternheit und mangelnde Entschlusskraft«[623] vorgeworfen werden, setzt sich in einer entscheidenden außenpolitischen Frage gegen seine Kritiker durch, mit politischem Weitblick, aber auch mit einem klaren moralischen Kompass. In Israel wird seine Haltung sehr deutlich gewürdigt, und auf gewisse Weise tritt er in Israel damit ein Stück weit aus dem Schatten seines übermächtigen Vorgängers. Vor allem aber belehrt er jene, Ben-Gurion eingeschlossen, die befürchten, dass Israel nun einen geringeren Stellenwert in der deutschen Politik besitzt, eines Besseren.

Adenauer, Ben-Gurion und die Macht – Rückzugsgefechte der Patriarchen

Während Erhard einen der Glanzpunkte seiner Kanzlerschaft feiern kann, kämpfen Konrad Adenauer und David Ben-Gurion, zunehmend im politischen Abseits stehend, aber noch immer über beträchtlichen Einfluss verfügend, jeweils ihre persönlichen Rückzugsgefechte. Adenauer, der weiterhin Parteivorsitzender der Union ist, sägt fleißig mit an dem Stuhl des Mannes, der die Beziehungen zu Israel aufgenommen hat, und unterstützt die Ambitionen des 41 Jahre alten Rainer Barzel, Kanzler Erhard vom Thron zu verdrängen. Er bemüht sich, die Karriere des Mannes einzuschränken, der ihm auch in Sachen Israel mit seiner kritischen Haltung nach seiner Empfindung immer wieder in die Quere gekommen ist: Er will die erneute Ernennung Gerhard Schröders zum Außenminister verhindern. Beide Spiele verliert er. Der deutliche Wahlsieg Erhards im September 1965, der nur drei Mandate unterhalb der absoluten Mehrheit bleibt, macht ihm einen Strich durch die Rechnung. Zum Ende des Jahres 1965 verliert Adenauer auch den Parteivorsitz an Ludwig Erhard.

Auch Ben-Gurion kämpft in diesem Jahr um seinen Einfluss und hadert in Israel nach seinem Rücktritt in höchstem Maße mit seiner eigenen Partei. Die bereits erwähnte Lavon-Affäre lässt ihn nicht los. Er macht sie Mitte Februar 1965 auf einem Parteitag zum Thema, ohne dass sie auf der Tagesordnung steht, und fordert Aufklärung, obwohl sich die Partei dagegen entschieden hat. Das ruft den Zorn seines langjährigen Begleiters Moshe Sharett, der sich um den Wiedergutmachungsvertrag und um die deutsch-israelischen Beziehungen so verdient gemacht hat, auf den Plan. Er ist vom Krebs gezeichnet, sitzt im Rollstuhl und ist todkrank. Aber seine Kraft reicht aus, um Ben-Gurion vorwurfsvoll zu fragen, mit welchem Recht er sich anmaße, »diese Angelegenheit in den Mittelpunkt der Parteitagsdiskussionen zu stellen und damit die sich am Horizont abzeichnenden wahren Probleme zu verdecken und zu verwässern«. Besonders heftig greift ihn Golda Meir in dieser »Nacht der langen Messer« an. Ernüchtert verlässt er ohne weitere Gegenrede den Parteitag und fasst kurz darauf den Entschluss, eine eigene Liste zu gründen, die im weiteren Verlauf dann den Namen Rafi erhält (Israelische Arbeiterliste). Der Partei bleibt der Erfolg bei den Wahlen verwehrt, um nicht das Wort Debakel zu nutzen. »Ben-Gurion war zum alternden Löwen geworden, dessen Kräfte nachließen und dessen Gebrüll zunehmend schwächer wurde. Seine Schlacht, die er als den gerechten Kampf eines mutigen und aufrechten Führers begonnen hatte, endete mit einer schmählichen Niederlage, die zugleich seinen endgültigen Abgang ankündigte.«[624]

Beide Politiker – Adenauer und Ben-Gurion – verfügen über höchste Anerkennung, erleben aber den Verlust an Einfluss und Macht. Sie müssen sich zunehmend mit der Rolle des ›Elder Statesman‹ abfinden. Ihre Beurteilungskraft, nicht zuletzt im Blick auf die außenpolitische Situation, ist immer noch gefragt und ihre Analysefähigkeiten sind ungebrochen.

Im Jahr 1965 zeigt sich in einem *Spiegel*-Interview der Weitblick und die analytische Tiefe des israelischen Realpolitikers. Ganz harmlos wird er von den Journalisten Hermann Schreiber und Rolf W. Schloss gefragt, wie er eigentlich die Situation des geteilten Deutschlands in diesem Konflikt zwischen Ost und West beurteile. Die Antwort ist aus der heutigen Perspektive von einer prophetischen Qualität: »Ich habe alle Deutschen, die ich getroffen habe, gefragt: Glauben Sie, daß es in unseren Tagen und unter den augenblicklichen Umständen, da Ost und West gespalten sind, eine deutsche Wiedervereinigung geben kann? Und ich habe noch keinen einzigen Deutschen getroffen, der an die Möglichkeit der Einheit glaubt«[625], sagt der israelische Politiker. »Ich selber glaube, die Wiedervereinigung kann nur zustande kommen, wenn Rußland ein demokratischer Staat wird, und ich glaube auch, daß es so kommen wird, selbst wenn es seine Zeit braucht. Im Verlaufe der nächsten zehn, zwanzig Jahre wird Russland, so glaube ich, eine Demokratie werden. Es wird ein sozialistisches Land bleiben, aber es wird eine Demokratie werden. Dann, nur dann, kann es wirklich eine deutsche Wiedervereinigung geben.«[626]

Ben-Gurion mag sich um ein paar wenige Jahre verschätzt haben, und dass Russland zu Zeiten Michail Gorbatschows eine Demokratie war, wird niemand ernsthaft behaupten können, aber dass es massive Umwälzungen keine 25 Jahre nach diesem Interview geben wird, sieht er hellsichtig voraus.

Auch hier tritt die Ähnlichkeit der beiden Politiker bei der Einschätzung der Weltlage sehr eindrucksvoll hervor. Am 21. März 1966, keine zwei Monate vor seiner Reise nach Israel, äußert sich Konrad Adenauer in seiner letzten Parteitagsrede in Bonn ganz ähnlich wie David Ben-Gurion. Es sei für ihn sehr schmerzlich, dass es ihm nicht gelungen sei, die deutsche Wiedervereinigung in Freiheit zu erreichen. Aber, so prophezeit der 90-jährige Politiker, »eines Tages wird auch Sowjetrußland einsehen, daß diese Trennung Deutschlands und damit die Trennung Europas nicht zu seinem Vorteil ist«.[627] In der Tat: Die Westintegration hat die Wiedervereinigung in Frieden und Freiheit nicht ausgeschlossen und Adenauers Magnettheorie hat sich als richtig erwiesen.

Die besondere Parallelität beider Ansätzen und Äußerungen liegt freilich in einem unübersehbaren Faktor, der banal erscheinen mag, es aber, wie die Geschichte 1989 gezeigt hat, nicht ist: Beide benennen Voraussetzungen für die Wiedervereinigung, was letztlich auch bei beiden bedeutet, dass sie nicht bedingungslos zu akzeptieren ist, sondern in Frieden und Freiheit realisiert werden muss.

Auch eine andere Aussage im selben Interview zeigt den realpolitischen Verstand Ben-Gurions bei der Einschätzung der globalen politischen Kräfteverhältnisse, die aus heutiger Sicht als überraschend hellsichtig gelten muss. Im 19. Jahrhundert habe Europa die Welt regiert. »Seit dem Zweiten Weltkrieg ist die größte Macht auf der einen Seite Rußland und auf der anderen Amerika. Aber auch das wird nicht ewig so bleiben, denn jetzt erhebt sich China, und ich bin sicher, daß China in dreißig Jahren die größte Weltmacht sein wird. Außerdem hoffe ich, daß auch Europa in den nächsten dreißig Jahren, oder früher, zusammenfinden wird. Und die Einheit, die politische, nicht die wirtschaftliche Einheit Europas, wird das Angesicht der Erde verändern.«[628]

Gerade der Blick Ben-Gurions auf das europäische Einigungswerk dürfte einer der ganz wesentlichen Gründe für seine überaus positive Einschätzung Adenauers sein, in dem er einen ›Bruder im Geiste‹ und zugleich einen der bedeutendsten Architekten des neuen ›Hauses Europa‹ sieht. Für beide sind die europäische Integration und die klare Verankerung Deutschlands im westlichen Bündnis nicht nur sicherheitspolitisch in den Zeiten des Kalten Krieges außerordentlich wichtig. Für beide ist die europäische Einigung auch eine Art Rückversicherung gegen die Gefahr einer neuen nationalistischen Katastrophe im Herzen Europas und eine Maßnahme gegen die Wiederauferstehung eines totalitären und nach Hegemonie strebenden Deutschlands.

Eine besondere Einladung aus Israel – nach schwierigen Zeiten

Derlei Gleichklang der beiden alternden Staatsmänner ruft nach der zweiten persönlichen Begegnung, die indessen schon seit längerer Zeit geplant ist. Die Einladung an Konrad Adenauer, nach Israel zu kommen, wird von

David Ben-Gurion, – damals sind beide noch im Amt, – bereits im Mai 1963 ausgesprochen. Immer wieder hakt Shinnar im Auftrag Ben-Gurions, später auf Veranlassung von Levi Eschkol, nach, wann denn nun mit einem Besuch zu rechnen sei. Eschkol spricht, was angesichts des späteren Eklats während der Reise bemerkenswert ist, sogar selbst noch einmal ausdrücklich diese Einladung aus. Die Israelis drängen, aber sie werden hingehalten. Vordergründig wird Zeitnot angeführt. Die rückblickende und vorwurfsvolle Frage des Journalisten Alfred Wolfmann, warum er denn nun nicht schon früher seine Reise angetreten hätte, kontert Adenauer mit dem Satz: »Ich bin im Jahre 1963 ausgeschieden, und nach meinem Ausscheiden hatte ich keinen Tag und keine Stunde zur Verfügung, um die Reise nach Israel anzutreten.«[629]

Man muss kein Kenner der deutsch-israelischen Beziehungen sein, um beurteilen zu können, dass das ein vorgeschobenes Argument ist. Tatsächlich ist es auch im Sinne des Auswärtigen Amtes und seines Nachfolgers Ludwig Erhard, dass die Reise Adenauers auch als öffentliches Thema nicht in den Strudel der schwierigen Auseinandersetzung um die deutschen Raketentechniker in Ägypten, dann in die Diskussion über die Aufnahme der diplomatischen Beziehungen und schließlich in die Debatte um Wirtschaftshilfen und angeblich in New York gefallene Zusagen gerät. Selbst der noch verhältnismäßig frischgebackene Statthalter Deutschlands in Israel, Rolf Friedemann Pauls, warnt, dass »die Israelis diesen Besuch mit der Rücksichtslosigkeit, der sie bei der Verfolgung eines Ziels fähig sind, ausnutzen werden, indem sie einen dauernden Druck auf den Altbundeskanzler ausüben, sich in einem ihnen erwünschten Sinne zu äußern oder indem sie von ihm getane Äußerungen ganz subjektiv zur Stärkung ihrer eigenen Position interpretieren.«[630]

Aber auch auf der Seite Israels herrscht, jenseits des Umfeldes von David Ben-Gurion, durchaus Zurückhaltung gegenüber diesem Vorhaben. Levi Eschkol schiebt die Einladung seinem Vorgänger in die Schuhe und behauptet, der Staatsgründer habe ›auf eigene Faust‹ gehandelt. Das freilich entspricht nicht den Tatsachen. Faktisch sind die Versuche Shinnars, den ›Alten‹ aus Rhöndorf nach Israel zu locken, mit Eschkol abgestimmt und geschehen auch auf seine Veranlassung.

Niels Hansen glaubt, dass diese Zurückhaltung nicht nur auf den Einfluss der rechteren Parteien in Israel zurückzuführen ist, sondern dass auch der zwischenzeitliche Erfolg der NPD in Deutschland dabei eine Rolle gespielt haben kann. Der israelische Staatspräsident Salman Shasar hat sich in zahlreichen Interviews im Vorfeld des Adenauer-Besuches sehr besorgt über diese Entwicklung gezeigt und die Frage gestellt, welchen Einfluss rechtsradikale Parteien und Gruppen insbesondere auf die deutsche Jugend ausüben.

Zwei Gründe für diesen konkreten Zeitpunkt im späten Frühjahr 1966 liegen – zumindest aus deutscher Perspektive – nahe: erstens, der Besuch als ›flankierende Maßnahme‹ zu den zeitgleich stattfindenden und schwierig verlaufenden Wirtschaftshilfe-Verhandlungen; zweitens ist auch der von Jenny Hestermann angeführte Grund nicht ganz von der Hand zu weisen, nämlich, dass damit die »gute Stimmung« zwischen Deutschland und Israel nach den Irritationen, die die Ernennung des Kriegsteilnehmers und Ritterkreuzträgers Rolf Pauls als Botschafter mit sich gebracht haben, wiederhergestellt wird. Diese Einschätzung bestätigt Adenauer implizit selbst in einem Interview: »[…] da ja doch eine gewisse Trübung eingetreten war, glaubte ich, es sei ganz gut, wenn ich, der ich damals das Luxemburger Abkommen zustande gebracht habe, einmal hinführe.«[631]

Wie sehr Botschafter Pauls trotz aller Bemühungen und trotz insgesamt durchaus sensiblen Agierens – sein erster Besuch in Israel gilt beispielsweise nicht dem Staatspräsidenten, wie es üblich wäre, sondern der Gedenkstätte Yad Vashem – noch immer nicht voll akzeptiert wird in Israel, zeigt sich an der Tatsache, dass er von der israelischen Seite in die Vorbereitung des Besuches nicht mit einbezogen ist. Das fasst das Auswärtige Amt – nicht ohne Berechtigung – als Affront auf.

In einer internen und vertraulichen Analyse über die Bedeutung der Reise, die Konrad Adenauer danach zur Kenntnis genommen hat, heißt es: »Die Programmgestaltung der Reise wurde vom israelischen Außenministerium unter vollständiger Umgehung der deutschen Botschaft in Tel Aviv direkt über den Gesandten Dr. Leo Savir in Köln vorbereitet.«[632] Erst über einen deutschen Journalisten mit guten Beziehungen in das israelische Presseamt habe die deutsche Botschaft Einzelheiten des Programms erfahren. Besonders pikant ist, dass der Termin für einen Empfang des Botschafters für den Altbundeskanzler, der für den 5. Mai im Jerusalemer King-David-Hotel geplant war, ohne jede Rücksprache mit der Botschaft auf den 8. Mai – den Jahrestag der deutschen Kapitulation – nach Tel Aviv verlegt wird. Auch das ist nicht gerade pure Freundlichkeit. Und Rolf Pauls muss dem Treiben einigermaßen machtlos zusehen. Die treibende Kraft, zu der Hans-Peter Schwarz Rolf Pauls fälschlicherweise im deutsch-israelischen Verhältnis macht, darf er jedenfalls zu diesem Zeitpunkt schlicht noch nicht sein. Das lassen die Israelis nicht zu. Drei Jahre später wird er Israel durchaus geachtet wieder verlassen.[633]

1965 interviewt der *Spiegel* den israelischen Patriarchen zu einer Reihe von ernsten Themen. Der amüsante Teil des Interviews ist das halb ernste, halb scherzende Geplänkel über die Frage, wer denn nun nach der Aufnahme der diplomatischen Beziehungen der beste Botschafter sein könnte. Der *Spiegel* fragt in gewohnt frecher, aber doch pointierter Art, ob nicht vielleicht Dr. Adenauer der ideale Mann sein könne? David Ben-Gurion lacht und sagt, er würde Adenauer nicht anraten. »Vielleicht ein Mann wie Böhm oder wie Carlo Schmid«[634], sagt der israelische Politiker, nun eher ernst als scherzend.

»Würde es nützen, wenn Dr. Adenauer Israel besuchte? Wir haben gehört, er habe solche Pläne für den Herbst«[635], fragt der *Spiegel.* Das habe er auch gehört, sagt Ben-Gurion und äußert über den Mann, den er bis dahin nur einmal persönlich getroffen hat: »Ich würde mich freuen. Persönlich würde ich mich sogar sehr freuen. Ich habe eine besondere Beziehung zu ihm. Ich weiß, was man über seine Fehler sagt. Aber ich habe eine große Hochachtung vor seiner Persönlichkeit. Und davor, was er für Deutschland getan hat. Und dann vor seinen moralischen Ansichten. Aber ich muss Ihnen sagen: Ich bin eine Privatperson, ich drücke nur meine eigene Meinung aus. Ich repräsentiere niemanden, nicht einmal meine Partei.«[636] Letzteres ist freilich angesichts der Anerkennung, die David Ben-Gurion in Israel genießt, und angesichts des hohen Grades, in dem er von seinen Gegenspielern immer noch gefürchtet wird, eher ein gepflegtes ›Understatement‹.

In den Vorbereitungsunterlagen Adenauers[637] findet sich unter der Überschrift »Anregungen für etwaige Ansprachen von BK Adenauer in Israel« eine Art »Waschzettel« für die öffentlichen Auftritte mit stichwortartigen Hinweisen, was erwähnt werden solle. Durch die Notizen zieht sich die Beschreibung der Ambivalenz, die Israel ausmacht: »Die Israelis sind stolz auf die großen altehrwürdigen Traditionen, auch auf religiösem Gebiet; zugleich wollen sie als aktiver moderner Staat angesehen werden, der in der Weltpolitik eine beachtliche Rolle spielt. Ihre große Leistung: Tradition und Moderne in Einklang gebracht zu haben.«[638] Das klingt sehr auf David Ben-Gurion gemünzt.

Die beiden letzten Stichpunkte in dieser ›Gebrauchsanleitung‹ für die Reden sind bemerkenswert, weil sie zwei Aspekte herausstellen, die Adenauer persönlich und in seiner Politik wichtig sind: Der erste Punkt weist in die religiöse Richtung und auf die »›sogenannte Judenerklärung‹ des Vatikanischen Konzils« hin, die »eine geschichtlich bedeutsame Korrektur im Verhältnis der Christen zu den Juden vorgenommen und sich gegen den Antisemitismus«[639] ausgesprochen habe. Der Begriff »Judenerklärung« trifft es nicht ganz, denn gemeint ist die »Erklärung zum Verhältnis der Katholischen Kirche zu den nichtchristlichen Religionen«, die als »Nostra Aetate« in die Geschichte eingegangen ist. Die Aufnahme anderer Religionen in den Text ist vorgenommen worden, da es erhebliche Einsprüche von arabischen und afrikanischen Christen gegen das Vorhaben gegeben hat. Die Wirkung dieses Dokumentes ist schließlich bahnbrechend. Bis heute – mehr als fünfzig Jahre nach seiner Verabschiedung – gilt die Erklärung, die maßgeblich auf Papst Johannes XXIII. zurückgeht, als der entscheidende Schritt auf die Juden zu und vor allem auch als ein implizites Bekenntnis der eigenen Fehler gegenüber dem Judentum. Das ist eine Haltung, die Adenauer bereits 1946 gefordert hat. Damals verlangt er von den Bischöfen, sich zu den Fehlern, die in letzter Konsequenz zur Shoah beigetragen hätten, zu bekennen.

Der zweite Stichpunkt weist in die deutschlandpolitische Richtung, aber versehen mit dem interessanten Hinweis darauf, dass dieser Punkt nur in »internen Gesprächen« erwähnt werden sollte, nämlich, »dass die SBZ nichts für Israel geleistet, es vielmehr sogar verleumdet und befehdet hat«.

Einige Wochen vor der Abreise entspinnt sich ein schöner, nicht ganz ernst gemeinter Dialog zwischen Konrad Adenauer und dem israelischen Journalisten Alfred Wolfmann. »[…] wenn ich das anregen darf, nehmen Sie doch Ihre ganze Familie mit!« – »Den ganzen Clan, meinen Sie?«, antwortet der Altkanzler erschrocken: »Sie müssen wissen, dass ich 24 Enkel habe – wenn ich die auch noch mitnähme!« Wolfmann antwortet: »Aber selbstverständlich, wir haben so viel Einwanderung – daß sie bestimmt auch die 24 Enkel gern begrüßen würden.« Adenauer wiederum antwortet mit einem Schmunzeln: »Aber ich würde sie nicht gerne mitnehmen – die Verantwortung. Also ich freue mich sehr auf die Reise und bin auch innerlich sehr gespannt, wie nun dieser Staat sich entwickelt hat.«[640]

Die Reise nach Jerusalem – mit gemischten Gefühlen

Am 2. Mai 1966 ist es schließlich so weit: Auf dem israelischen Flugplatz Lod, dem heutigen Ben-Gurion-Flughafen, östlich von Tel Aviv, betritt Konrad Adenauer – eine Viertelstunde vor der planmäßigen Ankunft – zum ersten Mal israelischen Boden. Er wird zwar nicht von seinen 24 Enkeln, aber unter anderem von seiner Tochter Lotte Multhaupt und seiner Sekretärin Anneliese Poppinga begleitet.

Während der ganzen Visite in Israel steht immer auch die Frage im Raum, was dieser Besuch eigentlich darstelle. Er komme »nicht als Deutscher, sondern als Katholik«, sagt Adenauer selbst. Die Absicht des ›Alten‹ ist ganz sicher, vordergründig einen ›privaten Besuch‹, eine harmlose Pilgerreise, die Erfüllung eines persönlichen Lebenstraums oder einfach nur das ›Vorbeischauen‹ bei seinem Freund Ben-Gurion zu insinuieren, nur zu gut wissend, dass dieser Besuch alles andere sein wird als eine persönliche Stippvisite. Er ist von Anfang an – wie jeder Besuch eines deutschen Politikers, aber insbesondere der eines ehemaligen Bundeskanzlers – ein Politikum ersten Ranges.

Und freilich nimmt der versierte und selbstbewusste Politiker implizit sehr wohl für sich in Anspruch – obgleich ohne offizielles Amt –,

Deutschland zu vertreten. Dass den Kranz, den er in Yad Vashem niederlegt, ganz selbstverständlich Schleifen in den deutschen Nationalfarben zieren, ist hierfür nur ein Beispiel.[641]

Mit der ausdrücklichen Betonung des privaten Charakters des Besuches baut er letztlich auch seinen Gastgebern eine goldene Brücke zur Bewältigung einer schwierigen protokollarischen Frage: Bei der Ankunft Adenauers am Flughafen ist keine deutsche Fahne gehisst. Die Nationalhymne wird nicht gespielt. Auch militärische Ehren sind nicht vorgesehen. Diese üblichen ›Liebenswürdigkeiten‹ bei hochrangigen Gästen hätte das Protokoll durchaus auch für einen ehemaligen Regierungschef erlaubt. Dass das nicht stattfindet, ist im deutsch-israelischen Verhältnis noch immer nicht ungewöhnlich. Nicht auszudenken wäre die Reaktion etwa auf das Spielen der deutschen Nationalhymne in Israel, deren Melodie auch in der Zeit des Nationalsozialismus die gleiche war. Niemand soll glauben, dass die Beziehungen ›normal‹ sind. Niemand soll glauben, dass Versöhnung im Angesicht des bodenlosen Abgrundes des Holocausts automatisch erfolgt.

Merkwürdig ist nur die Tatsache, dass die israelische Regierung bereits zum Zeitpunkt der Vorbereitung der Reise Adenauers verlauten lässt, man werde den Gast wie einen »Regierungschef« empfangen. Offenbar gibt es in dieser Angelegenheit bei der Regierung des Nachfolgers Ben-Gurions im weiteren Verlauf der Vorbereitungen einen deutlichen Sinneswandel.

Dass sich der israelische Ministerpräsident nicht am Flughafen einfindet, hat indes nicht nur mit dieser noch immer notwendigen Zurückhaltung im deutsch-israelischen Verhältnis ›offizielle Symbole‹ betreffend zu tun, sondern hat innenpolitische Gründe, auf die noch einzugehen ist. Beschwerden über den Rang des Empfangskomitees am Flughafen sind aber kaum angebracht: Neben den ›üblichen Verdächtigen‹ und alten israelischen ›Fahrensleuten‹ des Kanzlers, wie Nahum Goldmann und Felix Shinnar, sind das immerhin der amtierende Außenminister Abba Eban, Schimon Peres und allen voran natürlich sein Freund David Ben-Gurion, die ihm gleich am Flughafen ihre Aufwartung machen.

Zu der illustren Gruppe gehört auch der Präsident des Weizmann-Institutes, Meyer Wolf Weisgal, ein amerikanischer Journalist polnischer

Herkunft und führender Zionist, einer der engsten Wegbegleiter des israelischen Staatspräsidenten Chaim Weizmann, zudem ein Theatermanager, der zu ihren Lebzeiten enge Beziehungen zu Max Reinhardt, Kurt Weill und Franz Werfel gepflegt hat.

Diese besondere ›Ehrengarde‹, die Adenauer in Israel empfängt, droht allerdings im Rummel der unübersehbaren Menge an Fotografen, Kameraleuten, Journalisten und Sicherheitsleuten unterzugehen. Und ein ganz anderes, eher ungewolltes ›Abholkomitee‹ lässt sich allerdings auch nicht so ganz vermeiden. Es zieht deutlich mehr Aufmerksamkeit auf sich: Vor dem Flughafen wartet die erste Abordnung von einigen Hundert Demonstranten von linksaußen und rechtsaußen, die lautstark gegen die Ankunft des deutschen Politikers protestieren und die vom Sicherheitspersonal im Zaum gehalten werden müssen. Sie versuchen das Auto Adenauers zu behindern, werfen sich schreiend zu Boden, aber sie treffen ausgerechnet das Auto Ben-Gurions. Adenauer ist in einem anderen Wagen bereits unbehelligt losgefahren, wo er – so weiß Hermann Schreiber zu berichten – vom Chef des Weizmann-Institutes, Weisgal, mit einem unerschöpflichen Repertoire jüdischer Witze traktiert wird.[642]

In einem Interview wird Ben-Gurion gefragt, wie ernst er die Demonstrationen gegen Adenauer nehme. Seine Antwort ist lakonisch: »Woher weiß ich, ob die Leute am Flugplatz nicht gegen mich demonstriert haben?« Ganz bewusst spielt er den Protest gegen den hohen deutschen Besuch herunter und verteidigt seine eigene Deutschlandpolitik: »Ich habe Grund zu glauben, dass die überwiegende Mehrheit des Volkes nicht sehr weit weg ist von dem Standpunkt, den ich immer vertreten habe.«[643] Die Wahrheit ist, dass die überwiegende Mehrheit inzwischen der Frage, wie nah man Deutschland kommen dürfe, zunehmend gleichgültig gegenübersteht.

Was dem israelischen Staatsgründer dieser Besuch, für den er sich immer eingesetzt hat, bedeutet, wird ebenfalls in diesem Interview des Nachrichtenmagazins *Spiegel* deutlich: »Ich empfand, einen Freund zu treffen und einen Menschen, den ich bewundere für die Dienste, die er seinem Volk erwiesen hat. Ich bewundere seine Aufrichtigkeit und die Moral seines Urteils darüber, was die Deutschen unter dem Nazi-Regime getan haben – seine moralische und seine religiöse Einstellung.«[644] Und durchaus verschmitzt fügt er, dem der Ruf nachgeht, humorlos zu sein, hinzu, er habe sich gefreut, »daß er eher noch jünger aussieht, als bei unserem letzten Treffen vor sechs Jahren«.[645]

Ein Ehrendoktor für den »wahren Freund Israels« – Adenauer in Rechovot

Der Journalist Hans Ulrich Kempski stößt in das gleiche Horn und beschreibt die erste Station des Besuches am Morgen nach der Ankunft im großen Hörsaal des Weizmann-Institutes, jener Institution, die Konrad Adenauer eine Ehrendoktorwürde angedeihen lässt: »So behutsam, als sei er ein zerbrechliches Kleinod, schicken sich zwei junge Damen an, Konrad Adenauer einen schwarzen Talar umzuhängen. Doch der Altbundeskanzler kommt ihrer Hilfestellung zuvor. Auch im 91. Lebensjahr körperlich kaum behindert […] schlüpft er mit behender Bewegung in den Talar wie ein Mann, der sich die tägliche Arbeitskleidung überstreift.«[646]

Der Kontrast zu den Demonstrationen am Flughafen ist ebenso erwartbar wie deutlich: In Rechovot, dem Sitz des Weizmann-Institutes, begrüßt man ihn überschwänglich »als einen wahren Freund Israels und des jüdischen Volkes«[647]. Die Ernennung zum Ehrenmitglied ist in der Tat eine Ehre und Adenauer steht mit John F. Kennedy, Adlai E. Stevenson, Pierre Mendès France sowie mit zahlreichen Nobelpreisträgern in einer illustren Reihe. Adenauer erhält damit eine Würdigung, bei der – anders als bei manch anderer Verleihung von Ehrentiteln – der Geehrte in diesem Fall nicht in erster Linie seiner Bekanntheit wegen den Doktorhut aufgesetzt bekommt, sondern als wahrhaftige Würdigung seiner Verdienste. Und die sind auch bei kritischstem Blick nicht von der Hand zu weisen: Über 25 Millionen DM erhält das Institut über die VW-Stiftung und aus Mitteln des Bundes. Bereits 1959 sorgt Adenauer für eine langfristige Unterstützung des Institutes.

Nicht nur deshalb hat dieser erste Besuchstermin eine große Sinnhaftigkeit. So wie auch die militärische Kooperation gehören die Kontakte im Wissenschaftsbereich zu den ersten Feldern, in denen sich lange vor der Aufnahme der diplomatischen Beziehungen ein profunder deutsch-israelischer Austausch anbahnt, und hier wird – wie auch beim Tandem Ben-Gurion und Adenauer – deutlich, wie wichtig persönliche Beziehungen der wesentlichen Akteure insbesondere bei hoch sensiblen Unternehmungen sind: Der Austausch in diesem Feld beginnt zunächst an neutralen Orten, wie beispielsweise dem CERN in Genf, wo Deutsche und Israelis von Anfang an zu den Gastwissenschaftlern gehören. Nach 1956 beginnen der israelische Chemiker Gerhard Schmidt, der als Jugendlicher mit einer jüdischen Mutter 1934 nach England geflüchtet war, und der CERN-Forschungschef Wolfgang Gentner, immerhin Schüler der großen Marie Curie und ihres Mannes, der in Kriegszeiten mit französischen Widerstandskämpfern kooperiert hat, mit dem Aufbau von Kontakten, in die auch der Physiker Amos de Shalit einbezogen wird, dessen Familie zum Freundeskreis der Familie Ben-Gurion zählt.

Von entscheidender Bedeutung ist allerdings der Kontakt Gentners zum Europa-Repräsentanten des Weizmann-Institutes, Josef Cohn. Der ist ein deutscher Jude, der 1933 emigriert ist und bald zum engsten Kreis um den ersten israelischen Staatspräsidenten Chaim Weizmann gehört. Cohn und Gentner sind sich schnell einig, dass die wissenschaftlichen Kontakte der politischen Unterstützung bedürfen.

Mit Vermittlung des Adenauer-Freundes Dannie Heineman, der Cohn aus Amerika kennt, kommt bereits im März 1959 ein Treffen mit Bundeskanzler Konrad Adenauer zustande. Der ist, wie der Wissenschaftshistoriker Dieter Hoffmann berichtet, zunächst sehr skeptisch, weil er vor allem den deutschen Wissenschaftsbetrieb für international noch nicht konkurrenzfähig hält, lässt sich aber angesichts der antisemitischen Vorfälle zum Ende der 1950er-Jahre hin überzeugen, dass eine wissenschaftliche Zusammenarbeit bei der Bekämpfung des Antisemitismus hilfreich sein kann.

Amos de Shalit hält zur politischen Absicherung des Projektes Kontakt mit dem Ministerpräsidenten David Ben-Gurion, einem Freund seiner Familie, den er wiederum über die sich anbahnende Zusammenarbeit, aber auch über die Begegnungen mit Konrad Adenauer unterrichtet. Ben-Gurion wiederum ermächtigt den späteren Außenminister und damaligen Präsidenten des Weizmann-Institutes Abba Eban, der zugleich Erziehungsminister ist, Verhandlungen aufzunehmen, allerdings mit der strengen Maßgabe, dass die Kontakte vertraulich bleiben. 1959 wird ein großer deutscher Wissenschaftler, der Nobelpreisträger Otto Hahn, in dieser Zeit Präsident der Max-Planck-Gesellschaft, nach Israel eingeladen und besucht, sieben Jahre vor Adenauer, das Weizmann-Institut in Rechovot.

Nur wenige Wochen vor seinem Treffen mit David Ben-Gurion in New York lässt sich Konrad Adenauer über die Ergebnisse dieser Reise und die hierbei gefassten Pläne unterrichten. Ihm passt der Kooperationswille der beiden Institutionen ganz gut ins Bild. Die Finanzierungshilfe für das Weizmann-Institut ist das perfekte Zeichen ›guten Willens‹ für die bevorstehenden Verhandlungen. Es findet dann auch eine kurze Erwähnung im Gespräch zwischen den beiden Patriarchen im Waldorf Astoria. Die Kooperation im Wissenschaftsbereich ist nicht nur politisch nützlich, sie ist auch historisch fast revolutionär: Zu dieser Zeit besteht ein Auftrittsverbot für deutsche Künstler in Israel und Wissenschaftlern beider Länder ist es nur unter bestimmten Auflagen erlaubt, an internationalen Veranstaltungen in beiden Ländern teilzunehmen.

Das Weizmann-Institut ist aber nicht nur durch seine Rolle bei der Anbahnung von Kontakten der ideale Ort für einen Besuch von Konrad Adenauer. Vielmehr kann es schon insofern nahezu symbolisch für ein deutsch-israelisches Unterfangen stehen, als es nach deutschem Vorbild aufgebaut ist. Beispielgebend für das (aus dem 1934 gegründeten Daniel-Sieff-Forschungsinstitut hervorgegangene) Institut ist die Kaiser-Wilhelm-Gesellschaft[648] gewesen, die nach dem Zweiten Weltkrieg zur heutigen Max-Planck-Gesellschaft umgewandelt wird. Heute ist das Weizmann-Institut für Wissenschaften in Rechovot die bedeutendste außeruniversitäre Forschungsstätte in Israel mit rund 2000 Mitarbeiterinnen und Mitarbeitern. Es ist im Bereich der Mathematik, der Informatik, der Physik, der Chemie und der Biologie tätig und hat zahlreiche Preise für die Arbeit seiner Wissenschaftlerinnen und Wissenschaftler erhalten. Und es bleibt bis heute eines der herausragenden Foren für die deutsch-israelische Zusammenarbeit im Wissenschaftsbereich.

Letztlich ist die Kooperation aus der Perspektive Adenauers und anderer Zeitgenossen so befriedigend, weil in ihren Augen mit der Shoah auch die Kraft der deutschen Wissenschaft durch den Weggang herausragender deutscher Gelehrter jüdischer Herkunft nachhaltig geschädigt worden ist. Die Kooperation hilft dabei, das gute Miteinander wenigstens ansatzweise wiederaufleben zu lassen. Bei seinem Rundgang wird Konrad Adenauer an einem Gedenkstein für die deutschen jüdischen Forscher, darunter so klingende Namen wie die Nobelpreisträger Fritz Haber, Richard Willstaetter und Otto Fritz Meyerhof, die unter der Nazi-Tyrannei gelitten haben, vorbeigeführt. Neben den Namen von insgesamt sechs Forschern liest er den Hinweis, dass die Errichtung dieses Denkmales ermutigt und unterstützt wurde »von Kanzler Konrad Adenauer und der Max-Planck-Gesellschaft«.

In seiner Dankesrede schöpft er aus dem Vollen: »Ich bin im Innersten ergriffen durch diese Reise nach Israel.« Gerührt sei er, »weil es mir beschieden ist, beizutragen zur Versöhnung. Das war das Ziel meiner Tätigkeit vom ersten Tage an, da ich Bundeskanzler der Bundesrepublik wurde: Die Versöhnung herbeizuführen, mit Israel und mit dem gesamten Judentum der Welt.«[649] Er habe das aus einem Gefühl einer tiefen inneren Verpflichtung heraus getan, auch aus dem Gefühl heraus, dass die Menschheit doch dem Judentum so viel verdanke auf allen Gebieten des menschlichen Geistes und auf dem Gebiete der Religion.

Nahum Goldmann und Felix Shinnar werden von ihm mit einem Glorienschein versehen. Weizmann selbst ›huldigt‹ er, ebenso wie dem Pioniergeist des israelischen Volkes. Dann folgt eine Reminiszenz aus der eigenen Vergangenheit: Seine eigene Unterstützung für die zionistische Bewegung in den Kölner Jahren; seine Freundschaft mit Dannie Heineman, der ihm in schweren Zeiten zur Seite gestanden habe. Der Sohn des Freundes, Stephen D. Heineman, sitzt im Publikum.

Doch auch dieser der Atmosphäre zuträgliche Termin mitsamt Ehrung und freundlichem Empfang zeigt, dass die Normalität, die Konrad Adenauer so gerne dauerhaft verankert und gesichert wissen will, im Verhältnis der beiden Länder noch längst nicht besteht, noch nicht bestehen kann. Hans Ulrich Kempski berichtet, dass die Vergangenheit im Weizmann-Institut, das eigentlich im Zeichen der gemeinsamen Zukunft stehen soll, greifbar ist. Schweigend habe das Publikum aufgenommen, was Adenauer sagt: »Es ist keine feindselige, auch keine leidende Stille, die über den Sesselreihen im kühlen Betonbau des Auditorium Maximum lastet. Es ist wohl jene Stille, in die sich angesichts der Ernennung des ersten Deutschen zum Ehrenbürger des Institutes aufgewühlte Empfindungen von Menschen flüchten, denen es die zwischen Israel und Deutschland stehende Blutschuld schwer macht, an Versöhnung zu denken.«[650]

Nach der Ehrung und nach einem Mittagessen mit dem Institutschef Meyer Wolf Weisgal findet eine Begegnung mit der Presse statt, die den gesamten Besuch mit großer Neugierde verfolgt. Diese Pressekonferenz wird angesetzt, obwohl die deutsche Delegation, so die vertrauliche Analyse des Besuches, immer wieder darauf hingewiesen hat, dass der Altkanzler keine Pressekonferenzen geben werde. Es kommt, wie es kommen muss: Der renommierte Journalist und herausragende Schriftsteller Amos Elon, damals Herausgeber der israelischen Zeitung *Haaretz* und später einer der profiliertesten Publizisten Israels, stellt prompt bei der Pressekonferenz im Chemie-Hörsaal des Institutes an Adenauer geradeheraus die 500-Millionen-Dollar-Frage, ob er nicht doch vielleicht beim Treffen mit Ben-Gurion diese Summe als Finanzhilfe versprochen habe.

Die Analyse des Besuches stellt die Behauptung in den Raum, dass das alles ein abgekartetes Spiel sei. Nur diese eine Frage sei zugelassen worden. »Die publizistische Begleitung«, so stellt die Analyse fest, »war auch von israelischer Seite ganz hart auf dieses eine Thema abgestellt. Es kann kein Zweifel darüber bestehen, dass eine ganze Mannschaft von Journalisten in ›festem Auftrage‹ handelte.«[651] Diese These, dass eine so selbstbewusste Zeitung wie die *Haaretz* und ein Journalist vom Range eines Amos Elon sich im Jahr 1966 so vor den staatlichen Karren spannen lassen, darf zumindest mit einem Fragezeichen versehen werden.

Adenauer, der mit dieser Frage des *Haaretz*-Reporters unter Druck gesetzt wird, ist sich der Tatsache bewusst, dass jede Aussage, die er in diesem Zusammenhang treffen wird, Schaden für die laufenden Verhandlungen über Wirtschaftshilfe und Darlehen, bei denen ohnehin gewaltiger Druck auf den Schultern der deutschen Unterhändler lastet, anrichten kann. Dass der Besuch bislang – noch – in relativer Harmonie verläuft, beeinflusst die humorige Antwort des Kanzlers, die den armen Journalisten freilich ratlos zurücklässt: »Ach, meine Herren, das hat doch nichts mit Chemie und Physik zu tun. In diesen Räumen wollen wir doch nicht über die dumme Politik sprechen.«[652]

Doch die »dumme Politik« lässt sich nicht so einfach aussperren, sie bleibt, wie könnte es bei einem solchen Besuch auch anders sein, die Grundmelodie des ganzen Aufenthaltes. Schon das erste Zusammentreffen Adenauers mit Ben-Gurions Nachfolger Eschkol am zweiten Abend der Reise lässt erahnen, dass die chemische Zusammensetzung dieser Beziehung eine andere ist als die der beiden ›Alten‹. Das wird an einer schönen Beschreibung deutlich, die der Journalist Kempski liefert: Die erste Begegnung vollziehe sich trotz der Regierungsdispute über die Finanzen ohne Befangenheit und »erwartungsfreudig«; »Adenauer zeigt ein Lächeln, das er zweifellos für bestrickend hält. Es ist ein seltenes, potenziellen Gegnern vorbehaltenes Lächeln, das den Eindruck zu suggerieren trachtet, Adenauer habe die Kräfte des anderen kurz abgeschätzt und sie nach einem Vergleich mit den eigenen Kräften als ebenbürtig akzeptiert.«[653]

Eschkol entbietet Adenauer das landesübliche »Shalom« zur Begrüßung. Dann fügt er, »als käme ihm dabei plötzlich das Ganze doch zu spröde vor«, die Übersetzung hinzu: »Shalom heißt Frieden.«[654] Adenauer murmelt, so Kempski, langsam den Gang durchschreitend, »in spärlicher variierter Wiederholung: ›Ich weiß, das weiß ich. Ich habe das gewußt.‹«[655]

Das Gespräch in Zimmer 208 des Amtes des Ministerpräsidenten dreht sich, dafür trägt Levi Eschkol Sorge, schnell um das Thema, das Adenauer während seines Besuches so sorgfältig – und auch in Absprache mit dem amtierenden Bundeskanzler und dem Auswärtigen Amt – zu vermeiden trachtet und das der junge Journalist, der von Adenauer abgebürstet worden ist, so mutig vorgebracht hat: um die Frage zusätzlicher Finanzhilfen und Zuwendungen an Israel und die Frage, was aus den Zusagen von New York geworden ist – aber ohne Summen, die erwähnt werden, und ohne Vorwürfe.

Die EWG findet Erwähnung und die Frage wird erörtert, welche Möglichkeit für eine Assoziierung Israels es gibt – auch das ist bereits seit einigen Jahren Thema. Eschkol spricht an, wie wichtig insgesamt die Notwendigkeit sei, Absatzmärkte für israelische Produkte zu schaffen. Nach einer Stunde ist das persönliche Gespräch vorbei. Adenauer selbst sagt Journalisten, es sei ihm »alles in Ordnung« erschienen und er habe Eschkol mit diesem Gespräch die Möglichkeit gegeben, »sein Herz auszuschütten«.[656] Eine Gelegenheit, die der israelische Ministerpräsident aber nicht wahrgenommen habe. Botschafter Pauls spricht in seinem Bericht an seinen Chef, Außenminister Gerhard Schröder, von einer »Atmosphäre des Wohlwollens«[657], die am Nachmittag geherrscht habe.

»Ich reise morgen ab« – ein Eklat und »Mordskrach« in Jerusalem

»Die Unterredung scheint ohne Belang gewesen zu sein«, mutmaßt Kempski, »doch das Dinner hat es in sich.«[658] Nach dem persönlichen Gespräch kommt es in der Tat trotz aller Versuche, die ›Wohlfühlatmosphäre‹ nicht zu stören, dann doch zum Eklat, der zugleich zeigt, wie vergleichsweise gering der politische Spielraum des israelischen Regierungschefs ist, aber auch, wie dünn die gewachsene Hautschicht über den tiefen Wunden ist, die der Holocaust geschlagen hat. Levi Eschkol hat nach dem Gespräch mit dem Altkanzler zum Abendessen in kleiner Runde in seine Residenz eingeladen: Insgesamt zwölf Personen sitzen am Tisch. Während des Essens erhebt sich Eschkol – vermeintlich spontan –, um eine Rede zu halten, was Nahum Goldmann »bei dem intimen Charakter dieses Mahles völlig überflüssig«[659] findet. Tatsächlich aber ist die Rede alles andere als spontan. Sie war zuvor bereits mit klaren Absichten an die Presse verteilt worden, in hebräischer und in englischer Sprache, und in Deutsch an die Delegation des deutschen Gastes.

Den Entwurf eines Beamten habe Eschkol, so behauptet zumindest Goldmann, noch nicht einmal vorher gelesen. Tatsächlich aber ist das Redemanuskript durchaus gespickt mit gezielten Provokationen. Israel suche nach einem Zeichen, so steht es im Text der Rede, dass Deutschland »für sich selbst nach einem Weg in die Völkergemeinschaft sucht«[660] – ein

Satz, der mit der Feststellung ergänzt wird, dass man überzeugt sei, dass das deutsche Volk unter der Führung Adenauers »in die Gemeinschaft der zivilisierten Völker zurückkehren wird«. Noch stärker ist die Feststellung, dass die Wiedergutmachung nur eine »symbolische Rückerstattung des blutigen Raubes« darstelle. »Es gibt keine Sühne für die Gräuel und keinen Trost für unsere Trauer.«[661]

Das bedeutet unter dem Strich, dass der Gastgeber dem Gast das saure Mahl serviert, die bisherigen materiellen und moralischen Bemühungen der deutschen Bundesregierung seien weder ausreichend noch glaubwürdig genug. Der Altbundeskanzler will diese Speise nicht zu sich nehmen, das wird schnell offenbar. Sein Freund Nahum Goldmann attestiert die aufkochende Wut des Kanzlers – nie habe er ihn in all den Jahren so aufgeregt und böse gesehen –, um aber doch gleichzeitig zu bestätigen, dass er sich völlig beherrschte, »sein unbewegliches Gesicht ließ keine Emotionen erkennen.«[662]

Ebenso plastisch ist die dramatisierte Momentaufnahme, die Hermann Schreiber vom *Spiegel* von der Situation zeichnet: »Der feierliche Schimmer der Kerzen, die Levi Eschkols Speisetafel zierten, fiel auf böse Gesichter. Sooft sich die braune Schiebetüre, die das Eßzimmer der bescheidenen Residenz des israelischen Ministerpräsidenten in Jerusalems Ben-Mayom Allee 44 abschließt, einen Spaltbreit öffnete, erkannten die im Salon ausharrenden Ehrengäste, daß Konrad Adenauers erstes Gastmahl auf israelischem Boden eher so verlief, als werde es sein letztes sein.«[663] Auf neun Uhr seien die Gäste bestellt worden, um dem »Kanzler der Wiedergutmachung« Reverenz zu erweisen, aber »um zehn Uhr hatten sie bereits den schweißgebadeten deutschen Botschafter Pauls und den sichtlich unangenehm berührten israelischen Außenminister Abba Eban die Tafelrunde des Gastgebers zeitweilig verlassen sehen.«[664] Beide bemühen sich im Hintergrund eifrig zu reparieren, was noch zu retten ist.

Adenauer steht auf und beginnt seine Replik zunächst eher vorsichtig: »Es ist schwer, Herr Ministerpräsident, auf Ihre Ansprache zu antworten. Ich denke, Sie fühlen, wie schwer ich mit vielen Deutschen an den Verbrechen trage, die durch den Nationalsozialismus begangen wurden.«[665] Doch seine Rede gerät nicht ganz glücklich, denn dann begeht er den gleichen Fauxpas, der ihm schon von David Ben-Gurion beim ersten Zusammentreffen in New York angekreidet worden ist, und vergleicht, was nicht verglichen werden kann: »Der Nationalsozialismus hat so viele Deutsche wie Juden getötet.«[666] Dafür habe er kein Wort der Entschuldigung; er habe vieles gesehen und gehört, was der Durchschnitt nicht gehört habe. Er hätte jeden Beweis geliefert, »dass wir bestrebt sind, die Zeit der Gräuel, die man nicht ungeschehen machen kann, zu überwinden. Wir sollten sie aber nun der Vergangenheit überlassen.«[667] Dass das in Israel angesichts der Schwere des von Deutschen verübten Menschheitsverbrechens niemand tun kann, nicht einmal sein Freund David Ben-Gurion, lässt er geflissentlich außer Acht.

Vielmehr wird in seiner Antwort dann bei aller Beherrschung erkennbar, wie sehr er auch persönlich seinen Einsatz für die deutsch-israelischen Beziehungen im Verlaufe der vorangegangenen zwei Jahrzehnte, ja sein Lebenswerk, durch die Worte Eschkols infrage gestellt sieht. »Der Weg zurück in die Völkergemeinschaft«, so schreibt Anneliese Poppinga, als ob sie ein Selbstgespräch des Kanzlers wiedergibt, »gerade das war die große Tat seiner Kanzlerschaft. Und alles null und nichtig? Immer noch dieses tiefe Misstrauen gegenüber dem neuen Deutschland? Er bäumte sich mit aller Kraft dagegen auf.«[668] In der Tat ist von diesem Aufbäumen der Kern seiner Replik getragen: »Wenn guter Wille nicht anerkannt wird, kann daraus nichts Gutes entstehen«[669], schleudert er dem amtierenden israelischen Ministerpräsidenten entgegen. Noch Wochen später wird er in der Bilanz, die er über seinen Besuch schreibt, betonen: »Nichts verletzt tiefer als die Verdächtigung und Zurückweisung guten Willens.«[670] Und fast schon warnend: »Solche Missdeutung oder Verachtung ruft nur Trotzreaktionen hervor und erzeugt neue Ressentiments.«[671]

Nahum Goldmann berichtet, dass der deutsche Staatsmann so konsterniert ist, dass er dem deutschen Botschafter noch am Tisch die ›Anweisung‹ gibt, die Flugzeuge für die Abreise zu bestellen: »Ich fliege morgen zurück. Man hat das deutsche Volk, das ich vertrete, beleidigt. Ich bleibe nicht einen Tag länger in Israel.«[672] Beschwichtigungsversuche des Israelis mit dem Hinweis, er habe Adenauer ja nur ein Kompliment machen wollen, können den rheinischen Patriarchen nicht wirklich besänftigen, der in scharfem Ton kühl retourniert: »Herr Ministerpräsident, was Sie denken, kümmert mich nicht, und was Sie von mir halten, interessiert mich nicht im geringsten.«[673] Vermittlungsversuche noch am gleichen Abend in der Residenz des Ministerpräsidenten, wie die Streichung einer besonders kritischen Passage der Rede, denen Eschkol sogar sein Einverständnis erteilt, können nur wenig ausrichten – nicht zuletzt auch deshalb, weil die Rede bereits veröffentlicht worden ist.

Bei der Rückkehr ins King-David-Hotel berichtet Adenauer erregt, es habe einen »Mordskrach« gegeben. »Hätte er geahnt«, so mutmaßt der *Spiegel*-Journalist Schreiber, »daß die Reise nach Israel sein Lebenswerk in Zweifel bringen würde, anstatt es wenigstens in seinen eigenen Augen zu bestätigen – der Neunzigjährige hätte sie gewiß nicht angetreten.«[674]

Was der deutschen Delegation gleich auffällt, ist, dass der israelische Außenminister Abba Eban, zugleich stellvertretender Ministerpräsident, »keine Hand rührte, um dem bedrängten Ministerpräsidenten zur Seite zu stehen«[675], wie die interne Analyse der Reise zu berichten weiß, »er hat kein Wort in der Linie der Eschkol-Rede gesagt und auch kein Wort der Entschuldigung für Eschkol gefunden.«[676] Im Gegenteil wird vermerkt, dass der israelische Außenminister bei einem Mittagessen zu Ehren Adenauers »einen völlig anderen Ton« anschlägt als sein Regierungschef. »Einige Israelis meinten am Tisch, er habe sich mit dieser Tischrede als der künftige Premier Israels vorgestellt.«[677] Freilich ist der Außenminister, das unterschlägt die Analyse geflissentlich, ein Vertrauter Ben-Gurions, dem er bereits als Bildungsminister bis zum Rücktritt des Premiers 1963 gedient hat.

Eschkol selbst trägt zur Deeskalierung der angespannten Situation im weiteren Verlauf der Reise zunächst wenig bei, weil er dem Empfang des deutschen Botschafters Pauls am kommenden Tag vertretungslos fernbleibt. »Der diplomatische Skandal ist so peinlich«, bewertet Hans-Peter Schwarz die Situation, »dass sich der Ministerpräsident schließlich vor der Abreise doch nochmals mit Adenauer trifft und einige Worte der Entschuldigung findet.«[678] Eschkol bestreitet zwar später explizit, dass er seinen Gast gebeten habe, ihm nicht weiter zu grollen. Wie auch immer es wirklich war, die Episode zeigt, dass auch Eschkol letztlich zu der Bewertung kommt, zu erwartende Hilfen aus Deutschland und enge Beziehungen der Länder könnten am Ende bedeutender sein als eine vorübergehend besänftigte Opposition. Aber auch hier scheint seine Rechnung nur mäßig aufzugehen: Mit Ausnahme der Links- und Rechtsradikalen in Israel, so kabelt Botschafter Pauls später nach Hause, sei das Verhalten des Premierministers auf »lebhafte Kritik im ganzen Land gestoßen«[679]. Er habe das Gastrecht verletzt. Dass »die lebhafte Kritik« im Land wirklich so deutlich spürbar ist, lässt sich zumindest aus den israelischen Zeitungen in der Breite so nicht herauslesen.

Selbst Adenauers Freund Ben-Gurion lässt sich, trotz aller politischen Konkurrenz zu seinem Nachfolger, wie auch schon bei anderen Meinungsverschiedenheiten, nicht dazu hinreißen, Levi Eschkol ein schlechtes Zeugnis auszustellen, und nimmt ihn implizit, aber auch nicht ungeschickt in Schutz, indem er betont, dass Eschkol selbst seine Regierung als »Nachfolge-Regierung« vorgestellt habe und er auch durch die Aufnahme der diplomatischen Beziehungen bewiesen habe, »dass die ursprüngliche Politik fortgesetzt wird.«[680] Einige Monate später bezichtigt er Eschkol dann aber doch, Vereinbarungen mit Adenauer sabotiert zu haben, weil Kreditgelder, die für die Entwicklung des Negev vorgesehen sind, dort angeblich nicht ankommen.

Wenigstens die Kölner Juden, die Konrad Adenauer – etwas übertrieben – für seine Verdienste um das Wiedergutmachungsabkommen den ›Ehrentitel‹ des »Gründers Israels« andienen, äußern sich in vielfachen Schreiben an den Kanzler, die ihm über Felix Shinnar während der Reise zugehen, bestürzt und mit Scham über die Rede Eschkols und stellen sich hinter den deutschen Kanzler. Er möge über diese »beschämenden Zwischenfälle«[681] keine Bitterkeit in sich aufkommen lassen. Jenny Hestermann sieht in ihrem beachtlichen Buch »Inszenierte Versöhnung« das »Thema der deutschen Schuld und Scham [...] hier merkwürdig verdreht«[682].

So ungewöhnlich ist dieses Verhalten allerdings nicht. In der ersten Generation der Shoah-Überlebenden überwiegt sehr oft die innige Verbundenheit mit der alten Heimat die Empfindung von Wut und Abscheu. Das kommt nicht nur Adenauer, sondern auch dem anfangs umstrittenen Botschafter Pauls zugute. Die Jeckes, so die Selbstbezeichnung der deutschen Juden, suchen geradezu die Nähe des Diplomaten und behandeln ihn beinahe so, als wäre er ihr eigener Botschafter, wie Tom Segev zu berichten weiß. Es sind – wie die Forschung bestätigt – dann vor allem die folgenden Generationen, die zwar die Traumata ›erben‹, aber freilich nicht die Sehnsucht nach der alten Heimat, und die deshalb deutlich kritischer mit Deutschland und den Deutschen ins Gericht gehen.

Im Falle der augenscheinlichen Solidarisierung der Kölner Juden mit Konrad Adenauer dürften noch zwei andere Dimensionen eine Rolle spielen: Zum einen die Verbundenheit mit dem alten Oberbürgermeister, in der sich die lokalpatriotische Sehnsucht nach der Domstadt spiegelt. Vor allem aber dürfte sich hier die große Verbundenheit Adenauers mit den Kölner Juden, mit den jüdischen Gemeinden, manifestieren und bei den Kölner Juden zu der Auffassung führen, Eschkol treffe mit seiner Kritik den Falschen.

Trotz der sichtlich verärgerten Reaktion auf die Anwürfe Eschkols zeigt sich Adenauer, der die insgesamt eher kritische Grundstimmung gegenüber Deutschland wohl erspürt, nachdem der unmittelbare ›Rauch‹ sich verzogen hat, als »Meister der außenpolitischen Differenzierungen«[683], wie Hans-Peter Schwarz es beschreibt. Er bringt auf der Reise viel Verständnis auf für die besonders schwierige Situation, in der sich die Beziehungen zwischen den beiden Ländern entwickeln.

Einer der »schönsten Augenblicke meines Lebens« – Adenauer in Israel

Adenauer selbst beschreibt die Ambivalenz und das ebenso schwankende wie glänzende Parkett, auf dem er sich in diesen Tagen in Israel bewegt, in ungewöhnlich persönlicher Form: »Das ist einer der ernstesten und schönsten Augenblicke meines Lebens. Einer der ernstesten, denn er erinnert mich an die Ungerechtigkeit, die besonders Ihrem Volke angetan wurde, aber auch einer der schönsten, weil ich hier sehen kann, was Ihr Volk geschaffen hat. Es ist eine der größten Vollendungen der Geschichte, daß Sie hierhergekommen sind und ihre Unabhängigkeit wiederhergestellt haben. In der Geschichte der Menschheit ist dies ein einzig dastehendes Ereignis.«[684]

In einem *Spiegel*-Interview sagt er nach seiner Rückkehr einen entscheidenden Satz, der auch deutlich macht, dass er selbst sich in dem Widerstreit zwischen der Anerkennung der Dimension des Verbrechens an den Juden und der Sehnsucht nach Normalität befindet: »Versöhnung – das glaube ich nicht. Denn die Juden können das Geschehene nicht vergeben, und ich verstehe das absolut.«[685] In seiner eigenen »Bilanz einer Reise«, die er nach der Rückkehr in der Zeitschrift *Die politische Meinung* zieht, spielt er den Zwischenfall gar bewusst herunter: Manche Formulierungen der Tischrede von Eschkol dürfe man »nicht überbewerten, wie es manche Zeitungen leider getan haben.«[686] Und an anderer Stelle sagt er, nicht minder beschwichtigend: »Wenn es manchmal hinter den Kulissen Krach gibt, dann muß man das nicht tragisch nehmen.«[687] Adenauer zeigt sogar Verständnis für Levi Eschkol. Er sei ja nun mal der Chef eines »nicht gerade unkomplizierten Koalitionskabinetts«[688] und habe dementsprechend innenpolitische Rücksichten nehmen müssen.

Adenauer weiß gar nicht, wie recht er damit hat: Die vertrauliche Analyse der Reise weiß zu berichten, dass die Koalitionspartner Eschkols, die Achdut Avoda und die Mapam, ihn gezwungen hätten, Adenauer weder wie einen Staatsgast zu empfangen noch ihm die »unversöhnliche Haltung des jüdischen Volkes mit Deutschland«[689] zu ersparen. Andernfalls hätte man damit gedroht, die Koalition zu sprengen. Das mag auch erklären, warum die Rede vorab an die Presse gegangen ist.

Es ist unwahrscheinlich, dass dieses nachträgliche und gezielte ›Herunterkochen‹ des Skandals durch Konrad Adenauer nach der ersten Wut eine ›Hommage‹ an Eschkol ist und Verständnis für die geschilderte Zwangslage des Premiers zeigt. Dafür fällt es dem Kanzler zu schwer, Kränkungen zu vergessen. Eine andere Motivation ist dagegen nicht auszuschließen: Vielleicht will der Altkanzler damit seine persönliche Befangenheit in einer anderen ›gärenden‹ innenpolitischen Auseinandersetzung ›verschleiern‹: Sein Freund David Ben-Gurion hat, wie schon geschildert, gemeinsam mit Schimon Peres 1965 nach Auseinandersetzungen mit der Mapai seine eigene Partei Rafi gegründet, die »Israelische Arbeiterliste«, die seiner bisherigen Partei Mapai unter seinem Nachfolger Eschkol direkte politische Konkurrenz zu machen droht.

Diese Tatsache ist Adenauer schon seit Wochen voll und ganz bewusst. Wenn er nach seiner Rückkehr gegenüber dem Journalisten Wilfried Saliger von der *Welt* angibt, er wisse nicht, »worüber die innenpolitisch Krach haben«[690], dann entspricht das ganz und gar nicht der vollen Wahrheit. Denn Jenny Hestermann berichtet von einem Interview, das Konrad Adenauer bereits einen Monat vor seinem Aufbruch ins Heilige Land mit dem israelischen Journalisten Alfred Wolfmann führt und in dem der Grund für die Auseinandersetzung deutlich zum Ausdruck kommt.

In dem Gespräch bemerkt Adenauer, wie schade es sei, »daß der arme Ben-Gurion den Krach hat mit dem Eschkol«[691]. Wolfmann erwidert, dass der Krach inzwischen »ernst« geworden sei, weil Ben-Gurion seine eigene Partei führe. Und dann hat Alfred Wolfmann die Chuzpe, Adenauer aufzufordern, sich einzumischen und seinen Vertrauten dazu zu bewegen, »im Interesse Israels und der israelisch-deutschen Freundschaft mit seiner alten Partei wieder zusammenzukommen – nur als Anregung.«

Adenauer tut, was er in dieser Situation tun muss, und weist das brüsk zurück: »Ich werde mich hüten!« Wolfmann wiederum ›raspelt Süßholz‹ und verweist auf das »grenzenlose Vertrauen«[692], das Adenauer bei David Ben-Gurion genieße. Er – Adenauer – hätte sich einen solchen Ratschlag wohl erlauben können. Wenigstens spiegelt diese Anekdote wider, wie herausragend und außergewöhnlich Dritte das Verhältnis zwischen den beiden beurteilen und welchen tiefen Grad des Vertrauens sie dieser persönlichen Beziehung beimessen.

Niemals allerdings hätte der »Außenpolitik-Profi« Konrad Adenauer – Vertrauen hin, Vertrauen her – die politische Ungeschicklichkeit besessen, sich bei einer direkten Einmischung in die israelische Politik in flagranti ›erwischen‹ zu lassen. Aber dass er die Absicht besessen haben könnte, mit der bedachten Eskalation dieses Streites durch die Androhung, das Flugzeug für die Rückreise zu bestellen, seinem Freund Ben-Gurion politisch ein Stück weit zur Seite zu springen, kann zumindest nicht voll und ganz ausgeschlossen werden. Dafür spräche auch, dass Adenauer das ›Einlenken‹ Eschkols und die Tatsache, dass damit für ihn die Angelegenheit erledigt sei, später immer wieder überdeutlich betont.

Dass auch Levi Eschkol wiederum den Versuch unternimmt, sich mit seinem eher harschen Auftreten von David Ben-Gurion und seinem eher freundlichen deutschlandpolitischen Kurs abzugrenzen, kann – auch angesichts der Tatsache, dass Wahlen in Israel bevorstehen – weitgehend als gesichert gelten. Diese politische ›Fensterwirkung‹ der Rede wird auch daran deutlich, dass Eschkol, obwohl gebürtiger Ungar, sehr gut Deutsch spricht, seine Rede aber dennoch auf Hebräisch hält und von einem Dolmetscher übersetzen lässt. Ein sehr eindeutiger Akt der Distanzierung, der sich beim Wahlvolk auszahlen soll. Wenngleich die Demonstrationen keine Massenveranstaltungen sind, besteht doch kein Zweifel daran, dass sich die Mehrheit der Bürgerinnen und Bürger Israels noch immer sehr schwer mit einem politischen Kurs tut, der eine immer engere und tiefere Zusammenarbeit mit Deutschland etablieren will.

Die bis heute bedeutende, damals liberal-konservative israelische Zeitung *Maariv*, 1948 gegründet von einem Leipziger Juden, begrüßt den Zwischenfall, weil er nach ihrer Meinung dazu angetan ist, zwischen dem Altbundeskanzler und dem Rest seines Landes zu unterscheiden. Adenauer sei nicht der Vertreter des »anderen Deutschlands«, von dem Ben-Gurion immer wieder spreche und an dessen Existenz viele in Israel zweifelten, »sondern nur sein eigener Vertreter [...] Mit Dr. Adenauer haben wir keine historische Rechnung, mit dem deutschen Volke und Staate hingegen eine lange blutgetränkte Rechnung abzutragen.«[693] Der Zwischenfall sei willkommen, weil in der Fülle von gegenseitigen Komplimenten und Begrüßungsreden der »blutige Abgrund« nicht außer Acht gelassen werde, »der zwischen den beiden Völkern nach wie vor gähnt«.[694]

In die gleiche Kerbe schlägt in gewohnt brachialer Weise die Cherut-Partei Menachem Begins, der ja bereits 1952 einen Anschlag auf Adenauer in Auftrag gegeben hat: Sie bleibt bei ihrer strikten Ablehnung jeder Annäherung und beeilt sich, in Anzeigen in Zeitungen mit einem heftigen Rundumschlag darauf hinzuweisen, dass Konrad Adenauer nicht Gast des israelischen Volkes sei. Der Tonfall ist außerordentlich manipulativ, aber er trifft auch mehr als zwanzig Jahre nach der Shoah verständlicherweise noch immer auf einen gewissen Resonanzboden, insbesondere bei der zweiten Generation der Holocaust-Überlebenden: Adenauer wird über sein schwächstes Glied in der Kette, über seinen ehemaligen Staatssekretär angegriffen: »Das ist Deutschland unter der Regierung von Konrad Adenauer, jetzt Ehrengast der israelischen Regierung: Nazis in seiner Regierung und Globke, der Autor der Nürnberger Gesetze – sein Chefberater, Tausende von Massenmördern von Juden, auf freiem Fuß. Nazi-Führer – in Schlüsselpositionen in der Regierung, in der Armee, in den Gerichten und bei der Ausbildung der Jugend. Warum haben sie ihn eingeladen: Moshe Sharett, der nicht die Hand Adenauers schütteln wollte, als sie sich in Luxemburg trafen. Um ihm [Adenauer] zu danken für die Reparationen? Und doch haben selbst in der Knesset jene, die das Wiedergutmachungsabkommen unterstützt haben, erklärt, dass sie niemals vergessen und der Nation der Mörder niemals vergeben würden. Zalman Shasar, heute Präsident von Israel, der gesagt hat: ›Wir verlangen Reparationen vom VOLK HITLERS.‹ Und Golda Meir hat erklärt: ›Für mich ist jeder Deutsche schuldig […] Das ist nicht eine Frage des guten Willens von Konrad Adenauer oder jedem anderen Mann: Das schulden sie uns. Wir sollten uns mit den Repräsentanten Deutschlands weder zusammensetzen, um Frieden oder Freundschaft zu schließen, noch um zu vergeben und zu vergessen.‹ Heute ist er ihr Gast. Er ist nicht unser Gast.«[695]

Etwas abschätzig antwortet die *Welt* mit Bezug auf diese Anzeigen, dass es gerade jene Zeitungen seien, die sich eifrig darum beworben hätten, mit deutschen Wiedergutmachungsgeldern deutsche Rotationsmaschinen zu kaufen, die diese Maschinen nun dazu benutzen würden, ihren Protest gegen den Besuch Adenauers und die ganze Bundesrepublik »herauszuschreien«.[696]

»Israel ist der Lebensbaum der Kultur« – Adenauers Freundlichkeiten in Israel

Um Brücken über diese emotionalen Abgründe zu bauen, wirft der Altbundeskanzler vom Beginn seiner Reise an mit freundlichen und schmeichelhaften Elogen auf das gastgebende Land und Volk nur so um sich. Lobeshymnen, die bisweilen an den Rand der Glaubwürdigkeit gehen: »Gott hat Sie dazu berufen, der Welt zu zeigen, was Ordnung und Liebe zum Volk bewirken können«[697]; »Israel ist der Lebensbaum der Kultur«[698] oder »Der Staat Israel ist ein Vorbild für alle Völker.«[699]

Der Journalist Hans Ulrich Kempski, der zur Entourage der begleitenden deutschen Journalisten gehört, merkt mit ironischem Ton an, dass der Kanzler sich bisweilen verhalte, als sei er »in der Rolle eines Propheten, der die Sehnsüchte des jüdischen Volkes artikuliert.«[700]

Er tut das, ähnlich wie andere deutsche Besucher vor ihm, etwa Eugen Gerstenmaier und Theodor Heuss, manchmal auch mit Formulierungen, die zwar als Kompliment gemeint sind, in letzter Konsequenz aber in gefährliches Fahrwasser führen und eine durchaus problematische Denkweise offenbaren. In der Entgegnungsrede an Eschkol findet sich eine solche Wortwahl: »Sie sind ein junger Staat [...] Sie haben eine große Aufgabe, eine wundervolle Aufgabe, allen Ländern aufzuzeigen, wie man Vorbildliches schaffen kann, Ihr Land neu zu schaffen, in das alle, die es wollen, zurückkehren können und sollen. Könnten Sie in dieser neuen, Ihnen gestellten Aufgabe nicht Trost erblicken für das, was Ihnen angetan worden ist, was ich und niemand entschuldigen will?«[701] Warum gefährliches Fahrwasser? Hinter dieser Formulierung versteckt sich – ganz gleich, ob bewusst oder unbewusst – der wenigstens implizite Versuch, den ungeheuerlichen Menschheitsverbrechen der Nationalsozialisten im Holocaust einen Sinn zu geben, ihnen eine positive Wendung abzugewinnen.

Es ist nicht allein problematisch, dass diese Auffassung bis heute von israelischer Seite aus nur schwerlich akzeptiert werden kann. Vielmehr führt sie weiter zu der verbreiteten These, die im israelisch-palästinensischen Konflikt auch immer wieder von arabischer und palästinensischer Seite vom Abschluss des Wiedergutmachungsabkommens bis heute instrumentalisiert wird, dass der Staat Israel ohne die massive Zäsur der Shoah letztlich nicht so, oder wenigstens nicht so schnell, entstanden wäre. Historiker wie Thomas Brechenmacher oder Michael Wolffsohn und andere lehnen diese These ab und weisen dem Holocaust allerhöchstens eine katalytische, eine beschleunigende, nicht aber ursächliche Wirkung für die Staatsgründung zu. Die These des Kausalzusammenhangs »Shoah – Staatsgründung« krankt vor allem daran, dass eine solche These die zionistische (Vor)Geschichte der Staatsgründung Israels in weiten Teilen negiert.

Vor allem aber lehrt die Geschichte von Staatsgründungen, dass ihnen meistens Entwicklungen zugrunde liegen, die politischen Interessen folgen. Das entscheidende Argument gegen diese These, das von Thomas Brechenmacher und Michael Wolffsohn angeführt wird, ist, dass die Staatsgründung Israels nicht alleine den Bemühungen der internationalen Organisationen, sondern vor allem der Entkolonialisierung zu verdanken ist. Die britische Regierung hat, wie auch in anderen Fällen, eine Kosten-Nutzen-Abwägung getroffen und sich letztlich auf dieser Grundlage dazu entschlossen, aus dem Mandatsgebiet abzuziehen und den Weg für die Staatsgründung freizumachen.

Die interne Analyse der Reise zieht dennoch ein sehr positives Fazit, das ebenfalls nicht ganz frei von befremdenden Formulierungen ist, die in die Nähe der »Friedenspreisrede« Martin Walsers rücken, der Auschwitz damals als »einsetzbares Einschüchterungsmittel« bezeichnet hat. Die Analyse stellt die Behauptung auf, dass gerade die »Eschkol-Episode« zum Erfolg des Besuches massiv beigetragen habe: »Das klar entschiedene Auftreten Dr. Adenauers ist in seiner Wirkung für die deutsch-jüdischen und die deutsch-israelischen Beziehungen gar nicht hoch genug zu werten und einzuschätzen. Zum ersten Mal hat ein deutscher Politiker – und außer ihm konnte es kein anderer – den Blick des jüdischen Volkes in die Zukunft gerichtet. Er hat damit gleichzeitig sehr deutlich davor gewarnt, immer wieder mit der Vergangenheit wirtschaftliche oder politische Pressionen auf die Bundesrepublik auszuüben; eine Politik, die sich seit dem Weggang Ben-Gurions immer stärker in Israel eingebürgert hat.«[702]

Ganz ähnlich beurteilt Rolf Pauls die Situation, und Jenny Hestermann schreibt, dass der Tonfall des Botschafters auch nach neun Monaten im Amt noch immer kein diplomatischer sei. Den Israelis müsse nun die Erkenntnis bewusst gemacht werden, dass die deutsch-israelischen Beziehungen auf einem ›Do ut des‹ aufgebaut werden und dass Deutschland es nicht mehr hinnehme, leisten zu sollen und schlecht behandelt zu werden.

Die Analyse des Besuches konstatiert, dass angeblich das klare Verhalten des Bundeskanzlers auch in Israel positive Resonanz findet: »Je mehr diese Vorgänge bekannt wurden, umso mehr Sympathien bekam Dr. Adenauer aus dem Volk selbst.« Interessant ist aber, dass der Analyse zufolge, im Gegensatz zu dieser »positiven Gefühlswelle« das Programm im weiteren Verlauf der Reise »immer kühler«[703] wurde.

Das Treffen Adenauers mit den ehemaligen Kölner Juden offenbar auslassend, betont die Analyse mit schroffer Kritik: »Dem etwas tiefer blickenden Beobachter musste auffallen, dass das Besuchsprogramm jede Annäherung mit ehemaligen deutsch-jüdischen Bevölkerungsschichten Israels vermied. Die sehr bedeutsame Organisation jüdischer Einwanderer aus Mitteleuropa blieb völlig abgeschaltet [...] Es wurde keine Siedlung deutscher Juden besucht wie etwa Shave Zion oder ähnliche Punkte in Israel. Als Dr. Adenauer nach Haifa kam, wurde er nicht von einer israelischen Persönlichkeit begrüßt, sondern der Manager des Dan-Carmel-Hotels erläuterte ihm vom Carmel aus die Stadt. [...] Von der Tatsache, dass es sowohl in Jerusalem als auch in Haifa deutsche Ordensschwestern gibt, erfuhr Dr. Adenauer nichts [...] Der Vorschlag, Herrn Dr. Adenauer auch den deutschen Soldatenfriedhof aus dem Ersten Weltkrieg in Nazareth zu zeigen, ging unter.«[704]

Dass Kontakte zu deutschen Juden nicht im Vordergrund stehen, mag auch einen anderen Grund haben. Hier wird noch immer die Tatsache zum Ausdruck kommen, dass die besonders überzeugten Zionisten einen eher kritischen Blick auf jene Juden haben, die in Deutschland assimiliert waren und sich erst zum Aufbruch ins Heilige Land entschlossen haben, als ihnen kaum noch eine andere Wahl blieb. Gerade die ›landsmannschaftlich‹ regionalen Zusammenschlüsse von zugewanderten Juden, die Heimweh bekämpfen und gemeinsame kulturelle Traditionen pflegen, ›atmen‹ für die Zionisten noch immer den Odem der Assimilierung.

Adenauer in Yad Vashem – »Das hat mich doch sehr gepackt«

Ein Pflichttermin, der auf dem Programm nicht fehlen darf, macht allerdings erwartungsgemäß auf Konrad Adenauer einen ganz besonders tiefen Eindruck: Der Besuch in Yad Vashem, der Gedenkstätte auf dem »Berg der Erinnerung« in Jerusalem. »Ein Denkmal und ein Name« bedeutet die wörtliche Übersetzung des hebräischen Begriffes »Yad Vashem«. Entnommen ist dieser Begriff dem biblischen Buch Jesaja (Jes 56,5): »Und denen will ich in meinem Hause und in meinen Mauern ein Denkmal und einen Namen geben.«

Bereits am 18. Mai 1953 – zu einer Zeit, als der Holocaust noch keine so herausragende Rolle im kollektiven Gedächtnis der Israelis spielt – beschließt die Knesset die Errichtung dieser Forschungs-, Gedenkstätte und Erziehungsinstitution, die dann 1957 erfolgt. »Einen Namen geben« ist das Programm dieser einzigartigen Einrichtung: Während die Nationalsozialisten versucht haben, den Jüdinnen und Juden nicht nur ihr Leben, sondern auch ihre Identität zu rauben, sie zu einer namenlosen Masse zu machen, will Yad Vashem in mühevoller Kleinarbeit den Opfern ihre Namen zurückgeben. Im Umfeld des Eichmann-Prozesses spielt Yad Vashem bereits eine wichtige Rolle als die Institution, die dabei mithilft, die Materialien für die Anklage zusammenzustellen.

Schon vor dem schweren Gang zur Gedenkstätte bittet Konrad Adenauer Nahum Goldmann, ihn zu begleiten: »Das wird ein erschütterndes Erlebnis für mich sein. Tun Sie mir den Gefallen, mich zu begleiten.«[705] Das tut Goldmann und berichtet in seinen Erinnerungen: »Wir gingen also gemeinsam hin, und beim Betreten der Krypta [sic. Gemeint ist wohl die Halle der Kranzniederlegungen, der Verf.] hätte er beinahe geweint. Er hielt die Tränen zurück, während ich ihn am Arm festhielt.«[706] Adenauer sagt später: »Das hat mich doch sehr gepackt!«[707]

Tatsächlich hinterlässt wohl kaum ein Erlebnis während seiner Reise einen so starken Eindruck wie der Besuch in der Gedenkstätte am Jerusalemer Herzl-Berg. In seinen Memoiren schreibt Adenauer rückblickend: »Es war ein eindrucksvolles Erlebnis, nie werde ich diese Stunde vergessen, den dunklen Raum, den getragenen Klagegesang, den betenden Rabbiner, das flackernde Licht einiger Öllampen vor den Gedächtnistafeln.«[708] Er gesteht ein, dass nach wie vor die »Wunden bluten«. »Wenn man sich vorstellt, wozu der Mensch fähig ist«, so sagt der Kanzler immer wieder. Er legt einen Kranz nieder, »dann stand er eine Viertelstunde völlig unbeweglich«, berichtet Anneliese Poppinga.[709]

Was ihn dabei so nachhaltig anrührt, hält er während der Reise in einem Gespräch mit der israelischen Zeitung *Yedioth Achronoth* fest. Er habe an all diese fürchterlichen Dinge, die geschehen seien, denken müssen und sei »mit Ehrfurcht erfüllt von der Art, in der die Israelis ihren Märtyrern Ehre erweisen – und das ohne Haß. Ich habe mir gesagt, daß die Art, in der Ihr das Andenken der Toten bewahrt, Israel zur Ehre gereicht.«[710]

In Yad Vashem bekommt Konrad Adenauer zwei Präsente, das eine ideell, das andere reell. Zunächst zeigt man ihm das Protokoll des deutschen Komitees »Pro Palästina« aus dem Jahr 1927, das unter anderem den Beitritt von Konrad Adenauer zu diesem Gremium verzeichnet. Es hat Aufnahme in die Ausstellung der Gedenkstätte gefunden. Nach der Verlesung des Protokolls, das ein Bekenntnis Adenauers zum Zionismus enthält, antwortet ein nachdenklicher Konrad Adenauer: »Das wurde damals geschrieben, aber es ist noch immer meine absolute Überzeugung.«[711]

Zweitens bekommt er von der Gedenkstätte als Erinnerung an seinen Besuch einen Kerzenständer geschenkt, auf dessen Holzfuß neben der Widmung an den deutschen Politiker ein Zitat des bekannten historischen Rabbiners Baal Shem Tov, des Begründers der chassidischen Bewegung im Judentum, eingraviert ist: »In remembrance lies the secret of redemption« – »Im Andenken liegt der Schlüssel zur Erlösung.« Bis heute ist dieses Exponat eines der herausragenden Ausstellungsstücke des Konrad-Adenauer-Hauses in Rhöndorf.

»Kölsche Tön in Israel« – eine besondere Begegnung

Neben dem bedrückenden Besuch der Gedenkstätte gibt es aber auch Zusammentreffen mit den Überlebenden, die für Konrad Adenauer im fernen Israel so etwas sind wie ein angenehmes ›Heimspiel‹. Es mag zu den üblichen Gepflogenheiten bei herausragenden Gästen aus Deutschland gehören, ähnlich wie zuvor schon bei Theodor Heuss, einen regionalen Abend zu organisieren. Aber bei der bekannten Verbundenheit Adenauers mit der Stadt Köln ist das Zusammentreffen mit einer Gruppe ehemaliger Kölner mehr als nur diplomatische Routine.

Angekündigt ist dem Altkanzler »eine Kölsche Feierlichkeit« von Juden, die aus der Region Köln geflohen sind und die sich noch lebhaft an »ihren Herrn Oberbürgermeister« erinnern. Es gab sogar einen »Zweckverband Rheinisch-Westfälischer Juden«, und es war dessen Vorsitzender Kurt Lewertoff, der Adenauer »mit herzlichen ›Köllen Alaaf‹ und Schalom-Wünschen« eingeladen hat: »im kleinen Kreis in meiner Wohnung« mit dem Ziel, »alte Erinnerungen aufzufrischen. Wir denken an einen geruhsamen Abend ohne Politik und Reden – ein Wiedersehen unter alten Kölschen.«[712] Und es wird ein schöner Abend, eher fröhlich als geruhsam. Adenauer fühlt sich im Kreise der alten Kölner sichtlich wohl: »Das war eine so lustige Gesellschaft«, verrät er später dem *Welt*-Journalisten Saliger, »das können Sie sich gar nicht vorstellen.«[713] Uralte Karnevalslieder seien erklungen. Aber auch dieser vordergründig fröhliche Abend ist noch immer durchzittert von den Traumata der Vergangenheit.

Neben aller Begeisterung für die mit altem Lokalkolorit gespickte Veranstaltung erschüttert Adenauer der »wehe Zug in den Gesichtern«. Anneliese Poppinga beschreibt das so: »Er spürte das Heimweh dieser Menschen, aber sie konnten nicht zurück, der Abgrund war zu tief. Er verstand es, und fühlte das Leid, das Heimweh trotz allem. Er fühlte den Schmerz, die Zerrissenheit, das Quälende.«[714]

Einen besonderen Willkommensgruß, der ihn tief in die eigene Vergangenheit zurückführt und in der Tat auch für ihn selbst das Quälende dieser Zeit wieder lebendig werden lässt, entbietet ihm die Kölnerin Elisabeth Schartenberg. Sie entpuppt sich als Klassenkameradin seiner verstorbenen Frau Gussie, vor allem aber als Tante seines jüdischen Kölner Finanzdirektors Albert Kramer, der immer »voll des Lobes«[715] über seinen früheren Chef gewesen und der dann leider in Litzmannstadt ums Leben gekommen sei.

Emotional nicht weniger bedeutend für Adenauer, der das verschiedentlich bekennt, ist ein elementarer Bestandteil der Reise die Erfüllung eines Traumes für ihn als Christen. Aus dem unerschütterlichen, bisweilen harten Staatsmann wird der staunende und demütige Pilger. Im *Spiegel* befindet

Hermann Schreiber, dass die Gnade dieser Reise sich für den Katholiken Adenauer besonders darin kundgetan habe, »dass dem Neunzigjährigen noch vergönnt war, was schon der Jüngling sich gewünscht hatte: Die heiligen Stätten der Christenheit mit eigenen Augen zu sehen. Dem Pilger Adenauer brachte sein biblisches Alter schließlich die Erfüllung, die es dem Politiker Adenauer immer wieder verweigert hatte. Dem Pilger Adenauer erschien sein Leben – die vergangene wie die verbleibende Zeit – in einem neuen milderen Licht. Er wurde ganz still.«[716]

Der ZDF-Journalist Reinhard Appel fragt ihn, ob die Reise an die Stätten des Wirkens von Jesus Christus seinen Glauben, seine Religiosität in irgendeiner Weise beeinflusst habe. »Belebt!«, antwortet Adenauer, »die Stätten, an denen Christus gewesen ist, namentlich das ganze Gebiet um den See Genezareth herum [...] Christus ist ja nur drei Jahre öffentlich aufgetreten, so dass sich sein Wirken begrenzt in der Hauptsache dort abgespielt hat – wenn man das bedenkt und nun da hinkommt und das sieht, dann beeindruckt es einen doch sehr.«[717] Hermann Schreiber sieht Adenauer gar in verklärter religiöser Stimmung, würdig und gelassen, Strapazen und etwaige Zumutungen ertragend, so auch »den Pater Pax, der in den Ruinen von Kapernaum händereibend, zähnebleckend und triefend vor Salbung mit vorkonziliarem Kanzel-Pathos alle Andacht scheuchte«.[718]

Am letzten offiziellen Abend des Besuches, am 8. Mai, veranstaltet Botschafter Pauls einen Empfang zu Ehren des Altkanzlers im Tel Aviver Sheraton. Auf dem Weg zu dieser Veranstaltung gerät Adenauer noch einmal mit den Demonstranten in Tuchfühlung, im wahrsten Sinne des Wortes. Dem *Spiegel* schildert er die ›Begegnung‹ nach der Rückkehr in Deutschland in seinem Büro im Bonner Bundeshaus mit relativ flapsigem Tonfall: »[...] als wir die Stufen ins Hotel ›Sheraton‹ hinaufgingen, da dachte ich: Jetzt wäre doch die beste Gelegenheit, einen abzuknallen. Und da hat dann auch so ein Kerl mich mit hart zusammengebündelten Flugzetteln hier ins Gesicht getroffen.« »Er hat Sie wirklich getroffen?«, fragt Schreiber. »Ja sicher«, antwortet der Kanzler, »wenn das ans Auge gekommen wäre, dann wäre es schmerzhaft gewesen. So nicht.«[719] Und dann schildert Adenauer bemerkenswert emotionslos, was mit dem ›Attentäter‹ geschieht. Er wird in einer Form behandelt, die wir heute wohl ›unverhältnismäßig‹

nennen würden: Der »Sicherheitsmajor« sei auf den Mann zu und habe ihn zusammengeschlagen. »Und dann hat der Hotelier ihn zusammengeschlagen, und das Personal hat ihn auch noch mal zusammengeschlagen und nachher auch die Leute auf der Straße.«[720]

Adenauer ficht das wenig an. Er konstatiert, im Gegenteil, für sich selbst: »Man konnte von Tag zu Tag mehr erkennen, dass die Stimmung uns gegenüber freundlicher wurde.« In dieser Logik Konrad Adenauers wäre der letzte Tag der Reise dann so etwas wie der Höhepunkt der Freundlichkeiten. In jedem Fall ist der letzte Stopp aus der Perspektive des Rheinländers eine Krönung des Besuches insgesamt und ein besonderer beiderseitiger Freundschaftsbeweis. Mit einem Hubschrauber fliegt Adenauer in den Negev. Der Besuch bei seinem Freund Ben-Gurion steht auf dem Programm, der ihn in der Wüste, in seinem Kibbuz, in Empfang nimmt.

Ben-Gurion freut sich auf diese Begegnung. Im Dezember 1966, Monate nach dem Besuch Adenauers in Israel, beschreibt er gegenüber einem seiner engsten Berater, Moshe Pearlman, noch einmal rückblickend sehr klar, was der Besuch ihm bedeutet, wie er Adenauer betrachtet und welche überragende Bedeutung er ihm gibt: »Meine Wertschätzung für Adenauer, den ich 1960 in New York getroffen habe, beruht nicht nur auf meinen Eindrücken während dieser Begegnung. Ich habe seine Politik und seine Leistungen verfolgt und außerdem mit ihm korrespondiert. All das bestärkt mich in der Ansicht, daß er in die deutsche und in die europäische Geschichte als einer der großen Staatsmänner unserer Zeit eingehen wird. Ihm vor allem gebührt der Kredit für den wirtschaftlichen, politischen und moralischen Wiederaufbau seines Landes nach dem Schrecken und der Schande des Nazi-Regimes.«[721]

Die zweite und letzte Begegnung – Adenauer im Kibbuz bei Ben-Gurion

War die erste Begegnung noch eher tastend, so dominiert jetzt die Herzlichkeit und der persönliche Austausch der beiden Politpensionäre. Ein an sich banaler Dialog, der sich in Sde Boker so abgespielt haben soll, und der in einer von Alexandra Nocke kuratierten Ausstellung über »Israelis und Deutsche« wiedergegeben wird, zeigt, wie offensichtlich zwanglos die Atmosphäre im Wüstenkibbuz war: »Bei seiner Ankunft fragt Ben-Gurion den deutschen Freund: ›Bist Du müde?‹ – ›Nein.‹ – ›Was möchtest Du, sollen wir machen?‹ – ›Wozu auch immer Du Lust hast‹, antwortet Adenauer. ›Komm‹, sagt Ben-Gurion, ›ich zeig Dir mal meine Bibliothek!‹ Gesagt, getan. Später nehmen Ben-Gurion und sein Gast im Kibbuz-Speisesaal das Mittagessen ein und Adenauer überzeugt sich davon, dass auch im sozialistischen Kollektiv angebautes Gemüse schmecken kann. Entspannter geht's wohl kaum.«[722]

Beim Mittagessen kommt es zum gewohnten Austausch der diplomatischen Freundlichkeiten, die aber doch die Wertschätzung spüren lassen, die man füreinander empfindet: Ben-Gurion zieht dabei einen interessanten Vergleich, der den Cherut-Parteigängern die Zornesröte ins Gesicht treiben muss, weil die verhasste Perspektive der Versöhnung in diesen Vergleich gleich eingepreist ist. Während der letzten zwei Jahrhunderte habe in Europa Hass zwischen dem deutschen und dem französischen Volk bestanden. »Dr. Adenauer hat trotzdem mit de Gaulle zusammen eine Zukunft des Friedens für Europa geschaffen. Wenige Leute haben so viel für den Frieden in der Welt getan wie Dr. Adenauer [...] Trotz seines hohen Alters wird Dr. Adenauer noch eine große historische Mission zu erfüllen haben.«[723] Das freilich schließt die Hoffnung ein, dass Adenauer dem stockenden Annäherungsprozess zwischen Israel und Deutschland immer wieder neue Anschübe geben möge, die man für notwendig hält.

Adenauer schenkt dem Gastgeber eine für seine Verhältnisse fast schon enthusiastische Abschiedsrede nach einer knappen Woche Aufenthalt, die viele religiöse Anspielungen enthält: »Voller Staunen und Bewunderung« habe er die Tatkraft gesehen, mit der das israelische Volk seinen Staat aufbaue. Er habe die Absicht zu verkünden, »daß jedes Volk seine Pflichten hat vor seinem Gewissen, auch einzutreten für die Freiheit und das Leben anderer Völker«.[724]

Die Demonstrationen nagen aber doch an ihm. Er kann sie nicht außen vor lassen. Mit Freundlichkeit, »stellenweise auch mit Herzlichkeit«

sei er empfangen worden. »Was die Zeitungen gebracht haben und bringen mussten über die Demonstrationen, das ist lächerlich und kleinlich gegenüber dem Großen, was ich hier gesehen habe.«[725] Dann deutet er an, dass es eine »göttliche Fügung« sei, dass das israelische Volk wieder seine Stimme erheben könne. Und neben die »göttliche Fügung« stellt er seinen Freund Ben-Gurion als denjenigen, der der Fügung durch Führung auf die Sprünge helfe: »Ich habe hier in Israel tiefere seelische Erschütterungen empfunden als in vielen Phasen meines Lebens. Ich wünsche dem israelischen Volk, dass es diese Kraft und Willensstärke beibehält und dass es immer solche Führer hat, wie Ben-Gurion einer ist, der in der ganzen Welt bekannt und geehrt und gefeiert ist. Ich werde diesen Tag niemals vergessen.«[726]

Das Mittagessen wird gemeinsam mit den »Kibbuznikim«, mit den Bewohnern des Kibbuzes, eingenommen. Und Anneliese Poppinga beschreibt ihre Begegnung mit der informellen israelischen Lebensart sehr eindrücklich als eine Atmosphäre, die sie nie vorher oder später erlebt habe, und sie kann ihre Befremdung kaum verbergen: »In dem Speisesaal saßen etwa vierzig oder fünfzig Personen an acht oder neun weißgescheuerten Holztischen. Der Ehrengast an einem Tisch mit Ben-Gurion in der Mitte des Raumes, alles ohne Etikette. An den Fenstern drückten neugierige Bewohner des Kibbuz ihre Nasen platt, um etwas mitbekommen zu können, im Speisesaal selbst ein Durcheinander, ein Nebeneinander, ein Übereinander von Kameras, man schubste sich, rief sich ungeniert Bemerkungen von Tisch zu Tisch. Und dabei eine Hitze, die kaum erträglich war. Die Frau Ben-Gurions, Paula, schloss sogleich den Bundeskanzler in ihre energische Fürsorge mit ein. Sie achtete darauf, dass er genug zu essen bekam, dass er zu trinken hatte, und sie wurde böse, wenn man ihn gar zu sehr mit Fotoapparaten bedrängte.«[727]

Nach dem Mittagessen begibt man sich zur Ruhe. Ob es genauso war, wie Hermann Schreiber es im *Spiegel* in seiner gewohnt blumigen Weise geschildert hat, mag dahingestellt sein, aber sein ›Sittenbild‹ des Adenauer-Besuches gibt wieder, wie herzlich und auch persönlich vor allem der Aufenthalt des Altkanzlers im Wüstenkibbuz – inmitten des Negev – verlaufen ist: »Ein paar traumverhaspelte Sekunden lang konnte der erwachende Konrad Adenauer sich nicht besinnen, wo er war. Ein kräftiger fremder Geruch kam ihm in die Nase, hölzerne Wände nahmen Gestalt an, ein ungewohntes Lager umgab ihn. Es war heiß. Und da wußte er wieder: Er war mitten in einer Ödnis, unter Freunden – in der Wüstenwohnung von David Ben-Gurion, im Bett von dessen Frau Paula.«[728] Was an der Beschreibung Schreibers definitiv der Wahrheit entspricht, ist, dass die resolute Gastgeberin darüber wacht, dass der prominente Gast nach dem Mittagessen sein Mittagsschläfchen absolvieren kann, und jede Störung energisch unterbindet. Auch dass sie dem früheren Bundeskanzler dafür ihr eigenes Bett anbietet, entspricht den Tatsachen.

Nach dem Mittagsschlaf geht es dann doch noch einmal um die Politik. Schon in seiner Tischrede hat Adenauer angekündigt, er »werde mit Herrn Ben-Gurion noch eine Aussprache haben, wie sie sich zwischen Politikern und Menschen, die viel erfahren haben, von selbst ergibt. Darauf freue ich mich ganz besonders.«[729] Man unterhält sich, so hält David Ben-Gurion in seinem Tagebuch fest, »über unsere innenpolitische Tätigkeit und über europäische und amerikanische Probleme, wobei sich Adenauer weder von Kennedy noch von Johnson begeistert zeigte.«[730]

Hier kommt das gespaltene Verhältnis Adenauers zu dem zu diesem Zeitpunkt bereits seit drei Jahren verstorbenen John F. Kennedy noch einmal zum Ausdruck, der seinerseits Adenauer im Präsidentschaftswahlkampf abschätzig den »Geist von gestern« genannt hat. Das Schweigen des Amerikaners während des Mauerbaus, aber nicht zuletzt, dass der junge aufstrebende US-Präsident kurz nach der überstandenen Kuba-Krise bei seinem Deutschlandbesuch die Zukunft zu verkörpern scheint, während Adenauers Abstieg beginnt – alles das scheint fortzuwirken. Und dann folgt noch der Seitenhieb auf Lyndon B. Johnson, der Adenauer immer verehrt, ihn einen der »echten Giganten unserer Zeit« genannt hat und der ihm dann gemeinsam mit David Ben-Gurion nicht ganz ein Jahr später die Ehre seiner Anwesenheit bei seiner Beerdigung erweisen wird. Ihn sieht Adenauer kritisch, weil seine Administration vom deutschen Partner nicht nur einen deutlichen Beitrag zum Entspannungskurs gegenüber der Sowjetunion, sondern auch deutliche Solidarität angesichts der Ausweitung des Vietnamkrieges verlangt hat.

Aber auch die britischen Alliierten werden von Adenauer mit Kritik bedacht. Er hielte wenig von dem politischen System Großbritanniens, betont Adenauer, wo vielleicht der Ärger über das Bremspedal mitschwingt, auf dem Großbritannien aus der Sicht Adenauers bei der europäischen Integration steht. Ben-Gurion widerspricht seinem Freund: Wenn er die Wahl hätte, würde er sich eher für das britische politische System als für das amerikanische oder gar das französische System entscheiden.

Und schließlich hält David Ben-Gurion einen Satz Adenauers aus dem Gespräch in seinem Tagebuch fest, der es in sich hat: »Adenauer meinte, dass wir ein wenig zu schnell in unserem Vorhaben vorangehen«, womit nichts weniger als das »Projekt Israel«[731] insgesamt gemeint ist. In einer Fernsehdokumentation erläutert der Dolmetscher Mike Shinnar, der Sohn des Adenauer-Vertrauten und israelischen Diplomaten Felix E. Shinnar, was Adenauer damit gemeint hat: »Ben-Gurion erklärte immer wieder, dass wir keine Zeit haben, dass Zeit ein Luxus ist für andere Länder, nicht für uns. Bei uns muss alles vorgestern geschehen. Und Adenauer hat immer wieder erklärt, was die Risiken davon sind.«[732]

Während der Reise gibt Adenauer der israelischen Zeitung *Yedioth Achronoth* ein Interview, in dem er nach einem Ratschlag für Israel gefragt wird: »Geduld und nochmals Geduld. Die Araber werden sich mit den Tatsachen abfinden, und unterdessen soll man keine voreiligen Dinge tun, sondern warten. Die Zeit wird das ihre tun.«[733] Ähnliches schreibt Adenauer, der 90-Jährige, mit freundlicher Abschätzigkeit dem fast 80-Jährigen bei dem Gespräch im Kibbuz ins Stammbuch: »Herr Ben-Gurion, in Ihrer Hast und Energie stelle ich eigentlich fest, wie wesentlich jünger als ich Sie sind.«[734]

Der nimmt Rücksicht und bremst – wenigstens an diesem Besuchstag – seine Energie: Dem greisen deutschen Politiker zuliebe verzichtet David Ben-Gurion auf eine liebgewordene Gewohnheit. Jeden Tag um sechzehn Uhr pflegt der Israeli viermal für jeweils zwanzig Minuten im Kibbuz Sde Boker einen jeweils eineinhalb Kilometer langen Rundweg zu absolvieren. »Ben-Gurion gilt in Israel als ›Raser‹, der bei seinen Spaziergängen ein solches Tempo anschlägt«, so warnt die *Süddeutsche Zeitung*, »daß gelegentlich nichttrainierte Begleiter, die bedeutend jünger sind als er, Atembeschwerden bekommen. Der ehemalige Ministerpräsident führt seinen guten Gesundheitszustand auf seine regelmäßigen Spaziergänge zurück.«[735]

Atembeschwerden hin oder her – sein Plan ist es, den zehn Jahre älteren Freund auf diese kurze Wandertour mitzunehmen, wenigstens die Hälfte der Strecke, und dabei auch noch eine gepflegte Unterhaltung zu führen. Aber dazu kommt es nicht. Die schon erwähnte Fürsorge Paula Ben-Gurions verhindert den Spaziergang. Lediglich ein paar Schritte – sorgsam inszeniert für die Fotojournalisten – waren drin. »Ungleich von Gestalt und fast ein wenig verlegen, tappten sie nebeneinander durch den hügeligen Wüstensand, ausgeschlafen jetzt und dennoch wie im Traum«[736], so der *Spiegel*.

Tatsächlich ist Adenauer, wie David Ben-Gurion in seinem Tagebuch notiert, von seinem Besuch in der Wüstenstadt Beerscheba und im Kibbuz Sde Boker im Negev tief beeindruckt. »Er bedauerte jedoch, dass die Zeit für einen Besuch in der ›Midrascha‹ [das Dorf, das an den Kibbuz angrenzt] nicht ausreichte, weil die Abflugzeit der beiden Hubschrauber heranrückte.«[737]

Zum Abschied überreicht David Ben-Gurion ihm einen opulenten Bildband, der von ihm selbst konzipiert und herausgegeben worden ist: »The Jews in their land«. Die Widmung, die den Band ziert, zeigt noch einmal den hohen Grad der Wertschätzung, die Ben-Gurion für Adenauer empfindet: »Dem vorbildlichen Staatsmann, dem Menschen von hoher Moral, dem treuen Freund«. Er hat die Widmung in hebräischer Sprache und Schrift in das Buch eingetragen.

Einen kleinen Misston hält die Melodie des einigermaßen unbeschwerten Tages für David Ben-Gurion, wie man seinem Tagebuch entnehmen kann, dann doch bereit. Daran trägt aber Adenauer keine Schuld. Seine massive Kritik trifft Nahum Goldmann, der sich so nachhaltig für die Wiedergutmachungszahlungen und für direkte Entschädigungen Deutschlands an Israel eingesetzt hatte. Stein des Anstoßes ist ein Interview, das der Präsident des jüdischen Weltkongresses in Deutschland gegeben hat. Und es geht um den Zankapfel, der während der Tage in Israel einfach nicht vom Tisch zu wischen ist: um die New Yorker Verabredungen. »Ich war entsetzt, aus den Morgenzeitungen zu erfahren, was Goldmann über meine Unterredung mit Adenauer in New York im Jahre 1960 mitgeteilt hat. Ich hätte eine solche Dummheit und Unverschämtheit von diesem Mann, der schließlich kein Narr ist, nicht erwartet.«[738]

Was hat Ben-Gurion so erzürnt? Er fühlt sich vorgeführt von Goldmann. Der hat dem *Deutschlandfunk* und einigen Zeitungen gegenüber gesagt, dass sich Deutschland und Israel in ihren Verhandlungen geeinigt hätten, die angebliche Zusage Adenauers über eine Wirtschaftshilfe von zwei Milliarden DM außer Betracht zu lassen. Man könne solche Gespräche verschieden interpretieren. Und noch schlimmer: »[…] es lohnt sich nicht, auf dieses Gespräch heute noch einzugehen.«[739] Für die gegenwärtigen deutsch-israelischen Wirtschaftsverhandlungen in Bonn sei es ohne praktischen Wert.

Der Zorn Ben-Gurions ist aber dann bei Licht betrachtet doch etwas verwunderlich und vordergründig: Denn er selbst ist zwar vollständig davon überzeugt, dass ihm Adenauer im New Yorker Waldorf-Astoria-Hotel das Versprechen über die 500 Millionen Dollar tatsächlich gegeben hat. Er selbst ist es allerdings, der darauf verzichtet, »das heikle Thema in den von gemeinsamer Lebenserfahrung verklärten Gesprächen mit dem Gast überhaupt anzuschneiden«[740], wie es Herrmann Schreiber auf den Punkt bringt.

Um Viertel nach fünf starten die beiden Hubschrauber und bringen Konrad Adenauer und seine Begleiter nach Tel Aviv, wo er die letzte Nacht auf dem Boden des »Heiligen Landes« im Hotel Hilton verbringt. Am 10. Mai endet seine Israel-Reise. Gegen 8.15 Uhr hebt die Maschine der El-AL mit dem Altkanzler an Bord ab.

»An diesem 11. Mai [sic.! Die Rückkehr war am 10. Mai, der Verf.] hätte Konrad Adenauer wirklich einen sehr großen Bahnhof auf dem Flugplatz Wahn verdient gehabt, als er von einer harten Auslandsmission für Deutschland aus Israel zurückkam.«[741] Stattdessen habe den Reisenden nicht der Bundeskanzler nach der Rückkehr begrüßt, sondern nur drei Bundesminister hätten ihn »gelangweilt« erwartet. Diese ›Heiligsprechung‹ und eine saftige Ohrfeige für seinen Nachfolger hält die katholische *Bildpost* unter der Überschrift: »Der ›Alte‹ holte die Kastanien aus dem Feuer.

Mit 90 für Deutschland«[742] bereit. Dass Adenauer auch auf die deutschen Opfer des Krieges hingewiesen hat, wird hier nicht als ›Entgleisung‹ oder wenigstens als ›Ungeschicklichkeit‹, sondern als Großtat gefeiert. »Der beste Anwalt der Deutschen! Das war wieder einmal Dr. Adenauer, den neunmalkluge Besserwisser in einem denkbar ungünstigen Augenblick der deutschen Geschichte abservierten. Als ein israelischer Korrespondent seine Begleiter darauf ansprach, er könne nicht verstehen, daß das deutsche Volk diesen Mann in die Wüste geschickt habe, schwiegen die deutschen Gesprächspartner betroffen. Dann kam ihnen nur die schwache Entgegnung: ›Ihr Israelis habt ja auch Euren Ben-Gurion in die Wüste geschickt.‹ Ob das ein Trost ist?«[743]

Adenauer und Ben-Gurion – Rückzugsorte von der Politik

Jener Ben-Gurion nimmt sein heißes Elysium südlich von Beerscheba aber kaum als Exil wahr. Der unscheinbare Ort inmitten einer beeindruckenden Karstlandschaft stellt zugleich eine weitere Parallele in der Gefühls- und Charakterwelt der beiden Politiker Ben-Gurion und Adenauer dar. Für beide sind Rückzugsorte von Bedeutung als Orte der Zuflucht, der Einkehr und der Reflexion, fernab von der Hektik des politischen Alltagsgeschehens. Bei Ben-Gurion ist das eben jener Kibbuz Sde Boker, in dem er sich bereits ein Jahr nach seiner Gründung 1953 angesiedelt hat.

Für den ›Wüstenliebhaber‹ Ben-Gurion aber hatte der Ort immer auch die symbolische Bedeutung des Inbegriffs seines zionistischen Denkens. In seinen Memoiren schreibt er, dass die Wüste immer wieder beste Gelegenheiten biete, von vorne zu beginnen. Eben das sei »vitaler Bestandteil unserer Wiedergeburt in Israel. Weil der Mensch erst in der Überwindung der Natur lernt, sich selbst zu kontrollieren. Es ist«, so sagt Ben-Gurion, »in diesem mehr praktischen als mystischen Sinne, in dem ich unsere Erlösung auf diesem Land definiere.«[744] Dass Deutschland, wie später auch Politiker wie Schimon Peres unterstreichen, mit Entwicklungshilfe einen Beitrag dazu geleistet habe, die Wüste buchstäblich zum Blühen zu bringen, macht

Sde Boker nur zu einem noch stärkeren Symbolort der deutsch-israelischen Beziehungen.

Auch wenn Rhöndorf nicht ähnlich weitab von den Zentren der Politik liegt wie Sde Boker von Tel Aviv bzw. Jerusalem, so hat doch auch das Haus in dem Bad Honnefer Ortsteil mit seinem Rosengarten das sorgsam gepflegte Image eines Refugiums. Das gilt ganz bestimmt und buchstäblich in der Zeit des Nationalsozialismus, aber gewiss auch während der Kanzlerschaft. Dazu kommt, in das gleiche Bild passend, die große Rolle, die Cadenabbia als Adenauers persönliches ›Shangri-La‹ oft wochenlang in den späten Zeiten seiner Regierung gespielt hat. Der malerische Ort am Comer See mit majestätischer Alpenkulisse galt halb spöttisch, halb bewundernd als ›Ersatzkanzleramt‹.

Kurz nach der Rückkehr des Altkanzlers nach Hause an den Rhöndorfer Schreibtisch, an dem die ›Memoiren-Fron‹ fortgesetzt werden soll, wird auf den Tag genau ein Jahr nach der Aufnahme der diplomatischen Beziehungen am 12. Mai das Wirtschaftshilfeabkommen über ein Volumen von 160 Millionen DM zwischen Deutschland und Israel abgeschlossen. Die offiziellen bilateralen Verhandlungen über das Abkommen haben Ende Februar in Bonn begonnen, damals begleitet von guten Wünschen des Ex-Kanzlers, der aus dem Abseits des pensionierten Politikers an die Hilfsbereitschaft der Bundesrepublik appelliert und den gleichen Geist in der Israelpolitik einfordert, aus dem heraus er zu seinen aktiven Zeiten gehandelt hat.

Mit dem Abkommen, so stellt Rainer A. Blasius zu Recht fest, findet »die politische Kontroverse über das Adenauer-Ben-Gurion-Treffen vom März 1960 in New York einen Schlusspunkt, weil die Finanzhilfe auf eine neue, nun offizielle und vertraglich abgesicherte, Plattform gestellt wurde.«[745] Sie komplettiert letztlich die Mission des Altkanzlers, sie überwindet aber zugleich die Politik, die Adenauer notgedrungen im schwierigen Fahrwasser der Hallstein-Doktrin gestalten musste und die die israelische Journalistin Inge Deutschkron so passend den Weg der »Politik der Heimlichkeiten«[746] genannt hat.

Damit beginnt ein neuer Abschnitt in den deutsch-israelischen Beziehungen, was Botschafter Pauls in seinem Bericht zur Vertragsunterzeichnung klar markiert: »Die Koinzidenz des Adenauer-Besuchs und des Abschlusses der Wirtschaftshilfe-Verhandlungen markiert einen Abschnitt in den Beziehungen. Die Eingangsphase der diplomatischen Beziehungen, die durch Rekogniszierung der wechselseitigen Positionen und Handlungsmöglichkeiten gekennzeichnet war, ist abgeschlossen. Vor allem mit dem Abschluss der Wirtschaftshilfe-Verhandlungen sind Weichen gestellt und die Dinge nun auf ihrem Weg, d. h. die eigentliche Normalisierung beginnt jetzt.«[747] Für die staatlichen Finanzbeziehungen mag diese Einschätzung von Botschafter Pauls zutreffend sein, aber von der ›psychischen‹ Normalisierung sind die Beziehungen auch zu diesem Zeitpunkt noch meilenweit entfernt, wenn sie – wie noch zu behandeln sein wird – jemals diesen Status überhaupt erreichen können.

Adenauer zieht nach der Rückkehr in einem *Spiegel*-Interview seine eigene Bilanz mit dem Blick auf das Wirtschaftsabkommen: »Die Wirtschaftsverhandlungen für das Jahr 1966 sind ja nun abgeschlossen. Aber es geht nicht nur um Genugtuung für das, was den Juden geschehen ist. Nein: Das Weltjudentum gegen sich zu haben, das ist schrecklich.«[748] Damit sagt der Altkanzler einen Satz, der schon mehr als nur einen Hauch von »jüdischer Weltverschwörung« atmet und aus heutiger Sicht sehr befremdend wirken muss. Ein Satz, der die Ambivalenz zugleich moralischer und pragmatischer Motive bei seiner Israelpolitik ebenso zum Ausdruck bringt, wie er den Verdacht aufkommen lässt, dass auch ein Mensch, der sein Leben lang seine Sympathie gegenüber den Juden glaubwürdig zum Ausdruck gebracht hat, dennoch nicht vollkommen gegen jedes Stereotyp gefeit ist. Daraus bei Adenauer einen subtilen oder gar offenen »Antisemitismus« zu konstruieren, wie das auch gelegentlich angesichts ähnlicher Äußerungen aus dieser Zeit geschehen ist, führt, wie die Betrachtung seines Lebenslaufes zeigt, dennoch in die Irre. Hier kommt eher eine Kombination zum Tragen, die einerseits aus der gelegentlich ungelenken Kommunikation des Kanzlers und andererseits aus zeittypischen Betrachtungs- und Ausdrucksweisen zusammengesetzt ist.

In Israel scheinen solche Äußerungen nicht zur Kenntnis genommen worden oder nicht als problematisch empfunden worden zu sein. Botschafter Pauls kabelt jedenfalls nach der Abreise seines Ehrengastes nach

Hause ins Auswärtige Amt, wie sehr nach seiner Einschätzung die Israelis von der Ausstrahlung des Altbundeskanzlers fasziniert sind. Er kann sogar den Demonstrationen gegen den deutschen Politiker etwas Positives abgewinnen: Wenn der Besuch des Altkanzlers ohne Demonstrationen verlaufen wäre, wäre es deutlich schwieriger geworden, in einer breiteren Öffentlichkeit deutlich zu machen, was Deutschland seit der Gründung der Bundesrepublik für Israel getan hat. Er betont in diesem Zusammenhang die Gradlinigkeit, Schlagfertigkeit und vor allem die Würde, die Adenauer ausgestrahlt habe. Die Pressereaktionen in Israel sind etwas differenzierter und auch nicht frei von kritischen Untertönen.

»Ganz der Alte« – Reaktionen auf die Reise

Eine peinliche Panne, ja einen Affront gegen die Israel-Politik Adenauers, leistet sich der *Norddeutsche Rundfunk*. Ausgerechnet am Tag der Rückkehr Adenauers bringt der Sender ein Interview mit dem ägyptischen Diktator Nasser, der mit der klassischen antisemitischen Strategie der Delegitimierung und der Behauptung aufwartet, dass die Israelis die gleichen Verbrechen gegen die Araber verübt hätten, wie sie das Dritte Reich an den Juden begangen habe. Nasser schließt Gewaltanwendung gegen Israel nicht aus und macht damit einmal mehr deutlich, wie stark die Bedrohung des jüdischen Staates nach wie vor spürbar ist.

In der deutschen und der israelischen Presse fallen zwei Gemeinsamkeiten besonders auf. Beide würdigen den Mut Adenauers, nach Israel zu fahren, ebenso wie beide Seiten außerordentlich nachdenklich auf die deutsch-israelischen Beziehungen schauen. Die israelische, aber deutschsprachige Zeitung *Yedioth Chadashoth* schreibt: »Es wäre gut und würde der Sache, die Konrad Adenauer so am Herzen liegt, wie er jetzt immer wieder betont, nur förderlich sein, wenn sich auf deutscher Seite die Erkenntnis von der ungeheuren Tiefe der Wunde, die dem jüdischen Volkskörper geschlagen wurde, in stärkerem Maße als bisher durchsetzt.«[749]

Ganz und gar zynisch, aber doch auch die Gefühlswelt der Israelis wiedergebend, ist die Journalistin Ziva Jariv in *Yedioth Achronoth*: »Und als Adenauer ins Auto deutscher Fabrikation einstieg, und die Kolonne deutscher Wagen unter den in Deutschland hergestellten Straßenlampen mit von deutschem Geld bezahltem Benzin auf der mit deutschen Asphaltmaschinen bearbeiteten Landstraße entlangfuhr, um schließlich vor den in Deutschland hergestellten Verkehrsampeln stehenzubleiben – da fühlte sich der ›Alte‹ so ganz zu Hause.«[750]

Der *Kölner Stadtanzeiger* hingegen sieht die Problematik hellsichtig und kann beim Rhöndorfer keine Verdrängung der Realitäten erkennen: »Wirklichkeit ist, daß die Israelis nicht vergessen können, was Deutsche ihrem Volk angetan haben. Und jeder von uns muß sich wohl erst einmal fragen, ob er vergessen würde, wenn seine Eltern und Großeltern vergast worden wären [...] Ganz gewiß war dies Konrad Adenauers schwerste Reise. Es ehrt ihn, daß er sie mit 91 Jahren auf sich genommen hat. Denn in Israel begegnet jeder der deutschen Vergangenheit, die wir hier bei uns im Wohlstand ersticken wollten. Aber sie lebt. Wir können sie nur überwinden, wenn wir ihr ins Auge sehen. Hut ab vor diesem alten Mann, der den Mut dazu hat.«[751]

Der Generalsekretär des Zentralrates der Juden in Deutschland, Hendrik George van Dam, wiederum zeigt, mit welcher Ambivalenz die Juden in Deutschland auf den Adenauer-Besuch schauen, und schreibt in seinem *Jüdischen Pressedienst*, dass es dem ehemaligen Kanzler nicht gelungen sei, einen Privatbesuch zu insinuieren. Man habe mehr den Eindruck eines Staatsbesuches gehabt. »Dennoch spielten Persönlichkeit, Lebenslauf und Schicksal des Altbundeskanzlers, nicht zuletzt aber auch seine von keinem Diplomaten aller Formate nachahmbare Fähigkeit, komplizierte Situationen zu vereinfachen und Probleme für nicht existent zu erklären, eine bedeutsame Rolle. Die Tatsache dieser Reise ist bereits ein Ereignis von geschichtlicher Tragweite und damit auch ein Faktor der Gegenwartspolitik geworden.«[752]

Hans-Peter Schwarz beschreibt die Leistung, die der Politiker bei seinem Besuch erbringt, eindrücklich: Er sei ganz der Alte, wie früher stets bei Staatsbesuchen: »direkt, selbstbewußt, scharf beobachtend, ein Feind von Klischees, voll Verständnis für die Psychologie der Gastgeber, von nicht zu stillender Aufnahmebereitschaft und unermüdlich«.[753]

Der Besuch in Israel ist für den greisen Kanzler, auch weil er zwischenzeitlich erfahren muss, was es bedeutet, wenn das öffentliche Interesse radikal nachlässt und der Abstieg beginnt, eine ›Frischzellenkur‹: Vor, während und nach dem Besuch genießt er für diese kurzen Tage noch einmal die ganze und volle Aufmerksamkeit der Medien und ist gefeierter Chefdiplomat. Das spürbare Selbstbewusstsein des Rheinländers muss auch sein vormaliger Kabinettskollege Heinrich Krone mit Bewunderung quittieren: »Der alte Herr ist auf der Höhe, wie in seinen besten Tagen.«[754]

Es gibt aber auch die anderen Stimmen, die aus nächster Nähe beobachten, wie viel Kraft ihn diese Reise kostet. Eine Reise, die auch für jeden jüngeren und jeden amtierenden Regierungschef aufgrund der historischen Lage eine physische wie psychische Herausforderung wäre. Dem Journalisten Hans Ulrich Kempski vertraut Adenauer während der Reise an, was in ihm selbst vorgeht: »Mir ist zumute, als ob ich keine Arme und keine Beine mehr hätte.«[755] In seinen Lebenserinnerungen schreibt Kempski rückblickend, der greise Politiker habe sich, »kreidebleich und überanstrengt, dazu gezwungen, dem Judenstaat seine Reverenz zu erweisen«.[756] Die Strapazen der Reise bringt Adenauer selbst lapidar mit dem Satz auf den Punkt: »Nach der Rückkehr waren wir zwei Tage lang hundemüde. Aber jetzt hat man sich wieder erholt.«[757] Die Anstrengungen halten sich die Waage mit den positiven Eindrücken und den unzähligen persönlichen Würdigungen, die Konrad Adenauer aus Israel ins Rheinland mitbringt.

Die Aufmerksamkeit, die Adenauer in den Maitagen 1966 noch genießt, nimmt rasch ab, und der Altkanzler gerät im betriebsamen Bonn auf der anderen Seite des Rheines nun doch sehr schnell in Vergessenheit. Die Regierungsgeschäfte unter Kurt Georg Kiesinger laufen auch ohne den Pensionär in Rhöndorf, der nun seine Memoiren vollenden will. Im März 1967 erleidet Konrad Adenauer einen Herzinfarkt, sein zweiter Infarkt nach 1962, der damals nur seiner engsten Umgebung und seinen Ärzten bekannt war. Aus einer harmlosen Bronchitis wird diesmal eine lebensgefährliche Lungenentzündung.

»Nix zo kriesche« – die Verabschiedung der Patriarchen in die Ewigkeit

Im April 1967 verschlechtert sich der Gesundheitszustand Konrad Adenauers weiter rapide. »Do jitt et nix zo kriesche«[758], sagt er den gramen Töchtern und Söhnen am Sterbebett noch: Es gibt keinen Grund zum Weinen. Am 19. April 1967, beinahe genau ein Jahr nach seinem Zusammentreffen mit Ben-Gurion, stirbt der Freund Konrad Adenauer um 13.21 Uhr in seinem Schlafzimmer in Rhöndorf nach Tagen der Bewusstlosigkeit und nach einem weiteren schweren Herzinfarkt.

Nach den epochalen Treffen 1960 und 1966 soll auch die letzte Begegnung der beiden Herren, wenn man in diesem Zusammenhang das Wort überhaupt benutzen darf, eine besondere werden: Nach anfänglichem Zögern und nach Fürsprache der israelischen Botschaft in Washington entschließt sich David Ben-Gurion, an der Beerdigung seines Freundes im Rheinland teilzunehmen und damit seinen ersten Besuch in der Bundesrepublik abzustatten. »Zu Adenauers Beerdigung muss man kommen«[759], befindet der israelische Patriarch kategorisch. Dabei ist sein Kommen, auch für den Politiker, der Deutschland gegenüber eine so grundsätzlich wohlwollende Haltung eingenommen hat und seine Deutschlandpolitik leidenschaftlich gegen allen Widerstand verteidigt, bemerkenswert.

Der Journalist Rolf Vogel erlebt zwei Jahre vor dem Tod Adenauers ein denkwürdiges Gespräch und zeichnet es auf. In Tel Aviv trifft er David Ben-Gurion. Wie es Adenauer gehe, will der israelische Politiker wissen, und ob er denn nicht bald einmal kommen wolle. Der Journalist wiederum konfrontiert den greisen Staatsmann mit einer Gegenfrage: Wie es denn mit ihm selbst aussehe. Ob er denn nicht einmal nach Deutschland kommen wolle. In jenes Deutschland, von dem er selbst gesagt habe, dass es ein neues Deutschland sei, eben nicht vergleichbar mit dem Deutschland Hitlers. Nein, ist die kategorische Antwort. Er habe bei seinem Besuch in den jüdischen Flüchtlingslagern in Deutschland 1945/1946 auch die Konzentrationslager gesehen – das könne er nicht vergessen. Der Journalist bleibt hartnäckig. Was denn nun wäre, wenn der Altbundeskanzler ihn ganz konkret einladen würde – direkt nach Rhöndorf, ohne weitere Reisen in Deutschland. Ja, dann würde er kommen: Wenn ihn Konrad Adenauer rufe, dann ja.

Es ist nicht erwiesen, ob Adenauer es wirklich versucht, den großen israelischen Staatsmann noch nach dem Zusammentreffen in Israel ernsthaft nach Rhöndorf einzuladen. Obwohl seit der Aufnahme der diplomatischen Beziehungen bereits zwei Jahre vergangen sind, wäre ein solcher Ehrenerweis für einen deutschen Politiker in Israel ganz automatisch ein Politikum. Zu sehr hat sich bei den Kritikern Ben-Gurions der Eindruck eingeschlichen, dass sich Deutschland mit seiner Hilfe von seinen Sünden inzwischen als mehr oder minder gereinigt betrachtet. Einen Vorwurf, den man auch Adenauer machte, nicht zuletzt anknüpfend an die sehr ungeschickte Erwiderung auf die Rede Eschkols, bei der Adenauer während seines Israel-Besuches die Zahl der jüdischen Opfer in ein Verhältnis zu den deutschen Opfern gesetzt hat.

So sehr man Adenauers persönlichen Einsatz für die deutsch-israelischen Beziehungen schätzt, so wenig ist man, gerade einmal zwanzig Jahre nach den Schrecken der Shoah, bereit zu verzeihen. Der »persönliche Ruf des einen oder anderen Deutschen sei unerheblich«[760], stellt der israelische Journalist und Politiker Isaac Remba im Rahmen einer Plenarsitzung des jüdischen Weltkongresses im August 1966 mit einem klaren Seitenhieb auf Adenauer schroff fest: »Jeder Deutsche ist ein Vertreter seines Volkes und trägt Mitverantwortung für dessen Untaten. Es wird nie eine Versöhnung geben – es kann nie eine Versöhnung geben – zwischen uns und dem deutschen Volk, zumindest nicht, solange die Mörder noch unter uns sind. Zwischen uns und dem deutschen Volk erhebt sich ein hoher Berg, der nicht erklommen werden kann – ein Hügel aus 6 Millionen Märtyrern.«[761]

Adenauer ist sich höchstwahrscheinlich auch auf der Basis seiner Erfahrungen während seines Besuches in Israel selbst nur zu bewusst, in welche Lage er seinen israelischen Freund bringen würde, wenn er eine offizielle Einladung nach Deutschland ausspräche. Und doch hält David Ben-Gurion mit seiner Anreise zur Beerdigung letztlich Wort.

Dabei macht es der ›Alte‹ aus Rhöndorf dem Freund aus Tel Aviv wahrlich nicht leicht, ›sucht‹ er sich doch – zumindest aus der Perspektive seiner jüdischen Freunde – einen denkbar schlechten Zeitpunkt ›aus‹:

Ausgerechnet zum jüdischen Passah-Fest findet die letzte Reise des deutschen Bundeskanzlers mit einem sorgfältig gewählten ›Umweg‹ über Köln auf den Rhöndorfer Waldfriedhof statt! So bleibt dem 80-jährigen israelischen Gast nichts anderes übrig, als das zu machen, was fromme und vielfach auch weniger fromme Juden an diesem Tag tun: zu Fuß zu gehen, und zwar vom Hotel zum offiziellen Trauerakt im deutschen Parlament.

Im Plenarsaal des Deutschen Bundestages sitzt er – wenngleich nicht mehr in einem politischen Amt – dennoch in einer der ersten Reihen nur knapp hinter dem amerikanischen Staatspräsidenten Lyndon B. Johnson und dem französischen Präsidenten Charles de Gaulle und stiehlt den beiden Staatsmännern gewissermaßen die Show – gemeinsam mit dem amtierenden israelischen Außenminister Abba Eban. Dass hier etwas Außergewöhnliches passiert, ist zumindest den Journalisten, die in den Tagen nach der Beerdigung über den Besuch berichten, nur zu bewusst.

Das vier Tage umfassende Staatsbegräbnis ist für israelische Verhältnisse extrem pompös mit allen militärischen Ehren, begleitet von Soldaten in ihren Uniformen. Dass die Zeremonie »stahlhelmblitzend« ist, wie der *Spiegel*-Reporter Schreiber festhält, ficht den greisen Israeli wenig an. Im Gegenteil: Der militäraffine Ben-Gurion, dessen Ideal für den Staat Israel noch immer das eines Staates des »Arbeiters und des Soldaten« ist, findet den exorbitanten Aufwand mit der Verbringung des Sarges über den Rhein, aber auch die Ehrenwache aller Waffengattungen, die 91 Schuss Salut, für jedes Lebensjahr einer, die Starfighter, die in Formation über den Trauerkonvoi fliegen, und das sonstige soldatische ›Brimborium‹ sehr »schön« und er sagt: »Wenn ich Deutscher wäre, dann wäre ich sehr stolz darauf.«[762] Er selbst wird für sich ganz andere Vorkehrungen treffen und verfügt eine einfache Beerdigung.

Ob ihm bewusst ist, dass der ›Mastermind‹ hinter der Gestaltung der ›letzten Reise‹ Adenauers Hans Globke ist, der von Konrad Adenauer noch zu Lebzeiten mit dieser Aufgabe betraut worden ist und sich angeblich bis in Details hinein von einem Farbfilm über die Beerdigungsfeierlichkeiten für den britischen Premier Winston Churchill hat inspirieren lassen, ist freilich nicht bekannt. Die Stationen sind zwei Jahre zuvor im Falle des britischen Staatsmannes jedenfalls sehr ähnlich: Aufbahrung in der Westminster Hall, Gottesdienst in der St. Paul's Cathedral, dann die Überführung per Schiff über die Themse und per Bahn zur Beisetzung in Bladon, wo sich das Familiengrab der Churchills befindet. Henning Köhler aber stellt die ganze Version der Geschichte in Frage: Es sei Horst Osterheld gewesen und nicht Globke, der den Plan entwickelt habe, und auch das Churchill-Vorbild sei fraglich.[763]

Wie dem auch sei: Was dem israelischen Politiker augenscheinlich missfällt, beschreibt der *Spiegel*-Journalist Hermann Schreiber, und das ist nicht der Pomp der Veranstaltung: »Dass beim Staatsakt im Deutschen Bundestag niemand seinen toten deutschen Freund gebührend für dessen Verdienste um die Aussöhnung mit den Juden loben mochte.«[764] Dahinter steckt – das behauptet zumindest der Journalist Rolf Vogel – kein »böser Wille«: »Einer hatte dem anderen dieses Thema überlassen wollen, aber man hätte es in der gedrängten Terminfolge versäumt, sich abzustimmen.«[765] Ganz gleich, ob diese Version der Wahrheit entspricht oder nicht, es ist dann der 80-jährige und fast blinde Kölner Kardinal Josef Frings, der während des Requiems in der gotischen Kathedrale den Altkanzler »einen Vater« nennt, um den die ganze Nation trauert, und der die Verdienste würdigt, die sich Konrad Adenauer in Sachen Aussöhnung mit dem jüdischen Volk erworben hat.[766] Auch wenn das David Ben-Gurion, der dem Gottesdienst in Köln nicht beiwohnte, wenig geholfen hat, so ist diese markante Kirche dennoch ein sinnhafter Ort für diese Würdigung, denn Adenauer sah seine Bemühungen um Versöhnung mit dem jüdischen Volk immer auch als eine religiös begründete Pflicht.

Ausgerechnet Levi Eschkol, mit dem Adenauer nur ein Jahr vor seinem Tod in Israel einen ›Strauß‹ ausgefochten hat, findet besonders würdigende Worte für den deutschen Übervater in einem Beileidstelegramm an die Bundesregierung: »Es war eines seiner vornehmsten Lebensziele, auf das er ohne Unterlaß hinarbeitete, daß sich das deutsche Volk zu dem vom nationalsozialistischen Deutschland am jüdischen Volk verübten Verbrechen, zur Verantwortung für die Massenvernichtungen bekannte.«[767]

Als David Ben-Gurion Konrad Adenauer die letzte Ehre erweist, ergibt sich bei seinem Besuch in Deutschland auch ein Gespräch mit dem damaligen Bundeskanzler Kurt Georg Kiesinger, der bekanntlich – anders als Konrad Adenauer – als ehemaliger Leiter der rundfunkpolitischen Abteilung des Außenministeriums und als NSDAP-Mitglied seit Februar 1933 nicht frei von jeder Verstrickung in das nationalsozialistische Regime ist. Zur Wahrheit gehört allerdings auch, dass er Ende 1944 von zwei Mitarbeitern seiner Abteilung beim Reichssicherheitshauptamt denunziert worden ist, weil er »nachweislich die antijüdische Aktion hemmt«.[768]

Quintessenz des Gespräches zwischen Ben-Gurion und Kiesinger, an dem auch der mitgereiste israelische Außenminister Abba Eban teilnimmt, ist das Versprechen Kiesingers, »im Verhältnis zu Israel wolle man fortsetzen, was Adenauer begonnen habe«[769]. Kurt Georg Kiesinger will diese Kontinuität auch symbolisch unterstreichen, indem er dem israelischen Gast bei seinem Gespräch eben jenen Sessel anbietet, in dem Adenauer immer gesessen habe. Ein Platz, so der Kanzler, der Ben-Gurion zustehe, dem Mann, der den Deutschen so viel Vertrauen entgegengebracht habe.

Mit der weiteren Entwicklung des deutsch-israelischen Verhältnisses hat Ben-Gurion indessen nicht mehr viel zu tun. Drei Jahre nach Adenauers Tod bricht auch für Ben-Gurion die Zeit des langsamen Abschieds an. 1969 führt er zum letzten Mal als Spitzenkandidat eine Liste für die Knesset an, die »Staatsliste«. Im Parlament bleibt er zurückhaltend. Ein Jahr nach der Wahl gibt er sein Mandat ab und zieht sich endgültig aus dem politischen Leben zurück. Er tut das, was alle Großen, sehr zum Bedauern der Historiker, meist zu spät tun, er schreibt seine Memoiren, wenngleich sehr deutlich weniger ambitioniert und umfangreich, als das sein Freund Adenauer mit seinen mehrbändigen Lebenserinnerungen getan hat.

Zwei Konstanten scheinen seine letzten Jahre zu bestimmen, wenn man seinem Biografen Michael Bar-Zohar Glauben schenken darf: Ben-Gurion ist nie ein vollständiger Agnostiker. Immer betont er die Bedeutung der religiösen Komponenten für das zionistische Aufbauwerk. Deutlicher als je zuvor verweist er aber in seinen letzten Jahren, insbesondere in seiner Abschiedsrede vor der Knesset, die ihm per Sondergesetz an seinem 85. Geburtstag erlaubt wird, auf die Bedeutung von Religion und Glauben und nähert sich auch darin seinem religiösen Freund Adenauer weiter an.

Die zweite Konstante, auf die Bar-Zohar hinweist, ist das bewunderungswürdige Bemühen des streitsüchtigen und widerspenstigen Patriarchen, nun in der Zeit der Vorahnung des Todes seinen einstigen Gegnern die Hand zu reichen. Selbst mit dem Mann, der ihm in Sachen deutsch-israelische Beziehungen niemals auch nur einen Millimeter Raum gelassen hat, der ihn mit den schlimmsten Worten bedacht und solche auch von ihm erhalten hat, der ihm als einer seiner Nachfolger recht bald nach seinem Tod auf den Stuhl des Ministerpräsidenten folgen soll, mit seinem Rivalen Menachem Begin schließt er Frieden. Er macht ihm gar verklausulierte Komplimente: »Meine Paula war immer Deine Bewunderin.«[770]

Im Herbst 1973 verschlechtert sich der Zustand Ben-Gurions zusehends. Er erleidet einen heftigen Schlaganfall, der ihm eine schwere teilweise Lähmung einträgt und ihn der Fähigkeit beraubt, die für seine unzähligen ›Schlachten‹ so zentral gewesen ist: Er kann nicht mehr sprechen. Und das in einer Situation, in der er viel zu sagen gehabt hätte.

Die Analogie ist vielfach betont worden, aber sie ist zu auffällig, um nicht Erwähnung zu finden: In diesen Wochen des Jahres 1973 kämpfen sowohl Ben-Gurion als auch seine Schöpfung, der Staat Israel, um ihre Existenz. Für einen Moment blickt Israel während des Krieges in den Abgrund der eigenen Vernichtung. Die Stärke der arabischen Armeen ist sträflich unterschätzt worden. Der Kommentar einer israelischen Zeitung bringt das zum Ausdruck: »Selbst wenn sich das israelische Volk vor allem mit dem Jom-Kippur-Krieg und seinen Irrtümern und Triumphen beschäftigt und große Trauer über unsere gefallenen Jungen herrscht, kann es dennoch nicht das Ringen Ben-Gurions mit dem Tod übersehen. Es drängt sich die historische Parallele auf zwischen Ben-Gurion und der Epoche, die so eng mit seinem Namen verknüpft ist – zu einem Zeitpunkt, da beide in einen heroischen Kampf ums Überleben verwickelt sind.«[771]

Ben-Gurions Israel überlebt den Kampf unerwartet knapp und mit heftigen Blessuren. Oder wie es Tom Segev formuliert hat: »Der Yom-Kippur-Krieg endete mit dem Überleben, nicht mit dem Sieg.«[772] Der Patriarch selbst hingegen verliert seinen persönlichen letzten Kampf. Am Morgen des 1. Dezember 1973 gegen 10.30 Uhr Ortszeit verstirbt David Ben-Gurion. Beerdigt wird er, seinem ausdrücklichen Willen entsprechend, nicht in Jerusalem, sondern in Sde Boker neben seiner Frau Paula, die bereits im Januar 1968 plötzlich verstorben ist. Ob der Ort des

Grabes, den er selbst ausgesucht hat, mit seinem atemberaubenden Blick auf die Schluchten des Flusslaufes Zin und auf den Nationalpark En Avdat und seine tiefe Verbundenheit mit der Wüste Negev ihn zu diesem ›letzten Willen‹ bewogen haben, oder ob dann doch in Form eines allerletzten Aufbäumens die Tatsache dafür ausschlaggebend war, dass alle alten Widersacher auf dem Herzl-Berg ihre letzte Ruhestätte gefunden haben, wird für immer sein persönliches Geheimnis bleiben.

Exkurs: Freundschaft unter Staatsmännern – eine Illusion?

Wie auch bei Konrad Adenauer geht mit dem Tod des Patriarchen nicht nur eine Ära zu Ende, sondern es geht von dieser Ära eine Prägekraft aus, die ohne Zweifel bis heute die politischen Zeitläufte beeinflusst. Über die Bedeutung der beiden Herren in ihren jeweiligen nationalen Zusammenhängen ist viel geschrieben und debattiert worden, bisweilen auch kontrovers. Erhellend ist es aber, die Bedeutung ihrer Beziehung zu betrachten und sie in den Kontext anderer Beziehungen zu setzen, die beispielsweise Konrad Adenauer zu Staatsmännern und Politikern gepflegt hat.

Es ist eine Binsenweisheit, dass die Beziehungen zwischen Staaten immer auch vom Verhältnis der jeweils führenden Staatsmänner und -frauen abhängt. Diese Tatsache hat seit der antiken Geschichtsschreibung Berücksichtigung gefunden. Seit den 1960er-Jahren aber ist eine beachtliche Zahl von Historikern zu verzeichnen, die den personalen Faktor in den Hintergrund drängen und zugunsten von Strukturbetrachtungen ausblenden wollen. Gegenwärtig erlebt der Faktor Mensch in der Geschichtswissenschaft die ersten Anzeichen einer Renaissance. Das haben wir einem neuen Zweig der historischen Forschung zu verdanken, der ein altes Thema ausgräbt, nämlich die Tatsache, dass Menschen nicht nur rationalen Motiven folgen: der Geschichte der Emotionen.[773] Dieser neue Zweig spielt bislang bei der Betrachtung des Verhältnisses von Staatsmännern zueinander keine Rolle, sondern beschränkt sich auf andere Ebenen, etwa auf die Rolle der Angst in den internationalen Beziehungen oder auf die

Instrumentalisierung von Gefühlen durch Politiker und Parteien. Dabei wäre es besonders lohnend, die Frage zu stellen, welche Bedingungen erfüllt sein müssen, damit Politiker verschiedener Staaten tiefes Vertrauen zueinander fassen, um mehr als nur instrumentell von »Freundschaft« sprechen zu können.

Dass im Falle Adenauers und Ben-Gurions, obgleich beide Herren rationale Realpolitiker waren, Emotionen keinerlei Rolle gespielt haben könnten, ist unwahrscheinlich. Das gilt gerade auch angesichts des überaus herzlichen Umgangs miteinander während des Israel-Besuches Adenauers 1966. Vor dem Hintergrund des nationalsozialistischen Massenmordes an den Juden und dessen während der Reise intensiven Vergegenwärtigung ist Adenauer emotional getroffen. Die besondere Beziehung zwischen ihm und Ben-Gurion war überraschend und außergewöhnlich, ja sie schien 1945 nahezu unmöglich. An den Äußerungen Ben-Gurions über Konrad Adenauer kann man das Wechselbad der Gefühle deutlich ablesen und erahnen, wie schwer es dem israelischen Politiker selbst Adenauer gegenüber fällt, die Vergangenheit auszublenden. Während sich Ben-Gurion in den frühen 1950er-Jahren eher distanziert gegenüber Adenauer verhält, tritt mit der persönlichen Begegnung nochmals – so verrät es auch der Tonfall in den Briefen – eine spürbare Vertiefung der Beziehung ein.

Für Adenauer hingegen ist diese Freundschaft zwar ebenso herausragend wie für Ben-Gurion, sie steht aber in einer Reihe von besonderen Beziehungen zu den Staatsmännern anderer Länder. Tatsächlich scheint die Frage des Vertrauens zu internationalen Spitzenpolitikern gerade für Adenauer eine wichtige Rolle gespielt zu haben. Robert Schuman, Charles de Gaulle, John Foster Dulles – um nur einige wichtige Personen zu nennen – waren solche Staatsmänner, zu denen Adenauer ein Verhältnis gepflegt hat, das man als freundschaftlich bezeichnen kann und das bei aller Realpolitik auch dazu beigetragen hat, kritische politische Situationen zu bereinigen.

Welche Rolle spielt die Chemie, die bei Adenauer und Ben-Gurion so augenscheinlich stimmte, insgesamt für den deutschen Staatsmann? Eine interessante ›Blaupause‹ für die politischen Freundschaften Adenauers, die hier beispielhaft herausgegriffen werden soll, ist seine Beziehung zum amerikanischen Außenminister John Foster Dulles, der dem amerikanischen Präsidenten Dwight D. Eisenhower von 1953 an bis in den April 1959 zur Seite steht und der im Mai 1959 im Alter von 71 Jahren an Darmkrebs verstirbt. Tatsächlich hat Adenauer wohl zu keinem anderen ausländischen Staatsmann so enge und vertrauensvolle Beziehungen gepflegt wie zu Dulles. 1960 beschreiben die Autoren der ersten Dulles-Biografie, Roscoe Drummond und Gaston Coblentz, die Beziehungen der beiden Herren gar als »love affair«.

Adenauer sagt über seinen amerikanischen Freund, was auch für ihn selbst gilt: »Dulles war kein Mann, der schnell Vertrauen schenkte, und Vertrauen ist die Grundlage jeder Freundschaft. Er ging damit vorsichtig und bedächtig um.«[774] Er erkannte sich und sein eigenes Freundschaftsverständnis in ihm wie in einem Spiegel. Dulles wiederum nennt Adenauer einen der »hervorragendsten Staatsmänner aller Zeiten«.[775]

Auch wenn die Forschung gezeigt hat, dass sich die deutsch-amerikanischen Beziehungen bereits verschlechtert haben, als Dulles noch im Amt war, so ist auch die Interpretation zulässig, dass es diese Männerfreundschaft war, die die offensichtlichen Risse im elementaren Verhältnis zwischen der deutschen Bundesregierung und den USA zumindest einige Zeit erfolgreich vermieden hat. Sicher hat diese Vertrauensbeziehung, die Dulles in ähnlicher Weise auch mit Jean Monnet gepflegt hat, ihren Beitrag dazu geleistet, dass Dulles sich als amerikanischer Chefdiplomat zum ersten Mal in der Europapolitik nicht in erster Linie auf Großbritannien stützten musste, sondern mit Frankreich und der Bundesrepublik zwei kontinentaleuropäische Mächte faktisch in seiner Politik bevorzugen konnte.

Es wäre freilich naiv, bei augenscheinlichen Sympathien und Antipathien nicht gleichzeitig die Kohärenz dieser Freundschaften oder Feindschaften mit den politischen Interessenlagen der jeweiligen Akteure in den Blick zu nehmen. Das Beispiel de Gaulles, das sich in dem Bild manifestiert, das von de Gaulle und Adenauer in der Kathedrale von Reims aufgenommen worden ist, hat großen Symbolcharakter gewonnen. Es spricht aber zugleich für den gemeinsamen, von religiösen Dimensionen beeinflussten Blick beider Staatsmänner auf die Welt. Doch es sind die harten

Fakten, die die Beziehungen ausmachen: De Gaulles Standhaftigkeit – nicht zuletzt in den für Adenauer schwierigen Zeiten der Berlin-Krise – hat dem Rheinländer tiefen Respekt eingeflößt und sein Vertrauen geweckt. Dass sich die Interessen und Meinungen in völligem Gleichklang befunden hätten, wird man wohl nicht behaupten können. Insbesondere in ihren politischen Vorstellungen für das gemeinsame Haus Europa unterschieden sie sich deutlich. An der gegenseitigen Hochachtung hat das nichts geändert.

Vor diesem Hintergrund muss man auch die Freundschaft von Adenauer und Ben-Gurion einordnen. Während die Beziehung Adenauers zu Dulles mit Skepsis begann und dann mit gelegentlichen Eintrübungen Zeit hatte, zu wachsen, auch weil sie sich in unzähligen Begegnungen entwickelte, konnte Adenauer Ben-Gurion nur zweimal zu einem persönlichen Gespräch treffen – und dennoch zeugen die Bilder von der freundschaftlichen Beziehung, die beide von Beginn an pflegen.

Wäre es nicht zu pathetisch, dann müsste man parallel zu der Betitelung der Freundschaft zwischen Adenauer und Dulles als »love affair« bei Ben-Gurion und Adenauer gar von ›Liebe auf den ersten Blick‹ sprechen. Denn schon die erste Begegnung der beiden in New York ist von einem besonderen Vertrauensverhältnis geprägt, wenn man im Wortprotokoll des Gespräches auf die Tiefe und die Art der Unterhaltung, die beide miteinander führen, blickt.

Tom Segev, der Biograf Ben-Gurions, stellt in einem Interview klar: »Ben-Gurion verehrte Adenauer. Er sah ihn als einen Staatsmann, der das historische Schicksal seines Volkes neu gestaltet.«[776] Diese Zuneigung wurde offensichtlich erwidert. Sehr deutlich wird das an einem Interview, das Konrad Adenauer in der Zeit seines Israel-Besuches mit der israelischen Zeitung *Yedioth Achronoth* führt. Ob die persönlichen Beziehungen mit Ben-Gurion »Geschäft« oder »Freundschaft« seien, will die Zeitung wissen. Die Antwort spricht für sich, und sie ist geradezu die Formel dafür, warum sie bei nur zwei direkten Begegnungen ein solches persönliches Einvernehmen erringen konnten: »In meinem Alter schließt man nur selten Freundschaften mit neuen Bekannten«, bekennt Adenauer, »aber wenn ein solcher Ausnahmefall geschieht, dann entwickelt sich die Freundschaft sehr schnell. Und so ist es mir und Ben-Gurion geschehen. Nach einem kurzen politischen Gespräch entstand eine gegenseitige Zuneigung und diese hat auch jetzt noch in unseren Beziehungen Bestand.«[777]

Ein Jahr zuvor hatte Adenauer dem *ZDF*-Journalisten Günter Gaus ein Interview gegeben, sehr allgemein wurde er nach dem Wert von Freundschaften gefragt. Adenauer antwortete damals: »Ja, wie soll ich Ihnen eine solche Frage beantworten. [...] Freundschaft entsteht aus einer Harmonie in den beiderseitigen Überzeugungen und aus dem Vertrauen, das man gewinnt.«[778] Treffender kann man es auch in der Rückschau kaum beschreiben, denn es sind die beiderseitigen Überzeugungen, die Ähnlichkeit der beiden Persönlichkeiten im Denken und Handeln und das daraus entstandene Vertrauen, das diese besondere Beziehung ausmacht.

Wenn man noch einmal die besondere Verbindung betrachtet, die Adenauer mit David Ben-Gurion, mit Charles de Gaulle und mit John Foster Dulles gepflegt hat, so liegt vielleicht ein Teil des ›Geheimnisses‹ dieser Freundschaften in der Tatsache, dass alle drei einen gewissen Grad ›religiöser Musikalität‹ besaßen, der spürbare Auswirkungen auf ihre jeweilige Weltsicht hatte.

»Macht keinen Unsinn, während ich tot bin« – Auswirkungen der Freundschaft

Der Brief des Avigdor Grün an Theodor Herzl über die Zukunft seines Sohnes David – des späteren David Ben-Gurion – blieb unbeantwortet. Theodor Herzl hat bei der Lektüre dieses Briefes nicht ahnen können, dass er auf diesem Weg jenem Mann begegnete, der seinen Traum verwirklichen würde, sicher hätte er ihm sonst mehr Aufmerksamkeit geschenkt. Zu den schönsten Anekdoten über Herzl, den geistigen Übervater Israels, über den ›Erfinder‹ des Zionismus, gehört der passende Satz, den er in einem seiner letzten Briefe schreibt, bevor er am 3. Juli 1904 mit nur 44 Jahren schwer herzkrank stirbt: »Machet keinen Unsinn, während ich tot bin«[779], rät er seinen Tod schon vorausahnend seinen Freunden der zionistischen Bewegung.

Dieser Satz passt auch zum Erbe der beiden Protagonisten dieses Buches wunderbar. Beide dürfen als die Architekten des gemeinsam aufgerichteten und inzwischen sehr stabilen deutsch-israelischen ›Gebäudes‹ angesehen werden. Beide haben sich aber – mit ihrem latenten Hang zur Skepsis, ja vielleicht auch gelegentlich zur Misanthropie – bis an ihr Lebensende Sorgen gemacht, in welche Hände ihr gemeinsames ›Kind‹ gelegt und welchen Weg es in der Zukunft nehmen werde. »Macht keinen Unsinn, während ich tot bin« – das gibt auch den unausgesprochenen Rat wieder, den sowohl Adenauer als auch Ben-Gurion der Nachwelt hinterlassen.

Beide neigten von Anfang an dazu, die biblisch fundierte Sendungsfunktion Israels zu überhöhen. Schon aus der Grußbotschaft des Oberbürgermeisters Adenauer an das Palästina-Komitee geht hervor, dass Adenauer dem jüdischen Volk in Eretz Israel eine internationale Beispielfunktion zumaß. Der Zionist David Ben-Gurion freilich war vollkommen davon beseelt, Israel müsse einen besonderen Platz in der Welt einnehmen. In einem Interview im Jahr des Adenauer-Besuches 1966 spricht Ben-Gurion über die Rolle Israels als »Licht unter den Völkern«. Aber er betrachtet das als Mahnung zur Verantwortung und nicht etwa als bedingungsloses Geschenk. Nur wenn Israel »seine moralische und intellektuelle Stärke ausweite, könne es zu einem auserwählten Volk werden, einem Bollwerk für die Juden in der Diaspora, einem erzieherischen Beispiel für andere Völker und zu einem begehrten Partner für unsere Nachbarn auf der Grundlage der Zusammenarbeit im gesamten Nahen Osten und für einen zunehmenden Frieden in der Region und der gesamten Welt.«[780]

Deshalb kann ein Buch wie dieses nicht enden, ohne einen Ausblick zu wagen, was aus ihrem Erbe heute geworden ist: Wie wichtig war ihr Beitrag für die Qualität, die die Beziehungen heute haben? Wie entscheidend waren die Weichenstellungen, die sie vorgenommen haben für unsere Gegenwart? Wo lagen sie aus heutiger Sicht falsch, wo haben wir ihr Erbe vernachlässigt? Stehen wir heute vor ähnlich epochalen Weichenstellungen in den gemeinsamen Beziehungen? Und ganz wichtig: Welchen Stellenwert haben persönliche Beziehungen auch heute noch, in Zeiten rasanter Kommunikationsmöglichkeiten, zwischen Staaten? Überwiegen am Ende die politischen Interessen und im positiven Fall eine gewisse Konvergenz solcher Interessen, die dann schnell zur Annäherung führt, oder bringt am Ende die Chemie zwischen den Spitzenrepräsentanten der beiden Staaten das größere Gewicht in die Waagschale?

Freilich waren Konrad Adenauer und David Ben-Gurion nicht die Einzigen, die sich in den schmerzerfüllten Jahren nach dem Holocaust an den Bau des gemeinsamen Gebäudes gemacht haben. Auf deutscher Seite haben unzählige Politiker ganz erhebliche Beiträge geleistet, damit Grundsteine und Fundamente gelegt werden konnten: Eugen Gerstenmaier, Carlo Schmid, Jakob Altmaier, Franz Böhm, Franz Josef Strauß, Ludwig Erhard, um nur einige wenige Namen zu nennen. Auf israelischer Seite leisteten sicherlich Moshe Sharett und Nahum Goldmann neben anderen den größten Beitrag zum Aufbau dieses Hauses. Aber für die Architektur, für die Statik und für die Sicherheit des Bauwerks vor Erschütterungen hat niemand den gleichen Grad der Verantwortung getragen wie Konrad Adenauer und David Ben-Gurion.

Bis heute bedienen sich deshalb auch die Nachfolger des ersten Bundeskanzlers ganz bewusst der Ikonografie, die beide den deutsch-israelischen Beziehungen bei ihren Begegnungen 1960 und 1966 gegeben haben. Es war alles andere als Zufall, dass Bundeskanzlerin Angela Merkel ihre – inzwischen auch schon historisch gewordene – Israel-Reise 2008 in dem Kibbuz in der Negev-Wüste begonnen hat, der zum Zufluchts- und Sehnsuchtsort für Israels Staatsgründer und zum Treffpunkt der beiden Patriarchen im Jahr 1966 geworden war.

Auch wenn es immer wieder Irritationen und Rückschläge gab – von der traumatischen Geiselnahme und Ermordung elf israelischer Sportler während des terroristischen Attentates auf die Olympischen Spiele in München 1972 über die Enttäuschung angesichts von Waffenlieferungen an Ägypten und später an Saudi-Arabien bis zum wachsenden Unverständnis auf deutscher Regierungsseite über die Fortsetzung des Siedlungsbaus auf besetztem Gebiet –, bei Licht betrachtet haben sich doch nur wenige Beziehungen einigermaßen unabhängig von den personellen Konstellationen an der jeweiligen Staatsspitze so kontinuierlich positiv über die Jahrzehnte entwickelt. Man könnte fast vermuten, dass auch die folgenden Duos an den Staatsspitzen mal mehr, mal weniger von dem Vertrauenspotenzial gezehrt und von den strukturellen Entscheidungen profitiert haben, die die beiden Staatsmänner getroffen haben. Damit sind die persönlichen Beziehungen, die etwa zwischen Menachem Begin und Helmut Schmidt außerordentlich spannungsgeladen waren, wie auch die Arbeitsbeziehung von Angela Merkel und Benjamin Netanjahu nicht durchgehend von Vertrauen geprägt ist, für die Annäherung der Staaten über die Jahrzehnte weniger wichtig geworden.

Auf einer Tagung der Friedrich-Ebert-Stiftung im März 2019 hat die Vorsitzende der Stiftung deutsch-israelisches Zukunftsforum, Tamara Or, für die Entwicklung der Beziehungen in den letzten sieben Jahrzehnten und die Rolle, die die politischen Interessen Deutschlands und Israels dabei gespielt haben, ein passendes und vielsagendes Bild gefunden: Sie sprach von dem X-Faktor in den deutsch-israelischen Beziehungen. Demnach entwickeln sich die jeweiligen Interessen wie bei einem X nach der israelischen Staatsgründung zunächst von sehr unterschiedlichen Polen kommend aufeinander zu. Die beiden Staatsgründer Adenauer und Ben-Gurion haben, wenn man so will, die beiden Schenkel des X auf ein festes Fundament gestellt und sie einander im wahrsten Wortsinne zugeneigt – mit unterschiedlichen Interessen. Ben-Gurion wollte den Aufbau seines hochfragilen Staates von außen gegen eine feindselig gestimmte arabische Übermacht sichern. Im Inneren war der Staat nicht weniger fragil: Finanzen und tragende industrielle Kerne fehlten und mussten aufgebaut werden. Ohne Hilfe von außen ging es nicht. In diesem Zusammenhang scheint eine Annäherung an die Bundesrepublik, die schnell nach dem Krieg wieder politischen Einfluss und wirtschaftliche Kraft entwickelt, trotz der tiefen Gräben, die die Vergangenheit hinterlassen hat, verheißungsvoll.

Ben-Gurion schaffte es nach ebenso erwartbaren wie erbitterten Widerständen, die Öffentlichkeit in Israel von seinem Kurs zu überzeugen. Und tatsächlich stieg auf der israelischen Seite über die Jahrzehnte zunehmend die Bereitschaft zur Zusammenarbeit und zu tiefgehenden Kontakten der israelischen mit der deutschen Zivilgesellschaft. Auch nach Ben-Gurions Rückzug aus der Politik wird dieser Kurs der Annäherung von keinem seiner Nachfolger ›zurückgedreht‹ und bildet eine klare Konstante der israelischen Außenpolitik. Aus dem instrumentellen wird im Laufe der Jahrzehnte auch in breiten Teilen der Bevölkerung ein zunehmend emotionales Verhältnis, bei dem die Vergangenheit zwar noch präsent ist, Sympathie jedoch wieder Raum hat.

Auf der deutschen Seite, dem anderen Schenkel des X, erkennt Konrad Adenauer schnell, dass eine Annäherung mit Israel neben den unzweifelhaften moralischen Verpflichtungen auch realpolitische Vorteile hat. Wie Ben-Gurion von einem anderen Deutschland spricht, um seinen Annäherungskurs vor jenen zu rechtfertigen, bei denen der Schmerz noch zu tief sitzt, so hat auch Konrad Adenauer ein anderes Deutschland vor Augen. Er denkt an ein Deutschland, das wieder ein geachtetes Mitglied der Völkergemeinschaft wird und in den Zivilgesellschaften, die für Deutschland besonders relevant sind – wie in den USA – Anerkennung erringt. Dafür ist Adenauer auch bereit, ungewöhnliche und angefochtene Wege zu gehen. Mit der Wissenschafts- und der Militärkooperation schafft auch Adenauer bis heute tragende Elemente des gemeinsamen Gebäudes. Nicht zuletzt die Wissenschaftskooperation, die bei Adenauers Besuch im Weizmann-Institut ihr erstes ›Hochfest‹ feiern konnte, trug dazu bei, dass die in den unmittelbaren Nachkriegsjahren unvorstellbaren persönlichen Begegnungen zwischen Israelis und Deutschen in Gang kommen konnten.

Auch hier wurde das außenpolitische Kalkül mehr und mehr durch echtes und wahrhaftig empfundenes Interesse ergänzt. Und neben der staatlichen Wiedergutmachung traten mit der »Aktion Sühnezeichen« und anderen vergleichbaren Ansätzen auch zivilgesellschaftliche Initiativen auf den Plan. Es entstanden so Initiativen, die die moralische Verantwortung nicht nur übernahmen, sondern diese auch in Aktionen in Israel umsetzten, die den Holocaust-Überlebenden zugutekamen. Sie setzten damit ein Symbol der Sühne, aber auch der Versöhnung, jenes Wort, das in den ersten Jahren verständlicherweise so deplatziert klang. Dass es in der Bundesrepublik zwar nicht unmittelbar nach dem Krieg, aber spätestens nach den Auschwitzprozessen, zunehmend auch Ansätze für eine Auseinandersetzung mit der eigenen Vergangenheit gab, wurde den Deutschen von den Israelis durchaus positiv angerechnet. Dies gilt umso mehr, als in den letzten Jahrzehnten in Israel sehr deutlich wahrgenommen wird, dass andere Länder, in denen sich die Regierungen in der Zeit des Nationalsozialismus ebenfalls mit Schuld beladen haben, eben diese Auseinandersetzung scheuen und verdrängen. Dass auch in Deutschland manche Ritualisierung kritisch zu hinterfragen wäre, wird in Israel weniger deutlich in den Blick genommen.

Das große Deutschland nach der Wiedervereinigung – Bedrohung für Israel?

Dass Deutschland in Israel als verlässlich angesehen wird und einen weitgehend offenen Umgang mit seiner Geschichte pflegt, wird an einer für Deutschland entscheidenden Wegmarke deutlich, die gleichsam zum Testfall für die Beziehungen wird. Das Ereignis, das David Ben-Gurion und Konrad Adenauer vorhergesehen haben: die deutsche Wiedervereinigung. Nicht wenige Israelis, aber auch einige deutsche Intellektuelle – wie der Schriftsteller Günter Grass – vertraten die etwas abenteuerliche These, dass die deutsche Teilung, die Berliner Mauer und alle weiteren mit der Teilung verbundene Tragödien so etwas wie eine Sühne Deutschlands für den millionenfachen Völkermord an den Juden darstellten.

Die Wiederherstellung der deutschen Einheit in Frieden und Freiheit, die Adenauer erträumt und zu der er mit seiner Politik in letzter Konsequenz ohne jeden Zweifel beigetragen hat, die Beendigung des Ost-West-Konfliktes, jenes Konfliktes, der noch großen Einfluss auf die Beziehung von David Ben-Gurion und Konrad Adenauer hatte, warf für viele Beobachter die Frage auf, ob Probleme, die man für überwunden gehalten hat, nun in anderer oder gar ähnlicher Gestalt wiederkehren würden.

Wie wird sich Deutschland als wieder deutlich stärkere Zentralmacht im Herzen Europas verhalten? Welche Auswirkungen hat die Wiedervereinigung für das deutsch-israelische Verhältnis? Ist die Sonderbeziehung Israels mit der alten Bundesrepublik, für die Konrad Adenauer und

David Ben-Gurion Wesentliches geleistet haben, damit zu einem Ende gekommen? Wie wird sich die öffentliche Meinung in den neuen Bundesländern entwickeln, was das Verhältnis zu Israel, aber auch und gerade, was die Frage der Gedenkstättenkultur und das Erinnern an den Holocaust betrifft?

Dass das Vertrauen gewachsen ist, zeigt der Besuch des damaligen israelischen Außenministers Moshe Arens. Der beliebte Likud-Politiker, ein früherer Irgun-Kämpfer, Revisionist, langjähriger Wegbegleiter von Menachem Begin und einer der politischen Ziehväter von Benjamin Netanjahu ist eher ein ›Falke‹ als eine ›Taube‹. Er kommt mitten im Wiedervereinigungsprozess, im Februar 1990, und hält zu diesem frühen Zeitpunkt die deutsche Wiedervereinigung für unabänderlich, aber keineswegs, und das ist der entscheidende Punkt, für bedrohlich für den Rest der Welt.

Schon im Moment des Wiedervereinigungsprozesses sind von der damaligen Bundesregierung aber auch durch den Deutschen Bundestag Akzente gesetzt worden, die deutlich gezeigt haben, dass die politischen Entscheidungs- und Verantwortungsträger nicht bereit waren, diese Sonderbeziehung zu Israel, aber auch das Bemühen um eine angemessene Gedenkkultur zu beenden. Konsequent sind seit der Wiedererstehung der Länder auf dem Gebiet der ehemaligen DDR die ehemaligen Konzentrationslager, bei denen bis 1990 die Verfolgung und Ermordung von Kommunisten betont, ihre Rolle beim Massenmord an den Juden aber an die Seite gedrängt worden ist, als Gedenkstätten ausgestaltet worden, die auch die Verfolgung und Ermordung von Juden in angemessener Weise darstellen.

Die Entscheidung des damaligen Bundespräsidenten Roman Herzog, den 27. Januar, den Tag der Befreiung des Konzentrationslagers Auschwitz, als nationalen Holocaust-Gedenktag einzuführen, war ein weiteres Symbol dafür, dass mit der Wiedervereinigung das Gedenken an die systematische Ermordung der Juden keinesfalls zurückgegangen ist. In der Proklamation betonte Roman Herzog: »Die Erinnerung darf nicht enden; sie muss auch künftige Generationen zur Wachsamkeit mahnen. Es ist deshalb wichtig, nun eine Form des Erinnerns zu finden, die in die Zukunft wirkt. Sie soll

Trauer über Leid und Verlust ausdrücken, dem Gedenken an die Opfer gewidmet sein und jeder Gefahr der Wiederholung entgegenwirken.«[781]

Ein besonderer Höhepunkt war, auch dank des Engagements und der politischen Durchsetzungskraft Helmut Kohls, die Debatte über die Errichtung einer Holocaust-Gedenkstätte im Herzen von Berlin, die schließlich am 25. Juni 1999 zu dem entscheidenden Bundestagsbeschluss führte.

Ein Jahr zuvor, im Dezember 1998, fand in den Vereinigten Staaten die sogenannte Washingtoner Holocaust-Vermögenskonferenz statt. Sie widmete sich in den Arbeitsgruppen Raubkunst, Versicherungen, kommunales Eigentum sowie Zugang zu Archiven und Bibliotheken allen noch schwebenden Entschädigungsfragen des NS-Staates. Während dieser Konferenz machte der amerikanische Koordinator der Veranstaltung Deutschland ein ungewöhnliches Kompliment: Das Land habe seit dem Ende des Krieges viel für die Wiedergutmachung geleistet und es habe, was die historische Debatte, die Auseinandersetzung mit der Vergangenheit, die Wiedergutmachung und die freiwilligen Leistungen betrifft, sogar Standards gesetzt und es sei bereit, auch weiter daran zu arbeiten.

Eine empfindliche Entschädigungslücke wurde nach schwierigen Verhandlungen zwischen der Bundesregierung der US-Administration und den Opferverbänden im Jahr 2000 geschlossen: Das geschieht – nach der Erhebung von Sammelklagen gegen Industrieunternehmen in den USA – durch die vom Bundestag und Bundesrat beschlossene Gründung der »Stiftung Erinnerung, Verantwortung und Zukunft«, die ehemalige Zwangsarbeiter entschädigen soll. In diese Stiftung brachten Bundesregierung und Industrie je zur Hälfte insgesamt 10 Milliarden DM ein. Wenngleich nur ein geringer Teil dieser Entschädigungszahlungen an ehemalige jüdische Zwangsarbeiter ging, so war dies doch ein weiterer wichtiger Schritt auf dem Weg zu einer umfassenden Regelung.

Freilich bleiben noch immer ganz erhebliche Defizite, nicht zuletzt im Kunstbereich, wie der Fall der Kunstsammlung Cornelius Gurlitt gezeigt hat. Auch das Plädoyer des ehemaligen Bundestagsabgeordneten Volker Beck für Rentenzahlungen an jüdische Zuwanderer, darunter Holocaust-Überlebende und ihre unmittelbaren Nachkommen, so wie es auch bei Aussiedlern geschieht, zeigt auf, das noch immer erhebliche Handlungsmöglichkeiten bestehen. Es bleibt bei der banalen, aber zutreffenden Feststellung, dass die unfassbaren Dimensionen des geschehenen Unrechts niemals voll und ganz entschädigt werden können. Dennoch muss man konstatieren, dass Konrad Adenauer und David Ben-Gurion mit ihrem Eintreten für das Wiedergutmachungsabkommen eine Tradition der Verantwortung begonnen haben, die bis heute Wirkung entfaltet.

Zu den fortlaufenden Bemühungen um den Umgang mit der nationalsozialistischen Vergangenheit und zu den historischen Verknüpfungen kommen über die Jahrzehnte die wirtschaftlichen Verflechtungen der beiden Länder, die ebenfalls in den Wiedergutmachungsverhandlungen ihren Ursprung hatten. Der pragmatische und kluge Schachzug, die im Abkommen genannten Zahlungen durch Warenlieferungen abzugelten, hat schon früh einen Grad der wirtschaftlichen Zusammenarbeit hervorgerufen, der bis heute positive Wirkung entfaltet. Die wissenschaftliche und ganz besonders intensiv auch die militärische Zusammenarbeit tragen zu einer Vertiefung der Beziehungen bei, aber auch zu immer mehr Anerkennung für Deutschland in Israel.

Die Schenkel des X sind immer weiter auf den Kreuzungspunkt zugegangen, man hat sich nicht nur angenähert, sondern steht sich in einer Form nahe, die aus der Perspektive der Anfänge der 1950er-Jahre an ein Wunder grenzt. Die enorme Zahl an institutionellen Kooperationen, die gewachsene und gelebte Kultur der Städtepartnerschaften, die unzähligen Austausch- und Besuchsprogramme – alles das ist augenscheinlicher Ausdruck dieser entstandenen Nähe.

Noch bedeutender ist die Tatsache, dass sich in jenem Land, das noch zum Zeitpunkt des Wiedergutmachungsabkommens so überaus skeptisch auf Deutschland geschaut hat, eine unglaubliche Sympathie für Deutschland und für das deutsche Volk entwickelt hat. Man darf davon ausgehen, dass auch die Visionäre Konrad Adenauer und David Ben-Gurion sich in ihren kühnsten Träumen nicht einmal ausgemalt hätten, dass heute drei Viertel der Israelis, wie Umfragen der Konrad-Adenauer-Stiftung zeigen, ein gutes bis sehr gutes Bild von Deutschland und den Deutschen haben.

Vorbei sind die Zeiten, in denen es in Israel zu wochenlangen Diskussionen und handfesten Auseinandersetzungen und Skandalen geführt hat, wenn ein sehr ranghoher deutscher Politiker in der Knesset in deutscher Sprache sprach.

Militärhilfe als Popularitätstreiber – Israel und die deutschen U-Boote

Die Umfragen zeigen, dass es vor allem zwei Gründe für diesen Höhepunkt der Zuneigung zu den Deutschen gibt: Merkel und Militär. Die bereits erwähnten Äußerungen der Bundeskanzlerin zur Sicherheit und Existenz Israels als Teil der deutschen Staatsräson in der Knesset haben in der israelischen Bevölkerung nachweislich einen außerordentlich tiefen Eindruck hinterlassen. Dies lässt sich auch daran ablesen, dass in den Umfragen um die 70 Prozent der Israelis eine positive Meinung von der deutschen Regierungschefin haben. Immer wieder hat Angela Merkel – trotz gelegentlich deutlich geäußerter Kritik am Siedlungsbau im Westjordanland und an der Politik der Netanjahu-Regierungen –, den Eindruck vermittelt, dass sie an der Seite des israelischen Volkes und für die Existenz Israels einsteht. Ohne Zweifel hat sie aber mit dieser Äußerung etwas verdichtet, das seit den 1950er-Jahren mit dann zunehmender Intensität zur Grundausstattung der deutschen Verantwortung für Israel zählt. Auch wenn die Äußerungen von Adenauer (»Im Streit zwischen Israel und einigen seiner Nachbarn, können wir moralisch nicht neutral sein«[782]) und Franz Josef Strauß noch nicht so plakativ wie die Kanzlerinnen-Rede waren, so kann man sie dennoch getrost als Vorläufer dieser Merkel'schen Garantie ansehen.

Auch bei den militärischen Kooperationen ist eine erstaunlich konstante Linie aus der Zeit Adenauers und Ben-Gurions in die Gegenwart zu ziehen. Die militärische Komponente der Beziehungen war durch die Jahrzehnte überaus vielfältig, aber es gibt eine ›Waffenhilfe‹, die sich – so zeigen es die Umfragen – tief in das Bewusstsein der Israelis eingebrannt hat. Diese Hilfe hat den Eindruck erweckt, dass der ›Scheck‹, den Angela

Merkel Israel mit ihrer »Staatsräson«-Äußerung ausgestellt hat, längst eingelöst worden ist. Es geht dabei um die Waffe, die David Ben-Gurion bei seinem Gespräch mit Konrad Adenauer in New York explizit angesprochen hat und die dann auch tatsächlich schon damals Teil der Militärhilfe war: U-Boote, kleine wendige und äußerst schwer zu ortende batteriegetriebene U-Boote, die in Deutschland hergestellt werden.

In der Zeit der beiden Patriarchen war die atomare Bewaffnung zunächst noch eine faktenbasierte Vorahnung, später ein gut gehütetes Geheimnis. Die offizielle Lesart ist bis heute, dass sich in Dimona, wo die Kernforschungsanlage aufgebaut worden ist, nur eine »Textilfabrik« befindet. Erst mit den Enthüllungen des ›Atomspions‹ Mordechai Vanunu im Jahr 1986 und seiner Verurteilung besteht wirklich Gewissheit über die Existenz der Nuklearwaffen in Israel. Allgemein wird vermutet, so berichtete es auch der *Spiegel* 2004, dass Israel schon im Jahr 1967 über die erste Atombombe verfügte. Mit der Existenz der Atomwaffen und der entsprechenden Trägerraketen ändert sich auch die schon vorher große taktische Bedeutung der U-Boote. Sie sind eine Lebensversicherung gegen einen vernichtenden atomaren Erstschlag, der das atomare Potenzial mit einem Schlag auslöschen könnte. Die Ausschaltung des Kernreaktors der »Osirak«-Anlage im Irak in den frühen Morgenstunden des 7. Juni 1981 durch israelische Kampfbomber, aber auch der anhaltende Versuch des Iran, ein nukleares militärisches Potenzial aufzubauen, zeigen, dass diese Angst nicht gegenstandslos ist. Mit den modernen U-Booten der Dolphin-Klasse verfügt Israel über das notwendige Trägersystem für die »Zweitschlagskapazität«, die nukleare Angriffe abschrecken soll. Die U-Boote zur Verteidigung seines Landes, derzeit sind es sechs, hat Israel mit erheblichem deutschen Kostenanteil aus Deutschland erhalten. Diese Fortsetzung der unter Ben-Gurion und Adenauer begonnenen Waffenhilfe hat einen überraschend starken Einfluss auf die öffentliche Meinung zu Deutschland gehabt. Über 90 Prozent der Israelis begrüßen diese deutsche Unterstützung nicht nur, sondern sie haben auf diesem Wege den Eindruck gewonnen, dass Deutschland fest an der Seite Israels steht.

In Deutschland ist diese Hilfe politisch nicht ganz unproblematisch, weil sie – wie bereits die frühere Waffenhilfe Adenauers für Israel – dem

Grundsatz widerspricht, keine Waffen in Krisengebiete zu liefern, und weil sie auch die deutschen Verpflichtungen im Rahmen der Verträge zur Nichtverbreitung von Atomwaffen berührt. Doch dieser Umstand hat die israelische Anerkennung für die politische Entscheidung nur gesteigert. Dass die Lieferung weiterer U-Boote an Israel Gegenstand der Korruptions-Ermittlungen gegen Benjamin Netanjahu geworden sind, schmälert den öffentlichen Effekt der militärischen Hilfe in Israel wenig.

Ein Grund für die Bedeutung der Militärkooperation für die deutsche Popularität liegt freilich auch in der seit den Zeiten Ben-Gurions ungebrochen überragenden gesellschaftlichen Anerkennung des Militärs in Israel. Die Rolle der Wehrpflichtarmee in Israel als eines Kernelements der nationalen Identität, als eines der Hauptbezugspunkte aller gesellschaftlichen Entwicklung ist herausragend. Das wird an einem Beispiel deutlich: In kaum einem anderen Land stoßen laut Medienresonanzstudien getötete Soldaten auf mehr mediale Aufmerksamkeit in der breiten Öffentlichkeit als zivile Opfer, meistens ist es umgekehrt.

Dass beinahe 80 Prozent der Israelis Deutschland heute als einen wichtigen Partner Israels betrachten, dass 57 Prozent der Israelis glauben, dass sich ihr Land voll und ganz auf die Deutschen verlassen kann, dass Deutschland unter allen europäischen Nationen mit dem Grad seiner Beliebtheit in Israel an der Spitze steht, das ist beachtlich. Dass diese Sympathie in Deutschland nicht im gleichen Maße erwidert wird, ist hingegen eher problematisch.

Vor dem Hintergrund dieser außerordentlichen Annäherung und der tiefen Vertrauensbasis, die entstanden ist, ist die Frage von großer Bedeutung, ob Israel und Deutschland zum Zeitpunkt des Erscheinens dieses Buches ›normale Beziehungen‹ haben. Mehr als einmal hat Adenauer der Hoffnung nach einer Normalisierung der Beziehungen zwischen den beiden Staaten Ausdruck verliehen. Zunächst muss festgehalten werden, dass die Beziehungen inzwischen eine Substanz erreicht haben, die vor dem Hintergrund der Shoah auch für Historiker nicht weniger als ein Wunder sind. Ein augenfälliges Beispiel für diesen neuen Qualitätsstandard, den sich vermutlich selbst die Visionäre David Ben-Gurion und Konrad Adenauer nicht hätten träumen lassen und das an positiver Dramatik kaum zu überbieten ist, stellt das im Jahr 2012 zwischen Deutschland und Israel geschlossene »Konsularabkommen« dar. Demnach übernimmt Deutschland dort die konsularische Vertretung israelischer Staatsbürger, wo Israel keine konsularische Vertretung unterhält: ausgerechnet Deutschland, das den Holocaust hervorgebracht hat, erweist sich als Schutzmacht für Israelis in aller Welt, wenn sie sich in Gefahr für Leib und Leben befinden. Das ist ein Gradmesser für die beachtliche Qualität der Beziehungen beider Länder.

Unter dem Strich ergibt sich der Eindruck, um im Bild des X von Tamara Or zu bleiben, dass der Knotenpunkt des X erreicht ist. Das impliziert die Gefahr, dass sich von hier aus die Schenkel des Buchstabens wieder auseinanderbewegen. Diese Entwicklung könnte der jungen Generation drohen. Sowohl Konrad Adenauer als auch David Ben-Gurion haben mehrfach betont, wie wichtig es sei, die kommenden, die jungen Generationen für die deutsch-israelischen Beziehungen zu gewinnen. Zu Lebzeiten der beiden Patriarchen stellte sich die Situation so dar, dass in der jungen Generation der Israelis die Skepsis und die Ablehnung zum Teil noch größer war als die derjenigen, die den Holocaust entweder überlebt oder die die Schrecken des industriellen Massenmordes aus dem palästinensischen Mandatsgebiet heraus verfolgt hatten.

Auf der deutschen Seite haderte Konrad Adenauer mit der jungen Generation. Besonders bewegend ist in der Bilanz seiner Israel-Reise in der Zeitschrift *Politische Meinung* ein leidenschaftliches Plädoyer gegen jede Form von Schlussstrich-Mentalität, das auch fünf Jahrzehnte später Aufmerksamkeit verdient: »Einige Sorge macht mir, dass es in der deutschen Jugend Stimmen gibt, die irgendwelche Sonderleistungen für Israel ablehnen, weil sie keine Mitverantwortung für die ›Sünden der Väter‹ anerkennen wollen. […] Nach der Zerstörung der Ehre Deutschlands durch Hitler und die Seinen ist es begreiflich, dass viele junge Leute erst wieder mühsam lernen müssen, was eine Nation ist – dass sie nämlich nicht bloß aus einer Ziffer im statistischen Handbuch besteht, sondern eine bindende Gemeinschaft ist. Und zwar eine Gemeinschaft, die nicht nur die gleichzeitig Lebenden umfasst, sondern auch die Generationen, die vor uns waren, und jene, die nach uns kommen werden. Von der Mitverantwortung für das Ganze kann sich keiner befreien.«[783]

Tatsächlich war parteiübergreifend in der jungen Generation Anfang der 1960er-Jahre so etwas wie eine verhaltene Begeisterung für Kontakte mit Israel zu bemerken. Erste Besuche von Jugendgruppen finden statt mit vielen Berührungsängsten, aber auch mit deutlicher Annäherung. Auffällig ist in Deutschland bereits seit den 1950er-Jahren die wachsende Begeisterung in linken Kreisen für den Aufbau Israels. Hier spielten die Kibbuzbewegung mit ihren sozialistischen Ideen ebenso eine Rolle wie die Sympathie, die ein großer Teil der Zionisten für den Sozialismus pflegt – eine Haltung, die ja auch David Ben-Gurion nachhaltig geprägt hat.

Diese vorsichtig positive linke Haltung änderte sich keine zwei Monate nach dem Tod Konrad Adenauers mit dem Sechstagekrieg fundamental. Insbesondere die Eroberung und Besetzung des Westjordanlandes und der damit verbundene Eindruck, dass aus dem David über Nacht ein Goliath geworden sei, ließ gerade auf der linken Seite die Begeisterung für Israel in anhaltende und bis heute fortwirkende Ablehnung umkippen, die bei radikalisierten Teilen der 68er-Bewegung, beispielsweise bei der Terrorgruppe der Tupamaros, gar in offenen Antisemitismus und in die Bereitschaft überging, mit Waffengewalt gegen den Zionismus zu kämpfen.

Israels erster Botschafter in der Bundesrepublik, Asher Ben Nathan, wurde, wie Inge Deutschkron berichtet, nicht nur Zeuge, sondern auch Opfer dieses Perspektivwechsels der Studentenbewegung: Er wurde in deutschen Universitäten durch tumultartige Szenen am Sprechen gehindert, obwohl eben jene Studentenvertretungen, die nun die Demonstrationen gegen ihn orchestrierten, ihn zuvor dorthin eingeladen hatten. Es kommt sogar zu Tätlichkeiten gegen den Botschafter.

»Es war eine schwere Zeit für Israel in seinen Beziehungen zur Bundesrepublik«, so Inge Deutschkron. »Vor allem, weil man in Israel nicht begriff, wogegen die jungen Deutschen sich auflehnten. Israel hatte sich gegen die arabischen Angreifer verteidigt und hoffte, endlich mit ihnen Frieden machen zu können.«[784]

Schon in der Zeit von Adenauer und Ben-Gurion, vor allem dann aber zum Ende der Sechzigerjahre hin und im Zuge der Siebzigerjahre etablieren sich feste Narrative, die bis heute deutlich fortwirken. Im Zusammenhang mit der Studenten- und dann später mit der Friedensbewegung ist dies bei den jungen Deutschen die nationale ›Erzählung‹ von »Nie wieder Krieg«, die sich auch heute in den empirischen Erkenntnissen von Umfragen niederschlägt, wenn es um Auslandseinsätze der deutschen Bundeswehr geht. Bei den jungen Israelis ist diese nationale ›Leitlinie‹ der Gedanke von »Nie wieder Opfer« und damit ein diametral entgegengesetztes Ziel. Auch wenn es Israel im Laufe der Jahrzehnte gelungen ist, mit Nachbarstaaten wie Jordanien und Ägypten Frieden zu schließen, so bewirken die Aktivitäten der Terrorgruppe Hisbollah im Süden Libanons, die über ein erhebliches Waffenpotenzial von geschätzt bis zu 150.000 Raketen und mehreren tausend Abschussvorrichtungen verfügt, dass auch bei gestiegener Sicherheit und einer hervorragend ausgerüsteten Armee das Bedrohungsempfinden noch immer ganz erheblich ist. Die Angst um den Verlust des Staates und damit um die eigene Existenz bleibt ein bestimmendes Element der nationalen Empfindungen und letztlich auch der DNA des israelischen Volkes.

Zu diesem Widerstreit von »Nie wieder Krieg« und »Nie wieder Opfer« kommt ein weiterer Aspekt hinzu, der allerdings zu Zeiten von Konrad Adenauer und David Ben-Gurion nicht so virulent war: die Zusammensetzung der israelischen Bevölkerung, die sich rasant verändert. In den frühen Zeiten des Landes waren die aschkenasischen Juden, also jene Juden wie David Grün aus Płońsk, der spätere David Ben-Gurion, die aus den zentraleuropäischen Ländern kommen, in Politik und Gesellschaft dominierend vertreten. Sie haben die tiefe Verbundenheit Israels mit Europa und dem Westen nicht nur selbst über Jahrzehnte verkörpert, sondern auch im täglichen Leben des Landes und nicht zuletzt in der Politik etabliert.

Das Bürgerliche Gesetzbuch, aber auch große Teile des Justizsystems tragen eindeutig europäische Züge. Die Verbundenheit mit dem Rechtsstaatsprinzip und die unverbrüchliche Wertschätzung der Demokratie schöpfen aus diesem Fundus. Dass Israel, obgleich eindeutig auf dem asiatischen Kontinent gelegen, am Eurovisionswettbewerb oder an den Fußball-Europameisterschaften teilnimmt, ist ein eher kurioser, aber doch offensichtlicher Ausdruck der Tatsache, dass man sich im Selbstverständnis dem europäischen Kontinent zugehörig fühlt.

Wenn sich diese Konstante israelischer Politik, die auch in den Zeiten der Begegnungen von Konrad Adenauer und David Ben-Gurion so dominierend war, heute verändert, ist dies nicht nur die Folge politischer Missgriffe und Missverständnisse im israelisch-europäischen Verhältnis auf beiden Seiten, nicht nur die Folge profunder Enttäuschung auf israelischer Seite über Entscheidungen der EU, wie der des ›Labelings‹, das Produkte aus den Siedlungen im Westjordanland einer Kennzeichnungspflicht unterzieht. Die Ursachen liegen tiefer. In den letzten Jahrzehnten ist der Bevölkerungsanteil der misrachischen Juden, also jener Juden, die in der nahöstlichen und nordafrikanischen Region, im Iran, in Marokko etc., geboren worden sind, kontinuierlich gestiegen. Dieser Prozess verändert ohne Zweifel auch das Land. Würde es nicht stark vereinfachend klingen, müsste man feststellen: Das Land wird orientalischer.

Die Auswirkungen dieser Entwicklung sind in Umfragen klar ablesbar. Empirische Studien zeigen, dass insbesondere die jüngere Generation immer religiöser und nationalistischer wird und noch ausgeprägter als ohnehin schon mit dem Militär verbunden ist. Hier liegt eine immanente Gefahr für die deutsch-israelischen Beziehungen und ihre Zukunft. Denn in Deutschland sprechen die empirischen Befunde noch immer eine andere Sprache: Die junge Generation in Deutschland ist nach wie vor postreligiös, postnationalistisch und postmilitaristisch. Die Gefahr, dass die jungen Generationen der beiden Länder kulturell immer weiter auseinanderdriften werden, so wie die beiden Schenkel des X sich nach dem Knotenpunkt wieder voneinander wegbewegen, ist nicht von der Hand zu weisen.

Es gibt nur ›drei‹ Ansätze, dieser Gefahr der kulturellen Entfremdung zu entgehen: Begegnung, Begegnung und nochmals Begegnung. So groß die Ambitionen des Jugendaustausches bei den Ländern, auf der Bundesebene, im Rahmen der Arbeit von ConAct und anderen Austauschförderwerken, so intensiv die Zusammenarbeit von Schulen ist: Die Wichtigkeit dieser bilateralen Beziehungen verlangt noch mehr Anstrengungen in diesem Bereich.

Es sind und bleiben die persönlichen Erfahrungen, die nicht nur tiefen Eindruck hinterlassen, sondern die gleichsam auch dazu zwingen, eine

Haltung infrage zu stellen, die auf deutscher Seite immer offensichtlicher wird. Der Blick auf Israel ist von großer Oberflächlichkeit gekennzeichnet, die nicht selten mit dem dennoch nicht zu bremsenden Willen gepaart ist, sich trotz mangelnder Kenntnis öffentlich und pointiert zu Wort zu melden. Aus der Shoah erwächst nicht etwa die Sühne-Pflicht, Israel nicht kritisieren zu dürfen. Das wird den Deutschen auch in Israel selbst nicht abverlangt. Aber aus der Shoah erwächst die Pflicht, sich zu informieren.

Dieses Bemühen um möglichst umfassende Information ist die Voraussetzung für einen tiefen Dialog. Der Dialog zwischen Adenauer und Ben-Gurion war interessegeleitet, aber durch ihre enge Beziehung auch ehrlich und mit offenem Visier. Beide streiften die Belastungen der Vergangenheit – so gut das eben unter den obwaltenden Umständen ging – bei ihren Begegnungen und bei ihrer Zusammenarbeit ab. Die Frage ist, ob dieser echte und ehrliche Dialog heute zwischen den Bevölkerungen gelingen kann. Denn selbst der Dialog der Patriarchen war bei aller Intensität nicht immer frei von Missverständnissen. Ein jeder hat den anderen durch die eigene Brille betrachtet.

Für die potenziellen Schwierigkeiten dieses – und nicht nur dieses – Dialoges steht die Metapher des Doppelspiegels, der auf beiden Seiten eine Spiegelfläche hat. Jeder Dialogpartner läuft Gefahr, statt seines Gegenübers einen solchen Spiegel zu sehen und dennoch dem Eindruck zu erliegen, den jeweils anderen wahrzunehmen. Und doch könnten die Gesprächspartner bei diesem scheinbaren Dialog zunächst vor allem das eigene Spiegelbild erblicken.

In diese Kategorie des Doppelspiegels fällt der schon erwähnte Blick auf das Thema »nationale Sicherheit« und die unterschiedlichen Narrative von »Nie wieder Krieg« und »Nie wieder Opfer«. In einem Deutschland, in dem Frieden herrscht, fällt es schwer zu begreifen, was es bedeutet, in einer Situation zu leben, in der die Existenz faktisch, trotz aller militärischen Stärke, bedroht ist. Wir scheren aber gleichsam das Beispiel Israel über den Kamm der eigenen Wahrnehmung und sind von der Wehrhaftigkeit des israelischen Volkes befremdet. »Während in Deutschland ohne die eigene Erfahrung einer unmittelbaren existenziellen Bedrohung bisweilen zu leichtfertig über die Mängel der Demokratie in Israel gesprochen wird, wird in Israel bisweilen zu schnell jede freundschaftliche Erinnerung an die uneingeschränkte Gültigkeit der Menschenrechte und der Menschenwürde als unberechtigte Kritik vom Tisch gewischt – mit eben diesem Hinweis auf die unmittelbare Bedrohung.«[785]

Die zweite Dimension des Doppelspiegels ist die nationale Dimension: Was Konrad Adenauer immer wieder wahrgenommen hat während seines Israel-Besuches, ist der unbedingte Wille der Israelis, die Existenz ihres zionistischen Traumes als Nation zu sichern und in die Zukunft zu tragen. Adenauer mag das ähnlich wehmütig betrachtet haben wie Rudolf Augstein. Der Journalist, mit dem der ›Alte‹ aus Rhöndorf in seinen letzten Lebensjahren Frieden geschlossen hatte, bringt 1967 nach einer Israel-Reise seine Eindrücke in einer Kolumne seines Magazins auf den Punkt: »Als deutscher Europäer fühlt man ein wenig Neid, wenn man die Ungebrochenheit der Ziele und Impulse wahrnimmt. Hier entsteht, was wir kaum noch sind, eine Nation. Die Bedingtheit der nationalen Ziele schafft eine neue Gesellschaft, deren prosaischer Alltag von den mächtigen Bildern eines über zweitausend Jahre alten Buches verklärt wird.«[786] Was der Altmeister des *Spiegel* hier zum Ausdruck bringt, übt auch heute noch Faszination aus. Israel ist ein Land, in dem die gesellschaftlichen Segmentierungen profund sind. Kaum ein Land ist ein solcher Schmelztiegel unterschiedlichster kultureller Hintergründe.

In kaum einem Land funktioniert trotz dieser Segmentierungen das ›nation building‹, die Schaffung einer gemeinsamen Identität, die Integration unterschiedlichster Gruppierungen in die Gesellschaft so überaus gut wie in Israel. Die verbindende Klammer ist die über die Religion hinausgehende Einheit des jüdischen Volkes als solches, die sich auch aus den biblischen Quellen nährt. Daraus erwächst wiederum religiöses Bewusstsein – auch bei jenen, die nicht an Gott glauben, aber die kulturellen Grundlagen und die Werteangebote, die sich daraus ergeben, für sich als relevant erachten. Wir tun uns in Deutschland mit Israel auch deshalb so schwer – das ist eine Quelle von Missverständnissen –, weil uns dieses religiöse Bewusstsein, das eben nicht simpel mit der Zugehörigkeit zu einer Religion gleichzusetzen ist, in einer säkularen Umwelt zunehmend abgeht. Ein gewisser Grad einer religiösen Bildung kann eine wichtige Voraussetzung für einen gedeihlichen Dialog der Kulturen darstellen.

Es muss in diesem Zusammenhang weiter beobachtet werden, ob die zionistische Einstellung, die der jüdischen Religion einen Primat einräumt, ohne andere Religionen in ihrer Freiheit einzuschränken, auch in Zukunft israelische Leitlinie bleibt. Das jüngst verabschiedete »Jewish-nation-state«-Gesetz lässt eine Tendenz erkennen, die nicht alle Sorgen in dieser Hinsicht beseitigt.

Ein dritter Aspekt des Doppelspiegelphänomens bleibt die Vergangenheit: Die jungen Israelis, die keinesfalls geschichtsvergessen sind und einen Schlussstrich nicht dulden würden, blicken auf das heutige Deutschland und leben nicht in der Vergangenheit. Sie begegnen Deutschland unbefangen. In dieser Form schauen sie in den Spiegel und erwarten Gesprächspartner, die ihnen gleichen. Die deutsche Sehnsucht nach normalen Beziehungen kann man auf dieser Seite des Spiegels nicht sehen, denn die Wahrnehmung in Israel ist längst die einer normalen Beziehung. In Deutschland gibt es noch immer den befangenen Blick, gibt es noch immer die Unsicherheit, gibt es noch immer das Gefühl, die eigene Verantwortung entweder betonen zu müssen oder diese Verantwortung mit dem Verweis auf die vergangene Zeit abzulehnen. Wenn wir über Israel sprechen, dann sprechen wir in erster Linie über uns selbst.

Jemals normale Beziehungen? – Niemals normale Beziehungen!

Kann man vor diesem Hintergrund sagen, dass wir, aufbauend auf dem Fundament Ben-Gurions und Adenauers, heute normale Beziehungen haben? Das deutsch-israelische Verhältnis wird durch die tragische Konstante der historischen Schuld und Verantwortung immer ein besonderes Verhältnis bleiben. Der israelische Schriftsteller David Grossman konstatierte 2015 mit ernüchternder Klarheit: »So gut und weitverzweigt diese Beziehungen heutzutage auch sind, es werden immer schwierige, emotionsgeladene und traumatische Beziehungen bleiben. Für dieses entsetzliche Kapitel der deutschen Geschichte gibt es und kann es keine Vergebung geben. Es kann auch keine Heilung geben. An den Punkten, wo Juden und Deutsche sich berühren, wird immer die offene Wunde der Shoah klaffen.«[787]

Mit der gleichen Vehemenz hat sich der leider 2018 verstorbene Amoz Oz bereits 2005 dagegen verwahrt, die deutsch-israelischen Beziehungen als ›normal‹ zu bezeichnen: »Normale Beziehungen können zwischen Norwegen und Neuseeland bestehen oder zwischen Uruguay und Sri Lanka. Zwischen Deutschland und dem jüdischen Volk herrschen seit über zweihundert Jahren ambivalente Beziehungen, intensive, tiefe und verletzte, komplizierte und vielschichtige Beziehungen. Keine normalen Beziehungen. Und das gilt für diese Beziehungen auch in der Zukunft.«[788] Diese Einschätzungen sind kein Reservat der intellektuellen Elite Israels, sondern noch immer eine Breitenwahrnehmung: Wie der Verfasser dieses Buches 2015 im Rahmen einer Umfrage ermittelt hat, in der Israelis und Palästinenser nach ihren Einstellungen gegenüber Deutschland und den Deutschen befragt worden sind, assoziiert die große Mehrheit der Israelis bei der Frage, was ihnen spontan zu Deutschland einfällt, immer noch sofort Nationalsozialismus und Holocaust.

Das zeigt: Unter der immer kräftiger werdenden Schutzhaut des Vertrauens, die über die historische Narbe gewachsen ist, gibt es noch immer den Entzündungsherd des Misstrauens und der Skepsis. Und das bezieht sich vor allem auf den Lackmus-Test für die Beziehungen, der nach wie vor das Verhältnis auf deutscher Seite bestimmen muss: Die Frage, wie entschieden der Antisemitismus in Deutschland und Europa bekämpft wird. Diese Frage hat im Jahr 1959 bei der damaligen Welle die Gemüter in Israel bewegt und bei allen folgenden Häufungen antisemitischer Taten auch. Daran hat sich bis heute nichts geändert. Die Demonstrationen im Sommer 2014 im Zuge der Operation »Protective Edge« im Gaza-Streifen mit ihrer unheilvollen Melange aus Islamisten, Rechts- und Linksextremisten sowie Populisten, die sich eindeutig antisemitischer Symbole und Stilmittel bedient haben, sowie die Verbrennung von Israel-Fahnen nach der Entscheidung Trumps im Dezember 2017, die US-Botschaft nach Jerusalem zu verlegen, womit das Maß jeder legitimen Kritik weit überschritten wurde, waren Alarmzeichen. Ebenso hat sich der Ton in diversen Nachrichtenforen, auf Internetseiten und in sozialen Netzwerken in den letzten Jahren in besorgniserregender Weise verschärft.

Nicht selten wird absurderweise – als sei das eine zulässige »Entschuldigung« – der in Deutschland, wie überall in Europa, neu aufkeimende Antisemitismus ›erklärt‹ mit der israelischen Politik im Nahost-Konflikt, die negative Haltungen gegenüber Israel und den Juden erst hervorbringe – oft verbunden mit dem extrem verkürzenden ›küchenpsychologischen‹ Hinweis, dass auch Opfer zu Tätern werden können. Solche unheilvollen Formulierungen knüpfen letztlich an die klassischen Stereotypen und Verunglimpfungen an, die den Opfern von Ausgrenzung die Schuld an ihrem eigenen Schicksal gegeben haben. Antisemitismus muss als Verletzung der Menschenwürde gebrandmarkt und bekämpft werden. Ebenso muss es freilich möglich sein, Kritik an Israels Politik deutlich zu machen, ohne deswegen augenblicklich in die Kategorie des »Judenhasses« einsortiert zu werden. Allerdings schränkt Henryk M. Broder gewohnt zugespitzt, aber treffend ein, dass der Antisemitismus nicht selten dann beginne, wenn sich der Gerechtigkeitssinn bei der Beurteilung einer Lage lediglich gegen die Juden richte und man nicht mit gleicher Intensität bereit sei, auch andere Menschenrechtsverletzungen in anderen Ländern zu kritisieren, wie man das gegenüber Israel tue. In Kurzform: »Ein Antisemit ist, wer Juden etwas übelnimmt, was er Nichtjuden nicht übelnimmt.«[789] Etwas differenzierter sagt es eine Studie der Bertelsmann-Stiftung: Kritik an Israel werde dann problematisch, »wenn den Juden eine kollektive Verantwortung zugeschrieben wird und die Unterscheidung zwischen Juden im Allgemeinen und der Regierung im Besonderen verwischt«[790].

So erfreulich es ist, dass die überragende Mehrheit, nämlich zwei Drittel der Deutschen, die Aussage »Durch die israelische Politik werden mir die Juden immer unsympathischer«[791] ablehnt, so besorgniserregend ist die Tatsache, dass immerhin ein Drittel der Deutschen negative Vorurteile gegenüber Juden hat. Der deutsch-israelische Historiker Dan Diner hat schon lange vor diesen Erscheinungen einen klugen Satz gesagt, den er als »gordische Lösung« tituliert hat und der als Leitlinie für die deutsch-israelischen Beziehungen gelten kann – er beschreibt den Handlungsbedarf insbesondere auf der deutschen Seite deutlich: Unerlässlich sei, »zum einen den Antisemitismus zu bekämpfen, als ob es den arabisch-jüdischen, israelisch-palästinensischen Konflikt nicht gäbe; zum anderen alles zu unternehmen, um eben jenen Konflikt einer beiden Seiten zuträglichen Lösung zuzuführen – so, als gäbe es den Antisemitismus nicht.«[792]

Letzteres impliziert die Frage, was für uns in Deutschland der Nahostkonflikt heute bedeutet. Was die Vordenker wie Shinnar und andere auf israelischer Seite schon zu Zeiten Adenauers und Ben-Gurions gedacht haben, was damals aber noch völlig undenkbar erschien, ist vor dem Hintergrund des gewachsenen Vertrauens heute zumindest theoretisch vorstellbar: Eine Rolle Deutschlands als Mittler im Konflikt. In den Umfragen der Konrad-Adenauer-Stiftung in Israel ist die Frage gestellt worden, ob eine Rolle Deutschlands als ehrlicher Makler vorstellbar ist: Eine deutliche Mehrheit von 54 Prozent stimmt dieser Aussage zu.

Noch aussagekräftiger ist eine erstaunliche ›Gleichung‹. Werden Israelis und Palästinenser befragt, wer ein ehrlicher Makler sein könnte, so nennen die Palästinenser die EU, die UNO und Deutschland sowie eine regionale arabische Initiative. Den USA wird diese Eigenschaft nicht erst seit der Verlegung der US-Botschaft nach Jerusalem, die die Klärung des völkerrechtlichen Status der Stadt in den Augen der Palästinenser vorweggenommen hat, abgesprochen. Auf der israelischen Seite werden die EU und die UNO als ehrliche Makler abgelehnt, die USA, Deutschland und eine regionale arabische Friedensinitiative, so sie denn gegenwärtig bestehen würde, werden als mögliche ehrliche Makler benannt. Der potenzielle Akteur, der auf beiden Seiten unter dem Strich bleibt, ist Deutschland.

Dahinter steht – anders als in den 1950er- und 1960er-Jahren – die erstaunliche Entwicklung, dass man die deutsche Geschichte nicht mehr als Grund begreifen würde, der deutschen Regierung bei ihren Maßnahmen zur Bewältigung des Konfliktes Zurückhaltung aufzuerlegen.

Dass Deutschland als ehrlicher Makler gesehen wird, ist freilich das, was die Griechen ein Danaergeschenk genannt haben, und jeder Schritt im mehrdimensionalen Minenfeld des Nahostkonfliktes will gut überlegt sein, zumal die Chancen für die Lösung, die Deutschland aus guten Gründen in den letzten Jahrzehnten verfolgt hat, nämlich die Zwei-Staaten-Lösung, zu schwinden scheinen. Aber die Frage ist, ob die noch immer herrschende Zurückhaltung Deutschlands in der internationalen Politik in Israel und anderswo noch lange begrüßt werden wird. 71 Prozent der Israelis betrachten den deutschen Einfluss in der Welt positiv.

Lange Zeit galt es als gute Nachkriegstradition, gerade vor dem Hintergrund der katastrophalen und unentschuldbaren Taten der Nationalsozialisten und der damit verbundenen historischen Verantwortung Deutschlands, jeden außenpolitischen Schritt, vor allem jede sicherheitspolitische Involvierung Deutschlands, sorgsam abzuwägen.

Der Historiker Heinrich August Winkler findet diesen Rekurs auf den Holocaust mit Blick auf die internationalen Aktivitäten Deutschlands zu Recht nicht nur politisch, sondern auch moralisch hochproblematisch. In einer bemerkenswerten Rede vor der Deutschen Gesellschaft für Auswärtige Politik 2013 betonte er: Der Verweis darauf, dass Deutschland aufgrund der fatalen historischen Erfahrungen insgesamt gut daran täte, international Zurückhaltung zu zeigen, führe in letzter Konsequenz dazu, Deutschland wegen seiner Vergangenheit ein »Recht auf Wegsehen« zu bescheinigen. Der Holocaust würde dann, so Winkler, letztlich die »widerspruchslose Hinnahme von ethnischen Säuberungen und Völkermorden zur Folge haben«[793], was in sich vollständig abwegig wäre. Winkler hielt deshalb in der Debatte über die Menschenrechte in der Außenpolitik ein »Plädoyer für einen normativ aufgeklärten Realismus«[794]. Eine Formulierung, die bei Konrad Adenauer und David Ben-Gurion vermutlich auf Zustimmung gestoßen wäre. Es gilt, den begonnenen Paradigmenwechsel in diesem Feld, der sich an der Vielzahl von Auslandseinsätzen ablesen lässt, zu verstetigen und auch die Investitionen in die Schlagkraft der Bundeswehr zu erhöhen. Vor allem aber ist es wichtig, dass Deutschland in der Außenpolitik generell sein Gewicht deutlicher noch als bisher in die Waagschale wirft.

Zum aufgeklärten Realismus gehört freilich die Erkenntnis, dass die Situation heute mehr denn je zum Fatalismus Anlass gibt. Eine Zwei-Staaten-Lösung, die immer noch als einzige Lösung gelten kann, die es Israel dauerhaft ermöglichen würde, ein demokratischer und ein jüdischer Staat zugleich zu bleiben, wird immer unwahrscheinlicher. Sowohl unter der

Führung von Mahmoud Abbas als auch in der Regierung von Netanjahu scheint der Wille zu Zugeständnissen in einem Friedensprozess gegenwärtig nur schwer vorstellbar. Aber gerade jene, die noch an einer Zwei-Staaten-Lösung und an einem wie auch immer gearteten Ausgleich zwischen Israelis und Palästinensern festhalten und die in Israel zunehmend auf verlorenem Posten stehen, erwarten, dass man ihnen zur Seite steht. Diese Menschen richten ihre Hoffnungen nicht zuletzt auf ein aktives Deutschland, dessen Kritik an der israelischen Regierungspolitik dann vor allem positiv zur Kenntnis genommen wird, wenn es ansonsten keinen Zweifel daran aufkommen lässt, dass es unverbrüchlich an der Seite Israels bleiben wird. Solche Zweifel kommen allerdings zunehmend auf, besonders angesichts des gegenwärtigen Paradigmenwechsels beim deutschen Abstimmungsverhalten in den Vereinten Nationen. Bleibt Deutschland ein verlässlicher Freund und Alliierter Israels?

Konrad Adenauer hat im Rahmen seiner Israel-Politik gesagt: »Keinem Land kann mehr an einem dauernden Frieden im Nahen Osten gelegen sein als unserem.« Er hat diese Äußerungen freilich vor dem Sechs-Tage-Krieg und vor der Besetzung des Westjordanlandes gemacht. Dennoch bleibt der Satz in seiner Aussage aktuell. Für Adenauer hat das damals bedeutet, konstruktive Ansätze zu verfolgen, aber keine Beliebigkeit herrschen zu lassen: »Es versteht sich von selbst, dass wir mit allen in Frieden und Freundschaft leben wollen, mit den Arabern nicht weniger als mit den Juden. Aber wo wir ausgesprochen bösem Willen begegnen, dürfen wir uns nicht einschüchtern oder gar erpressen lassen. Da ist Festigkeit angebracht, alles andere ist würdelos.«[795] Sein entscheidender Satz, der wiederum erspüren lässt, wie sehr sich Adenauer der moralischen Verpflichtungen bewusst ist, lautet im weiteren Verlauf des Textes: »Im Streit zwischen Israel und einigen seiner Nachbarn können wir moralisch nicht neutral sein.«[796]

Adenauer hat damals den Grundstein für eine Konstante gelegt, die bis heute fortlebt: Das Bekenntnis zu einer dauerhaften Verpflichtung, das Angela Merkel 2008 in der Knesset prägnant zum Ausdruck gebracht hat, indem sie das Eintreten für die Sicherheit Israels zur deutschen Staatsräson erklärt hat, ist zumindest bei CDU, SPD, FDP und Grünen und bei den politischen Eliten heute breiter Konsens. Die Frage ist aber, wie intensiv diese Haltung Rückhalt in der deutschen Bevölkerung findet und was getan werden muss, damit die Haltung der Eliten auch in der Breite der Bevölkerung getragen wird, die im Allgemeinen jene Sympathie, die den Deutschen von israelischer Seite entgegengebracht wird, nicht uneingeschränkt teilt.

Ben-Gurion hat als Meister der Realpolitik darauf gesetzt, dass gute Beziehungen zwischen Deutschland und Israel im Sinne eines »Do ut des« im symmetrischen Interesse beider Länder sind. Nicht wenige israelische Diplomaten hegen insgeheim schon seit einer Weile die Sorge, dass sich die Beziehungen zunehmend asymmetrisch entwickeln könnten: Schimon Stein, der frühere Botschafter Israels in Deutschland, und Mordechay Lewy bringen das offen zum Ausdruck: »Deutschland wird als führendes Mitglied der Europäischen Union ein entscheidender und strategischer Partner für Israels Zukunft bleiben. Doch wird Israel für Deutschland von Bedeutung sein? Es gibt keine Zwangsläufigkeit, dass sich das, was in den vergangenen fünf Jahrzehnten herangewachsen ist, auch weiterhin so gut entwickeln wird.«[797]

Israel wird dann von Bedeutung sein, wenn es gelingt, neben die Säule der historischen Verbindung der beiden Staaten, die von Bestand sein wird, eine zweite Säule zu setzen, ohne die das Gebäude der gemeinsamen Beziehungen nicht ewig stabil bleiben wird. Gemeint ist die Säule der gemeinsamen Interessen und der gegenseitigen Faszination. Dafür muss es gelingen, den alles überlagernden Teppich des Nahost-Konfliktes nicht als den alleinigen Bestimmungsfaktor der Beziehungen zu betrachten. Es sollte gelingen, Felder, auf denen wir voneinander noch konsequenter als bisher lernen können, zu identifizieren. Von Israel wäre zu lernen, was man neudeutsch »Resilienz« nennt – das Bewusstsein für die Gefahren des Terrorismus und für die Notwendigkeit von ›hard power‹. Israel kann von Deutschland und Europa lernen, dass auch ›soft power‹ dazu gehört und dass die kluge Nutzung internationaler Organisationen und multilateraler Verbände eine harte Währung sein kann. Hierzulande kann man sich von Israel in Sachen Start-up-Landschaft, in Sachen Risikokapital einiges abschauen und in gemeinsame Unternehmungen die Fähigkeit der

Verstetigung wirtschaftlicher Erfolge einbringen. Eine Litanei, die sich fast uneingeschränkt fortsetzen ließe.

Die getrennten Wahrnehmungen und Kulturen auf allen Feldern lassen sich nicht einfach überwinden, aber es ist viel gewonnen, wenn sich im Interesse der Beziehungen und als Vermächtnis von David Ben-Gurion und Konrad Adenauer wenigstens eine neue Kultur des Hinsehens etablieren ließe. Für Deutschland bedeutet das, sich in anderer Form auf Israel einzulassen und endlich aus der ewigen Wahrnehmungsschleife des Nahost-Konfliktes wenigstens ein Stück weit herauszutreten und sich ein differenzierteres Bild Israels zu machen, in seiner Komplexität, aber auch seiner Faszination. Für Israel bedeutet das, die unterschiedlichen kulturellen Welten deutlicher wahrzunehmen und in Deutschland strategischer und einfühlsamer Lobbyarbeit zu betreiben, die die Empfänger wirklich erreicht und ihnen die Lebenswelt in Israel näher bringt. Beides setzt eine Fähigkeit voraus, die David Ben-Gurion und Konrad Adenauer in ihren Beziehungen neben die reine Interessenpolitik gesetzt haben: Empathie. Und diese Empathie entsteht, so banal es klingt, nicht ohne die passenden Gelegenheiten, aber auch nicht ohne Persönlichkeiten, die diese Empathie und Begeisterungsfähigkeit füreinander vorleben und miteinander personifizieren.

Was der große Schweizer Kulturhistoriker Jacob Burckhardt – allerdings eher aus der Negativperspektive – geschrieben hat, ist auch heute noch zutreffend: »Nicht jede Zeit findet einen großen Mann, und nicht jede große Fähigkeit findet ihre Zeit.«[798] Der doppelte Glücksfall der 1950er- und frühen 1960er-Jahre ist, dass ausgerechnet diese Zeit, eine schwierige Zeit nach dem großen Menschheitsverbrechen, in Konrad Adenauer und David Ben-Gurion große Akteure mit den entsprechenden Fähigkeiten gefunden hat, die sich beinahe idealtypisch ergänzt haben. Eine solche einzigartige Paarung – verbunden mit einer ehrlichen Freundschaft – hat es trotz aller Bemühungen auch in den deutsch-israelischen Beziehungen so nicht mehr gegeben.

Dank

Die Idee zu diesem Buch ist in den Jahren 2014 bis 2017 entstanden. In dieser Zeit hatte ich die Freude und Ehre, das Länderbüro der Konrad-Adenauer-Stiftung in Israel mit Sitz in Jerusalem zu leiten. An den Spuren des israelischen Staatsgründers David Ben-Gurion ist in Israel kein Vorbeikommen. Schon die Landung am Ben-Gurion-Flughafen in Tel Aviv verschafft den ›Erstkontakt‹ zu dieser überragenden Gründerpersönlichkeit. Wer an der Schnittstelle der deutsch-israelischen Beziehungen arbeitet, so wie das die Konrad-Adenauer-Stiftung e.V. seit fast vier Jahrzehnten erfolgreich in Israel tut, der wird immer wieder mit der Ikone der deutsch-israelischen Beziehungen schlechthin, dem Bild der Begegnung von Konrad-Adenauer und David Ben-Gurion in New York konfrontiert. Dieses Bild zierte während meiner Jerusalemer Jahre mein Dienstzimmer. Die überragende Präsenz und Gegenwärtigkeit der beiden Herren weckte in mir ein Bedürfnis, das Zeithistorikern immanent ist: der Sache etwas tiefer auf den Grund zu gehen.

Nach meiner Rückkehr aus Israel ist auch dank der Ermutigung von Freunden aus der Neugierde der Plan erwachsen, sich in einem Buch mit der außergewöhnlichen Freundschaft der beiden Herren näher zu befassen. Ich war so leichtsinnig, Volker Resing vom Herder-Verlag von meiner Idee zu erzählen. Seinem sanften Druck habe ich zu verdanken, dass aus der Idee nun Realität geworden ist: Deshalb gilt ihm der erste Dank. Patrick Oelze vom Herder-Verlag, dem ich ebenfalls sehr danke, hat mit seiner Begeisterungsfähigkeit ebenso zur Realisierung des Projektes beigetragen und das Projekt vorangetrieben. Katrin Pommer und David Bruder haben als Lektoren mein Buch mit großer Geduld begleitet. Beiden sei sehr für ihre Hilfe gedankt.

Ich habe dieses Buch, das der Form eines wissenschaftlichen Essays folgt, im Rahmen meiner Tätigkeit als Leiter der Hauptabteilung Wissenschaftliche Dienste/Archiv für Christlich-Demokratische Politik der

Konrad-Adenauer-Stiftung geschrieben und dabei darauf geachtet, dass meine sonstigen dienstlichen Obliegenheiten davon nicht beeinträchtigt wurden. Dennoch hat das die Geduld und das Verständnis meiner Kolleginnen und Kollegen der Hauptabteilung erfordert, für die ich herzlich danke. Freilich habe ich auch von Archiv und Bibliothek der Stiftung profitieren dürfen. Stellvertretend für die Kolleginnen und Kollegen, die mich nimmermüde mit hilfreichen Materialien, Quellenhinweisen und redaktionellen Zuarbeiten versorgt haben, danke ich dem Leiter des Schriftgutarchivs, Michael Hansmann, und dem Leiter der Abteilung Publikationen und Bibliothek, Wolfgang Tischner, sehr herzlich. Letzterer hat mir die Tore der Bibliothek weit geöffnet und die Arbeit ebenso mit guten Ratschlägen und wertvollen Hinweisen begleitet, wie das auch Matthias Oppermann dankenswerterweise getan hat. Besonders verdient gemacht haben sich die Kollegen Rita Anna Tüpper und Markus Lingen, die mit großer Hingabe das Manuskript durchgesehen haben. Dank sei auch Marie-Lisa Noltenius für ihre Mühe mit dem Bildteil und Christine Brunzel für die Bücherbeschaffung gesagt.

Ein dickes Dankeschön geht an zwei Jerusalemer Kollegen, an Doron Gilad, der mir bei der Auffindung und Übersetzung von israelischen Quellen sehr geholfen hat, sowie an Palina Kedem, die den Kontakt mit der Familie Ben-Gurion gehalten hat. Den Familien Ben-Gurion und Adenauer, hier besonders Yariv Ben-Eliezer und Konrad Adenauer, den Enkeln der beiden Patriarchen, gilt mein Dank für die Unterstützung dieses Projektes in Form ihrer Grußworte. Herzlich bedanken möchte ich mich auch bei Corinna Franz und ihrem Team für die Unterstützung, die die Stiftung Bundeskanzler-Adenauer-Haus in Rhöndorf der Arbeit an diesem Buch hat zukommen lassen.

Ein herzlicher Dank geht an den herausragenden israelischen Historiker Tom Segev, der mich nicht nur mit seiner monumentalen Ben-Gurion-Biografie sehr inspiriert hat, sondern der mir am Rande einer Veranstaltung zu siebzig Jahren Israel im Sommer 2018 wertvolle Hinweise für dieses Buch gegeben hat.

Ein großer Dank geht zuletzt aber mit besonders inniger Herzlichkeit an meine Familie, an meine geliebte Ines, und an unsere Kinder. Es war nicht leicht, den Vater zu ertragen, der auch sonst schon zu oft durch berufliche Abwesenheit glänzt, nun auch noch die wertvollen Wochenenden für die Arbeiten an diesem Buch eingesetzt und sich mit einer mittelgroßen Bibliothek im Wohnzimmer breitgemacht hat.

Ich widme dieses Buch meinen drei Kindern Florian, Johannes und Charlotte und hoffe, dass es ihnen Anlass zur Erinnerung an ihre Jahre in Jerusalem bietet. Und ich widme es zugleich den Kolleginnen und Kollegen meiner Zeit im Büro der Konrad-Adenauer-Stiftung in Israel (in alphabetischer Reihenfolge): Anna, Annika, Cathi, Daliah, Doron, Eva, Evelyn, Hildegard, Joachim, Katherina, Liza, Oshrat, Palina, Stas, Stefan und, last but not least, Susi. Es war mir eine Ehre und Freude, in diesem faszinierenden Land, das mir in diesen Jahren noch wichtiger geworden ist, mit Euch zusammenzuarbeiten! Ich werde Euch und die gemeinsame Zeit niemals vergessen.

Michael Borchard

Anmerkungen

1 So der Titel des Buches »Rituelle Distanz« von Dan Diner.
2 Ebd., S. 25.
3 Ebd.
4 Brenner, Unsere Serie über die Geschichte der Juden in Deutschland nach 1945.
5 So auch der Titel des Buches von Avi Primor: »… mit Ausnahme Deutschlands«.
6 Siehe Literaturverzeichnis.
7 Siehe: Stehkämper, Adenauer; Schulz, Adenauer; Frielingsdorf, Adenauers.
8 Schwarz, Adenauer, Bd. 1, S. 327.
9 Siehe: Schwarz, Adenauer, Bd. 1; Köhler, Adenauer Rheinische; Schlemmer, »Los von Berlin«.
10 Schwarz, Adenauer, Bd. 1, S. 171.
11 Gehlen, Silverberg, S. 107.
12 Schulz: Adenauer, S. 41–42, 96, 199f., 239, 305f., 319f.
13 Schwarz, Dannie N. Heineman und Konrad Adenauer im Dialog (1907–1962); Schulz: Adenauer, S. 41, 99, 110, 292, 297–299, 306f., 320.
14 Schwarz, Adenauer, Bd. 1, S. 183.
15 Zitiert nach: Schwarz, Adenauer, Bd. 1, S. 183.
16 Ebd.
17 Ebd.
18 Ebd.
19 Ebd.
20 Mensing, Lebensjahre, 1963–1967, Bd. 2, S. 530.
21 Schwarz, Adenauer, Bd. 1, S. 80.
22 Schulz, Adenauer, S. 260f.
23 Ebd., S. 265f.
24 Mensing, Adenauers Beziehungen, S. 212f.
25 Schulz, Adenauer, S. 267–269, hier: S. 268.
26 Der Begriff Balfour-Erklärung geht auf den Namen des britischen Außenministers Arthur James Balfour zurück, der im November 1917 sein Einverständnis für die britische Regierung gegenüber der zionistischen Bewegung erklärte; Segev, Palästina, S. 11, 43, 51–62.
27 Siehe im englischen Original, »a national home for the Jewish people«, in: Brenner, Vom Zionismus zu Zion, S. 74.
28 Schulz, Adenauer, S. 268.
29 Heß, Rom und Jerusalem; Schulz: Adenauer, S. 267–269, hier: S. 269.
30 Schulz, Adenauer, S. 269.
31 Mensing, Adenauers Beziehungen, S. 126–129.
32 Zitiert nach: Mensing, Adenauers Beziehungen, S. 126.
33 Ebd.
34 Ebd.
35 Zitiert nach: Court, Adenauer, S. 40. Vgl. auch: Edelmann, Adenauers, S. 232–263.

36 Schulz, Adenauer Kölner Jahre, S. 241.
37 Zitiert nach: Mensing, Adenauers Beziehungen, S. 126; Asaria, Die Juden in Köln von den ältesten Zeiten bis zur Gegenwart.
38 Mensing, Lebensjahre, 1963–1967, Bd. 2, S. 524.
39 Leers, Juden sehen dich an, S. 10.
40 Ebd., Inhaltsverzeichnis, S. 9, 28, 44, 55, 61, 79, 95.
41 Zitiert nach: https://de.wikipedia.org/wiki/Johann_von_Leers.
42 Siehe: Stehkämper, Adenauer, Bildteil nach S. 464.
43 Schwarz, Adenauer, Bd. 1, S. 366.
44 Mensing, Adenauer im Dritten Reich, S. 49.
45 Köhler, Adenauer, S. 277.
46 Siehe: Stehkämper, Adenauer, Bildteil nach S. 464.
47 Schmied / Franz, Konrad Adenauer. Der Kanzler aus Rhöndorf, Abb. S. 43.
48 Schwarz, Adenauer, Bd. 1, S. 349.
49 Stehkämper, Adenauer, S. 463.
50 Biermann, Adenauer, S. 176.
51 Stehkämper, Adenauer, S. 465.
52 Schwarz, Adenauer, Bd. 1, S. 352.
53 Mensing, Adenauer im Dritten Reich, S. 93, 513.
54 Ebd., S. 93f.
55 Adenauer, Erinnerungen, Bd. 2, S. 157.
56 Ebd., S. 158.
57 Mensing, Adenauer im Dritten Reich, S. 108.
58 Ebd.
59 Adenauer, Erinnerungen, Bd. 2, S. 157.
60 Ebd.
61 Ebd.
62 Ebd.
63 Adenauer, Briefe 1959–1961, S. 387.
64 Biermann, S. 193.
65 Köhler, Adenauer, S. 316.
66 Ebd., S. 317.
67 Schwarz, Adenauer, Bd. 1, S. 415.
68 Ebd., S. 416.
69 Ebd.
70 Köhler, Adenauer, S. 31.
71 Kilian, Adenauers, S. 33.
72 Schwarz, Adenauer, Bd. 1, S. 418.
73 Ebd.
74 Ebd., S. 419.
75 Ebd.
76 Adenauer, Erinnerungen S. 45–53, S. 15.
77 Mensing, Adenauer im Dritten Reich, S. 428.
78 Schwarz, Adenauer, Reden, S. 84.
79 Adenauer, Erinnerungen, 1945–1953, S. 25.
80 Adenauer, Erinnerungen, 1945–1947, S. 473f.
81 Bar-Zohar, Ben-Gurion, S. 16.

82 Ebd., S. 19.
83 Ebd., S. 21.
84 Schwarz, Ben-Gurion, S. 533.
85 Bar-Zohar, Ben-Gurion, S. 26.
86 Segev, Ben-Gurion, S. 49.
87 Bar-Zohar, Ben-Gurion, S. 29.
88 Ebd., S. 29.
89 Strothmann, Mein Haupt in den Sternen.
90 Segev, Ben-Gurion, S. 65.
91 Ebd., S. 67.
92 Ebd.
93 Ebd.
94 Ebd., S. 69.
95 Ebd., S. 71.
96 Ebd., S. 72.
97 Ebd., S. 73.
98 Bar-Zohar, Ben-Gurion, S. 49.
99 Segev, Ben-Gurion, S. 112.
100 Ebd.
101 Ebd.
102 Schwarz, Ben-Gurion, S. 533.
103 Segev, Ben-Gurion, S. 81.
104 Ebd., S. 113.
105 Ebd.
106 Ebd., S. 116f.
107 Ebd., S. 120.
108 Ebd.
109 Ebd., S. 125.
110 Der Einfachheit halber wird der Name »Palästina« hier quasi historisch und geografisch verwendet; zu einer politischen Bezeichnung wird er erst 1917. Unter osmanischer Herrschaft hatte es keinen Verwaltungsdistrikt »Palästina« gegeben. Teile dieser Küstenregion gehörten zur Provinz Damaskus, andere zu den Verwaltungsbezirken Tripolis, Sidon und später Beirut.
111 Segev, Ben-Gurion, S. 773f.
112 Ebd.
113 Bar-Zohar, Ben-Gurion, S. 59.
114 Schwarz, Ben-Gurion, S. 536.
115 Elon, Israelis, S. 248.
116 Vgl. S. 30
117 Ebd.
118 Bar-Zoar, Ben-Gurion, S. 61.
119 Ebd., S. 61.
120 Schwarz, Ben-Gurion, S. 533.
121 Segev, Ben-Gurion, S. 318.
122 Ebd.
123 Spiegel 4 (1952), S. 19.
124 Strothmann, Mein Haupt in den Sternen.

125 Herzl, Theodor: Altneuland, Leipzig 1902, Titelseite.
126 Spiegel 4 (1952), S. 19.
127 Ebd.
128 Segev, Ben-Gurion, S. 238.
129 Ebd.
130 Ben-Gurion in einem Brief vom 7. Mai 1958 an Joseph Lamm vom Bezirksgericht Tel-Aviv. Zitiert nach: https://www.jewiki.net/wiki/Wladimir_Zeev_Jabotinsky.
131 Segev, Ben-Gurion, S. 252.
132 Ebd., S. 253.
133 Ebd., S. 362.
134 Ebd., S. 364.
135 Ebd., S. 364f.
136 Ebd., S. 365.
137 Ebd., S. 367.
138 Ebd., S. 368.
139 Ebd., S. 373.
140 Ebd., S. 353.
141 Ebd.
142 Teveth, S. 27.
143 Segev, Ben-Gurion, S. 353.
144 Ebd.
145 Ebd., S. 356.
146 Oz, Tod, S. 123.
147 Segev, Ben-Gurion, S. 251.
148 Ebd.
149 Ebd., S. 271.
150 *Times* (5.9.1939), drei Tage später auch in der *Jewish Chronicle* (8.9.1939).
151 Segev, Ben-Gurion, S. 319.
152 Ebd., S. 142.
153 Ebd., S. 319.
154 Ebd.
155 Ebd., S. 285.
156 Ebd., S. 286.
157 Ebd.
158 Ebd.
159 Die Hagana ist die zionistische paramilitärische Untergrundorganisation in Palästina während des britischen Mandats (1920–1948). Unmittelbar nach der Gründung des Staates Israel wurde die Hagana in die israelischen Streitkräfte überführt.
160 Segev, Ben-Gurion, S. 289.
161 Bar-Zohar, Ben-Gurion, S. 187.
162 Ebd., S. 188.
163 Hier und im Folgenden: Segev, Ben-Gurion, S. 358.
164 Segev, Ben-Gurion, S. 358.
165 Tobias, Gurions Reise.
166 Ebd.
167 Abkürzung für die 1930 entstandene Mifleget Poalei Eretz Israel, Arbeiterpartei Israels.
168 Tobias, Gurions Reise.

169 Segev, Ben-Gurion, S. 254.
170 Zitiert nach: Brenner, Geschichte der Juden, S. 109.
171 Ebd., S. 110.
172 Ebd.
173 Ebd.
174 Segev, Ben-Gurion, S. 382.
175 Ebd., S. 383.
176 Tobias, Gurions Reise.
177 Ebd.
178 Ebd.
179 Segev, Ben-Gurion, S. 383.
180 Ebd., S. 374.
181 Ebd., S. 347.
182 Ebd.
183 Ebd.
184 Ebd., S. 348.
185 Ebd.
186 Ebd.
187 Pearlmann, Gespräche, S. 283.
188 Segev, Ben-Gurion, S. 354.
189 Ebd., S. 355.
190 Ebd.
191 Ebd., S. 356.
192 Ebd.
193 Almog, Oz, The Sabra: The Creation of the New Jew, London 2000.
194 Spiegel 30 (1975), S. 68.
195 Ebd.
196 Segev, Ben-Gurion, S. 362.
197 Ebd.
198 Bar-Zohar, Ben-Gurion, S. 432.
199 Segev, Ben-Gurion, S. 365
200 Ebd.
201 Segev, 1967, S. 93.
202 Ebd.
203 Ebd.
204 Deutschkron, Inge, Ich trug den gelben Stern, München 1978.
205 Deutschkron, Israel, S. 140.
206 Ebd., S. 141.
207 Ebd.
208 Oz, Amos, Geschichte, S. 566.
209 Spiegel 21 (1948), S. 9.
210 Ebd.
211 Die Unabhängigkeitserklärung des Staates Israel, 14. Mai 1948.
212 haTikwah, Die Nationalhymne des Staates Israel.
213 Irion, Staatsgründung.
214 Zitiert nach Segev, Ben-Gurion, S. 438.
215 Ebd., S. 439.

216 Ebd.
217 Ebd.
218 Segev, Ben-Gurion, S. 450.
219 Zitiert nach: Bar-Zohar, Ben-Gurion, S. 237.
220 Ebd., S. 238.
221 Ebd.
222 Ebd.
223 Segev, Palästina, S. 159.
224 Ebd., S. 160.
225 Ebd., S. 161.
226 Bar-Zohar, Ben-Gurion, S. 271–289.
227 Ebd., S. 271.
228 Ebd.
229 Frankfurter Zeitung, Nr. 26 (26.1.1915), S. 2.
230 Schwarz, Adenauer, Bd. 1; S. 54, 152.
231 Koch, Erfindungen Adenauers, S. 89–104, hier: S. 92.
232 Schlott, Adenauer Erfindungen.
233 Schwarz, Adenauer, Bd. 1, S. 153.
234 Schulz, Adenauer, S. 258f., hier: S. 259.
235 Schwarz, Adenauer, Bd. 1, S. 153.
236 Bar-Zohar, Ben-Gurion, S. 272.
237 Schwarz, Gesicht, S. 530–542.
238 Hansen, Schatten, S. 20.
239 Ben-Gurion, Spiegel 51 (1966), S. 130.
240 Ebd.
241 Ebd.
242 Boord, Reparationszahlungen.
243 Adenauer, Regierungserklärung.
244 Schumacher, Opposition, S.44–64, hier: S.55.
245 Ebd.
246 Borchard, Ben-Gurion.
247 Zitiert nach: Hansen, Schatten, S. 36.
248 Marx, Interview.
249 Ebd.
250 Zitiert bei: Rimmel, Annäherungen, S. 150.
251 Jelinek, Moral, S. 15; siehe auch: Weingardt, Israel- und Nahostpolitik, S. 75.
252 Marx, Interview.
253 Zitiert bei: Rimmel, Annäherungen, S. 150.
254 Hier und im Folgenden: Segev, Siebte Million, S. 268.
255 Adenauer, Briefe 1949–1951, S. 260.
256 Segev, Siebte Million, S. 268.
257 Hansen, Schatten, S. 113, Trimbur, S. 344.
258 Hansen, Schatten, S. 113.
259 Ebd.
260 Ebd.
261 Ebd.
262 Hansen, Schatten, S. 51.

263 Borchard, Ben-Gurion.
264 Damit ist ein Nichtjude gemeint, der Aufgaben und Tätigkeiten übernimmt, die den gläubigen Juden am Shabbat untersagt sind. Weitz, S. 260.
265 Ebd.
266 Ebd.
267 Reuschenbach, Exponat; Borchard, Ben-Gurion.
268 Jelinek, Moral, S. 156.
269 Hansen, Schatten, S. 88.
270 Ebd.
271 Ebd., S. 89.
272 Ebd., S. 94.
273 Ebd.
274 Horowitz, Memoiren.
275 Ebd.
276 Hansen, Schatten, S. 95.
277 Ebd.
278 Zitiert nach: Jelinek, Moral, S. 166.
279 Ebd.
280 Ebd., S. 166f.
281 Wolffsohn, Wiedergutmachungsabkommen, S. 696f.
282 Hansen, Schatten, S. 75.
283 Ebd.
284 Ebd., S. 76.
285 Zitiert nach: Jelinek, Moral, S. 151.
286 Ebd.
287 Jelinek, Moral, S.153.
288 Adenauer, Regierungserklärung.
289 Ebd.
290 Ebd.
291 Ebd.
292 Adenauer, Erinnerungen, Bd. 2, S. 136.
293 Ebd.
294 Schumacher, Opposition, S.44–64, hier: S.55.
295 Zitiert nach: Hansen, Schatten, S. 130.
296 Hansen, Schatten, S. 133.
297 Ebd.
298 Ebd., S. 134.
299 Augstein, Adenauer.
300 Zitiert nach: Hansen, Schatten, S. 116.
301 Adenauer, Erinnerungen, Bd. 2, S. 137.
302 Ebd.
303 Goldmann, Adenauer, S. 439.
304 Ebd., S. 432.
305 Ebd.
306 Ebd.
307 Ebd.
308 Ebd.

309 Ebd., S. 427.
310 Ebd., S. 428.
311 Ebd.
312 Ebd.
313 Ebd., S. 429.
314 Segev, Siebte Million, S. 299.
315 Ebd., S. 302.
316 Ebd.
317 Ebd., S. 303.
318 Witzthum, S. 44
319 Segev, Siebte Million, S. 280.
320 Ebd., S. 281.
321 Andresen, Tanker, S. 120.
322 1 Kön 21,19; siehe auch: Diner, S. 86.
323 Ebd.
324 Ebd., S. 87.
325 Ebd., S. 83.
326 Bar-Zohar, Ben-Gurion, S. 283.
327 Ebd.
328 Ebd., S. 284.
329 Ebd.
330 Segev, Siebte Million, S. 290.
331 Spiegel 4 (1952), S. 18.
332 Ebd.
333 Witzthum, S. 54.
334 Ebd.
335 Ebd.
336 Segev, Siebte Million, S. 296.
337 Witzthum, S. 54.
338 FAZ, 12.6.2006.
339 Ebd.
340 Ebd.
341 Segev, Siebte Million, S. 290.
342 FAZ, 12.6.2006.
343 Ebd.
344 FAZ, 12.6.2006; Sietz, Attentat, S. 21.
345 FAZ, 12.6.2006; Sietz, Attentat, S. 36.
346 Sietz, Attentat, S. 17.
347 FAZ, 12.6.2006; Sietz, Attentat, S. 39.
348 FAZ 12.6.2006.
349 Sietz, Attentat, S. 261.
350 Ebd., S. 264.
351 Zeitleiste deutsch-israelische Beziehungen.
352 Deutsche Rundschau.
353 Ebd.
354 Paul Celan, Todesfuge, erstveröffentlicht in »Sand aus den Urnen« 1948, hier zitiert nach: Gesammelte Werke in sieben Bänden. Erster Band, Frankfurt am Main 1983, S.41f.

355 Jelinek, Deutschland, S. 268.
356 Witzthum, Adenauer, S. 43.
357 Ebd.
358 Segev, Israelis, S. 105.
359 Witzthum, Adenauer, S. 45.
360 Frei, Wiedergutmachung, S. 9–40.
361 Adenauer, Erinnerungen, 1945–1953, S. 25.
362 Adenauer, Briefe 1945–1947, S. 172.
363 Heuss, Mut zur Liebe, S. 100.
364 Jelinek, Krise, S. 122.
365 Zur Biografie des heute zu Unrecht fast vergessenen Franz Böhm siehe die hervorragende Studie des ehemaligen deutschen Botschafters in Israel, Niels Hansen, Franz Böhm mit Ricarda Huch. Die folgenden Ausführungen stützen sich auf diese Forschung.
366 Vgl. zum Verfahren: Hansen, Böhm, S. 102–131.
367 Blumenberg-Lampe, Arbeitsgemeinschaft.
368 Deutschkron, Israel, S. 50; siehe auch: Hestermann, Versöhnung, S. 37.
369 Shinnar, Bericht, S. 36f.
370 Köhler, Adenauer, S. 716.
371 Brechenmacher, Verhandlungen, S. 309.
372 Ebd.
373 Ebd., S. 312.
374 Ebd.
375 Buchheim, Deutschlandpolitik, S. 54–55.
376 Jena, Versöhnung, S. 472.
377 Hansen, Schatten, S. 189.
378 Ebd., S. 207.
379 Ebd., S. 218.
380 Adenauer, Erinnerungen 1953–1955, S. 146; vgl. auch: Goschler, Wiedergutmachung, S. 275.
381 Adenauer, Erinnerungen 1953–1955, S. 146.
382 Ebd.
383 Ebd.
384 Ebd.
385 Schwarz, Adenauer, Bd. 1, S. 904.
386 Ebd., S. 905.
387 Die Episode wird sorgfältig bei Hansen, Böhm, S. 320–327, rekonstruiert.
388 Hansen, Schatten, S. 218.
389 Hansen, Böhm, S. 326.
390 Kabinettsprotokolle, S. 348f., vgl. auch: Roser, Protestantismus, S. 178.
391 Jena, Versöhnung, S. 473.
392 Huhn, Wiedergutmachungsverhandlungen, S. 151.
393 Köhler, Adenauer, S. 715.
394 Jelinek, Moral, S. 198.
395 Goldmann, Mein Leben, S. 315.
396 Hansen, Schatten, S. 223.
397 Ebd., S. 222.
398 Goldmann, Paradox, S. 179.

399 Ebd.
400 Ebd.
401 Zitiert nach: Heumann, Riskanter Reichtum.
402 Hansen, Schatten, S. 231.
403 Jelinek, Moral, S. 203.
404 Ebd.
405 Ebd.
406 Jelinek, Deutschland, S. 215.
407 Ebd.
408 Jelinek, Moral, S. 202; vgl. auch: Weingardt, S. 84.
409 Wolffsohn, Globalentschädigung, S. 170.
410 Jelinek, Moral, S. 184.
411 Schwarz Adenauer Reden, S. 267.
412 Ebd.
413 Adenauer, Erinnerungen, 1953–1955, S. 155.
414 Protokolle des CDU-Bundesvorstandes 1950–1953, S. 140f.
415 Vgl. Sitzungsprotokolle 1949–1953, Nr. 333, S. 596.
416 Hansen, Schatten, S. 257.
417 Jelinek, Deutschland, S. 214.
418 Hansen, Schatten, S. 259.
419 Ebd.
420 Ebd.
421 Ebd., vgl. auch: Deutschkron, Israel, S. 62; Goschler, Schuld, S. 172; Hestermann, Versöhnung, S. 37.
422 Hansen, Schatten, S. 259.
423 Ebd., S. 362, Deutschkron, Israel, S. 82.
424 Spiegel 13 (1951), S. 8.
425 Hansen, Schatten, S. 260.
426 Goldmann, Leben, S. 406f.
427 Ebd.
428 Hansen, Politik, S. 250.
429 Hansen, Schatten, S. 239.
430 Ebd.
431 Schwarz, Adenauer, Bd.1, S. 903.
432 Jelinek, Deutschland, S. 215.
433 Köhler, Adenauer, S. 707; Brechenmacher, Adenauer, S. 312.
434 Köhler, Adenauer, S. 720.
435 Shinnar, Bericht, S. ?
436 Brechenmacher, Adenauer, S. 320.
437 Adenauer, Erinnerungen, 1953–1955, S. 143, 145ff.
438 Brechenmacher, Adenauer, S. 320.
439 Weingardt, Deutsche, S. 101.
440 Ebd.
441 Köhler, Adenauer, S. 722.
442 Zitiert nach: Jelinek, Deutschland, S. 220f.
443 Hier und im Folgenden: Hansen, Schatten, S. 295.
444 Ebd., S. 293.

445 Ebd.
446 Berggötz, S. 90.
447 Ebd.
448 Jelinek, Moral, S. 215.
449 Ebd.
450 Bulletin, 1952-11-12, S. 1563.
451 Keil, Strategie, in: Welt am Sonntag, 29.4.2015.
452 Ebd.
453 Deutschkron, Israel, S. 78.
454 Vogel, Deutschlands Weg, S. 85.
455 Gerstenmaier, S. 119.
456 Adenauer, Stenographische Berichte, S. 12095.
457 Jelinek, Deutschland, S. 253.
458 Jelinek, Moral, S. 230.
459 Ebd.
460 Ebd., S. 232.
461 Ebd., S. 238.
462 Ebd., S. 242.
463 Jelinek, Deutschland, S. 85.
464 Jelinek, Moral, S. 264.
465 Ebd., S. 292.
466 Welt, 14.9.1954.
467 Zitiert nach: Hansen, Schatten, S. 386.
468 Ebd.
469 Ebd., S. 392.
470 Ebd.
471 Jelinek, Krise, S.117.
472 Ebd.
473 Siehe ausführlich dazu: Borchard, Kriegsgefangene.
474 Adenauer, Stenographische Berichte, 27.9.1955.
475 Spiegel 13 (1960), S. 18 und: Jelinek, Blasius, S. 310.
476 Vogel, Deutschlands Weg, S. 131.
477 Ebd.
478 Vgl. seinen Bericht im Bundesvorstand der CDU vom 23. November 1956, in: Bundesvorstandsprotokolle 1953–1957, S. 1112f.
479 Segev, Ben-Gurion, S. 637.
480 Ebd.
481 Zitiert nach: Weitz, Ben-Gurions Weg, S. 266.
482 Ebd., S. 267.
483 Ebd.
484 Merkel, Bulletin, Nr. 26-1, 18.3.2008, S. 7.
485 Zitiert nach: Vogel, Deutschlands Weg, S. 142.
486 Strauß, Erinnerungen, S. 383.
487 Vogel, Dialog, S. 823; Möller, Strauß, S. 338.
488 Shinnar, Bericht, S. 143.
489 Berggötz, S. 437.
490 Deutschkron, Israel, S. 253f.

491 Jelinek, Moral, S. 470.
492 Adenauer, Erinnerungen, 1959–1965, S. 31.
493 Ebd., S. 31f.
494 Deutschkron, Israel, S. 106.
495 Ebd., S. 110.
496 Ebd.
497 Ebd.
498 Poppinga, Adenauer letzte Jahre, S. 177.
499 Deutschkron, Israel, S. 110.
500 Ebd.
501 Ebd.
502 Ebd.
503 Ebd., S. 111.
504 Ebd.
505 Ebd.
506 Ebd.
507 Ebd.
508 Zitiert ebd.
509 Zitiert ebd.
510 Ebd.
511 Ebd.
512 Ebd., S. 112.
513 Ebd.
514 Ebd.
515 Ebd.
516 Ebd., S. 113.
517 Jelinek, Blasius, S. 326.
518 Deutschkron, Israel, S. 113.
519 Adenauer, Erinnerungen, 1959–1963, S. 36; vgl. Hansen, Schatten, S. 547.
520 Deutschkron, Israel, S. 113.
521 Ebd.
522 Ebd.
523 Ebd.
524 Ebd.
525 Ebd., S. 114.
526 Hansen, Schatten, S. 548.
527 Jelinek, Blasius, S. 339.
528 Ebd.
529 Ebd.
530 Ebd.
531 Ebd., S. 326.
532 Ebd., S. 340.
533 Ebd.
534 Ebd., S. 342.
535 Ebd.
536 Ebd., S. 344.
537 Hansen, Schatten, S. 543.

538 Vgl. das Protokoll der Fraktionssitzung vom 5. April 1960, in: Sitzungsprotokolle 1957–1960, S. 596.
539 Ari, Erinnerungen, S. 234.
540 Hier und im Folgenden: Brenner, Geschichte, S. 274.
541 Ebd., S. 276.
542 Ebd.
543 Ebd., S. 278.
544 Ebd., S. 277.
545 Ebd.
546 Ebd., S. 278.
547 Weitz, Ben-Gurion, S. 274.
548 Ebd.
549 Weingardt, Deutsche, S. 131.
550 Adenauer, Erinnerungen, 1959–1963, S. 37.
551 Weitz, Ben-Gurion, S. 273.
552 Adenauer, Teegespräche 1959–1961, S. 269; vgl. auch: Jelinek, Blasius, Ben-Gurion, S. 273.
553 Witzthum, S. 56.
554 Eckardt, Lebenserinnerungen, S. 610.
555 Witzthum, Adenauer, S. 57.
556 Ebd.
557 Jelinek, Moral, S. 535.
558 Ebd.
559 Ebd.
560 Ebd.
561 Shapira, Ben-Gurion, S. 219.
562 Weitz, Ben-Gurion, S. 275.
563 Bar-Zohar, Ben-Gurion, S. 390.
564 Ebd., S. 392.
565 Ebd.
566 Segev, Ben-Gurion, S. 661.
567 Ebd., S. 647.
568 Jelinek, Blasius, Ben-Gurion, S. 313.
569 Lommatzsch, Globke, S. 307, 317ff., 321, 340.
570 Jelinek, Moral, S. 539.
571 Köhler, Adenauer, S. 728.
572 Ebd., S. 729.
573 Lommatzsch, Globke, S. 317ff.
574 Goldmann, Leben, S. 439–440.
575 Ebd.
576 Akten zur Auswärtigen Politik, 1961, S. 316.
577 Weitz, Ben-Gurion, S. 275; vgl. auch: Segev, Siebte Million, S. 457f.
578 Weitz, Ben-Gurion
579 Adenauer, Ansprache am 10.4.1961, in: Bulletin Nr. 67/61, S. 641.
580 Jelinek, Blasius, Ben-Gurion, S. 311ff.
581 Ebd.
582 Ebd.

583 Hansen, Schatten, S. 647.
584 Ebd.
585 Ebd.
586 Ebd., S. 648.
587 Ebd., S. 649f.
588 Ebd., S. 654.
589 Ebd.
590 Bar-Zohar, Ben-Gurion, S. 439.
591 Ebd., S. 440.
592 Ebd.
593 Hier und im Folgenden: Shalom, Ben-Gurion, S. 19.
594 Jelinek, Deutschland, S. 333.
595 Shalom, Ben-Gurion, S. 19.
596 Ebd.
597 Blasius, Geschäftsfreundschaft, S. 182.
598 Adenauer, Briefe 1961–1963, S. 272f.
599 Jerusalem Post, 14.10.1963, S. 6.
600 Ebd.
601 Akten zur Auswärtigen Politik, 1963, Dokument Nr. 189,S. 609.
602 Ebd., S. 1038.
603 Ebd.
604 Shinnar, Bericht, S. 125.
605 Ebd.
606 Schwarz, Adenauer, Bd. 2, S. 545.
607 Ebd.
608 Adenauer im CDU-Bundesvorstand am 9. Februar 1965, vgl. Protokolle des CDU-Bundesvorstands 1961–1965, S. 870.
609 Blasius, Geschäftsfreundschaft, S. 205.
610 Hestermann, Versöhnung, S. 95.
611 Ebd.
612 Ebd.
613 Ebd., S. 96.
614 Krone, Tagebuch Bd. 2, S. 285f.
615 Mensing, Lebensjahre, 1963–1967, Bd.1, S. 397.
616 Weingardt, Deutsche, S. 151.
617 Ebd.
618 Hestermann, Versöhnung, S. 99.
619 Ebd.
620 Ebd., S. 100.
621 Mensing, Lebensjahre, 1963–1967, Bd. 1, S. 432.
622 Schröder, in: Spiegel 18 (1964), S. 25.
623 Bar-Zohar, Ben-Gurion, S. 447.
624 Spiegel 14 (1965), S. 37.
625 Ebd.
626 Kempf, Kanzler, S. 89.
627 ACDP, 01-544-010-3.
628 Hestermann, Versöhnung, S. 119.

629 Ebd.
630 Ebd.
631 Ebd., S. 139.
632 Ebd.
633 Schwarz, Adenauer, Bd. 2, S. 966–968.
634 Spiegel 14 (1965), S. 37.
635 Ebd.
636 Ebd.
637 ACDP, 01-544-010/3.
638 Ebd.
639 Ebd.
640 Hestermann, Versöhnung, S. 65.
641 Ebd.
642 Spiegel 20 (1966), S. 39–41, hier 40.
643 Ebd., S. 42.
644 Ebd.
645 Ebd.
646 Kempski, Bürde.
647 Jelinek, Deutschland, S. 386.
648 Bis zum Zeitpunkt der Gründung des Daniel-Sieff Forschungsinstituts 1934 war die Kaiser-Wilhelm-Gesellschaft noch nicht ›gleichgeschaltet‹.
649 Vogel, Dialog, S. 308.
650 Ebd., S. 309.
651 Ebd.
652 Hestermann, Versöhnung, S. 123.
653 Kempski, Bürde.
654 Ebd.
655 Ebd.
656 Hestermann, Versöhnung, S. 92.
657 ACDP, 01-544-010-3.
658 Kempski, Bürde.
659 Goldmann, Paradox, S. 191.
660 Ebd.
661 Ebd.
662 Ebd.
663 Schreiber, in: Spiegel 20 (1966), S. 39.
664 Ebd.
665 Ebd.
666 Ebd.
667 Ebd., S. 40.
668 Poppinga, Adenauers Tage, S. 21.
669 Neumann, S. 1110.
670 Goldmann, Paradox, S. 191f.
671 Ebd., S. 192.
672 Ebd.
673 Ebd.
674 Schreiber, in: Spiegel 20 (1966), S. 39.

675 ACDP, 01-544-010-3.
676 Ebd.
677 Ebd.
678 Schwarz, Adenauer, Bd. 2, S. 968.
679 ACDP, 01-544-010-3.
680 Ebd.
681 Hestermann, Versöhnung, S. 131.
682 Ebd, S. 138.
683 Schwarz, Adenauer, Bd. 2, S. 969.
684 Hestermann, Versöhnung, S. 122.
685 Spiegel 21 (1966), S. 41.
686 Mensing, Lebensjahre, 1963–1967, Bd. 2, S. 242.
687 Ebd.
688 Ebd.
689 Ebd.
690 Saliger, Interview; Hestermann, Versöhnung, S. 136; Mensing, Lebensjahre, 1963–1967, Bd. 2, S. 228–238.
691 Ebd.
692 Ebd.
693 Maariv, 1948; ACDP, 01-544-010-3.
694 Ebd.
695 Jelinek, Moral, S. 83f.
696 Ebd.
697 AAA, 1966, Bd. 1, S. 658f.
698 Ebd.
699 Ebd.
700 Kempski, Bürde.
701 Neumann, S. 1110.
702 ACDP, 01-544-010-3.
703 Ebd.
704 Ebd.
705 Goldmann, Paradox, S. 193.
706 Ebd.
707 Ebd.
708 Adenauer, Erinnerungen, S. 23.
709 Poppinga, Adenauers Tage, S. 23.
710 ACDP, 01-544-010-3.
711 Goldmann, Paradox, S. 193.
712 Hestermann, Versöhnung, S. 129.
713 Ebd., S. 130.
714 Poppinga, Adenauers Tage, S. 12.
715 Ebd.
716 Spiegel 21 (1966), S. 40.
717 Hestermann, Versöhnung, S. 138.
718 Spiegel 21 (1966), S. 40.
719 Ebd.
720 Ebd.

721 ACDP, 01-544-010-3.
722 Ebd.
723 Ebd.
724 Spiegel 21 (1966), S. 40.
725 ACDP, 01-544-010-3.
726 Ebd.
727 Poppinga, Adenauers Tage, S. 30.
728 Spiegel 21 (1966), S. 40.
729 ACDP, 01-544-010-3.
730 Ben-Gurion, Tagebuch.
731 Ebd.
732 ACDP, 01-544-010-3.
733 Ebd.
734 Ebd.
735 Süddeutsche Zeitung, 3.5.1966, S. 3.
736 Spiegel 21 (1966), S. 40; Hestermann, Versöhnung, S. 132.
737 Mensing, Lebensjahre, 1963–1967, Bd. 2, S. 226.
738 Hestermann, Versöhnung, S. 131.
739 Ebd.
740 Schreiber, in: Spiegel 21 (1966), S. 40.
741 ACDP, 01-544-010-3.
742 Ebd.
743 Ebd.
744 Wergin, Welt 2008.
745 Jelinek, Blasius, S. 323.
746 Deutschkron, Beziehungen, S. 61.
747 ACDP, 01-544-010-3.
748 Spiegel 21 (1966), S. 41.
749 ACDP, 01-544-010-3.
750 Ebd.
751 Ebd.
752 Ebd.
753 Schwarz, Adenauer, Bd. 2, S. 968.
754 Krone, Tagebuch Bd. 2, S. 492.
755 Kempski, Bürde.
756 Ebd.
757 Spiegel 21 (1966), S. 41.
758 Schwarz, Adenauer, Bd. 2, S. 979.
759 Schreiber, in: Spiegel 19 (1967), S. 41.
760 Goldmann, Deutsche.
761 Ebd.
762 Schreiber, in: Spiegel 19 (1967), S. 41.
763 Köhler, Adenauer, S. 1231.
764 Schreiber, in: Spiegel 19 (1967), S. 41.
765 Vogel, Deutschlands, S. 284.
766 Adenauer, Würdigung, S. 35–38, hier: S. 35.
767 Vogel, Dialog, S. 341.

768 Gassert, Kiesinger, S. 183f.
769 AAP, 1967, S. 659f.
770 Bar-Zohar, Ben-Gurion, S. 455.
771 Zitiert nach: Bar-Zohar, S. 456
772 Segev, Ben-Gurion, S. 705f.
773 Vgl. Aschmann, Nutzen.
774 Zitiert nach: Spiegel 36 (1960).
775 Zitiert nach: Spiegel 40 (1961).
776 Segev, Interview.
777 Gaus, Interview, S. 56.
778 Ebd.
779 Zitiert nach: Meerkamp, S. 162.
780 Brenner, Israel, S. 144.
781 Herzog, Bulletin.
782 Mensing, Lebensjahre, 1963–1967, Bd. 2, S. 243.
783 Ebd., S. 244.
784 Deutschkron, Israel, S. 161.
785 Borchard, 50 Jahre.
786 Augstein, in: Spiegel 30 (1967).
787 Grossmann, Taube.
788 Oz, Israel, S. 7; Oz, Deutschland, S. 17.
789 Broder, Didi. Siehe auch: Haviv-Horiner.
790 Borchard, Israels Blick.
791 Ebd.
792 Diner, Sarkophag, S. 318.
793 Winkler, Macht.
794 Ebd.
795 Mensing, Lebensjahre, 1963–1967, Bd. 2, S. 243.
796 Ebd.
797 Stein, Lewy, S. 8.
798 Zitiert nach: Schuster, Jüdisch.

Quellen und Literatur

1. Ungedruckte Quellen

Archiv für christlich-demokratische Politik (ACDP), Sankt Augustin
01-070-027-2
01-070-129-1
01-093-012-1
01-148-047-3
01-200-004-8
01-433-162-2
01-475-024-5
01-544-010-3
01-724-007
06-005-024-2
07-001-10010

2. Gedruckte Quellen und Literatur

Adenauer, Konrad, Erinnerungen 1945–1953, Bd. 1, vierte Aufl., Stuttgart 1980.

Adenauer, Konrad, Erinnerungen 1953–1955, Bd. 2, dritte Aufl., Stuttgart 1980.

Adenauer, Konrad, Erinnerungen 1955–1959, Bd. 3, zweite Aufl., Stuttgart 1978.

Adenauer, Konrad, Erinnerungen 1959–1963. Fragmente, Bd. 4, zweite Aufl., Stuttgart 1978.

Albrecht, Willy, Ein Wegbereiter. Jakob Altmaier und das Luxemburger Abkommen, in: Herbst, Ludolf / Goschler, Constantin (Hrsg.), Wiedergutmachung in der Bundesrepublik Deutschland, München 1989, S. 205–214.

Andresen, Karen, Tanker für Jerusalem. Nach seinem Amtsantritt verkündet Konrad Adenauer, dass er Israel für die Aufnahme Hunderttausender Holocaust-Überlebender entschädigen will. Es ist der Auftakt für dramatische Verhandlungen. Minister rebellieren, Demonstranten weinen, und der Kanzler ist Adressat einer Paketbombe, in: Spiegel special 1/2006, S. 119–121.

Arnsberg, Gad, Kurze Ideengeschichte Israels, in: Dachs, Gisela (Hrsg.), Länderbericht Israel (Schriftenreihe der Bundeszentrale für Politische Bildung, Bd. 10000), Bonn 2016, S. 81–110.

Asaria, Zvi, Die Juden in Köln von den ältesten Zeiten bis zur Gegenwart, Köln 1959.

Aschheim, Steven E. / Liska, Vivian (Hrsg.), The German-Jewish Experience Revisited (Perspectives on Jewish Texts and Contexts, Bd. 3) Berlin 2015.

Aschmann, Birgit, Vom Nutzen und Nachteil der Emotionen in der Geschichte. Eine Einführung, in: Dies. (Hrsg.), Gefühl und Kalkül. Der Einfluss von Emotionen auf die Politik des 19. und 20. Jahrhunderts, Stuttgart 2005, S. 9–32.

Augstein, Rudolf, Konrad Adenauer und seine Epoche, in: Der Spiegel 41, 9.10.1963, S. 74–110.

Augstein, Rudolf, Ein Tor namens Mandelbaum. Konrad Adenauer und seine Epoche, in: Der Spiegel 30, 17.7.1967, S. 16–21.

Bach, Franz Josef, Globke und die auswärtige Politik, in: Gotto, Klaus (Hrsg.), Der Staatssekretär Adenauers. Persönlichkeit und politisches Wirken Hans Globkes, Stuttgart 1980.

Bahagon, Shmuel (Hrsg.), Recht und Wahrheit bringen Frieden. Festschrift aus Israel für Niels Hansen, Gerlingen 1994.

Bajohr, Walter (Red.), Cadenabbia. Adenauer, Politik, Kultur und mehr, Köln 2009.

Baring, Arnulf, Außenpolitik in Adenauers Kanzlerdemokratie. Westdeutsche Innenpolitik im Zeichen der Europäischen Verteidigungsgemeinschaft, Bd. 1 + 2, München 1971.

Bar-Zohar, Michael, David Ben-Gurion. 40 Jahre Israel. Die Biographie des Staatsgründers, Bergisch Gladbach 1988.

Bar-Zohar, Michael, Ben-Gurion. A Biography, Tel Aviv 2003.

Bauer, Yehuda, Israel und die Shoah, in: Dachs, Gisela (Hrsg.), Länderbericht Israel (Schriftenreihe der Bundeszentrale für Politische Bildung, Bd. 10000), Bonn 2016, S. 572–593.

Beckmann, Christopher, Konrad Adenauer und David Ben-Gurion im Waldorf Astoria, in: Internetportal der Konrad-Adenauer-Stiftung (https://www.kas.de/iw/veranstaltungsberichte/detail/-/content/konrad-adenauer-und-david-ben-gurion-im-waldorf-astoria1)

Behrendt, Ralf / Seemann, Christoph (Bearb.), Die Kabinettsprotokolle der Bundesregierung, Bd. 13: 1960, München 2003.

Ben-Gurion, David / Goldmann, Nahum, Israel. The first decade and the next, New York 1958.

Ben-Gurion, David / Pearlman, Moshe, Bleibt das deutsche Volk immer ein Nazivolk? Das Verhältnis Israels zu Deutschland, in: Der Spiegel 51, 12.12.1966, S. 126–133.

Ben-Gurion, David, Israel. Der Staatsgründer erinnert sich Frankfurt a.M. 2010.

Ben Natan, Asher, Die Chuzpe zu leben. Stationen meines Lebens, Düsseldorf 2003.

Ben Natan, Asher / Hansen, Niels (Hrsg.), Israel und Deutschland. Dorniger Weg zur Partnerschaft. Die Botschafter berichten über vier Jahrzehnte diplomatische Beziehungen (1965–2005), Köln, Weimar Wien 2005.

Ben-Vered, Amos, Israel und Deutschland. Die Bedeutung der Aufnahme diplomatischer Beziehungen für den jüdischen Staat, in: Europa-Archiv. Zeitschrift für Internationale Politik 20 (1965), S. 481–489.

Ben-Vered, Amos, Zur Entwicklung der deutsch-israelischen Beziehungen, in: Europa-Archiv. Zeitschrift für Internationale Politik 22 (1967), S. 233–242.

Berggötz, Sven Olaf, Nahostpolitik in der Ära Adenauer. Möglichkeiten und Grenzen. 1949–1963 (Forschungen und Quellen zur Zeitgeschichte, Bd. 33), Düsseldorf 1998.

Biermann, Werner, Konrad Adenauer. Ein Jahrhundertleben, Berlin 2017.

Birrenbach, Kurt, Meine Sondermissionen. Rückblick auf zwei Jahrzehnte bundesdeutscher Außenpolitik, Düsseldorf 1984.

Blankenhorn, Herbert, Verständnis und Verständigung. Blätter eines politischen Tagebuchs 1949 bis 1979, Frankfurt a.M., Berlin, Wien 1980.

Blasius; Rainer A. (Hrsg.), Von Adenauer zu Erhard. Studien zur Auswärtigen Politik der Bundesrepublik Deutschland 1963 (Schriftenreihe der Vierteljahrshefte für Zeitgeschichte, Bd. 68), München 1994.

Blumenberg-Lampe, Christine (Bearb.), Der Weg in die Soziale Marktwirtschaft. Referate, Protokolle, Gutachten der Arbeitsgemeinschaft Erwin von Beckerath 1943–1947 (Forschungen und Quellen zur Zeitgeschichte, Bd. 9), Düsseldorf 1986.

Blumenwitz, Dieter (u.a.) (Hrsg.), Konrad Adenauer und seine Zeit. Politik und Persönlichkeit des ersten Bundeskanzlers. Bd. 1: Beiträge von Weg- und Zeitgenossen, Stuttgart 1976.

Blumenwitz, Dieter (u.a.) (Hrsg.), Konrad Adenauer und seine Zeit. Politik und Persönlichkeit des ersten Bundeskanzlers. Bd. 2: Beiträge der Wissenschaft, Stuttgart 1976.

Böhm, Franz, Das deutsch-israelische Abkommen 1952, in: Blumenwitz, Dieter (u.a.) (Hrsg.), Konrad Adenauer und seine Zeit. Politik und Persönlichkeit des ersten Bundeskanzlers. Bd. 1: Beiträge von Weg- und Zeitgenossen, Stuttgart 1976, S. 437–465.

Boord, Ofer, Reparationszahlungen – »Wiedergutmachung« – Die Aussöhnung zwischen Juden und Deutschen, in: haGalil.com, Jüdisches Leben online (18.7.2010) (http://www.hagalil.com/2010/07/reparationszahlungen/)

Bösch, Frank, Die Adenauer-CDU. Gründung, Aufstieg und Krise einer Erfolgspartei 1945–1969, Stuttgart, München 2001.

Boll, Monika / Gross, Raphael, »Ich staune, dass Sie in dieser Luft atmen können«. Jüdische Intellektuelle in Deutschland nach 1945, Frankfurt a.M. 2013.

Booz, Rüdiger Marco, Hallsteinzeit. Deutsche Außenpolitik 1955–1972, Bonn 1995.

Borchard, Michael, David Ben-Gurion verliest die israelische Unabhängigkeitserklärung, in: Geschichte der CDU, Internetportal der Konrad-Adenauer-Stiftung (https://www.kas.de/web/geschichte-der-cdu/kalender/kalender-detail/-/content/david-ben-gurion-verliest-die-israelische-unabhaengigkeitserklaerung).

Borchard, Michael, Die deutschen Kriegsgefangenen in der Sowjetunion. Zur politischen Bedeutung der Kriegsgefangenenfrage 1949–1955 (Forschungen und Quellen zur Zeitgeschichte, Bd. 35), Düsseldorf 2000.

Borchard, Michael, Die Heimkehr der deutschen Kriegsgefangenen aus der Sowjetunion 1955 aus politischer Sicht, in: Borchard, Michael / Erler, Peter / Kopalon, Leonid P., Kriegsgefangene – Politische Häftlinge – Rehabilitation (Zukunftsforum Politik, Nr. 11), Sankt Augustin, 2000 (https://www.kas.de/c/document_library/get_file?uuid=fef70b49-fc7a-b2ce-cdb7-3f1c3c532c8a&groupId=252038).

Borchard, Michael, Konrad Adenauer und der Kalte Krieg. Die Moskaureise war der Lackmustest für seine Politik der Stärke, in: Die Politische Meinung 46 (2001), S. 63–70.

Borchard, Michael, Gerechtigkeit – Philosophie als Anleitung zur Politik, in: Ders. / Schrapel, Thomas / Vogel, Bernhard, Was ist Gerechtigkeit. Befunde im vereinten Deutschland, Wien, Köln, Weimar 2012, S. 13–36.

Borchard, Michael, Die vielen Gesichter der Gerechtigkeit, in: Aus Politik und Zeitgeschichte 63 (2013) 34/36, S. 34–38.

Borchard, Michael, Der Blick der Anderen. Berichte aus vier Ländern [Israel], in: Die Politische Meinung (2014) Sonderausgabe 2: Das Wunder von Berlin. Der Mauerfall und wie er Deutschland bis heute verändert, S. 80f.

Borchard, Michael, Der Blick auf Deutschland aus israelischer Sicht, in: Borchard, Michael / Heyn, Hans Maria, Das Heilige Land und die Deutschen. 50 Jahre nach der Aufnahme der diplomatischen Beziehungen mit Israel – Einstellungen der Israelis und der Palästinenser gegenüber Deutschland und den Deutschen, Konrad-Adenauer-Stiftung, Studie, 2015 (https://www.kas.de/c/document_library/get_file?uuid=fae2c26d-4707-332b-947e-af2c075e1640&groupId=252038).

Borchard, Michael, Israel. Islamistischer Terror. Vier Beispiele, wie andere Länder betroffen sind, in: Die Politische Meinung 60 (2015), S. 82f. (https://www.kas.de/c/document_library/get_file?uuid=2af70550-b02c-32de-f6f0-59e81bea7a24&groupId=252038).

Borchard, Michael, Wo sehen sie sich in 50 Jahren? Zukunftsfaktoren der deutsch-israelischen Beziehungen – ein Ausblick, in: KAS-Auslandsinformationen 31 (2015) 4, S. 94–111 (https://www.kas.de/documents/252038/253252/7_dokument_dok_pdf_41149_1.pdf/eaf8cdd7-f41d-b568-260c-0bda6aa7f9f1?version=1.0&t=1539652645109).

Borchard, Michael, Zweimal gestorben. Die Wahrnehmung Yitzhak Rabins zwanzig Jahre nach seiner Ermordung, in: Die politische Meinung 60 (2015), S. 122–125 (https://www.kas.de/c/document_library/get_file?uuid=da2683d3-fff2-364c-bbd1-403a4cf2ccd5&groupId=252038).

Borchard, Michael, Der Blick auf Deutschland, die USA und die Palästinensischen Gebiete aus israelischer Perspektive, in: Borchard, Michael / Hänsel, Lars / Frings, Mark, Ein schwieriges Beziehungsgeflecht? Umfrage: Die USA, Deutschland, Israel und die Palästinensischen Gebiete in der Gesamtsicht, Konrad-Adenauer-Stiftung, Studie, 2016 (https://www.kas.de/c/document_library/get_file?uuid=635bb3da-916e-aa70-72f7-268c7eb2e7bb&groupId=252038).

Borchard, Michael, Elefant im Raum. Israel und die Normalisierung der Beziehungen zur Türkei, in: Die Politische Meinung 61 (2016), S. 45–48 (https://www.kas.de/c/document_library/get_file?uuid=9f44f2eb-1523-fc7c-4441-5727eb957b5e&groupId=252038).

Borchard, Michael (Hrsg.), 50 Jahre Deutsch-Israelische Beziehungen. Neue Perspektiven im Deutsch-Israelischen Verhältnis – die Rolle der jungen Generation. Kooperationsseminar der Konrad-Adenauer-Stiftung und des Ernst Ludwig Ehrlich Studienwerks. Beiträge der Teilnehmerinnen und Teilnehmer, Sankt Augustin 2016 (https://www.kas.de/c/document_library/get_file?uuid=a018ce35-3069-df12-9182-a8d92cd3961f&groupId=252038).

Borchard, Michael, Einsame Entscheidung. Ludwig Erhard und die Aufnahme diplomatischer Beziehungen zu Israel , in: Löhmann, Bernd (Red.), Die Politische Meinung (2017) Sonderausgabe 5: Ludwig Erhard. Deutschlands größter Mutmacher, S. 103–107.

Borchard, Michael, Israels Blick auf das europäisch-israelische Verhältnis. Zwischen Nähe und Distanz. Wie schätzt die israelische Bevölkerung das europäisch-israelische Verhältnis ein? Jeweils vor der Brexit-Entscheidung und Trump-Wahl sowie danach, wurde nach der Meinung von gut 1000 Israelis gefragt, Konrad-Adenauer-Stiftung, Studie, 2017 (https://www.kas.de/c/document_library/get_file?uuid=a5a7b09a-1748-c1c3-f063-66c0bd1aa4c0&groupId=252038).

Borchard, Michael / Falbisoner, Martin (Hrsg.), Giuseppe Moro und Konrad Adenauer. Der kanzlerfotograf vom Comer See, München 2019.

Borchard, Michael (u.a.) (Red.), Soziale Marktwirtschaft. Eine Quellensammlung zu ausgewählten Begriffen aus den Programmen der Christlich-Demokratischen Union Deutschlands, hrsg. von der Konrad-Adenauer-Stiftung, Sankt Augustin 2018.

Brechenmacher, Thomas (Hrsg.), Identität und Erinnerung. Schlüsselthemen deutsch-jüdischer Geschichte und Gegenwart, München 2009.

Brechenmacher, Thomas, Konrad Adenauer, Franz Böhm und die Verhandlungen über das Luxemburger Abkommen, in: Historisch-Politische Mitteilungen 20 (2013), S. 305–321.

Brenner, Michael, Nach dem Holocaust. Juden in Deutschland 1945–1950 (Beck'sche Reihe, 1139), München 1995.

Brenner, Michael (Hrsg.), »Wenn Du geschrieben hättest, Josephus …«. Ungeschriebene Briefe der jüdischen Geschichte, München 2005.

Brenner, Michael (Hrsg.), Geschichte der Juden in Deutschland von 1945 bis zur Gegenwart. Politik, Kultur und Gesellschaft, München 2012.

Brenner, Michael, Unsere Serie über die Geschichte der Juden in Deutschland nach 1945: Folge 16, in: Jüdische Allgemeine, 28.1.2013 (https://www.juedische-allgemeine.de/politik/1960-adenauer-trifft-ben-gurion/).

Brenner, Michael, Geschichte des Zionismus, vierte, aktualisierte Auflage, München 2016.

Brenner, Michael, Israel. Traum und Wirklichkeit des jüdischen Staates. Von Theodor Herzl bis heute, München 2016.

Brenner, Michael, Vom Zionismus zu Zion, in: Dachs, Gisela (Hrsg.), Länderbericht Israel (Schriftenreihe der Bundeszentrale für Politische Bildung, Bd. 10000), Bonn 2016, S. 56–80.

Broder, Henry M., Was Didi auf dem Herzen liegt, 2.8.2014 (https://www.achgut.com/artikel/was_didi_auf_dem_herzen_liegt).

Brozik, Karl / Matschke, Konrad (Hrsg.), Claims Conference. Luxemburger Abkommen. 50 Jahre Entschädigung für NS-Unrecht, Königstein 2004.

Brunner, José (Hrsg.), Deutsche(s) in Palästina und Israel. Alltag, Kultur, Politik (Tel Aviver Jahrbuch für deutsche Geschichte, Bd. 41), Göttingen 2013.

Buchheim, Hans, Deutschlandpolitik 1949–1972. Der politisch-diplomatische Prozeß (Schriftenreihe der Vierteljahrshefte für Zeitgeschichte, Bd. 49), Berlin 1984.

Buchstab, Günter (Bearb.), Adenauer: »Es musste alles neu gemacht werden.« Die Protokolle des CDU-Bundesvorstandes 1950–1953 (Forschungen und Quellen zur Zeitgeschichte, Bd. 8), Stuttgart 1986.

Buchstab, Günter (Bearb.), Adenauer: »Wir haben wirklich etwas geschaffen«. Die Protokolle des CDU-Bundesvorstandes 1953–1957 (Forschungen und Quellen zur Zeitgeschichte, Bd. 16), Düsseldorf 1990.

Buchstab, Günter (Bearb.), Adenauer: »... um den Frieden zu gewinnen«. Die Protokolle des CDU-Bundesvorstandes 1957–1961 (Forschungen und Quellen zur Zeitgeschichte, Bd. 24), Düsseldorf 1994.

Buchstab, Günter (Bearb.), Adenauer: »Stetigkeit in der Politik«. Die Protokolle des CDU-Bundesvorstandes 1961–1965 (Forschungen und Quellen zur Zeitgeschichte, Bd. 32), Düsseldorf 1998.

Buchstab, Günter (Hrsg.), Brücke in eine neue Zeit. 60 Jahre CDU, Freiburg i.Br., Basel, Wien 2005.

Buchstab, Günter (Bearb.), Kiesinger: »Wir leben in einer veränderten Welt«. Die Protokolle des CDU-Bundesvorstandes 1965–1969 (Forschungen und Quellen zur Zeitgeschichte, Bd. 50), Düsseldorf 2005.

Buchstab, Günter, Eugen Gerstenmaier (1906–1986). Kirche – Widerstand – Politik, Sankt Augustin 2006.

Buchstab, Günter, Der Kanzler in Cadenabbia, in: Cadenabbia und der Comer See. Adenauers Villa La Collina – kulturpolitische Begegnungsstätte von europäischer Ausstrahlung. Genießen, Wandern und Entspannen (Merian. Die Lust am Reisen), München 2008.

Chubin, Shahram (Hrsg.), Germany and the Middle East. Patterns and Prospects, London 1992.

Clauss, Manfred, Geschichte des alten Israel (Oldenbourg Grundriss der Geschichte, Bd. 37), München 2009.

Court, Jürgen, Adenauer als Hochschulpolitiker. Fachliche Exzellenz und Konfession, in: Die Politische Meinung 400 (2003), S. 37–42 (https://www.kas.de/c/document_library/get_file?uuid=5ec6960b-2e99-6e7e-2087-9c15ffb24ae1&groupId=252038).

Dachs, Gisela (Hrsg.), Länderbericht Israel (Schriftenreihe der Bundeszentrale für Politische Bildung, Bd. 10000), Bonn 2016.

Dahlhoff, Günther, Konrad Adenauer. Innenpolitik 1949–53 und ihre Bedeutung, Marburg 2015.

Deichmann, Ute, The beginnings of Israeli-German collaboration in the sciences – motives, scientific benefits and hidden agendas, in: The Israeli Academy of Sciences and Humanities, Bd. 9, Jerusalem 2016.

Deuerlein, Ernst / Biewer, Gisela / Schierbaum, Hansjürgen (Bearb.), Dokumente zur Deutschlandpolitik. III. Reihe/ Bd. 3: 1. Januar bis 31. Dezember 1957. Dritter Drittelband, Frankfurt a.M., Berlin 1967.

Deutschkron, Inge, Israel und die Deutschen. Das besondere Verhältnis, Köln 1983.

Deutschkron, Inge, Die politischen Beziehungen zwischen der Bundesrepublik Deutschland und Israel, eine Bilanz, in: Giordano, Ralph (Hrsg.), Deutschland und Israel. Solidarität in der Bewährung. Bilanz und Perspektiven der deutsch-israelischen Beziehungen, Gerlingen 1992, S. 55–72.

Deutschkron, Inge, Ich trug den gelben Stern, München 1994.

Diner, Dan, Der Sarkophag zeigt Risse. Über Israel, Palästina und die Frage eines »neuen Antisemitismus, in: Rabinovici, Doron (Hrsg.), Neuer Antisemitismus? Eine globale Debatte, Frankfurt a.M. 2004, S. 310–329.

Diner, Dan, Rituelle Distanz. Israels deutsche Frage, München 2015.

Eckardt, Felix von, Ein unordentliches Leben. Lebenserinnerungen, Düsseldorf 1967.

Edelmann, Heidrun, Die Adenauers und die Universität zu Köln, Wien Köln, Weimar 2019.

Enders, Ulrich / Henke, Josef (Bearb.), Die Kabinettsprotokolle der Bundesregierung, Bd. 10: 1957, München 2000.

Engert, Stefan, A Case Study in »Atonement«. Adenauer's Holocaust Apology, in: The Israel Journal of Foreign Affairs 4 (2010), S. 111–139.

Erler, Hans / Koschel, Ansgar (Hrsg.), Der Dialog zwischen Juden und Christen. Versuche des Gesprächs nach Auschwitz, Frankfurt a.M., New York 1999.

Fabian, Christine / Rössel, Uta (Bearb.), Die Kabinettsprotokolle der Bundesregierung, Bd. 19: 1966, München 2009.

Feldman, Lily Gardner, The Special Relationship between West Germany and Israel, London, Sydney 1984.

Ferdinand, Horst (Hrsg.), Reden, die die Republik bewegten, zweite erw. und überarb. Aufl., Opladen 2002.

Föhrding, Hans-Peter, Gründung Israels. Wie Holocaust-Überlebende in Bayern für den Krieg trainierten, in: Spiegel Online, 13.5.2018.

Frei, Norbert / Brunner, José / Goschler, Constantin (Hrsg.), Die Praxis der Wiedergutmachung. Geschichte, Erfahrung und Wirkung in Deutschland und Israel, Lizenzausgabe (Schriftenreihe der Bundeszentrale für Politische Bildung), Bonn 2010.

Frielingsdorf, Volker, Konrad Adenauers Wirtschaftspolitik als Kölner Oberbürgermeister (1917–1933), Basel 2002.

Ganin, Zvi, An Uneasy Relationship. American Jewish Leadership and Israel 1948–1957, Syacus, New York 2005.

Gassert, Philipp, Kurt Georg Kiesinger 1904–1988. Kanzler zwischen den Zeiten, München 2006.

Gaus, Günter, Interview mit Konrad Adenauer am 29.12.1965, ausgestrahlt im ZDF am 4.1.1966, Druck: Günter Gaus, Zur Person, Bd. 2, München 1966, S. 56.

Gehlen, Boris, Vom »kleinen Brentano« zum »kleinen Stinnes«? Paul Silverberg (1876–1959), in: Pumpe, Werner (Hrsg.), Unternehmer – Fakten und Fiktionen. Historisch-biografische Studien (Schriften des Historischen Kollegs, Kolloquien, Bd. 88), München 2014, S. 97–123.

Geller, Jay Howard, Das Bild Konrad Adenauers vom Judentum und seine Beziehungen zu Vertretern jüdischer Organisationen, in: Küsters, Hanns Jürgen (Hrsg.), Adenauer, Israel und das Judentum (Rhöndorfer Gespräche, Bd. 20), Bonn 2004, S. 137–155.

Gerster, Johannes, Erfahrungen aus 60 Jahren deutsch-israelischer Beziehungen, in: Historisch-Politische Mitteilungen 20 (2013), S. 323–335.

Gerstenmaier, Eugen, Konrad Adenauer. Ehrung und Gedenken, Stuttgart 1967.

Giordano, Ralph (Hrsg.), Deutschland und Israel. Solidarität in der Bewährung. Bilanz und Perspektive der deutsch-israelischen Beziehungen, Gerlingen 1992.

Glöckner, Olaf / Schoeps, Julius H. (Hrsg.), Deutschland, die Juden und der Staat Israel. Eine politische Bestandsaufnahme (Haskala. Wissenschaftliche Abhandlungen, Bd. 49), Hildesheim, Zürich, New York 2016.

Goldbach, Marie-Luise (Bearb.), Dokumente zur Deutschlandpolitik. IV. Reihe / Bd. II. 1. Januar bis 31. Dezember 1965. Erster Halbband (1.1.–31.5.1965), Frankfurt a.M. 1978.

Goldmann, Nahum (Hrsg.), Deutsche und Juden. Hauptreferate auf dem Jüdischen Weltkongress 1966 (Reihe: Edition Suhrkamp 196), Frankfurt a.M. 1967.

Goldmann, Nahum, Staatsmann ohne Staat. Autobiographie, Köln, Berlin 1970.

Goldmann, Nahum, Israel muss umdenken. Die Lage der Juden 1976, Reinbek 1976.

Goldmann, Nahum, Das jüdische Paradox. Zionismus und Judentum nach Hitler, Köln, Frankfurt a.M. 1978.

Goldmann, Nahum, Mein Leben als deutscher Jude, München, Wien 1980.

Goldmann, Nahum, Über die Bedeutung der Wiedergutmachung nationalsozialistischen Unrechts, in: Vogel, Hans Jochen / Simon, Helmut / Podlech, Adalbert (Hrsg.), Die Freiheit des Anderen. Festschrift für Martin Hirsch, Baden-Baden 1981.

Goschler, Constantin, Wiedergutmachung. Westdeutschland und die Verfolgten des Nationalsozialismus (1945–1954) (Quellen und Darstellungen zur Zeitgeschichte, Bd. 34), München 1992.

Gotto, Klaus (Hrsg.), Der Staatssekretär Adenauers. Persönlichkeit und politisches Wirken Hans Globkes, Stuttgart 1980.

Gotto, Klaus / Kleinmann, Hans-Otto / Schreiner, Reinhard (Bearb.), Im Zentrum der Macht. Das Tagebuch von Staatssekretär Lenz 1951–1953 (Forschungen und Quellen zur Zeitgeschichte, Bd. 11), Düsseldorf 1989.

Grewe, Wilhelm G., Rückblenden. Aufzeichnungen eines Augenzeugen deutscher Außenpolitik von Adenauer bis Schmidt, Frankfurt a.M., Berlin, Wien 1979.

Grossmann, David, Eine Taube erschießen. Reden und Essay, München 2018.

Grossmann, Kurt A., Die Ehrenschuld. Kurzgeschichte der Wiedergutmachung, Frankfurt a.M., Berlin 1967.

Hambrock, Matthias, Die Etablierung der Außenseiter. Der Verband nationaldeutscher Juden 1921–1935, Köln, Weimar, Wien 2003.

Hansen, Niels, Verbindungen in die Zukunft. 25 Jahre diplomatische Beziehungen zwischen Deutschland und Israel, in: Aus Politik und Zeitgeschichte, B15 (1990), S. 8–15.

Hansen, Niels, Image im Widerspiegel. Partnerschaft bedarf gegenseitigen Vertrauens, in: Tribüne. Zeitschrift zum Verständnis des Judentums 30 (1991), S. 108–116.

Hansen, Niels, Deutschland und Israel. Besondere Beziehungen im Wandel, in: Europa-Archiv. Zeitschrift für Internationale Politik 47 (1992), S. 527–534.

Hansen, Niels, Normalisierung und Einzigartigkeit. Deutschland und Israel drei Jahrzehnte nach dem Botschafteraustausch, in: Aus Politik und Zeitgeschichte, B16 (1995), S. 14–30.

Hansen, Niels, Eine unvergleichbare geschichtliche Herausforderung – die deutsche Politik gegenüber dem Staat Israel, in: Erler, Hans / Koschel, Ansgar (Hrsg.), Der Dialog zwischen Juden und Christen. Versuche des Gesprächs nach Auschwitz, Frankfurt a.M., New York 1999, S. 335–345.

Hansen, Niels, Geheimvorhaben »Frank/Kol«. Zur deutsch-israelischen Rüstungszusammenarbeit 1957 bis 1965, in: Historisch-Politische Mitteilungen 6 (1999), S. 229–264.

Hansen, Niels, Moral als Staatsräson, in: Die politische Meinung 45 (2000), S. 25–33.

Hansen, Niels, Aus dem Schatten der Katastrophe. Die deutsch-israelischen Beziehungen in der Ära Konrad Adenauer und David Ben Gurion. Ein dokumentierter Bericht (Forschungen und Quellen zur Zeitgeschichte, Bd. 38), zweite Auflage, Düsseldorf 2004.

Hansen, Niels, Moral als Staatsräson – Zur Bewertung der Rolle Konrad Adenauers heute, in: Brozik, Karl / Matschke, Konrad (Hrsg.), Claims Conference. Luxemburger Abkommen. 50 Jahre Entschädigung für NS-Unrecht, Königstein 2004, S. 76–88.

Hansen, Niels, Eine Partnerschaft entwickelt sich weiter, in: Ben Natan, Asher / Hansen, Niels (Hrsg.), Israel und Deutschland. Dorniger Weg zur Partnerschaft. Die Botschafter berichten über vier Jahrzehnte diplomatische Beziehungen (1965–2005), Köln, Weimar, Wien 2005, S. 153–171.

Hansen, Niels, Zur Politik der frühen Bundesrepublik gegenüber Israel und den Juden, in: Buchstab, Günter (Hrsg.), Brücke in eine neue Zeit. 60 Jahre CDU, Freiburg i.Br., Basel, Wien 2005, S. 248–264.

Hansen, Niels, Franz Böhm mit Ricarda Ruch. Zwei wahre Patrioten (Forschungen und Quellen zur Zeitgeschichte, Bd. 57), Düsseldorf 2009.

Haviv-Horiner, Anita, In Europa nichts Neues? Israelische Blicke auf Antisemitismus heute (Schriftenreihe der Bundeszentrale für Politische Bildung, Bd. 10352), Bonn 2019.

Heidemeyer, Helge, (Bearb.), Die CDU/CSU-Fraktion im Deutschen Bundestag. Sitzungsprotokolle 1949–1953 (Quellen zur Geschichte des Parlamentarismus und der politischen Parteien, Vierte Reihe: Deutschland seit 1945, Bd. 11/I), Düsseldorf 1998.

Heller, Joseph, The Birth of Israel, 1945–1949. Ben-Gurion and his Critics, Florida 2003.

Herbst, Ludolf / Goschler, Constantin (Hrsg.), Wiedergutmachung in der Bundesrepublik Deutschland (Schriftenreihe der Vierteljahrshefte für Zeitgeschichte, Sondernummer), München 1989.

Herzog Roman, Bulletin 03-96, 12.1.1996 (https://www.bundesregierung.de/breg-de/service/bulletin/27-januar-tag-des-gedenkens-fuer-die-opfer-des-nationalsozialismus-proklamation-des-bundespraesidenten-805822).

Hestermann, Jenny, Atonement or self-experience? On the motivations of the first generation of volunteers of action reconciliation for peace (Konrad-Adenauer-Stiftung, Working Paper 129/2014), Jerusalem 2014.

Hestermann, Jenny (Bearb.), Deutschland und Israel. Stationen eines einzigartigen Verhältnisses. Eine kommentierte Quellensammlung für den Geschichts- und Politikunterricht (Kultusministerkonferenz), Frankfurt a.M. 2015.

Hestermann, Jenny, Inszenierte Versöhnung. Reisediplomatie und die deutsch-israelischen Beziehungen von 1957 bis 1984 (Wissenschaftliche Reihe des Fritz Bauer Instituts, Bd. 28), Frankfurt a.M., New York 2016.

Heß, Moses, Rom und Jerusalem. Eine Grundlegung des späteren Zionismus, Leipzig 1862, neue Ausg.: Rom und Jerusalem. Die letzte Nationalitätenfrage, Saarbrücken 2007.

Heumann, Pierre, Riskanter Reichtum, in: Jüdische Allgemeine, 8.10.2010.

Heuss, Theodor, 1949. Mut zur Liebe, in: Ders., Die großen Reden. Der Staatsmann, Tübingen 1965, S. 99–107.

Hildebrand, Klaus (Hrsg.), Von Erhard zur großen Koalition. 1963–1969 (Geschichte der Bundesrepublik Deutschland, Bd. 4), Stuttgart, Wiesbaden 1984.

Hockerts, Hans Günter, Wiedergutmachung in Deutschland. Eine historische Bilanz 1945–2000, in: Vierteljahrshefte für Zeitgeschichte 49 (2001), S. 167–214.

Hockerts, Hans Günter, Wiedergutmachung. Ein umstrittener Begriff und ein weites Feld, in: Ders. / Kuller, Christiane, Nach der Verfolgung, Wiedergutmachung nationalsozialistischen Unrechts in Deutschland?, Göttingen 2003, S. 7–33.

Hockerts, Hans Günter / Moisel, Claudia / Winstel, Tobias (Hrsg.), Grenzen der Wiedergutmachung. Die Entschädigung für NS-Verfolgte in West- und Osteuropa 1945–2000, Göttingen 2006.

Hölscher, Wolfgang / Kosthorst, Daniel (Bearb.), Akten zur Auswärtigen Politik der Bundesrepublik Deutschland 1964. Bd. 2: 1. Juli bis 31. Dezember 1964, München 1995.

Hubel, Helmut (Hrsg.), Die trilateralen Beziehungen zwischen Deutschland, Israel und den USA, Erfurt 2001.

Huhn, Rudolf, Die Wiedergutmachungsverhandlungen in Wassenaar, in: Herbst, Ludolf / Goschler, Constantin (Hrsg.), Wiedergutmachung in der Bundesrepublik Deutschland, München 1989, S. 139–160.

Irion, Christoph, Israels Staatsgründung am 14. Mai 1948, in: israelnetz. Berichte und Hintergründe aus Israel und dem Nahen Osten (14.5.2018) (https://www.israelnetz.com/gesellschaft-kultur/gesellschaft/2018/05/14/israels-staatsgruendung-am-14-mai-1948/).

Jaroch, Matthias (Bearb.), Akten zur Auswärtigen Politik der Bundesrepublik Deutschland 1951. 1. Januar bis 31. Dezember 1951, München 1999.

Jaroch, Matthias (Bearb.), Akten zur Auswärtigen Politik der Bundesrepublik Deutschland 1953. Bd. 1: 1. Januar bis 30. Juni 1953, München 2001.

Jaroch, Matthias (Bearb.), Akten zur Auswärtigen Politik der Bundesrepublik Deutschland 1953. Bd. 2: 1. Juli bis 31. Dezember 1953, München 2001.

Jelinek, Yeshayahu A., Israel und die Anfänge der Shilumim, in: Herbst, Ludolf / Goschler, Constantin (Hrsg.), Wiedergutmachung in der Bundesrepublik Deutschland (Schriftenreihe der Vierteljahrshefte für Zeitgeschichte, Sondernummer), München 1989, S. 119–138.

Jelinek, Yeshayahu A., Die Krise der Shilumim / Wiedergutmachungs-Verhandlungen im Sommer 1952, in: Vierteljahrshefte für Zeitgeschichte 38 (1990), S. 113–139.

Jelinek, Yeshayahu A. / Blasius, Rainer A., Ben-Gurion und Adenauer im Waldorf Astoria. Gesprächsaufzeichnungen vom israelisch-deutschen Gipfeltreffen in New York am 14. März 1960. In Vierteljahrshefte für Zeitgeschichte 45 (1997), S. 309–344.

Jelinek, Yeshayahu A., Zwischen Moral und Realpolitik. Deutsch-israelische Beziehungen 1945–1965. Eine Dokumentensammlung (Schriftenreihe des Instituts für Deutsche Geschichte Universität Tel Aviv, Bd. 16), Gerlingen 1997.

Jelinek, Yeshayahu A., Adenauer – Ben-Gurion – Sharett – Goldmann und die Entwicklung der deutsch-israelischen Beziehungen, in: Küsters, Hanns Jürgen (Hrsg.), Adenauer, Israel und das Judentum (Rhöndorfer Gespräche, Bd. 20), Bonn 2004, S. 15–26.

Jelinek, Yeshayahu A., Deutschland und Israel 1945–1965. Ein neurotisches Verhältnis (Studien zur Zeitgeschichte, Bd. 66), München 2004.

Jena, Kai von, Versöhnung mit Israel? Die deutsch-israelischen Verhandlungen bis zum Wiedergutmachungsabkommen von 1952, in Vierteljahrshefte für Zeitgeschichte 34 (1986), S. 457–480.

Keil, Lars Broder, Erich Honeckers durchsichtige Strategie. Die DDR setzte bis kurz vor ihrem Zusammenbruch auf antiisraelische Kampagnen, die unverhohlen antisemitische Stereotype bedienten, in: Welt am Sonntag, 26.4.2015.

Kempf, Udo / Merz, Hans-Georg (Hrsg.), Kanzler und Minister 1949–1998. Biographisches Lexikon der deutschen Bundesregierungen, Wiesbaden 2001.

Kempski, Hans Ulrich, Mit schwerer Bürde durchs Gelobte Land. Altbundeskanzler Adenauer warnt vor den Gefahren einer Politik, die nichts von Sühne und Versöhnung wissen will, in: Süddeutsche Zeitung, 6.5.1966, S. 3.

Kempski, Hans Ulrich, Um die Macht. Sternstunden und sonstige Abenteuer mit den Bonner Bundeskanzlern 1949 bis 1999, Berlin 1999.

Kilian, Dieter, E., Adenauers vergessener Retter. Major Fritz Schliebusch, Berlin 2011.

Kittel, Manfred, Peripetie der Vergangenheitsbewältigung. Die Hakenkreuzschmierereien 1959/60 und das bundesdeutsche Verhältnis zum Nationalsozialismus, in: Historisch-Politische Mitteilungen 1 (1994), S. 49–67.

Kleinmann, Hans-Otto (Bearb.), Heinrich Krone. Tagebücher. Erster Band: 1945–1961 (Forschungen und Quellen zur Zeitgeschichte, Bd. 28), Düsseldorf 1995.

Kleinmann, Hans-Otto (Bearb.), Heinrich Krone. Tagebücher. Zweiter Band: 1961–1966 (Forschungen und Quellen zur Zeitgeschichte, Bd. 44), Düsseldorf 2003.

Koch, Peter, Die Erfindungen des Dr. Konrad Adenauer, Reinbek bei Hamburg 1986.

Koch, Wolfgang / Koch Dorothea, Konrad Adenauer. Der Katholik und sein Europa, Aachen 2013.

Koch, Peter, Konrad Adenauer. Eine politische Biographie, 1985.

Köhler, Henning, Adenauer und die Rheinische Republik. Der erste Anlauf 1918–1924 Opladen 1986.

Köhler, Henning, Adenauer. Eine politische Biographie, Berlin 1994.

Kohl, Helmut (Hrsg.), Konrad Adenauer 1876/1976, Stuttgart, Zürich 1976.

Koopmann, Martin / Wintzer, Joachim (Bearb.), Akten zur Auswärtigen Politik der Bundesrepublik Deutschland 1952. 1. Januar bis 31. Dezember 1952, München 2000.

Kosthorst, Daniel / Feldkamp, Michael F. (Bearb.), Akten zur Auswärtigen Politik der Bundesrepublik Deutschland 1949/50. September 1949 bis Dezember 1950, München 1997.

Krämer, Gudrun, Geschichte Palästinas. Von der osmanischen Eroberung bis zur Gründung des Staates Israel, zweite Aufl., München 2002.

Kreis, Reinhild (Hrsg.), Diplomatie mit Gefühl Vertrauen, Misstrauen und die Außenpolitik der Bundesrepublik Deutschland, Berlin 2015.

Kreysler, Joachim / Jungfer, Klaus (Hrsg.), Deutsche Israel-Politik. Entwicklung oder politische Masche, Göggingen 1965.

Küsters, Hanns Jürgen (Bearb.), Adenauer. Teegespräche 1959–1961 (Adenauer: Rhöndorfer Ausgabe), Berlin 1988.

Küsters, Hanns Jürgen (Bearb.), Dokumente zur Deutschlandpolitik. II. Reihe / Bd. 2: Die Konstituierung der Bundesrepublik Deutschland und der Deutschen Demokratischen Republik. 7. September bis 31. Dezember 1949 Veröffentlichte Dokumente, München 1996.

Küsters, Hanns Jürgen / Tessmer, Carsten (Bearb.), Dokumente zur Deutschlandpolitik. II. Reihe / Bd. 3: 1. Januar bis 31. Dezember 1950. Unveröffentlichte Dokumente, München 1997.

Küsters, Hanns Jürgen (Hrsg.), Adenauer, Israel und das Judentum (Rhöndorfer Gespräche, Bd. 20), Bonn 2004.

Küsters, Hanns Jürgen, 60 Jahre Luxemburger Abkommen. Einführung, in: Historisch-Politische Mitteilungen 20 (2013), S. 301–304.

Küsters, Hanns Jürgen (Hrsg./Bearb.), Konrad Adenauer – Der Vater, die Macht und das Erbe. Das Tagebuch des Monsignore Paul Adenauer 1961–1966, Paderborn 2017.

Lausberg, Michael, Schändung der Kölner Synagoge vor 55 Jahren – ein kritischer Rückblick, in: haGalil.com, Jüdisches Leben online, 17.12.2014 (http://www.hagalil.com/2014/12/koeln-synagoge/).

Lavy, George, Germany and Israel. Moral Debt and National Interest, London, Portland 1996.

Leers, Johann von, Juden sehen dich an, vierte Aufl. Berlin 1933.

Lindemann, Mechthild / Mayer, Michael (Bearb.), Akten zur Auswärtigen Politik der Bundesrepublik Deutschland 1963. Bd. 1: 1. Januar bis 31. Mai 1963, München 1994.

Lindemann, Mechthild / Mayer, Michael (Bearb.), Akten zur Auswärtigen Politik der Bundesrepublik Deutschland 1963. Bd. 2: 1. Juni bis 30. September 1963, München 1994.

Lindemann, Mechthild / Mayer, Michael (Bearb.), Akten zur Auswärtigen Politik der Bundesrepublik Deutschland 1963. Bd. 3: 1. Oktober bis 31. Dezember 1963, München 1994.

Lindemann, Mechthild / Pautsch, Ilse Dorothea (Bearb.), Akten zur Auswärtigen Politik der Bundesrepublik Deutschland 1965. Bd. 1: 1. Januar bis 31. März 1965, München 1996.

Lindemann, Mechthild / Mayer, Michael (Bearb.), Akten zur Auswärtigen Politik der Bundesrepublik Deutschland 1962. Bd. 1: 1. Januar bis 31. März 1962, München 2010.

Lindemann, Mechthild / Mayer, Michael (Bearb.), Akten zur Auswärtigen Politik der Bundesrepublik Deutschland 1962. Bd. 2: 1. April bis 31. August 1962, München 2010.

Lommatzsch, Erik, Hans Globke (1898–1973). Beamter im Dritten Reich und Staatssekretär Adenauers, Frankfurt a.M. 2009.

Lotem, Itay / Seitz, Judith, Israel – Nah im Osten. Länderbericht Israel (Schriftenreihe der Bundeszentrale für Politische Bildung, Bd. 1358), Bonn 2013.

Löhmann, Bernd (Red.), Die Politische Meinung (2015) Sonderausgabe 3: Adenauer. Der bürgerliche Revolutionär.

Löhmann, Bernd (Red.), Die Politische Meinung (2017) Sonderausgabe 5: Ludwig Erhard. Deutschlands größter Mutmacher.

Löttel, Holger (Bearb.), Konrad Adenauer, Ludwig Erhard und die Soziale Marktwirtschaft (Adenauer: Rhöndorfer Ausgabe), Paderborn 2019.

Meerkamp, Rainer, Aufmerken, Hinsehen, Nachdenken, bei Wahrnehmungsfallen im Alltag, Köln 2003.

Mensing, Hans Peter (Bearb.), Adenauer. Briefe 1945–1947 (Adenauer: Rhöndorfer Ausgabe), Berlin 1983.

Mensing, Hans Peter (Bearb.), Adenauer. Briefe 1949–1951 (Adenauer: Rhöndorfer Ausgabe), Berlin 1985.

Mensing, Hans Peter (Bearb.), Adenauer im Dritten Reich (Adenauer: Rhöndorfer Ausgabe), Berlin 1991.

Mensing, Hans Peter, »… den Kopf oben halten, sich nicht unterkriegen lassen …«. Einige Ergänzungen der biographischen Dokumentation »Adenauer im Dritten Reich«, in: Geschichte im Westen, (1994), Heft 1, S. 84–106.

Mensing, Hans Peter, Adenauers Beziehungen zu jüdischen Bürgern während seiner Kölner Oberbürgermeisterzeit und im Dritten Reich, in: Küsters, Hanns Jürgen (Hrsg.), Adenauer, Israel und das Judentum (Rhöndorfer Gespräche, Bd. 20), Bonn 2004, S. 117–136.

Mensing, Hans Peter (Bearb.), Adenauer. Briefe 1959–1961 (Adenauer: Rhöndorfer Ausgabe), Paderborn (u.a.) 2004.

Mensing, Hans Peter, Aus Adenauers Nachlass. Beiträge zur Biographie und Politik des ersten Bundeskanzlers, Köln 2007.

Mensing, Hans Peter(Bearb.), Adenauer. Die letzten Lebensjahre 1963–1967. Briefe und Aufzeichnungen. Gespräche, Interviews und Reden, Bd. 1: Oktober 1963 – September 1965 (Adenauer: Rhöndorfer Ausgabe), Paderborn, München, Zürich 2009.

Mensing, Hans Peter (Bearb.), Adenauer. Die letzten Lebensjahre 1963–1967. Briefe und Aufzeichnungen. Gespräche, Interviews und Reden, Bd. 2: September 1965 – April 1967 (Adenauer: Rhöndorfer Ausgabe), Paderborn, München, Zürich 2009.

Möller, Horst, Franz Josef Strauß. Herrscher und Rebell, München (u.a.) 2015.

Mohr, Marcus, Waffen für Israel. Westdeutsche Rüstungshilfe vor dem Sechstagekrieg, Berlin 2003.

Oberländer, Gisela (Bearb.), Dokumente zur Deutschlandpolitik. IV. Reihe / Bd. 12: 1. Januar bis 30. November 1966. Zweiter Halbband (1.6.–30.11.1966), Frankfurt a.M. 1981.

Oppelland, Torsten, Gerhard Schröder (1910–1989). Politik zwischen Staat, Partei und Konfession (Forschungen und Quellen zur Zeitgeschichte, Bd. 39), Düsseldorf 2002.

Osterheld, Horst, KonradAdenauer. Ein Charakterbild, Bonn 1987.

Osterheld, Horst, Außenpolitik unter Bundeskanzler Ludwig Erhard 1963–1966. Ein dokumentarischer Bericht aus dem Kanzleramt (Forschungen und Quellen zur Zeitgeschichte, Bd. 23), Düsseldorf 1992.

O.N., Adenauer. Würdigung und Abschied 19. April 1967, Stuttgart 1967.

O.N., Jerusalems UNO war gerettet, in: Der Spiegel 20, 15.5.1948, S. 8.

O.N., Palästinensisches Feuerwerk. Eine Mission schlug fehl, in: Der Spiegel 21, 22.5.1948, S. 9–10.

O.N., Hallstein. Immer Musterschüler, in: Der Spiegel Nr. 13, 27.3.1951, S. 8–9.

O.N., Israel. Das Dorf und Gottes Erde, in: Der Spiegel 4, 23.1.1952, S. 18–22.

O.N., Israel-Abkommen. Ohne Händedruck, in: Der Spiegel 38, 17.9.1952, S. 5–6.

O.N., Israel. Israel-Tour. Der Reisende aus Cypern, in: Der Spiegel 18, 29.4.1953, S. 14f.

O.N., Israel. Der Ruf der Waffen, in: Der Spiegel 33, 10.8.1955, S. 30.

O.N., Ben-Gurion. Liebe zu Platon, in: Der Spiegel 48, 28.11.1956, S. 40.

O.N., Deutschland-Kontakte. Verbündete am Rhein, in: Der Spiegel 1, 1.1.1958, S. 25.

O.N., Personalien. David Ben-Gurion, in: Der Spiegel 42, 14.10.1959, S. 66.

O.N., Antisemitismus. Hintermänner, in: Der Spiegel 3, 13.1.1960, S. 15–17.

O.N., Kanzleramt. Titel an der Tür, in: Der Spiegel 3, 13.1.1960, S. 17.

O.N., Israel-Beziehungen. Die Blechschilddoktrin, in: Der Spiegel 13, 23.3.1960, S. 17f.

O.N., Personalien. David Ben-Gurion, in: Der Spiegel 46, 14.11.1962, S. 128.

O.N., Israel. Geheimdienstchef. Für Bonn geopfert, in: Der Spiegel 15, 10.4.1963, S. 80–82.

O.N., Israel. Strauß-Besuch. Demnächst Ackerbau, in: Der Spiegel 23, 5.6.1963, S. 56f.

O.N., Israel. Ben-Gurion. Rückzug in den Negev, in: Der Spiegel 26, 26.6.1963, S. 51.

O.N., Wäre Adenauer ein guter Botschafter für Tel Aviv? Spiegel-Gespräch mit dem Alt-Ministerpräsidenten Israels, David Ben-Gurion, in: Der Spiegel 14, 31.3.1965, S. 33–37.

O.N., Israel. Ben-Gurion. In die Wüste, in: Der Spiegel Nr. 28, 7.7.1965, S. 67.

O.N., Israel-Kredit. Zwei im Hotel, in: Der Spiegel 16, 11.4.1966, S. 28f.

O.N., »Die Väter haben saure Trauben gegessen«. Spiegel-Interview mit dem ehemaligen israelischen Ministerpräsidenten David Ben-Gurion, in: Der Spiegel 20, 9.5.1966, S. 42.

O.N., Israel. Menachem Begin soll Mordanschlag auf Adenauer geplant haben, in: Spiegel Online, 13.6.2006.

O.N., Zeitleiste Deutsch-Israelische Beziehungen (https://www.digberlin.de/4665-2/).

O.N., Nach dem Holocaust. Geschichte der deutsch-israelischen Beziehungen, in: Deutschlandfunk Kultur, 18.5.2005 (https://www.deutschlandfunkkultur.de/nach-dem-holocaust.984.de.html?dram:article_id=153270).

Oz, Almog, The creation of the new jew, London 2000.

Oz, Amos, Eine Geschichte von Liebe und Finsternis, Frankfurt a.M. 2004.

Oz, Amos, Israel und Deutschland, Frankfurt a.M. 2005.

Oz, Amos, Deutschland und Israel, Berlin 2018.

Pautsch, Ilse Dorothea (u.a.) (Bearb.), Akten zur Auswärtigen Politik der Bundesrepublik Deutschland 1967. Bd. 2: 1. April bis 31. August 1967, München 1998.

Pearlman, Moshe, Gespräche mit Ben-Gurion. Erfahrungen, Erinnerungen, Erkenntnisse, München 1966.

Peres, Shimon / Landau, David, Ben-Gurion. A Political Life, New York 2011.

Peter, Matthias / Rosenbach, Harald (Bearb.), Akten zur Auswärtigen Politik der Bundesrepublik Deutschland 1966. Bd. 1: 1. Januar bis 30. Juni 1966, München 1997.

Peter, Matthias / Rosenbach, Harald (Bearb.), Akten zur Auswärtigen Politik der Bundesrepublik Deutschland 1966. Bd. 2: 1. Juli bis 31. Dezember 1966, München 1997.

Petersen, Bernd, David Ben-Gurion. »Der Alte« und sein Staat, in: Stern online, 28.4.2008 (https://www.stern.de/panorama/gesellschaft/david-ben-gurion--der-alte--und-sein-staat-3087852.html).

Pfeil, Moritz, Säuberung, in: Der Spiegel 3, 13.1.1960, S. 16.

Pfetsch, Frank R., Die Außenpolitik der Bundesrepublik Deutschland. Von Adenauer zu Merkel, Schwalbach 2012.

Poppinga, Anneliese, Konrad Adenauer. Geschichtsverständnis, Weltanschauung und politische Praxis, Stuttgart 1975.

Poppinga, Anneliese, »Das Wichtigste ist der Mut«. Konrad Adenauer – die letzten fünf Kanzlerjahre, Bergisch Gladbach 1994.

Poppinga, Anneliese (Hrsg.), Konrad Adenauer. »Seid wach für die kommenden Jahre«. Grundätze, Erfahrungen, Einsichten, Bergisch Gladbach 1997.

Poppinga, Anneliese, Adenauers letzte Tage. Die Erinnerungen seiner engsten Mitarbeiterin, Stuttgart, Leipzig 2009.

Prîmôr, Avī, »… mit Ausnahme Deutschlands«. Als Botschafter Israels in Bonn, Berlin 1997.

Prîmôr, Avī, Adenauer, Israel und Deutschland, in: Küsters, Hanns Jürgen (Hrsg.), Adenauer, Israel und das Judentum (Rhöndorfer Gespräche, Bd. 20), Bonn 2004, S. 96–107.

Prîmôr, Avī, Nichts ist jemals vollendet. Die Autobiographie, Köln 2015.

Rabinovich, Itamar, Jitzchak Rabin. Als Frieden noch möglich schien. Eine Biographie (Israel-Studien. Kultur – Geschichte – Politik, Bd. 4), Göttingen 2019.

Rahden, Till van, History in the house of the hangman. How postwar Germany became a key site for the study of Jewish history, in: Aschheim, Steven E. / Liska, Vivian (Hrsg.), The German-Jewish Experience Revisited (Perspectives on Jewish Texts and Contexts, Bd. 3) Berlin 2015, S. 171–192.

Rafael, Gideon, Der umkämpfte Frieden. Die Außenpolitik Israels von Ben-Gurion bis Begin, Frankfurt a.M., Berlin, Wien 1984.

Rath, Ari, Ari heißt Löwe. Erinnerungen, Wien 2012.

Rensmann, Jörg, Der Mythos Nakba. Fakten zur israelischen Gründungsgeschichte, Baden-Baden (u.a.) 2013.

Renz, Werner (Hrsg.), Interessen um Eichmann. Israelische Justiz, deutsche Strafverfolgung und alte Kameradschaften (Wissenschaftliche Reihe des Fritz Bauer Instituts, Bd. 20), Frankfurt a.M., New York 2012.

Rimmel, Michael, Parlamentarische Annäherungen, in: Glöckner, Olaf / Schoeps, Julius H. (Hrsg.), Deutschland, die Juden und der Staat Israel. Eine politische Bestandsaufnahme (Haskala. Wissenschaftliche Abhandlungen, Bd. 49), Hildesheim, Zürich, New York 2016, S. 148–165.

Rössel, Uta / Seemann, Christoph (Bearb.), Die Kabinettsprotokolle der Bundesregierung, Bd. 15: 1962, München 2005.

Rosenboom, Kinneret, Kollektive Erinnerung an Verlust, in: Dachs, Gisela (Hrsg.), Länderbericht Israel (Schriftenreihe der Bundeszentrale für Politische Bildung, Bd. 10000), Bonn 2016, S. 594–613.

Rubinstein, Amnon, Geschichte des Zionismus. Von Theodor Herzl bis heute, München 2001.

Rüttgers, Jürgen, »Er war ein ganz großer Häuptling«. Neues über Konrad Adenauer, Paderborn 2017.

Sahm, Ulrich, Deutsch-israelische Beziehungen. Die Konrad-Adenauer-Stiftung in Jerusalem hat zu einer spannenden Konferenz über deutsch-israelische Beziehungen geladen, in: israelnetz. Berichte und Hintergründe aus Israel und dem Nahen Osten, 31.5.2019, (https://www.israelnetz.com/kommentar-analyse/2019/05/31/deutsch-israelische-beziehungen/)

Saliger, Wilfried, »Adenauer: Mich hat das ergriffen. Erste Bilanz des Altbundeskanzlers nach der Rückkehr aus Israel – der Ärger ist vergessen«, in: Die Welt am Sonntag, 15.5.1966.

Sauermann, Heinz / Mestmäcker, Ernst-Joachim (Hrsg.), Wirtschaftsordnung und Staatsverfassung. Festschrift für Franz Böhm zum 80. Geburtstag, Tübingen 1975.

Schiffers, Reinhard, (Bearb.), Die CDU/CSU-Fraktion im Deutschen Bundestag. Sitzungsprotokolle 1957–1961. Zweiter Halbband September 1959–1961 (Quellen zur Geschichte des Parlamentarismus und politischen Parteien, Vierte Reihe: Deutschland seit 1945, Bd. 11/III), Düsseldorf 2004.

Schlemmer, Martin, »Los von Berlin«. Die Rheinstaatbestrebungen nach dem Ersten Weltkrieg (Rheinisches Archiv, Bd. 152), Köln, Weimar, Wien 2007.

Schlief-Ehrismann, Renate (Red.), Israel und die Bundesrepublik Deutschland. Dreißig Jahre diplomatische Beziehungen, Bonn, Berlin 1996.

Schlott, René, Skurrile Adenauer-Erfindungen. Konrad das Brot, in: Spiegel Online, 1.5.2015.

Schmied, Jürgen Peter / Franz, Corinna (Red.), Konrad Adenauer. Der Kanzler aus Rhöndorf, hrsg. von der Stiftung Bundeskanzler-Adenauerhaus, Darmstadt 2018.

Scholtyseck, Joachim, Im Schatten der Hallstein-Doktrin. Die globale Konkurrenz zwischen Bundesrepublik und DDR, in: Conze, Eckart (Hrsg.), Die Herausforderung des Globalen in der Ära Adenauer, Berlin 2010, S. 79–97.

Schramm, Godehard, Der Kanzler und der See. Lago di Como – Land und Leute, Kultur und Konrad Adenauer, Hamburg 2012.

Schreiber, Hermann, »Völker können nicht vergessen«. Spiegel Reporter Hermann Schreiber mit Konrad Adenauer in Israel, in: Der Spiegel 20, 9.5.1966, S. 39–41.

Schreiber, Hermann, »Ich will überall verkünden«. Spiegel-Reporter Hermann Schreiber über die Begegnung Konrad Adenauers mit David Ben-Gurion in Israel, in: Der Spiegel 21, 16.5.1966, S. 40.

Schreiber, Hermann, »Und das Heimweh der Leute nach Deutschland«. Spiegel-Interview mit Konrad Adenauer über seine Israel-Reise, in: Der Spiegel 21, 16.5.1966, S. 41.

Schreiber, Hermann, »Wenn ich Deutscher wäre«. Spiegel-Reporter Hermann Schreiber über Ben-Gurion in Bonn, in: Der Spiegel 19, 1.5.1967, S. 36.

Schreiber, Mordecai, Three Founders of Israel. Ben-Gurion, Stern, Begin, Ft. Lauderdale 2018.

Schröder, Dieter, Der Hauch, des Eises ist gewichen, in: Der Spiegel 18, 29.4.1964, S. 25–30.

Schröder, Gerhard (u.a.) (Hrsg.), Ludwig Erhard. Beiträge zu seiner politischen Biographie. Festschrift zum fünfundsiebzigsten Geburtstag, Frankfurt a.M., Berlin, Wien 1972.

Schulte, Christoph, Deutschtum und Judentum. Ein Disput unter Juden aus Deutschland, Stuttgart 1993.

Schulz, Günter (Hrsg.), Konrad Adenauer 1917–1933. Dokumente aus den Kölner Jahren, Köln 2007.

Schumacher, Kurt, Die Opposition ist Bestandteil des Staatslebens. (Rede im Deutschen Bundestag Bonn, 21.9.1949), in: Ferdinand, Horst (Hrsg.), Reden, die die Republik bewegten, zweite erw. und überarb. Aufl., Opladen 2002, S. 44–66.

Schuster, Jacques, Jüdisch und selbstbewusst, in: Welt, 11.8.2018 (https://www.welt.de/print/die_welt/debatte/article180983350/Leitartikel-Juedisch-und-selbstbewusst.html).

Schwarz, Hans-Peter (Hrsg.), Konrad Adenauer. Reden 1917–1967. Eine Auswahl, Stuttgart 1975.

Schwarz, Hans-Peter (Hrsg.), Die Ära Adenauer. Gründerjahre der Republik. 1949–1957 (Geschichte der Bundesrepublik Deutschland, Bd. 2), Stuttgart, Wiesbaden 1981.

Schwarz, Hans-Peter (Hrsg.), Die Ära Adenauer. Epochenwechsel. 1957–1963 (Geschichte der Bundesrepublik Deutschland, Bd. 3), Stuttgart, Wiesbaden 1983.

Schwarz, Hans-Peter, Adenauer,Bd. 1: Der Aufstieg 1876–1952, Stuttgart 1986.

Schwarz, Hans-Peter, Adenauer, Bd. 2: Der Staatsmann 1952–1967, Stuttgart 1991.

Schwarz, Hans-Peter, Dannie N. Heineman und Konrad Adenauer im Dialog (1907–1962), in: Bracher, Karl Dietrich (u.a.) (Hrsg.), Staat und Parteien. Festschrift für Rudolf Morsey zum 65. Geburtstag, Berlin 1992, S. 803–825.

Schwarz, Hans-Peter, Der George Washington Israels: Ben-Gurion, in: Ders., Das Gesicht des Jahrhunderts. Monster, Retter und Mediokritäten, Berlin 1998, S. 530–541.

Schwarz, Hans-Peter, Anmerkungen zu Adenauer, München 2004.

Segev, Tom, Die siebte Million. Der Holocaust und Israels Politik der Erinnerung, Reinbek 1995.

Segev, Tom, Es war einmal ein Palästina. Juden und Araber vor der Staatsgründung Israels, München 2005.

Segev, Tom, 1967. Israels zweite Geburt, München 2007.

Segev, Tom, Die ersten Israelis. Die Anfänge des jüdischen Staates, München 2008.

Segev, Tom, David Ben-Gurion. Ein Staat um jeden Preis, München 2018.

Segev, Tom, Interview: »Ben-Gurion suchte nach einem Judentum ohne Gott«, 20.6.2018 (https://www.israelnetz.com/gesellschaft-kultur/gesellschaft/2018/06/20/ben-gurion-suchte-nach-einem-judentum-ohne-gott/).

Shalom, Zahk: Ben-Gurion's Political Struggles 1963–1967. A Lion in winter (Israeli History, Politics, and Society 44), London, New York 2006.

Shapira, Anitah, Ben-Gurion. Father of modern Israel, New Haven, London 2014.

Sharett, Yaakov (Ed.), The Reparations Controversy. The Jewish State and German Money in the Shadow of the Holocaust 1951–1952, Berlin, Boston 2011.

Shafir, Shlomo, Die SPD und die Wiedergutmachung gegenüber Israel, in: Herbst, Ludolf / Goschler, Constantin (Hrsg.), Wiedergutmachung in der Bundesrepublik Deutschland (Schriftenreihe der Vierteljahrshefte für Zeitgeschichte, Sondernummer), München 1989, S. 191–203.

Shinnar, Felix E., Bericht eines Beauftragten. Die deutsch-israelischen Beziehungen 1951–1966, Tübingen 1967.

Shinnar, Felix E., Erhard und Israel, in: Schröder, Gerhard (u.a.) (Hrsg.), Ludwig Erhard. Beiträge zu seiner politischen Biographie. Festschrift zum fünfundsiebzigsten Geburtstag, Frankfurt a.M., Berlin, Wien 1972, S. 402–404.

Shinnar, Felix E., Franz Böhm zum Dank, in: Sauermann, Heinz / Mestmäcker, Ernst-Joachim (Hrsg.), Wirtschaftsordnung und Staatsverfassung. Festschrift für Franz Böhm zum 80. Geburtstag, Tübingen 1975, S. 29–32.

Shinnar, Felix E., Konrad Adenauer und die Wiedergutmachung, in: Kohl, Helmut (Hrsg.), Konrad Adenauer 1876/1976, Stuttgart, Zürich 1976, S. 185–187.

Sietz, Henning: Attentat auf Adenauer. Die geheime Geschichte eines politischen Anschlags, Berlin 2003.

Stauber, Roni, Israel's quest for diplomatic relations. The German-Israeli controversy 1955–1956, in: Brunner, José (Hrsg.), Deutsche(s) in Palästina und Israel. Alltag, Kultur, Politik (Tel Aviver Jahrbuch für deutsche Geschichte, Bd. 41), Göttingen 2013, S. 215–228.

Stehkämper, Hugo (Hrsg.), Konrad Adenauer. Oberbürgermeister von Köln. Festgabe der Stadt Köln zum 100. Geburtstag ihres Ehrenbürgers am 5. Januar 1976, Köln 1976.

Stein, Timo: Zwischen Antisemitismus und Israelkritik. Antizionismus in der deutschen Linken, Wiesbaden 2011.

Schimon Stein / Lewy, Mordechay, Von Einzigartigkeit über Normalität zu Staatsräson: 50 Jahre diplomatische Beziehungen – Essay, in: Aus Politik und Zeitgeschichte 65 (2015), S. 3–13.

Strauß, Franz Josef, Die Erinnerungen, München 1998.

Strothmann, Dietrich, Zum Tode David Ben-Gurions. »Mein Haupt in den Sternen«, in: Die Zeit 50, 1973.

Tempel, Sylke, Die Wahrnehmung Israels in Deutschland, in: Dachs, Gisela (Hrsg.), Länderbericht Israel (Schriftenreihe der Bundeszentrale für Politische Bildung, Bd. 10000), Bonn 2016, S. 642–649.

Teveth, Shabtai, Ben-Gurion and the Holocaust, New York, San Diego, London 1996.

Tischner, Wolfgang, Das Luxemburger Abkommen. Abkommen über Entschädigungsleistungen Deutschlands für die Ermordung von Juden in der NS-Zeit, in: Geschichte der CDU, Internetportal der Konrad-Adenauer-Stiftung (https://www.kas.de/web/geschichte-der-cdu/kalender/kalender-detail/-/content/das-luxemburger-abkommen.-abkommen-ueber-entschaedigungsleistungen-deutschlands-fuer-die-ermordung-von-juden-in-der-ns-zeit).

Tobias, Jim G., »Für die Menschen im Lager erscheint er wie ein Gott«. David Ben-Gurions Reise durch die DP-Camps im Herbst 1945, in: haGalil.com, Jüdisches Leben online, 19.3.2018 (http://www.hagalil.com/2018/03/ben-gurion-dp-camps/).

Treuenfeld, Andrea von, Israel. Momente seiner Biografie, München 2018.

Trimbur, Dominique, Verpflichtung und Pragmatismus. Adenauer und Israel 1961–1967, in: Küsters, Hanns Jürgen (Hrsg.), Adenauer, Israel und das Judentum (Rhöndorfer Gespräche, Bd. 20), Bonn 2004, S. 55–81.

Uhlmann, Milena (Hrsg.), Die deutsch-israelischen Sicherheitsbeziehungen. Vergangenheit, Gegenwart, Zukunft, Berlin 2008.

Vita, Lorena de, German-Israeli ties in 2015 and 1965. The difficult special relationship, in: International Affairs, Jg. 91 (2015), H. 4, S. 835–849.

Vita, Lorena de, Annäherung im Schatten der Hallstein-Doktrin. Das deutsch-deutsch-israelische 1965, in: Aus Politik und Zeitgeschichte, Jg. 65 (2015), H. 6, S. 29–35.

Vogel, Rolf, Deutschlands Weg nach Israel. Eine Dokumentation, Stuttgart 1967.

Vogel, Rolf (Hrsg.), Der deutsch-israelische Dialog. Dokumentation eines erregenden Kapitels deutscher Außenpolitik. Teil 1. Politik, Bd. 1, München (u.a.) 1987.

Weber, Gaby, Eichmann wurde noch gebraucht. Der Massenmörder und der Kalte Krieg, Berlin 2012.

Wagner, Rita (Hrsg.), Konrad der Große. Adenauerzeit in Köln 1917–1933, Mainz 2017.

Walther, Alexander, Keine Erinnerung, nirgends? Die Shoah und die DDR, in: Bundeszentrale für politische Bildung, Deutschland-Archiv online, 6.8.2019 (https://www.bpb.de/geschichte/zeitgeschichte/deutschlandarchiv/293937/keine-erinnerung-nirgends-die-shoah-und-die-ddr?pk_campaign=nl2019-07-31&pk_kwd=293937).

Wambach, Kai, Aufnahme diplomatischer Beziehungen zwischen der Bundesrepublik Deutschland und Israel, in: Geschichte der CDU, Internetportal der Konrad-Adenauer-Stiftung (https://www.kas.de/web/geschichte-der-cdu/kalender/kalender-detail/-/content/aufnahme-diplomatischer-beziehungen-zwischen-der-bundesrepublik-deutschland-und-israel).

Wergin, Clemens, Als Adenauer Ben-Gurion in dessen geliebter Wüste besuchte, in: Welt, 18.3.2008 (https://www.welt.de/welt_print/article1811679/Als-Adenauer-Ben-Gurion-in-dessen-geliebter-Wueste-besuchte.html).

Werhahn-Adenauer, Libet, Erinnerungen an meinen Vater Konrad Adenauer, Überlingen 2018.

Weingardt, Markus A., Deutsch-israelische Beziehungen. Zur Genese bilateraler Verträge 1949–1996 (Konstanzer Schriften zur Shoah und Judaica, Bd. 2), Konstanz 1997.

Weingardt, Markus A., Deutsche Israel- und Nahostpolitik. Die Geschichte einer Gratwanderung seit 1949, Frankfurt a.M., New York 2002.

Weitz, Yechiam, Ben-Gurions Weg zum ›anderen Deutschland‹ 1952–1963, in: Vierteljahrshefte für Zeitgeschichte, Jg. 48 (2000), H. 2, S. 255–279.

Weymar, Paul, Konrad Adenauer. Die autorisierte Biographie, München 1955.

Winkler, Heinrich August, Macht, Moral und Menschenrechte. Über Werte und Interessen in der deutschen Außenpolitik, in: Internationale Politik 4 (Juli/August 2013), S. 116–127 (https://zeitschrift-ip.dgap.org/de/ip-die-zeitschrift/archiv/jahrgang-2013/juli-august/macht-moral-und-menschenrechte)

Wintzer, Joachim / Boyer, Josef (Hrsg.), Der Auswärtige Ausschuss des Deutschen Bundestages. Sitzungsprotokolle 1957–1961, Zweiter Halbband: September 1959 – August 1961, Düsseldorf 2003.

Wistrich, Robert / Ohana, David (Ed.), The Shaping of Israeli Identity. Myth, Memory and Trauma (Israelis Affairs Series, Vol. 1, No. 3), London 1995.

Witzthum, David, Adenauer, Ben-Gurion und die Schatten der NS-Vergangenheit, in: Glöckner, Olaf / Schoeps, Julius H. (Hrsg.), Deutschland, die Juden und der Staat Israel. Eine politische Bestandsaufnahme (Haskala. Wissenschaftliche Abhandlungen, Bd. 49), Hildesheim, Zürich, New York 2016, S. 38–59.

Wolffsohn, Michael, Das Wiedergutmachungsabkommen mit Israel. Eine Untersuchung bundesdeutscher und ausländischer Umfragen, in: Herbst, Ludolf (Hrsg.), Westdeutschland 1945–1955. Unterwerfung, Kontrolle, Integration (Schriftenreihe der Vierteljahrshefte für Zeitgeschichte, Sondernummer), München 1986, S. 161–190.

Wolffsohn, Michael, Das deutsch- israelische Wiedergutmachungsabkommen von 1952 im internationalen Zusammenhang, in: Vierteljahrshefte für Zeitgeschichte 36 (1988), S. 691–731.

Wolffsohn, Michael, Die ungeliebten Juden. Israel – Legenden und Geschichte, München, Zürich 1998.

Wolffsohn, Michael / Brechenmacher, Thomas (Hrsg.), Geschichte als Falle. Deutschland und die jüdische Welt, Neuried 2001.

Wolffsohn, Michael, Wiedergutmachung oder Realpolitik? Eine Bilanz der Israelpolitik Adenauers in den fünfziger Jahren, in: Küsters, Hanns Jürgen (Hrsg.), Adenauer, Israel und das Judentum (Rhöndorfer Gespräche, Bd. 20), Bonn 2004, S. 210–225.

Wolffsohn Michael / Brechenmacher, Thomas, Deutschland, jüdisch Heimatland. Die Geschichte der deutschen Juden vom Kaiserreich bis heute, München, Zürich 2008.

Wolfmann, Alfred / Adenauer, Konrad, Jüdische Freunde haben mir geholfen, in: Der Spiegel 15, 4.4.1966, S. 26.

Zimmermann, Moshe, Das deutsch-israelische Verhältnis, in: Dachs, Gisela (Hrsg.), Länderbericht Israel (Schriftenreihe der Bundeszentrale für Politische Bildung, Bd. 10000), Bonn 2016, S. 616–642.

Zweig, Ronald W. (Ed.), David Ben-Gurion. Politics and Leadership in Israel, London, Jerusalem 1991.

Personenregister

Bildteil

„National unzuverlässig und antisozial!"

Eine vernichtende Kritik an Adenauer — Erregte Aussprache im spanischen Bau! —

In der letzten Kölner Stadtverordnetenversammlung kam es zu einer erregten Aussprache bei der Beschlußfassung über die Verlängerung der Wahlzeit des Oberbürgermeisters Adenauer und des Beigeordneten Dr. Greven.

Nachdem Sprecher der Kommunisten und der Deutschnationalen, je nach ihrer parteipolitischen Einstellung gegen eine Verlängerung der Wahlperiode des Oberbürgermeisters Front gemacht hatten, sprach als dritter Redner unser Pg. Ebel.

Dr. h. c. Konrad Adenauer
Oberbürgermeister in Köln
Vorsitzender des Festkomitees des Vereins Pro Palästina

Mit klaren und nicht mißzuverstehenden Worten übte er eine beißende Kritik an der Amtstätigkeit sowie an der Person Adenauers. Er führte aus, daß Adenauer national unzuverlässig sei und auf sozialem Gebiet ein vollkommener Versager gewesen wäre. Seine Amtstätigkeit sei gekennzeichnet durch ein unglaubliches Manko an nationaler Würde und vaterländischer Gesinnung, das sich besonders in Stunden der größten Gefahr für das Rheinland fühlbar gemacht habe. In diesem Zusammenhang wies er noch besonders darauf hin, daß Adenauer sich mit dem negroiden Zentrumsmann, dem getauften Rassejuden Levi alias Louis Hagen verbündet hätte, um mit diesem die finsteren Pläne einer rheinischen Goldnotenbank zu verwirklichen, die der Absplitterung des Rheinlandes vom Reich greifbaren Vorschub geleistet haben würde. Er erinnerte ferner daran, daß A. den uns feindlich gesinnten Ausländern gegenüber ein wenig nationale Ehre verratendes Verhalten an den Tag gelegt habe, während auf der anderen Seite verdienstvolle deutsche Männer auf das taktloseste von ihm brüskiert worden seien.

Aber auch auf anderen Gebieten habe seine Haltung ein ganz klägliches Bild wiedergegeben. Gerade gegenüber den Kölner Gewerbetreibenden sei er mit einer unerhörten Rücksichtslosigkeit besonders in steuerlichen Dingen vorgegangen; auf der einen Seite eine unerträgliche steuerliche Belastung des Mittelstandes und als Gegenstück dazu wies er auf die Verschwendungssucht hin, die sich in Festessen und Empfangsfeierlichkeiten hinreichend gezeigt habe.

Zu all diesen Fehlern geselle sich aber bei Herrn Adenauer noch eine weitere Untugend, und zwar seine von Herrschsucht und Parteilichkeit diktierte Einstellung gegen alle Bürger und Beamte, die es wagen würden, über gewisse Dinge eine andere Meinung haben zu wollen als Er selbst. Aeußerst gering sei die Zahl derjenigen, die den Mut aufbrächten, ihm als Despot entgegenzutreten und die Zähne zu zeigen.

Ein besonderes Kapitel aber bilde der bereits historisch gewordene „Klüngel", der zu den erprobten Hilfsmitteln kölnischer Regierungskunst gehöre. Die Verteilung von Aemtern unter Verwandtschaft und nach parteipolitischen Gesichtspunkten habe unter der Adenauer'schen Ära ein nie gekanntes Maß erreicht. Es wäre nicht von ungefähr, daß die wichtigsten städtischen Dezernate in den Händen von Konrad'sens Anverwandten sich befänden, er erinnere nur an den Finanzdezernenten Guth, den Personaldezernenten Dr. Berndorf und wies besonders darauf hin, daß der Rektor der Kölner Universität der Schwiegervater Adenauers sei. Daß Herr Adenauer bei all diesen seinen Eigenschaften uns Nationalsozialisten nicht gewogen sein könne, nehme er ihm nicht übel; er freue sich im Gegenteil über die Feindschaft eines Mannes vom Schlage Adenauers und rechne es uns zur Ehre an.

Alles in allem zusammengefaßt, die nationale Unzuverlässigkeit, seine antisoziale Einstellung, seine typische Knechtseligkeit vor Juden und feindlichen Ausländern seien vollauf genügend, um eine Verlängerung der Wahlzeit Adenauers abzulehnen.

Ebenso lehnte er den Verlängerungsantrag für den Dr. Greven ab, was er ebenfalls mit dessen unsozialem Verhalten in der Wohnungsfrage begründete.

Daß die Abstimmung dennoch zu Gunsten Adenauers ausfiel und dadurch dessen vorläufiges Verbleiben sicherstellte, verdankt der Kölner Bürger und Steuerzahler den Säulen der Kölner Rathauspolitik, den Betrügern der deutschen Arbeiterschaft, genannt Sozialdemokratie, den Nutznießern und Gesinnungsgenossen Adenauers in der Volkspartei wie im Zentrum, nicht zuletzt aber auch den den Kölner Mittelstand in der erbärmlichsten Weise verratenden Vertretern der Wirtschaftspartei, die bei einem solchen Verhalten auch noch die Schamlosigkeit besitzen, von einem Interesse zu reden, daß der Kölner Mittelstand am Verbleiben Adenauers habe. Haben diese „Männer" sich etwa eingebildet, mit diesem Köder Adenauer für geschäftliche Dinge angeln zu können, weil im spanischen Bau das Motto lautet: „Eine Hand wäscht die andere?"

Ob aber dieses streng vertrauliche Händewaschen einmal ein Ende nimmt, ist einzig und allein abhängig von dem Willen der Bevölkerung. Diesem Willen durch den Stimmzettel Ausdruck zu geben, wird ihr noch in diesem Jahre Gelegenheit geboten.

Eines aber steht schon heute unveränderlich fest: An die Stelle des einen Stadtverordneten tritt noch in diesem Jahre eine nationalsozialistische Fraktion, die in den „Spanischen Laden" nur hineingeht, um der Kölner Bürgerschaft von Fall zu Fall die Augen zu öffnen, statt wie die anderen mitzuklüngeln!

Unser Kampfruf:

Weg mit dem „Kölsche Klüngel" und damit „fort mit Adenauer"!

Hetzartikel gegen den Oberbürgermeister Konrad Adenauer im *Westdeutschen Beobachter*, (23.6.1929).

Verlesung der Unabhängigkeitserklärung und Proklamation des Staates Israel in Tel Aviv, 1948.

David Ben-Gurion, Staatsgründer und Premierminister von Israel 1948 bis 1963.

Rede von Menachem Begin während der Demonstration gegen die Verhandlungen mit Deutschland in Jerusalem, 1952.

Deutsche Delegation für die Verhandlungen mit Israel über die Entschädigungsleistungen (von links Otto Küster, Franz Böhm, Abraham Frowein) in Wassenaar, 1952.

Unterzeichnung des Luxemburger Abkommens durch den israelischen Außenminister Moshe Sharett und Konrad Adenauer im Rathaus in Luxemburg, 1952.

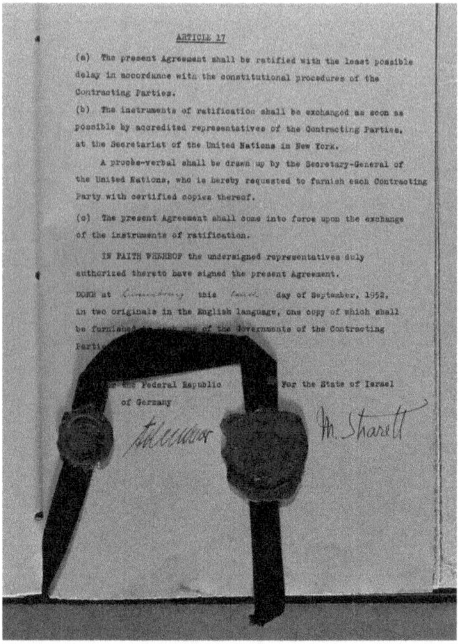

ARTICLE 17

(a) The present Agreement shall be ratified with the least possible delay in accordance with the constitutional procedures of the Contracting Parties.

(b) The instruments of ratification shall be exchanged as soon as possible by accredited representatives of the Contracting Parties, at the Secretariat of the United Nations in New York.

A procès-verbal shall be drawn up by the Secretary-General of the United Nations, who is hereby requested to furnish each Contracting Party with certified copies thereof.

(c) The present Agreement shall come into force upon the exchange of the instruments of ratification.

IN FAITH WHEREOF the undersigned representatives duly authorized thereto have signed the present Agreement.

DONE at [illegible] this [illegible] day of September, 1952, in two originals in the English language, one copy of which shall be furnish[illegible] of the Governments of the Contracting Parti[illegible]

[illegible] Federal Republic of Germany — For the State of Israel

Adenauer — M. Sharett

Schlussseite des Vertrages über die Wiedergutmachungsleistungen zwischen der Bundesrepublik Deutschland und Israel mit den Unterschriften von Außenminister Moshe Sharett und von Konrad Adenauer, 1952.

»Man of the Year«, Nachrichtenmagazin *Time* (04.1.1954).

Rede von Bundeskanzler Konrad Adenauer zur Einweihung der Kölner Synagoge in der Ringstraße, 1959.

David Ben-Gurion unternimmt einen seiner ausgedehnten Spaziergänge in der Wüste Negev, (15.6.1966).

Begrüßungskomittee bei der Ankunft von Konrad Adenauer auf dem Flughafen Lod in Israel, 1966.

Verleihung der Ehrendoktorwürde an Konrad Adenauer durch das Weizmann-Institut in Rehovot, Israel 1966.

Besuch Adenauers bei seinem Freund David Ben-Gurion im Wüsten-Kibbuz Sde Boker, 1966.

Konrad Adenauer, Paula Ben-Gurion und David Ben-Gurion in der Bibliothek des Premierministers in Sde Boker, 1966.

Mittagessen unter neugierigen Blicken im Speisesaal des Kibbuz Sde Boker, 1966.

In der Bibliothek des Premierministers in Sde Boker: Konrad Adenauer, David Ben-Gurion und der deutsche Botschafter in Israel, Rolf Pauls, 1966.

Protestdemonstrationen gegen den Besuch Konrad Adenauers in Israel, 1966.

Begegnung von David Ben-Gurion und Kurt Georg Kiesinger am Rande der Trauerfeierlichkeiten in Bonn nach dem Tod Adenauers, 1967.

David Ben-Gurion mit seinem Enkel Uri in Sde Boker, (23.6.1967).

Herzlicher Empfang für Bundeskanzlerin Angela Merkel bei Staatspräsident Shimon Peres in Jerusalem, 2008.